歷史不能倒退，而有時依然倒退，非人所願。

因此，歷史留下的垃圾，人人有責清理，下一代還要繼續打掃。

如果我能濯汙揚清，那是為人權爭得的進步。

如果大家都努力，那就有更多的社會成員得以享有權利。

九死一生

上
赤地天網
卷

陳星 著

作者陳星攝於蘭州，大約在1967年，時年42歲。

①
②
③

①1943年，求學時代與中華藝專的同窗合影（作者立於左後）。

②1962年，作者自繪母親陳張氏的畫像，係根據1951年妻子瑞蘭離開西安前帶母親去相館留影的小照片繪製而成。

③1953年，妻子帶著孩子由西安遷居岷縣，作者與妻子、長子、次子及次女合影。

作者繪畫：《野狐橋》。
畫上有作者自題：

此地原名野狐跳，後建橋
故稱野狐橋。上瀑布為曹
家浪，下稱劉家浪。洮河
木材筏運經此灌浪需要兩
拆兩編，一九五一年，這
裡不僅未能完成灌浪任
務，且六名水手喪生。鄙
人於一九五二年到此因地
制宜，因陋就簡，就地取
材，在制度和技術上實行
了大膽改革，做到了一拆
一編，不只提高工效一
倍，減少木材流失，且在
肅反運動前四年裡未發生
大小傷亡事故。灌浪時見
一奇觀，即木材從下浪栽
入河底後又像一只佛香
豎立於香爐裡，旋轉多時
方倒於水中。今畫此情此
景，百感交集，故寫此圖
以誌。

① ①發源於青海的洮河之源，作者生命中的驚濤駭浪與後來創作的山水長卷，都與這條大河緊緊相連。
② ②至今在岷縣引洮工程遺址附近的村莊，依然能看到大躍進時期民工住過的窯洞。

7

作者於2018年重寫本書的手稿。

著者自白

　　陳星，號癯翁，1925年冬出生於陝西省西安市藍田縣；1943年畢業於西安中華藝專。

　　1944年在西北農學院就讀時，投筆從軍抗日，後在湘西會戰雪峰山一役中負傷。

　　勝利後在貴陽中學任教，因創辦進步刊物《時代影劇》，被當局拘捕入獄。

　　1949年8月在西北人民革命大學進修，1950年畢業後從陝西到甘肅支援林業建設。1957年被劃右派後逮捕判刑，1979年平反出獄。為求生上訪又被單位迫害，失去左下肢，致殘終身。2004年八十歲時得到徹底平反，落實離休幹部待遇；迄今冤案未得到國家賠償。為索回冤案財物及有限補償，繼續抗爭至高齡九十。

　　出獄三十多年來，焚膏繼晷追習書畫，現為國家一級美術師；愧任省內外多家書畫藝術團體榮譽職務。

　　這期間為希望工程、抗災救災、助殘助學等慈善事業義賣作品，捐贈了裝裱成品國畫四百餘幅。出版有《千里洮河圖》畫冊、《陳星畫集》等；著有紀實作品《岷山洮水間》、《風雪人生》。

　　本書是在《風雪人生》基礎上擴展而成的作者傳記。全書從童年寫起，包括家庭遭遇和自己成年後的經歷。在1949年之後，非搶非盜五進五出監獄，多次與死神擦肩而過。今已九秩，堪稱坎坷一生。苦難是這個特殊社會賜給我的珍貴財富，我不忍白白捨棄，應還原給社會；這也是個人對民族的責任所在。

　　本文所述經歷都是真人真事，不虛誇善惡，不虛構趣聞軼事。但對個別人物也以化名處理，以遵古訓，為「賢者」諱吧。如仍使某集團、個人不快，只能說聲「對不起」，事實如此！然文責理應自負。

目錄

賤民痛史
——讀甘肅五七蒙難者陳星的長篇回憶錄《九死一生》

艾曉明

　　陳星，陝西藍田人，現居甘肅蘭州；原洮河林業局幹部。他出生於1925年夏曆冬月初二，今年高壽九十四，將要進入生命的第九十五個年頭。

　　陳星筆名罹翁，罹意遭受禍患。《詩經》中《王風・兔爰》感時傷亂，有此句：「我生之後，逢此百罹」；而接著這句的是「尚寐無吪」（但願長睡不醒）。陳星則相反，一生的經歷在他晚年化作噩夢：

> 但我時常在夢中見到被凌遲處死的人。他們被行刑者一刀刀、一點點地割著，而我對受刑者面部的緊張抽搐、身體的顫抖、叫聲的淒慘、劊子手的洋洋得意、監斬官的不可一世、旁觀者的驚恐萬狀、親屬的悲痛欲絕，既不羨慕也不同情，更無苦楚之感，只覺得自己倖免之幸！好在我並不覺得孤獨，和我相似的人多如牛毛。

　　陳星說對凌遲者和被殺者無感，何以無感？他有意識地保持了一種疏離，這是回憶的距離。那個場景畢竟是夢，似乎不再據實，此其一；而自己終於能夠從容觀看這場景中各色人等的音容相貌，此其二。當然，大多數人對這種凌遲的場景或許已經遺忘，或許終於麻木，這種態度帶來社會歷史的殘缺、記憶的空白；此其三。

　　陳星年輕時在中華藝專修習國畫，晚年重拾畫筆，是國家一級美術師。而他生命中有一長段與藝術無緣的沉痛經歷，如他所說：「坐牢也是我一生的『主要任務』」。陳星從1950年代初的「三反」、「五反」運動開始挨整，1957年蒙難劃右，「之後五進五出囹圄，先後蹲過一十五個不同的大大

小小如同枉死城般的監獄和看守所。在沒有見過任何一個原告、公訴人、審判員的世所罕見的違背司法程序的情況下，拿到三份不給上訴權的判決（不包括第四份終審判決），累計領刑三十五年」。陳星在獄中先後服完實刑十五年，1979年在右派改正後出獄。由於平反不徹底，延誤醫療，失去左下肢。

陳星不肯屈服，他架著雙拐進京上訪申訴……經過長達二十五年的抗爭，在2004年得到甘肅省高院對他宣告無罪的判決。這年，陳星年屆八十（故事到這裡還沒有結束，暫不贅述）。

在推薦張先癡先生《格拉古三部曲》時，我曾有一個判斷，即未來的文學經典，必然產生於現在這些尚不能自由出版的倖存者書寫。所謂倖存，指的是經歷了生存絕境即浩劫的親歷者，具體在中國，這種生存絕境或浩劫，包括從五十年代開始的一場又一場以剝奪人權乃至生命為特徵的政治運動，也包括後來大饑荒和1966年開始的文革的歷史。它至少有四個方面的歷史價值：

首先，它是民間歷史；準確地說，是賤民的歷史；因為，那些當年被關押的囚徒，如但丁之進入地獄，親歷和見證了社會最底層的苦難。

第二，它是社會史，它保存了有關一個社會被控制和管理的政治、經濟、文化和心理的具體狀態。

第三，它是個人的生存史，就此而言，它也是具有多種聲音的和差異性的歷史。

第四，它是語言如何倖存下來成為言說方式的歷史。亂世中的語言同樣是「逢此百罹」，經歷專制權力的擠壓、扭曲、整肅、收編、改造、控制使用；一言九鼎與因言獲罪為此語言改造社會的一體兩面。當受難者重拾這樣的語言來表述經驗時，語言的困難也銘刻在文本裡。

我希望通過陳星的回憶錄來探討以上幾個方面，但展開論述的順序略有不同。我想依據這部長篇的特點，先看主人公的出身經歷，然後看書中揭示的社會現狀和個人的受難史，繼而剖析文本中映射的語言創傷和從中突圍的可能。

第一節　人如何成為罪犯：來自「舊社會」的原罪

《九死一生》分為上、下兩卷。上卷原題為《風雪人生路》，寫於1988年，終稿於2003年12月1日，前後寫作時間跨度有十五年。作者從少年時代寫起，包括求學、抗日從軍以及戰後的掙扎。接下來的主要內容是1950年代之後的蒙冤、入獄和文革結束後的平反索賠。上卷曾以合作出書的方式（作者自費），由當代中國出版社2004年1月正式出版。現在的修訂稿裡，上卷改題為《赤地天網》，止於文革結束後離開監獄工廠，失業回家。

下卷原題為《明月幾時有》，寫作時間在上卷出版之後，終稿於2019年，時間跨度又是一個十五年。主要寫的是作者為「割尾巴」（推翻法院所謂「改判五年」的錯誤判決）的奮鬥，終於爭取到宣判無罪；繼而又長達十多年求取作為無罪者應該得到的退還沒收款和相關待遇。現在將原來上卷離開監獄後的內容合併到下卷裡，改題為《風雪夜歸》。

從1988年到2019年，這部回憶錄斷斷續續地寫了三十來個年頭。

人生中的九十多個春秋，何謂「淒苦風雪」？陳星的回憶告訴我們，在他的生命歷程中，前二十五年多是在飢寒交迫中輾轉漂泊；而後近七十年裡，基本上就在被治罪－接受懲罰－推翻罪名這條隧道裡掙扎。準確地說，直到2019年的今天，陳星盼望的公正並沒有完全實現。

用卡夫卡的三部小說的標題，可以概括這個充滿荒誕的人生苦旅，那就是《變形記》、《審判》、《城堡》。首先是一個人無端端地變成了爬蟲，再則是突然在某一天被警察帶走；繼而要抵達代表正義的城堡，無論如何，不得其門而入。

那麼讀者要問，陳星到底犯了什麼罪？何以求索一生心願未遂？從他的回憶來看，首先，他帶有來自「舊社會」這個原罪。

所謂舊社會，在革命敘事的概念中，是一個苦海無邊的社會。其中工人農民受到深重的壓迫，所以，必須通過革命造反，進入一個新世界。這個人們耳熟能詳的新舊邏輯，強化了階級對立的概念，襯托了「新社會」的必要和完美；然而它要通過你死我活的階級鬥爭來完成。

所謂原罪，即與生俱來，無法選擇和擺脫。陳星就出生在這個「舊社會」，並在其中生活了二十四年。他因此天然地帶有了所謂「舊」的各種「汙點」。擇其要，他的「汙點」包括三方面：一、家庭出身地主；二、年輕時為了抗日參加了國軍；三、抗日勝利後為謀生經商，開過一個油料行。

　　就家庭出身來說，事實上，陳星來自陝西大山裡的窮苦人家。這樣的家庭，在我們正統的革命敘事中，不正是革命的動力、是應該享受勝利成果的對象嗎？

　　結果不，已有很多研究表明，1949年後在中國農村廣泛開展的所謂「土地改革」，對貧農、地主的階級分類帶有相當的隨意性。而在實施時，它把農村中最穩定而勤勞的自有田地階層打入十八層地獄。以均貧富為形式的土改，貌似重新分配土地，實際是邁向後來的土地集體化、全面控制農民和鄉村社會的第一步。共產主義烏托邦革命就這樣降臨到基層社會，勤懇勞作的自耕農被戴上「地主」帽子，幾代人辛勤開墾的田地被奪走，全家從此淪為賤民。

　　在第一章「賣炭翁」中陳星寫到，他的家鄉就在白居易〈賣炭翁〉詩中的終南山裡，祖輩從遙遠的河北逃荒，落腳山溝，辛勤開荒種田。為了維持生計，小小少年，就跟著大哥往深山燒炭，再艱難背到山外。遇到土匪打劫，一冬的勞作轉眼化為烏有。

　　而他這樣的自耕農家庭，就因為有一點土地，土改中被劃為「地主」，家中收養的殘疾親屬，被列為受剝削的「長工」。農會分走了土地，繼而牽走了與父親相依為命的耕牛，陳星的父親心靈受創，絕食而死。如此，「地主」分子的帽子遺落到陳星大哥頭上。被連續批鬥後，不堪其辱，大哥用一根繩子了斷塵緣，永別了這個令他在其中被隔絕、敵視的世界。陳星的母親自此哭瞎了雙眼，而陳星當時被劃為右派，還在獄中服刑。一個普通的農民家庭，被貌似服務於農民的革命巨輪粉碎了。

　　陳星怎樣能夠避免這種命運？不可能。除非他未曾出生；而且，除非他不愛國。那樣，他就不必投筆從戎，作為國軍戰士血灑戰場。他是那個時代無數深明大義、懷抱理想的青年，但是他的從軍故事卻無法避免地被紅色江山的革命敘事改寫。對所謂「國民黨反動派」的妖魔化以及愈演愈烈的階級

鬥爭，使他的從軍經歷變成汙點、恥辱乃至於需要不斷審查的疑案──

> 肅反運動主持人指控我的出身可與惡霸地主劉文彩「媲美」，是個歷
> 史反革命。由於我在國民黨黨部和軍隊中工作過，便是「中統」、
> 「軍統」雙料特務。我拋棄國民黨迎接解放，未去臺灣；因此便是潛
> 伏特務。由此推理，我參加革命工作後一切積極為人民服務的行為，
> 都是為了欺騙組織，掩護自己；是企圖推翻共產黨的反革命行為。

按照「新社會」的政治話語，陳星就這樣被釘在了「舊社會」的恥辱柱
上，如他所說：我一生的厄運從此開始。

第二節　製造罪犯的流水線：政治運動

必須說明的是，儘管陳星因出身、經歷而受到政治迫害，但實際上，這
個來自底層的青年，從未留戀過所謂「舊社會」。他見過抗日傷患的乞討和
詛咒、戰後國民黨的政治腐敗，還有軍官的貪汙腐化……他因為創辦《時代
影劇》針砭時弊，最後還遭到通緝。

因此他和五十年代的無數青年一樣，他們自覺地棄暗投明，擁抱新社
會，跟共產黨走。經過在西北革命大學的短期學習，他再次離開故鄉，進入
甘肅甘南，成為支援西部建設大軍中的一員。他在洮河林場伐木放排六年，
其間幾次被評為省級先進工作者。

也是在這個地區，他經歷了「鎮反」、「三反」、「五反」、「肅
反」、「反右」、「大躍進」，甘南「平叛」、大饑荒和「文革」等政治運
動。他在書中揭開了遠離政治中心的貧困地區慘遭政治劫難的情景，而他自
身的經歷，也顯示了政治運動怎樣如同流水線一樣，不斷地、大規模地批量
製造出所謂罪犯。

未來的讀者可能會問，當一場完全無理性、反人道的運動降臨時，一個
無罪的人怎麼可能接受被強加的罪名？從陳星回憶中，我們看到了迫人認罪
的主要手段，那就是暴力。

在所謂「三反」、「五反」運動中，陳星就遭到捆綁吊打，「吊在梁上還壓了塊石頭」。在「肅反」運動中，陳星又被關進「剝皮」房；「剝皮」二字的含義，令人觸目驚心。

> 所謂「剝皮」，就是不分晝夜的「車輪戰」。審問者一層層地分析，對我深究窮追。他們要我從第一次離開西安時交代起，每走一步都要交代一件反黨反人民的反革命活動。我要說不出來，他們不只是白天拳打腳踢，晚間還要被拖出去綁在樹上，脫去鞋襪站在冰雪上。當我昏厥過去時，他們便把我放倒在地，給我臉上澆尿。我醒過來時，常常看到他們一手提著褲腰，一手抓著那個不知羞恥的生殖器，罵著下流話。

接下來是鬥爭會：

> 會上，他們發揮自己的分析天才，用那純屬捏造的罪名把我說成地地道道的特務。每天我要站十多個小時，站得我兩條腿腫得像蠟棒。一次因腦供血不足，我倒在地下；他們一擁而上，你踢我拖。同檢察長和汪書記坐在沙發上品茗、抽煙，得意地欣賞著「與人鬥」的「其樂無窮」。

然後審問者再以懷柔的面孔出現，徵引延安整風的傳統，曉以「坦白從寬」的前途，直到得到他們想要的口供。這種刑訊、批鬥加誘供的三部曲，貫穿了所有的政治運動。而且，不僅是審訊者對被審訊者如此，更有群體針對個人的大打出手，這是抓右派的場景：

> 一個個「右派」分子和「壞分子」被團團圍在中央，眾人強迫他們交代問題。當這種圈子漸漸縮小時，便是積極分子出手了；他們用指頭搗被鬥者的眼窩，用手摑耳光，用腳踢踝骨，這叫「說理鬥爭」。當圈圈再擴大時，批鬥者就開始「練排球」，對「右派」和「壞分子」

推來操去；當時的術語叫「撞大黃」（一種加工中藥材的方法）。如果圈圈開了口，那便是把被鬥者連推帶踢，操到二百多米遠的圍牆邊。他們把這叫「踢足球」和「獅子滾繡球」，有些被鬥者也只能是滾來滾去。如果還交代不出問題，積極分子便把那滿臉是血的人，你一拳我一腳當作「沙包」去練功。

陳星描寫的這些基層單位的政治運動日常，帶有上層社會、大城市生活中少見的野蠻。在大都市那些知識分子成堆的地方，人們的行為似乎還保守一點文明的外表，受到所謂政策的約束；而基層則更多是自由發揮、漫無節制的暴力。專制者的權力意志在這些地方具有完全的、毋庸置疑的權威，它對人的碾壓也更兇殘。在一個和木頭而不是文化打交道的小單位，揪出的壞分子竟達到百分之二十。卓尼縣，洮河流域這個漢藏回族合居的農林業生產區，原本是急需幹部和知識分子的地方，而和陳星同行支援西部的革大同學全部被清除。被劃為右派的除了他們之外，還有卓尼的法院院長、土司高參、銀行行長、中學女教師……被逮捕法辦的高達三十多位。

也許有人要問，在遠離權力中心的西部邊遠城鄉，搞運動到這個程度，執政者能得到什麼好處？當然有，它表明專制無遠弗屆，社會的各個角落都處在權力的絕對控制之下。人人自危，惟命是從，以求自保。正常的思想活動被殲滅，任何異聲都被消音。接下來大躍進重整山河，大煉鋼鐵，所有這些違背常識、毀滅環境和醞釀數千萬人非正常死亡的烏托邦實踐，就此暢行無阻。

1950年代的那些政治運動，都是自上而下的；從中央到地方，由政治動員開始。權力意志、領袖崇拜得到強化，普通民眾被不斷分化，從中清除所謂反革命、壞分子、右派……而劃入這些類別的人群是成千上萬。數百萬人被打入賤民階層，個人失去職業，家庭被遣返出城市，親友子女遭受歧視，升學就業被拒。

權力製造的恐怖控制了全社會，誰也不敢違背上級指示。而上下級之間、人際關係的衝突也被激化，一旦政治運動降臨，日常工作中的矛盾就迅速演化為政治運動需要的腳本。更何況在甘南，所謂「坦白從寬」的政策到

了州委書記這裡，變成「可捕可不捕的一律要捕」；類似「同志金」那樣的檢察長秉承延安整風經驗，依據暴力和誘騙手段辦案；其結果，一大批無辜的幹部、知識青年和和普通人身陷囹圄。

第三節　親歷枉死場：酷刑、饑饉、毀滅

義大利詩人但丁在《神曲》中記敘自己，在人生的中途誤入黑暗的森林，由此他被引到地獄的入口，那時的詩人是三十五歲。陳星1958年3月13日被捕，當時他還不滿三十三歲。一年後他因「反革命」罪被判處有期徒刑十年。1960年西北局蘭州會議後政策調整，上級有關部門對反右開始糾偏。陳星服刑四年多後，1962年7月20日被提前釋放，但右派仍未摘帽。

在卓尼被捕後，陳星先被解往鄰近岷縣，後來再回卓尼。直到得知「甘南叛亂」，他才明白為什麼去了鄰縣——要給關押「叛匪」騰地方。

大躍進期間，卓尼縣被併入臨潭，卓尼和臨潭都屬於甘南藏族自治州管轄。生活這一地區的居民以藏族為主，包括漢族和回族人；不同民族在歷史上有各自的宗教文化信仰。陳星入獄前後，正是「甘南平叛」期間。他在獄中，目擊了甘南平叛後囚犯的悲慘命運，親歷了大躍進後遍佈全境的饑饉，也見證了生命被毀滅的巨痛。

1. 佛地白骨

有關甘南平叛的悲劇性後果，陳星在第五章〈饑饉〉中有詳細描述，〈佛地白骨〉是其中的一節。陳星的回憶中充滿歷史的細節，為以後研究這一事件的學者，提供了難得的史料。

作為一個漢族囚犯，陳星的處境相對寬鬆一點，這使他有機會觀察到藏胞囚徒的處境。呈現這些場景時，他的筆觸是冷靜而疏離的，彷彿不是寫人而是狀物，這也愈發顯示出藏胞處境的非人性質：

> 一天凌晨，監外傳來人喊馬叫之聲。接著，就是一陣打罵。打的聲音，似乎是用皮鞭、木棒猛擊一具膨脹物體。於是我又聽見那兒發出

陣陣慘叫：「EA（*我）土匪馬勒（*不是）。」

　　這座看守所建在百多米高的懸崖之間，牢房就在靠崖的窯洞裡。每天聽到這些慘叫都讓陳星感覺生活在地獄中，更不用說那些被酷刑的人：

> 有天我去挑水，只見民警鍛煉身體的單槓、木馬和拴馬的木樁上都綁著蓬頭血面的犯人。單槓上吊著的人，頭上滴著鮮血。窯洞口安裝上了厚厚的門板，民警從裡面趕出來一個沒繫腰帶的犯人。那人像是藏胞，皮襖的大襟拖在地上，從那裡面發出腳鐐聲。犯人過去，地上留下一道深深的壕溝和斑斑血跡。

　　相比起來，右派犯人雖然失去自由，但還沒有被如此普遍地折磨虐待。然而，也正因為同樣地遭遇不公，陳星才將這些外界不可能知道的歷史畫面保存在記憶裡，多年後披露於筆端。他深深歎息道：「平叛難免玉石俱焚的毀滅」，曾經協助政府工作的藏族土司、活佛、開明人士、回族伊斯蘭教西道堂的教主，都遭到重刑審判。而藏區普通民眾更是苦不堪言，許多冤案直到二十年後文革結束才得以昭雪。「發生叛亂的有些地區，無論老少幾乎全部入獄，可以說是村無炊煙。而在沒有發生叛亂的回、漢雜居地區，那些所謂的『一等戶』、『二等戶』的主要成員，也大都被收入獄中。」「各縣城附近的藏民寺院、回民的清真寺，都被借用來關犯人。還有新的看守所和勞改農場正在建設中。」

> 僧官楊丹珠在甘南被軟禁，木耳當活佛前一年經內蒙去了西藏，倖免於難。伊力倉活佛被誣參匪，與雷兆祥副縣長一同被槍決。稍有威望的喇嘛均被帶上「念咒經」的帽子，遭到關押。大管家吉巴、塔讓死於獄中。最可憐的是那些未成年的幼小和尚，他們的師傅被捕，房屋被沒收，家人死於戰亂。家裡不要說牛羊，連隻狗也沒有，他們只能淪為乞丐。

緊接著，大躍進後的大饑荒降臨到這裡。陳星在由禪定寺改成的監獄裡參與管理獄中病院食品庫，他親眼看到犯人一批接著一批餓死，可是更多的人被抓進來。小小卓尼縣不過二十四萬多人口，竟然有六千之眾的犯人關在城關附近。全縣分佈著幾十座大小不同的監院，其中關押著的不僅有男犯，還有少女、孕婦、老嫗和嬰兒。

陳星被調派去做犯人調查統計，他進入到這些地獄般的陰森處所：

> 我閉了一下眼，才辨認出一些模糊的影子。一排排大圓立柱支撐著藻井，地下一片灰褐色，好像橫七豎八擺著的羊皮胎。我只能從「皮胎」的一端長的「髮菜」來斷定，這是人頭。若不是他們還在發抖、打顫和微弱地呻吟，我不敢把他們當作活著的人。如果沒有大小便聲，這裡將是死一般的靜寂。現在，連念「嘛彌巴彌訇」的聲音也聽不到。

> 上千個這樣的身軀，日夜蜷縮在「皮胎」裡，只有開飯時才坐起。各色各樣的木碗伸出來，去接那一勺糊糊；直到用舌頭舔得一點不剩，才又揣入懷中。因為這木碗是他們惟一的生命之源，也是惟一的財產。然而，有的人舔著舔著也就永遠不舔了。

更荒唐的是，幾乎所有人對「案由」都是一無所知，「我們只好見藏民填『叛匪』，見回、漢填『反革命』」。到後來大量犯人死去，陳星的工作改為給死人寫亡命牌，從他接手到移交他人時，他編號登記的死亡數字已逾千人。

死人被埋在禪定寺的後山，野狼禿鷲分食，烏鴉哀叫，山坡被白骨覆蓋。繼而，供銷社開展了收骨業務；白骨日漸稀少，最後一個犯人已被抬出古剎。

讀著陳星不動聲色卻令人毛骨悚然的描繪，不禁要問：這是在古拉格？在奧斯維辛？在卡廷森林？也不禁要與作者同聲一問：

今後還要死多少人？我不敢想下去。難道一批中國人要被另一批中國人就這樣無聲無息地毀滅得一乾二淨嗎？

陳星寫的死亡，有時是帶著冷嘲的白描，包含了他對自己作為統計者這個角色的自嘲。但在寫到具體的人物故事時則傾注了深厚的情感。特別令人動容的是他筆下的龍布丹珠之死和馬小雲的愛情流轉。兩個故事寄託了陳星對難友的深厚情誼，也承載了對無數連名字也不曾留下的犧牲者的哀悼。

2. 龍布丹珠之死

龍布丹珠是陳星的藏族朋友，在給作業所運給養時，這位藏族頭人幫助了陳星，兩人結為好友。那時的龍布丹珠三十上下，魁梧英俊：

> 他頭上戴頂狐皮帽，帽後兩條飄帶迎風招展；身上穿著豹皮作領水獺皮鑲邊的皮襖，腳鐙十字花靴。龍布丹珠腰挎長刀，背荷叉子槍，騎著一匹潔白如雪的駿馬，煞是威風。

陳星見證過龍布丹珠的生活的美滿奔放，他的妻子、妹妹能歌善舞，家庭和睦。他和陳星分屬不同民族，語言也不完全相通，但他待陳星坦率真誠。陳星在獄中與龍布丹珠再度相逢時，他已是從馬鬃山那邊押解過來的嫌犯，連路都走不動了。他經歷了什麼？從陳星前面描寫的對藏胞那種滅絕性質的虐待已經不難想見。更恐怖的是饑餓的折磨，陳星看見他在馬桶邊蜇摸，不敢相信自己的眼睛：他抓起一截大便入嘴。在晚上的批鬥會上：

> 發言人聲色俱厲地把「仇視社會主義制度、誣衊黨的勞改政策」的帽子向龍布丹珠扣過去。但無論如何，龍布丹珠再也無力站起來。

橫刀立馬的龍布丹珠和奄奄一息的龍布丹珠，這天壤之別裡包含多少生死劫難。他想活下去，他的反常行為是想抗拒被種族滅絕的命運。他的妹夫已經死在馬鬃山囚禁地，他還有贍養親人和族人的責任義務。他說：

「張股長說牛吃草能長膘，我想豬狗吃屎也長膘。」他流著淚又說：「我活的要呢，卓瑪（*他老婆）和銀知草（*他妹）在卓尼放了，知道我回到這兒，一定會來看我的。我的妹夫在馬鬃山也⋯⋯」他忍不住哭出聲。

龍布丹珠次日死去，陳星親自為他送葬。到了墳地，他看到前天埋的文教科長已被扒出，股、肱骨上有刀痕。月餘，新來的一個犯人腦滿腸肥，有關「人肉包子」的檢舉解答了屍骨被剮的去處。

待到深秋，龍布丹珠的妻子和妹妹前來搬屍。當年美貌如花、歌聲曼妙的女人如今劫後餘生，顯得老態龍鍾。陳星帶她們去到墳塚，希望他努力深埋的龍布丹珠保有全屍，能夠給家人最後一點安慰。可是挖出來一看，皮襖、繫腰沒有了，皮包骨頭的那點瘦皮也不知去向。兩位女人爆發了：

　　她倆突然停止了哭泣，在臉上抹了一把，向我撲來，把我掀翻在地，用力地撕打著我。我一動不動地接受著懲罰，我希望她們把我打狠些或者打死。她們發現我臉上的淚痕便丟開我，又伏在屍體上搖著他。她們的手摳著枯草、沙土，手指冒出血；何止手指，她們眼裡滴著血、心也在淌血。抱著骷髏似的頭，她們一起一伏地哭得昏天黑地。

這是甘南平叛後無數藏胞家庭毀滅的一個縮影，也是中國大饑荒時代一則空白的補遺。政治風暴有政治的解釋，而陳星看到的是人的毀滅、無可彌補的喪親之痛。活生生的、健壯美好的藏民、他們的生活方式、他們的文化習俗、他們的族裔親情⋯⋯——消逝於一個漢族犯人的眼底。死前他已成「皮胎」，無限屈辱，無盡折磨；死後又被掘屍剮肉。撕心裂肺的孤兒寡母，在這慘無人道的世間，如何存續？

3. 犧牲與救贖：尋訪馬小雲

夾邊溝勞教者的故事，在甘肅勞教勞改敘事中，是非常顯著的一部分。

先後有楊顯惠、龐瑞琳、趙旭、邢同義等多位作家、研究者的紀實、訪談和研究著作出版；也有李景沆、和鳳鳴等親歷者的回憶錄為證。陳星回憶中第33節〈他魂斷夾邊溝〉，勾勒出另一位夾邊溝受難者的遭遇；他重點寫的是這位難友孫瑞元家庭、尤其是妻子馬小雲的婚姻和人世滄桑。

作為見證者，陳星與馬小雲有六次相遇，在時間上跨越了六十個年頭。

小雲的丈夫孫瑞元是陳星到卓尼後結交的本地幹部，那時，他是年輕英俊的上尉軍人；新婚燕爾，陳星初識他的妻子小雲。小雲出身紳士之家，美貌非凡，令人疼愛。接著，陳星又到他家新居做客，小院依山傍水，少女已成母親，生活寧靜安逸。

而這一切，因政治風雲帶來突變。在獄中，陳星和小雲的父親馬全仁老先生（「反革命犯」）結為摯友。從而得知，孫瑞元已被劃成右派，開除軍籍，送去夾邊溝。大饑荒不斷餓死人，馬老擔心孩子們，托陳星偷著給她們送點甜菜和芫根救命。

這樣，陳星第三次見到馬小雲。她沒有文化，托陳星給她讀丈夫寄自夾邊溝的來信。這一節抄錄了來信全文（陳星二十年後從馬老家裡據原件抄出），這也是孫瑞元留下的最後的遺書。

在信中，孫瑞元傾吐著對妻子的思念，惦記著在他被押走後出生的孩子，更為收不到家信而痛苦難眠。他還不知道，能寫信的岳父已經蒙冤入獄。他托難友發信避過檢查，才傳出夾邊溝大量餓死勞教者的真相。但他不讓妻子去探視，只要她寄一張全家福照片去；還要她寫信多說大好形勢。信未讀完，小雲已泣不成聲。

也正在陳星準備離開時，郵遞員送來又一封信。打開後陳星看到的是「死亡通知書」。（我問過陳老，這是真的嗎？就這麼巧？陳老告訴我，人說無巧不成書，當日收到信，看到那張表他不忍念給小雲，含淚離去）。

陳星出獄後的1963年，他第四次見到小雲。那時馬老也已出獄，他得知小雲已經再婚，第二個丈夫楊國才人品好，以前還照顧過獄中難友。陳星為小雲感到欣慰，願她的生活有個新的開始。

但後來陳星再度入獄，出獄後他聽說，小雲的第二個丈夫因病早逝，給她留下了五個孩子；連同孫瑞元的兩個孩子，七個子女全靠母親一個人生活。

二十五年之後的1988年，陳星和小雲在他當年工作的地方不期而遇，「我夾著一雙拐子，蹀躞在昔年冰天雪地時被綁在那片柳林中的地方。」「她的臉上，彷彿被淚水沖刷出無數條深壑。」如今的殘疾老人和昔年的亡友遺孀，背負著各自人生的重軛，也被卑微的地位所困，似曾相識終未相認。

　　一直到2014年，在臨近九旬時，陳星回到女兒定居的岷縣過春節。因為夾邊溝難友張羅給遇難者建碑，陳星特意返回卓尼，尋訪丈夫在夾邊溝遇難的馬小雲。這一次，他終於有機會和臥病在床還帶著吸氧管的小雲相認，重述當年故事。

　　這是一段中國式的《追憶逝水年華》，從六十年的歲月裡，陳星撿拾了這樣幾度相逢的記憶，描繪出一個女子生命的軌跡。小雲的青春韶華，象徵著生命的美好。而在殘酷的時代，她如龍布丹珠的美麗女人一樣，失去親人呵護，獨自面對政治迫害和婚姻變故。三度為人妻（中間還有一段被稱為「情婦」的困窘），跌落到社會最底層的她，把七個孩子養大成人。在她備受摧殘的面容之下，陳星看到了犧牲和救贖：

> 一個大家閨秀，背負階級敵人家屬的重負，她是找不到適合的工作的。小雲只能克服一切困難，去幹那常人不可想像的笨重體力勞動，和泥，搬磚，扔瓦，上山背柴，下地挖土拉車，推磨……連牲口幹的活她都得幹。吃飯要照顧大大小小一群孩子吃飽，自己才吃；孩子們都睡好，自己才睡。我眼前已不是那美貌如花的馬小雲，而是個巾幗英雄、偉大的女性！我真希望她的兒女能去夾邊溝哭祭清明。

　　那時的社會混亂到人相食的程度，有還有什麼比這樣的人性更為稀缺和可敬！在專權者的殘酷、普遍的社會歧視和冷漠中，人性的微光又是何等可歌可泣！要知道，這是在處處有監獄、家家有犯人的卓尼，在饑饉和死亡的浩劫中。如果說，處在社會底層的無數家庭之所以還能絕處逢生，維繫下來，沒有全面崩盤，那都是因為有這樣的女性、這樣的母親含辛茹苦，忍辱負重！她們是受難者的生命依託，也是苦海中的救贖。

　　惟有同樣地熱愛生活，才會珍藏那少女令人驚鴻一瞥的美。也惟有歷盡

磨難，才會如此尊敬她們的犧牲。陳星在夾邊溝受難者的敘事中，增加了一位女性形象，也為那個時代的被侮辱被損害的弱女子，書寫了一曲哀歌。

第四節　「投機倒把」：政治賤民的謀生罪

我們瞭解1960年代的社會控制模式，這個時期，國家全面控制生產生活資料，普通的社會成員無法通過國家之外的管道獲得合法的生活來源。基本狀況的確如此，但那些被排斥、被剝奪了工作機會的人如何生存？從陳星的遭遇可以看到，處於社會底層的政治賤民，所受的傷害都是連續性的，也是全方位的。在政治迫害之後，接踵而來的是工作權乃至於生存權利的喪失。

中國1960年代的親歷者知道，在「以階級鬥爭為綱」的年代，所謂「地、富、反、壞、右」統稱「五類分子」，他們背負這些政治標籤，猶如猶太人佩戴著黃色大衛星，日常生活中受歧視，運動來了首當其衝地挨整。

陳星在三十八歲時獲釋回到家中，家徒四壁，兩個大孩子寄居老家，妻兒另四人住在老鄉的馬廄中，一貧如洗。而最大的危機是所謂右派甄別工作已經結束，他未摘掉右派帽子，就找不到工作，無法在縣城立足。

陳星由於沒有工作，就沒資格在當地派出所上戶口。沒有戶口就沒有糧票，買不到計畫供應的平價糧；只有到農村去幹活。可是，陝西老家已經回不去，母親不許陳星回去繼承家裡的「地主」帽子，因為陳星的大哥已經因此喪生。

陳星努力在家庭周邊找條件好一點的農村落戶，這就要滿足農村幹部提出的要求，搞到緊缺物質。計劃經濟時代，各類物質都是統購統銷，農民無法得到需要的產品。到大饑荒後由於救災的需要，政策略有鬆動，城鄉間局部開放了自由市場，像陳星這樣有閱歷和人脈卻找不到工作的人，就開始在供需雙方的夾縫中謀生。而政策到1963年開始急劇收緊，私營交易遭到嚴打；個人調運的物品動則被收繳，連成本也追不回來。為了回老家謀條生活出路，陳星只得一再鋌而走險，最後因長途運馬被堵截，在文革中的1968年底再次入獄，稍後，被判二十年長刑。

以上主要概括了陳星所謂「投機倒把」罪的來龍去脈，表面上看是很清

楚的。但是僅僅如此，不足以理解這個罪名本身的社會含義。我想從以下四個方面再做進一步分析：

第一，打擊投機倒把，這種運動與體制內的路線鬥爭不同；它主要掃蕩的是底層社會；而政治賤民則首當其衝地成為被打擊對象。

所謂「投機倒把」這個罪名，現在已經廢除；但是在中國上個世紀的五六十年代，先是被看作所謂擾亂市場秩序的經濟犯罪，後來演變為政治犯罪。法學家高銘暄談到過「投機倒把」罪的歷史由來，它是因計劃經濟體制而生，而且受到蘇俄刑法典的影響。任何計畫供應之外的、由個人在政府規定的市場之外進行的交易、個人實施的長途販運、甚至捎帶到異地賣點私人產品掙差價，都可以裝進「投機倒把」的口袋裡入罪。而越是政治嚴控的時期，對投機倒把的打擊範圍也就越寬泛；它被看作是走資本主義道路、「顛覆無產階級專政」。如此，打擊「投機倒把」因此也成為政治鬥爭的目標。

但是，具體來說，是哪些人在搞所謂「投機倒把」呢？我們以陳星的經歷為例，可以看到主要是這樣幾種人：

1、一部分人過去就是做小生意的，而在勞改釋放之後，得不到合理安置，只能重操就業，這就是所謂靠「投機倒把」生活。
2、並不是生意人，而是和陳星一樣的勞改釋放幹部，如原法院院長陸聚賢，為了給孩子度命，到岷縣買中藥，回去換糧食。
3、節省下自己口糧的升斗小民、婦女兒童，如書中寫到的小蓮母女。
4、還有就是在商品運輸過程中不可缺少的司機這類有一定職業流動性和自由度的人。

除了第四種人的生活處境略微好一點，前面三種，都是底層社會的貧困人群；其中，政治賤民的處境尤為艱難。

第二，在高壓下進行的「投機倒把」，是底層社會反抗暴政的生活實踐。

談到這個時期的投機倒把，不能脫離大饑荒的災難背景。在陳星出獄前的那五年裡，中國社會經歷了如此巨大的劫難，幾千萬人口喪生；沒有追究，無人負責。連中央政府派出救災的工作組成員，返京後都不能說出死了人的事情。

饑荒瓦解了維持人性的基本道德人倫，易子而食甚至人吃人，都不是傳

聞而是有案可查。歷朝歷代，人們都以「人命關天」、「民以食為天」來強調生命和糧食其至高無上的重要性，但經歷了1957言論治罪和大饑荒後，言者被踐躪，社會被撕裂；整個意識形態和底層的生活現實也是分裂的。普通老百姓並不是報紙電臺裡那些熱愛和擁護權力的抽象符號，極少數勇者被生存所迫，揭竿而起，準備搶糧——這類事件在各省都有記錄；儘管全部被當作「反革命暴動」案件，慘遭鎮壓。而對大多數人來說，如果不能積極地反對暴政，至少也存在著消極的抵制。

這就如陳星記錄的當時聽唱民歌的情形——在岷縣二郎山的花兒會上，兩個花甲之年的老阿婆，「她們唱到哪裡，人們跟到哪裡。聽眾有的席地而坐，有的倚牆而泣；有的捶胸長歎，有的抱頭痛哭。」阿婆唱的是：

> 中國有個湘潭縣，
> 湘潭縣有個老嫁漢，
> 老嫁漢養了個毛軍犯。（*岷縣把壞人叫做「軍犯」）
> 餓死百姓千千萬，
> 死了油鍋把他煉。

這是當時陳星抄錄下來的歌詞，是老百姓的真實心聲；這種聲音如果追究起來，也是萬劫不覆之罪，但它竟然公開地出現在底層的社會空間。

如前所述，底層老百姓對「餓死百姓千千萬」的現實處境深懷不滿；那麼也就可以理解，這個社會的正統思想，已經無法約束到底層社會的求生意願。一大批人因著烏托邦的政治實踐，被荒謬地劃分到階級敵人的範疇，從原有的人生軌道拋出，而且再也無法回到所謂「正常」生活中去；那麼對他們來說，求生的意義，已經超越了政治教條；具有天然的合理性。事實上，它就是普通人反抗暴政，爭取生存權的日常生活實踐。這也就回答了為什麼當陳星走投無路時，難友會接濟他，給他走這條路的本錢；又為什麼人們受到如此嚴厲的懲處，而在出獄後仍然會鋌而走險。

第三，那些滿足物質緊缺的商品交易，本身是有利可圖的；這是商品經濟的天然優勢。商品交換的目的就是為了獲利，它有像小蓮賣饅頭那樣的微

不足道的回報；也有如藥材、電磨和牲口交易那樣大筆款項的回報。陳星寫到他經手的一單藥材生意，七天掙到一百五十元，相當於妻子三個多月的工資。我還要重申，一方面，大批政治賤民找不到其他生活出路；另一方面，這種交易也確實能帶來相對高的回報，它必定吸引人們冒險相求。

第四，從國家制度層面來說，按照「階級鬥爭」的意識形態和維護計劃經濟的需要，嚴格禁止個人之間的商品交易；這就賦予了各級政府部門和管理機構任意掠奪交易人財產的合法性。「投機倒把」者屬於知法犯法，其處境是很危險的。

特別是在1963年以後，曾經允許老百姓進行的一些生活必需品交易的市場自由，國家已經收回。各個城市都在嚴打「投機倒把」，每條道路的交管部門都可以設卡，農村公社和生產隊可以隨時舉報和沒收財物。因此，儘管供需雙方的所謂「黑市」交易依然存在，但其中不僅沒有人身安全保證，也不可能建立起原則上的公平誠信。交易人被國家執法機構打壓，也被地方勢力（例如以「民兵」的名義）盤剝（收取買路錢）；還會遭遇個人間的失信、欺詐或暗算……總之，一招不慎，滿盤皆空。而因此欠下的人情債務，又不能不通過繼續冒險來償還。本來就處於脆弱地位的交易者就此走向犯「罪」和坐牢的不歸路。

簡言之，「投機倒把」看起來有利可圖，實際上輕易被治罪。很多人，不僅是罪上加罪、失去自由，而且付出了生命的代價。

有關五六十年代的罪名，現在大家都知道，以言治罪是侵犯人權的。但對「投機倒把」這個罪名和實際內涵，公眾缺乏瞭解。取而代之的想像總是和個人貪欲以及違法手段聯繫在一起，這種偏見正是從過去的計劃經濟時代以及對個體經營治罪的實踐中繼承下來的。而陳星的書讓這個被遮蔽了好幾十年的社會現象得以揭示，讓我們瞭解，這些行走在法律邊緣的人何以會如此，為什麼——這提供了我們認識那個時代的又一種必要的知識。

這樣，陳星也在中國當代的倖存者書寫裡，增加了這樣一類獨特的小人物的形象。通過他們，揭示了這種罪名本身的荒謬和當事人的生命悲劇。

例一，王瑜之死——王瑜是陳星的難友之一，也是在他鼓搗下陳星當上牛販子。因為代買牲口，王瑜必須躲避民兵。結果，他在山溝趕馬時遇到山

洪，人和馬都被捲走；連屍體也被野狗扒腸掏肚，難以辨認。

例二，王化祥之死──王化祥出身小商販，各種運動中多次被整。文革中幫人收廢鐵被追究，被抓到審查站飽受折磨。半年後解往家鄉，他不堪在妻兒面前受辱，跪浸在洮河自盡。

例三，李英貴被判──李英貴幫生產隊買馬，被當作私人販運。懷孕的馬被沒收，查實後釋放。但他不依不饒地向公安局討要母馬生下的小馬駒，結果被以反革命罪判刑二十年。

例四，小蓮之死──小蓮不滿十歲，賣饃被城管搶走饃，踏碎筐。小蓮怕回家挨打，絕望投河。

哪怕是躲得一時的追捕，「投機倒把」犯終是難逃法網。何文奎──無業右派，因販馬被判十五年。吳尚義，兄弟四人先後因「投機倒把」進了監獄。

就是陳星本人也是一樣，他當時也屬年富力強，足智多謀。在將甘南的七匹馬運往陝西陳馬村這一千三百多公里行程中，他可以說是克服了天寒、路險、關卡重重、人疲馬倦……各種令人難以想像的困難，穿越了層層封鎖線；最後也成功到達了目的地。但被鄰縣村民舉報，人被截獲，未到手的購馬款也被就地抄走。

和「投機倒把」相關的還有更無法定義的罪名：「流竄犯」──只要是外地人，從事非農業的活動，就可以治罪了。如陳星在收容所裡目睹的一個雜技演員之家，全家六口，包括兩個不滿十歲的小孫女，他們以表演雜技給生產隊搞副業，被視為「棄農務邪」而收審。其餘的流竄犯還包括唱戲的、剃頭的、討飯的……

從以上例子來看，任何跨越了被規定的生活範圍、在社會邊緣求生的人，都可以被設定為「非法」和犯罪。而打擊「投機倒把」的實質，在大量情況下就是搶劫普通老百姓。對於因工商業兼併、公私合營而失去私產的一些生意人，這是對其生活方式的摧毀；而對那些遭受了政治迫害的人們，則是實施進一步的經濟迫害。從宏觀角度來講，它維護著計劃經濟的至高無上地位；而在底層社會，則是專門針對貧民、流動人口和無業者設定的罪名，其結果可以從剝奪財產到剝奪生存權。

陳星寫出這些底層「犯罪」的眾生相，寫出「小小百姓在歷史洪流中的

拚搏、掙扎直到被泥沙所吞沒」的故事，讓我們不能不重新思考這個罪與罰的關係：為什麼導致餓殍遍野、人相食者不為罪，而貧民百姓求生存、謀生計的行為是為罪？這個法律體系肯定是有問題的，因為它完全罔顧現實。罔顧到什麼程度？它把人的基本生存需要置之度外，把傳統社會視為天理的人命不當一回事。

第五節　文革期間的賤民囚徒

　　陳星再度因「投機倒把」失去自由是在1969年底，他先遭到毒打逼供，被關進老家陝西的涇陽縣收容站。1970年元旦前被押回陳馬村批鬥，他被綁在汽車保險槓前，任由鄉村小孩砸石頭。繼而他被轉到涇陽看守所，關押了一個多月。1970年開展「一打三反」運動，甘肅甘南藏族自治州的保衛部從陝西涇陽將他帶往甘南。到達蘭州，先羈押在八里窯看守所。在這年舊曆大年三十起解，被關進甘南州政府所在地夏河縣的合作看守所，在這裡羈押了兩年七個月。到1972年7月判刑後，押往位於臨夏的甘肅省第二監獄，在監獄的工廠服刑。

　　這樣，陳星在囚禁中度過了又一個十年；從文革中的1969年底到文革結束後的1979年。

　　文革中的暗無天日，在官方和民間曾經是有共識的，因為當時很多黨內幹部被批判鬥爭，受到殘酷對待；其中一部分被關進監獄，一些著名的高級幹部在關押中慘死。

　　但與此同時，有大量的平民百姓，一樣被侮辱和損害，他們的故事卻少見諸於報端。因為這個人群，在整個社會結構中是處於底層，與權力無緣，沒有聲音代表他們，他們的聲音也不受重視。以至於造成一種誤解，好像文革主要是當權派和知識分子挨整，而普通民眾，或者是被煽動起來的烏合之眾；或者只是蒙昧無知的看客。

　　陳星以他的親身經歷告訴讀者，在底層社會，有大量一般群眾成為專制的犧牲品。他們和那些被關押的黨內幹部相比，人數更多，遭遇也更悲慘。為什麼這麼說？第一，在遍佈陝西、甘肅的一些臨時性的羈押場所，關押普

通犯人的條件更惡劣，暴力無處不在。第二，在普遍的服從政治需要的運動型執法中，嫌疑人被任意捏造罪名，輕易被處決；造成大量冤殺。第三、酷刑逼供、奴隸式的無償勞役和無休無止的認罪揭發，對服刑人是更長久的精神和肉體折磨。以下再從這幾個方面來看書中的證詞：

一、在黑暗的中心：犯人的非人處境

涇陽縣收容站是用民房關押被收容者，連床鋪也沒有。而在大城市西安火車站的臨時羈押室，關押犯人的處所尤其不堪：

> 玻璃房裡密閉不通風，紅太陽蒸發的尿餿味和悶熱，使人喘不過氣。再看靠邊處，還有一堆堆大便，這裡比官方形容的劉文彩的「水牢」還要更令人驚恐。
> 房間裡只有一盞日夜不熄的頂燈，別無他物。我站在被尿水浸泡的木板上，兩腿發麻身無依靠。中午給了我一個饅頭，但臭氣熏得我口乾舌燥，渴得難以抑制，幾乎就要暈倒。實在難熱，我只得強打精神大喊：報告班長！可是，崗樓上那位荷槍的警察既聾又啞，任憑你喊破嗓子也不會答應一聲。

在甘南的三岔坪勞改農場不但勞動強度大，而且時間長；即使在正式的省內大監獄，犯人夜晚睡覺的通鋪，每人能夠佔用的面積還不到六十釐米。

在紅色歌曲裡唱的「三大紀律八項注意」裡第七條注意就是「不虐待俘虜」，但在現實中這一條根本不兌現。陳星在看守所遇到的犯人，有被關押數年不判者，有人甚至被戴上械具，連續幾年不解。一位「反動組織」成員「從被捕那天起他就帶著背銬，四年來從沒開過一次，當然也沒有換過衣服。他也無法學會用筷子，吃飯時他就像豬一樣在床沿上用嘴去吞。」他手腕上傷痕累累，而他還不知道，這一天獄警給他解開了背銬，目的不是要釋放他，而是因為第二天就要將他處決。

二、政治運動中的罪與罰

1. 反革命犯、殺人犯與文革中罪犯

文革期間，監獄裡都關了些什麼樣的犯人？陳星在甘肅省第二監獄看到的犯人，真正屬於犯罪者如盜竊、強姦、殺人刑事犯罪的極少。其中大量的是反革命，「反革命中，以廣東、南京、上海人為多。他們都是（中共）建國初入獄，大多數還是死緩、無期，有的服刑已二十多年尚未改判。他們說話謹慎，討論應付，勞動一般，至死不認罪，壓根沒打算活著出去。但這些人從不違犯監規，更沒發生過越獄事件。」這些人的命運都和建國初期的鎮反、肅反運動有關係，其中，罪與非罪、重罪與輕罪界限模糊，刑罰懲處也帶有很大的隨意性。例如，陳星寫到其中一個犯人孔繁泉，他原本在「鎮反」時判了五年，到「肅反」時卻改判死緩，而改判又從宣判之日開始生效，不計此前服刑期限。而孔繁泉一直不認罪，這樣就更沒有出路，得不到減刑。經過曲折的申訴過程，到文革結束後的1978年，孔繁泉才被釋放，如此，他在獄中整整服刑了二十七年。一生中最好的歲月都失去了，更不用說家裡妻離子散，老人晚景淒涼。

即使是確鑿無疑的殺人犯，殺人原因也非常悲慘，有的家庭暴力殺人罪就是人相食的大饑荒的直接後果：道德崩潰、人性淪喪。如兩個農民殺人犯，一個殺妻是因為妻子為省糧，只肯做麵糊糊，不肯給他做饃。另一位則是偷了姐姐家的豆麵驚醒了姐姐，因而將其姐母子倆殺死。此外，殺人犯中又有吃了親生兒的父親。顯而易見，這些人都是餓瘋了，餓到失去理智。

還有一些犯人的所謂罪行帶著文革時特有的荒誕色彩，如有農民在主席像後面小便，因此被判十年。地質隊幹部議論林彪長相，被判十五年。公社幹部擁護劉鄧路線，被判十年……可是，等到劉少奇鄧小平命運發生轉折時，他們依然不得獲釋，原因是個人不可能有預見是非的能力。連在偉大領袖的追悼會上未戴黑紗，也被處刑十年。什麼叫強權？這就是。它就是如此任性，任憑掌權者好惡行事。在它面前，談個體、邏輯和理性是徒勞的。

2. 運動型宣判和處決

在1970年的「一打三反」運動中，監獄裡增加了更多的新犯人。所謂

一打，指的是打擊反革命破壞活動，三反是指反對「貪汙盜竊」、「投機倒把」、「鋪張浪費」。為滿足政治運動需要，監獄裡從重從快處決犯人，一批囚徒被冤殺。

如曾被當作藏族上層人士團結對象的唐龍土司，他已經被關押了十二年，不可能有新的「反革命破壞活動」，也在運動中被處決了。在岷縣：

> 小小縣城一次就殺了十三個。被殺的都是一般群眾，如糧食局幹部常發榮和泥水匠張尕娃，還有趕驢車的腳戶賈士傑。最冤的還是常彥清夫婦，他們都是基督教徒，僅偷偷地作過幾次禮拜，就被捕了。傳言要對常彥清判死刑，其子便準備了一副棺材。誰知執行的那天卻是父母雙亡，只好把老兩口裝在一副棺材裡合葬。

而這位張尕娃，充其量不過是個小小的包工頭。一個勞動者，承包了法院的土木工程；竟至於被當作「黑包工」被槍決，可見當時濫殺的程度。

3. 運動期間的暴力管制加劇

文革期間接踵而至的政治運動，不斷煽動起所謂對敵鬥爭的緊張氣氛。發現敵人，就是政府控制社會的基本手段。人們對社會現實的不滿，被轉移到所謂「階級敵人」群體裡。他們被壓抑的欲望和情感也都被組織和調動起來，轉化為仇恨的能量。而在關押犯人的場所，暴力不僅是合法的，而且隨著運動的起伏而加劇。每一場運動都波及到獄中，本來就沒有自由的犯人則身處更強烈的高壓恐怖裡。例如「一打三反」運動中，在看守所，「班長（犯人對每個兵都要稱作班長）在監牆上用土坯把犯人當作靶子打」。一位老工人試圖逃跑，受到殘忍的虐待：

> 他帶著背銬和鐐子，背上還壓了兩塊石磚。他靠著監牆，在沒膝的蒿草裡艱難地走動著。淺草處可以看到滴滴鮮血和著泥水流淌，瓢潑的大雨還在向他身上澆著。

而在此運動期間，犯人的放風時間也縮減為每天一次，

上廁所的時間縮短，很多人只能是提著褲腰空跑一趟。馬桶顯然小了，高粱米糊糊稀了，更少了。民警打人愈頻繁愈狠了，更談不上給犯人接收家屬送的食物的事。

當我們說，國家在某個時候按照瘋狂的邏輯運轉，無休無止地尋找敵人，提高警戒，對內鎮壓以及對外備戰；我們還必須瞭解，這一切不僅是報紙上的社論、大街上的標語、對敵鬥爭的口號，而是有著具體的人在承載這些敵意和仇恨，有無數小人物的受苦、枉死者的冤屈，在填補意識形態話語下的真空。

不僅如此，監獄裡的囚徒，還必須按照那個瘋狂的邏輯來扭曲自我，編派罪行，以滿足政治運動的需要。陳星寫出了這種邏輯的非人性質和傷害，他用了「熬刑」這個詞來形容個人承受的身心痛苦：

> 為了達到他們逼供的目的，馬文林等令我面牆撅起屁股作噴氣式狀，問一句踢一腳。突然一人抓住我的頭髮向下摁，另一人將早已燒紅的火錐順褲襠烙燙。我的棉褲在燃燒，他們又用開水來澆，我身上的傷疤迄今可見。刑訊逼供歷來就是酷吏殺人不犯法的手段，何況在這個無法無天的時代。他們又把我一人關在一間潑水結冰的房子裡，連餓帶凍整了我三天。早在1960年，他們就用過此刑，一個幹部因此凍掉一隻腳。

在這種酷刑逼供和接下來的誘供過程裡，在其他審訊室不斷傳來的的慘叫裡，陳星只能按照審訊者的要求編造口供，承認莫須有的買賣六千尺作廢布票等罪行。這樣一來，正好給重判提供了材料，也證明了對階級敵人實行專政的必要，這也就是當年凡宣判都要召開萬人大會以及遊街示眾的原因。從陳星的描述裡，我們得以瞭解，階級鬥爭是建立在何種荒誕的基礎上，而當時的所謂司法，又是如何以法律的名義欺壓百姓，草菅人命。陳星後來得知，甘南州對他報批的判決是死刑，而省高院未批。1972年7月2日，他被判

處有期徒刑二十年。

二、囚犯的絕望與瘋狂

面對漫長的刑期和無盡的認罪揭發，陳星多次決定一死了之；也避免家人因他蒙受牽連。他曾在冬天跳入冰河，也曾絕食，後來又吃下一百多片安眠藥，還有兩次觸電……因為在看守所遇到了內心善良的一位董所長，也因為被難友和管教及時發現等多種原因，他倖存下來。

他寫下的另一位難友相申金（真名向忠全）則在這種不斷被捕、監禁和折磨中殊死反抗，結束了在人世間卑微的一生。

陳星用寥寥數語勾勒出相申金一生的不幸：

> 相申金自幼失去父母，過著乞討生活。童年時他不被人們注意，成年後則常被作為流竄犯收審。卓尼叛亂後，犯人特別多，他就被釋放了。由於藏胞樂善好施，他便不願離開甘南。不料社教中他又被收審，他整天大罵，把自己罵成了反革命。

在陳星筆下，相申金是個天性活潑、幽默的流浪兒。他對生活別無所求，只是要活著，吃飽飯。但這樣也不行，他被抓捕後先判了十年；因為吃不飽而越獄逃跑，被抓回來重判，就這樣判了二十年。

陳星幾次入獄都和他巧遇，最後一次見到他不久，相申金（向忠全）跳下高爐身亡。在初稿中，陳星曾將監獄裡一個無名瘋子的結局融合在相申金的故事裡。這個瘋子「據說他犯了個什麼錯誤，就被關了禁閉（我估計還是怪嘴），從此得了神經病。」越是這樣，監規對他就越不起作用；而獄警和監管他的人又要更多地對他施加折磨。一邊是瘋狂的國家機器，一邊是瘋狂的無法被管束的個人；兩種力量彼此折磨。最後瘋子從房上跳下，不治身亡。而在定稿中，真實的人物向忠全實際上是在與獄警的對罵中，選擇了決絕的挑戰和寧死不屈的終結——這是陳星後來瞭解到的真相。

一個討飯的孩子，何罪之有？沒有傷害他人，在監獄外自有活路。而抓來抓去，硬是把一個鮮活的生命逼到絕路，魂斷荒塚。這種與人性和生命為

敵的法，不是惡法又是什麼呢？

獄中犯人選擇自殺如願者，還算好的下場；如果是自殺未遂，囚犯還要承擔新的法律責任，因為自殺被視為抗拒改造，重新犯罪。陳星曾數次自殺，求死不得。最後他記憶力衰退，瀕臨精神分裂。如果不是文革結束，他很可能就是下一個無名的瘋子。

而監獄中類似相申金／向忠全這樣的小人物，不要說平反昭雪，連名字也留不下來。他們的生命，被那個時代遺棄，默默無聞。幸虧有陳星的追憶，讓我們知道他們的欲求和生命意志、他們的屈辱和反抗。這些小人物的悲劇，對那個時代發出了強烈的控訴，也讓我們反思對文革的認識。文革，不止是執政黨內部的權力鬥爭，不止是堂而皇之的意識形態話語政治，它是獨裁制下對全體人民的專政。底層社會的民眾由於不掌握政治權力，遭到的剝奪和壓迫就更直接地危及生存。他們中的很多人，對政治權力原本不構成威脅，但對他們的監禁和懲罰，則有效實施了對全體社會成員的監控，使之不得逾越專制對人的精神和肉體的管制。

第六節　在法的門前：為權利而戰

卡夫卡在《審判》中寫過一個寓言性質的故事〈在法的門前〉，大意是在法的門前站著一個守門人，一個鄉下人請求進到法的門裡去。守門人不讓他進，鄉下人就長年累月地在門口等著。他也給守門人送禮，守門人也跟他聊天，可是直到他快要死了也不得其門而入。臨終前，鄉下人問守門人說：為什麼這麼多年除我以外沒人要求進去？守門人卻對他說：這道門是專門為你而開的，現在我要去把它關上了。

這是個荒誕的處境，每句話都可以展開解釋。如果我們把這扇門看作走向公平正義的入口，簡言之，正義在那裡，門也開著；但是鄉下人始終沒有靠近正義，最後還得到一個諷刺。或者反過來說，這扇門徒有其表，無論它開著還是關著，都與鄉下人無關，反正不讓你進去。

為什麼陳星的經歷讓我不斷想起這個故事呢？因為我覺得，陳星的主要經歷，在很多時候是這個鄉下人情境的再現。大體上，我們前面講到他生

命的前一段，這個階段是他不斷被法律懲處，前後兩次坐牢超過十五年；從1950年代初期的「三反」、「五反」運動挨整，到文革結束的1979年出獄，這些歲月加起來接近二十七年。

下面要分析的是陳星在書中寫到的生命的後半程，從出獄後的1979年到這本書結束的2019年，前後將近四十年；這是一個更長的時間段。

我們前面已經可以得出結論，他的經歷證明了那個時代從政治上到經濟上對一個人權利的全面剝奪，而這一經歷反映出一個社會的治理和控制的非理性；那麼可想而知，陳星在被釋放之後，一定會不斷地來到法的門前，要求公平正義。

可是這個回歸正義的過程，卻像荷馬史詩《奧德修紀》一樣，充滿曲折，關礙重重，不亞於一場曠日持久之戰。更近似的處境應該是二戰後從奧斯維辛歸來的猶太倖存者，當他們九死一生回到家鄉時，面臨的不僅是家破人亡，失去住宅和財產，還要面對鄰人的冷漠、社區的歧視和法律的不作為。最後很多人選擇了再一次的流亡，奔向美國或者以色列。

陳星生命中的後半程，也是中國社會結束文革、轉向「改革開放」、確立市場經濟和建立法治社會這些目標的階段。從他對這一階段的回憶中，我們可以考察以下三個方面：第一，陳星的命運經歷了哪些轉折，又遺留了什麼問題；第二，他主張個人權利、要求公平正義的過程，有多難，為什麼；第三，我們通常會說，時代和環境對個人的命運有著決定性影響；那麼在社會管制有所鬆動而人的權利意識開始覺醒的情況下，個人在爭取公正的道路上能夠走多遠。

一、陳星的命運轉折與艱難

1972年夏天，陳星被判二十年後轉到位於臨夏的甘肅省第二監獄；在那裡，陳星一直服刑至1979年出獄留廠就業。這些年裡，他沒有任何收入，也無從支付養育兒女的費用；完全是從事無償勞動。他每月僅得到兩元零花錢，這是監獄提供給犯人購買個人物品的；文革結束後這個錢增長到兩塊五毛錢。僅此，陳星還要節省下來。下面這段話提供了很多細節，從而讓我們可以思考進一步的問題：如果一個人多年以來被剝奪到如此程度，他在平反

之後應不應該要求經濟補償：

> 兩塊五毛錢可以買到二十五碗白皮麵。但我不能也不可以去吃碗白皮
> 麵；我要用這錢買針線、鞋襪、毛巾、床單、肥皂等。我沒有買過牙
> 膏牙刷之類，而是用毛巾的邊沿擦牙。床單和毛巾中間磨損之後，我
> 總是從它的中央部位十字形剪開，再把四邊沒有磨壞的部分按十字形
> 拼接起來繼續使用。就這樣，我每年還能節約二十元寄回家去，讓妻
> 兒知道我並不困難，少為我操心。

在1976年前，工人一級工的工資，大概是二十四至二十八元（地區不同
略有差異）。以每月二十八元計，年收入可達三百三十六元。陳星作為囚犯
勞工，一年的零花錢共計二十四元，比一級工的月工資還要少四元。文革後
他一年的零花錢累計為三十元，除去他節省下來寄給妻子的二十元，自己每
月留下的零用錢大約是八角三分錢（不到一元錢）；文革結束前他每月自留
的零用錢可能還不到五毛錢。由此我們也不難想像出，即使他獲得釋放，經
濟上也處於絕對貧窮的困境。

經過兩年半的申訴，陳星在1979年的2月接獲省高院判決，對右派和反
革命問題，宣告無罪。然而，這個判決保留了1969年陳星入獄時的罪名即投
機倒把，在陳星已經冤獄十年的情況下，判決書上依然決定判刑五年。

如此，陳星就和當時一代五七蒙冤者一樣，僅僅是抹除了政治汙名；他
們在這麼多年裡承受冤案的經濟後果，是沒有被考慮在內的。

而和同時代人不同的是，陳星還有餘「罪」在身。他回到社會，依然帶著
「投機倒把」、處刑五年的身份標籤，這一判決，深刻地影響了他的後半生。

如果不考慮這些情況，也許有人會說這又如何？當時很多人不是都蒙
冤受屈、平反後從頭開始嗎？如王蒙、張賢亮這樣的作家，一馬當先，鮮花
重放，成為文壇上耀眼的星辰。這種判斷，輕視了蒙冤者個人經歷的千差萬
別，也忽略了幾十年來人權災難帶來的後果。

事實上，在西部邊遠地帶，即使在政治上宣告無罪了，落入社會底層的
人依然無法得到平等和公正的對待；大體說來，有以下幾個原因：

第一，在社會轉折時期，對罪與非罪，司法人員並沒有立即改變認識。

第二，追究起來，更重要的原因在於，否定文革是不徹底的。文革的政治責任被歸咎為四人幫等幾個人，文革的結束是通過「粉碎四人幫」的政治話語來表達的；它把文革發動者、最重要的決策者從文革之罪中切割出來，這種話語也規定了相關政治討論的界限。

第三，與之相聯繫的是，對文革前政治運動的性質未展開探討，連否定文革那種程度也沒達到。反右的錯僅是擴大化，至於鎮反、土改、肅反，都不在重新審視的範圍。

第四，當時的公共討論可以否定左傾政治路線的各種錯誤，並沒有反思計劃經濟制下的經濟錯誤以及所謂「投機倒把」這個罪的定義和後果。

第五，就平反來說，平反的政策文件也是原則性的，並沒有考慮到這個社會低下階層各類成員的不同經歷，也沒有出台對文革前冤案做出理賠的規定，更不必說可操作的細則。

如此，文革前和文革中的冤案、黨內和黨外成員的冤案、幹部和普通民眾的冤案、政治案和經濟案，都是被區別對待的。黨內幹部文革中遭受的迫害得到最廣泛的披露，對這些幹部恢復原職、補發工資、落實政策都相對徹底。而文革前的、黨外人士的、普通民眾的、以及與經濟相關的冤假錯案，其受害成員更多，時間更長，但這些人從底層回到原單位時，一般都在較低職位上，工資一般不補發，而住房待遇、子女安排等，相對於黨內幹部，則有很大的落差。

具體到陳星的冤案，有關「投機倒把」這個罪名，在上述政治背景中保留下來；它被看作一項單獨的、與政治迫害無關的罪名。而這對於當事人來說，卻是生死攸關的事。**沒有正義就是傷害，而這些傷害都是連續性的。**

首先是禍及家人：當陳星回到家中，妻子因為長期獨立支撐一家五個孩子生存的重擔，已經重病纏身。他們的子女先後輟學，長子流落在外，次子為謀生也走了父親曾經走過的倒賣藥材路，被判刑五年。

就此而言，從一代知識分子的跌落來說，很多五七蒙難者的家庭都有類似的遭遇。毛氏對知識分子的改造首先使作為父輩的這批人脫離了原來的知識人位置，即政治上相對受尊重、經濟上相對優越的社會位置；繼而是他們

的子女因此失學，失去受教育機會。在政治結構有所鬆動、階級流動重新開始時，在這些遭受了崩潰性打擊的家庭，作為長輩的倖存者要從頭開始尋求回到城市、找到對口專業的工作機會。而這些家庭的第二代，由於失學、失業，沒有初高中以上學歷；再度失去上升到更好位置的競爭機會。

第二是平反即失業：陳星到1979年出獄時已經五十四歲，由於上次出獄原單位拒絕安置，因此陳星沒有回原單位，而是選擇了留在勞改場所的工廠就業。而在1982年公安部又公布兩項新規定：第一是年逾五十的就業人員一律遣返回家，第二是宣告無罪者不能留廠就業。這樣，陳星連留廠的機會也失去了。他在年屆五十七歲時回到家中。此後，他嘗試過很多方法自謀生計。由於當時政府部門對市場開放的政策不穩定，加之個人缺乏權力資源背景，那些自主營業的努力均告失敗。

第三是原單位拒絕合理安置：陳星1979年改正後回到原單位時，並沒有到法定退休年齡。但把他送進監獄的單位，卻拒絕接受和安置他。經陳星多年上訪，僅按退職人員處理。這樣，他每月只有三十來元生活費。在1985年工資改革之前，這就是企業二級工的工資水準。作為退職人員，他也無法享有在崗人員工資普調的機會。

第四是司法亂局：在基層法院，文革留下來的司法亂局並沒有立即改變。一個普遍的做法是推諉塞責，不作為。而對於很多受害人，他們心有餘悸，也不敢申張權利，害怕再次遭到打擊報復。因此，對過去的不公正也就能忍則忍，不了了之。這樣，遺留的不公正多被當事人自己消化了。例如，陳星提到一個案子，一位難友被判十年，而刑期將滿時才拿到改判五年的判決書——它在法院辦案者手裡壓了五年。無論是辦案者還是當事人，都沒有對這種延誤問責。同樣，陳星自己的所謂「倒賣布票」罪證，審訊人早已核實是虛假口供，但他們卻不去糾正，任由法院寫入判決。

第五是單位拒絕提供醫療保障，導致陳星截肢：陳星遇到的最大的災難是遭遇意外骨折。此時，單位本應按照退職人員待遇，支付五百元住院押金和報銷醫療費；結果，陳星家屬十八次求助，被單位拒絕，置若罔聞；以至於延誤治療，最後不得不截肢。這個結果給陳星的晚年生活帶來巨大困難，也成為他破釜沉舟，要為自己尋求公道、挽回尊嚴的動力。

二、申訴人的脆弱與權力的傲慢

如果不是有陳星這本書的記錄，我們幾乎很難想像，在文革結束後，一個人還要經歷二十五年（*1979年出獄——2014年宣告無罪）的申訴，才推翻了此前壓在他頭上的罪名，而他還要繼續抗爭十幾年來獲得一點點有限的賠償。

當我們說冤案受害人經歷的命運是連續性的，意思是他的後半生承載著此前遭受迫害的後果；而他要得回公道的時候，身處底層和社會邊緣的位置則非常脆弱、易受傷害。我們同樣必須認識到的是，幾十年政治運動帶來的對權力部門、包括司法系統的傷害也是連續性的，遠沒有因為文革的結束而發生根本的改變。例證如下：

首先，冤案受害人的脆弱性是多方面的：申訴人已經年老體衰，更由於收入微薄，連上訪申訴的基本花銷都難以支付。陳星曾三上北京申訴，這時的他已遠非當年縱橫千里的趕馬人。他年逾花甲，殘肢傷口尚在隱隱作痛。出門還要背個解手用的凳子，這更增加了困難度。而在北京下車後，「進地鐵鑽地道，簡直比爬雪山還要艱難。」他和來自各地的許多訪民一樣，住過浴池、火車站候車室……最後不得不乞討維生來等待最高人民法院的答覆。又由於案發時間長、歷史淵源複雜，陳星的案件很難得到關注，也沒有發聲管道。這種情境，就像卡夫卡筆下站在法律門前的鄉下人：在「長達十年的申訴、上訪中，我發出過數以千計的申訴書和公開信，只有極少數新聞單位有過答覆，表示了同情。然而，同情者無權，有權者不同情。」

不僅如此，在這個過程中，申訴人也承受著新的不公帶來的精神和肉體的折磨。無論是在首都還是基層，陳星飽嘗了官僚機構的不作為和權力的傲慢。他的申訴往往被退回到原單位，而在原單位則不能不忍受官員的冷漠和歧視。陳星寫道，「若干年來，我已記不清拜訪王書記多少次了。每次我都是戰戰兢兢地進去，他總是用報紙擋住那張從無笑容的臉，我含著兩汪苦鹹的淚水，悄悄地走出來。」這種對無權者的鄙視甚至從發展到對這位殘疾老人的暴力對待——1987年7月，陳星在省高院訴說冤情時，一位法官竟然從抽屜裡取出手槍怒吼道：「出去！不出去我槍斃了你！」當陳星堅持要求將

退職改為退休時，那位掌權者不為所動，連理都不理：「氣得我一手撕開他擋在臉上的報紙，把煙灰缸和茶杯推開，拍了一下寫字臺上的玻璃板請他答覆。他竟然舉起煙灰缸向我砸來，然後忿忿地快步出了辦公室。」

　　加重這裡的精神痛苦的，**還有來自難友的規避和疏遠**。為什麼？長達數十年的專制深深地培養了人們對權力的畏懼，一些曾經被打入冤獄的人，一旦重新進入了權力系統，會更加小心翼翼，主動地與難友保持距離。權力帶來的地位差別，令卑微者更卑微，自尊心更受傷害。陳星如此描寫了他的感受：

> 在崔君面前，自己猶如一隻滿載細菌的蒼蠅，落在了美味佳餚上。我羞愧得說不出一句話，而崔君對我這樣一位十分冒昧的不速之客也感到愕然。我報了大名，他竟然記不起；我不得不把往事重提，想喚起他昔日的苦澀回憶。而此時的崔君立即變色道：「有事就說，不要提那些。」

　　同樣，在甘肅省高院，曾經有過1957年經歷的幹部，寧肯堅持錯判，也不願意為糾正錯判出一份力。他的理由正是因為過去也曾經被劃右派，現在千萬不能再有任何閃失。

　　連當年同患難的人也會如此缺乏同理心，這個現象揭示了幾十年的暴政對社會心理的改造。即使風暴過去，已經被扭曲的人性很難恢復正常。可這個制度的機器依然在那些不願意面對歷史、不願承擔責任的人手裡運轉著。陳星為當年法院的草菅人命而感歎：「一個十多人的初級人民法院，從1959年元月至3月，發出的判決書竟高達一千零三十一份。」判決書上的所謂「審判員」、「陪審員」全是填上去的名字，案件從來沒有經過審判程序。然而，在文革結束後的「政治清明」年代，當年酷刑下取得的「投機倒把」口供卻依然被當作證據，難以推翻。

三、為權利而戰

　　前面我講到卡夫卡的〈在法的門前〉，鄉下人至死沒有能進去。陳星曾經也是那個鄉下人；法律在他面前，徒有其表。

但是，與那個鄉下人不同的是，在中國從人治開始向法治社會轉向的過程中，陳星牢牢地抓住了這個階段復興的法律話語，開始要求兌現法律。挫折和羞辱也在不斷激發他的權利意識，他不再是那個任人宰割的鄉下人，他以一個無辜者的身份站立起來，為權利而抗爭，背水一戰。

他做了哪些努力？

首先，他不斷地記錄、分析自己的冤情，論證冤案的成因和破局的方法。持著這些申訴信，他一次又一次闖入法的大門，在那些部門和機構之間，在那些執法者面前，要求兌現相關政策和法律承諾。

再則，他多次向媒體寄送申訴信，要求媒體履行輿論監督的職責；爭取有良知的新聞工作者的支持。後者施以援手，使權力部門受到壓力。《甘肅日報》首次在1984年將陳星申訴編入內參，十八年後的2002年，當陳星在爭取立案複審被駁回時，該報再次在內參上刊出報導。陳星六次投書北京的《民主與法制》，這個刊物終於發表了他的長篇公開信；後來還專程派出記者，跟蹤調查陳星所揭露的本單位權錢交易的腐敗案。1988年3月，在「反右」後被捕的30周年紀念日，陳星爭取到將退職改為退休待遇。

得到退休待遇後，陳星的工資漲了八倍，由三十元變成了二百四十元。1990年代初，即將進入古稀之年的陳星做了三件大事：

第一，買房。他說，「我一生沒有過自己的住房，許多事無法去做。直到1990年，在有關方面允許下，我買來幾間廢棄的公廁，把它改造成一所住宅。」這是多少官員不屑一顧的住宅來源，是受盡苦難的歸來者建設新生活的基礎；陳星在這裡重返自己的精神家園。

第二，追習國畫，開始創作。在上訪後等待答覆的時間裡，陳星重溫過去的藝術教育，再度拿起畫筆。當他的藝術成就逐漸被人們肯定時，他努力承擔起一個藝術家的社會責任。在六十八歲時，陳星展出百幅水墨作品，全部捐給了甘肅省的希望工程。古稀之年，他孤身啟程上路，志在「行萬里路，募萬元錢」，幫助定西兒童復學。後因健康狀況難以支持，陳星從西安折回敦煌，以宣講、贈畫、向單位和個人求助等方式，達成捐款目標。他也重走青年時代獻身的洮河林區，繪製出《千里洮河圖》百米山水畫長卷。2010年，陳星為青島助學捐出三幅畫，經過電視臺拍賣，募得二十萬元善

款。在投身公益和捐獻書畫的過程中，陳星贏得了更多人的尊重。通過本地和省外媒體的報導，他收到兩百多封讀者來信；其中有的信來自早已失去聯繫的西北革大校友。他們後來特地為陳星寄來聯名信，證明他所擁有的革大學歷應該享有離休幹部待遇。

第三，寫作。在反右被捕的三十年後，陳星開始在病床上寫他的回憶錄。2003年的12月1日，他完成了《風雪人生》一書，印出一千冊，在讀者和難友中得到熱烈迴響。朱正、茅于軾、張思之、張贊寧等知名作家、法律人都寫信給他，表示敬意；張思之、張贊寧因此成為陳星冤案的代理律師，為他的申訴提供了法律援助。

在法的門前，陳星憑一己的堅持、難友同仁的通關協助和有限的社會聲援，一點一點逼退權力的傲慢：

2004年，經過陳星不懈申訴，甘肅省高院終於讓步，對陳星宣告無罪；但提出條件，要求他放棄申請國家賠償。

對於很多人來說，也許覺得陳星走到這一步應該滿足了。但陳星沒有止步，作為法定的無辜者，他提出了四個索賠目標並實施了一系列維權行動：

第一，要求賠償1969年逮捕他時所沒收的財物——這是甘南中院在判決他二十年長刑時寫入判決書中的：「沒收馬款七千一百一十元和舊懷錶一隻」。為此，他從甘肅蘭州至陝西涇陽往返二十次，歷時近六年。經過上訴、申訴、駁回，申請再審……最後在2009年8月，拿回「馬款及舊懷錶價款、精神損失費等共計三萬二千元。」

第二，要求按照西北革大同等學歷者平等待遇，由退休改為離休。（按照中國官方規定，在1949年10月1日前參加革命工作者，享受與原職位相同的所有工資福利待遇。這種政策在全世界來說，是中國特有的一項特權待遇，專門給予新中國建國前參與革命工作的入職人員。）從理論上說，在中國尚未實現全民社保的情況下，對老幹部給予優越的社會保障措施，是違背公平原則的。但從現實來說，處於特定社會環境和符合離休條件的人，理所當然地享有這項福利。

而就陳星的個案而言，除了相關政策給予的合法性與可能性，他已經無法從其他方面獲得賠償。因此，作為符合條件的離休人員，他拒絕接受歧視

性對待。在2004年2月被宣告無罪後，歷經周折，與各級決策層的拖延者、反對者多次交鋒，陳星在當年的12月5日得到批文，實現了退休改離休待遇。

第三、要求補發自右派改正的1978年10月至拿到退休工資前的1987年12月這裡共計九年零兩個月的工資。（儘管文革之前的冤獄已難以索求賠償，但國家有文件明確規定：經批准改正的人，恢復原工資的時間，一律從1978年10月份算起。）同時，有關補發工資——既然文革中冤案平反後補發了工資，那麼陳星要求補發工資，往前追溯到1969年12月至1979年2月即文革中冤獄這九年零兩個月的工資。兩項合計，補發工資時間應為十八年零四個月。

第四，要求按照文件規定的相關程序公開平反，恢復政治名譽。

陳星的訴求，後來還加上了對單位剝奪其公費醫療權益造成終身殘疾的賠償和對宣告無罪後住院費等的報銷。

從2004年2月到2008年9月，經過四年七個月的上訪、申訴、人事爭議仲裁、駁回、再申訴……，經省廳、局四個相關單位協調，以一萬元作為補償款。陳星拿到錢，轉手就捐給了希望工程，資助了兩名有困難的大學生。

陳星的抗爭持續了又一個七年，在2015年9月，陳星將滿九十高齡；作為對這一冤案一系列善後訴求的回應，單位給予了一次性五萬元慰問金，了結此案。

在本書下卷《風雪夜歸》中，陳星記錄了他在耄耋之年的頑強抵抗。從爭取無罪判決，到鍥而不捨地索回財物以及要求補發工資（注意，這並不是指賠償）。這期間，不知遭遇了多少冷眼、蔑視、敵意和侮辱。他也多次想到放棄，畢竟是勢單力薄，還有病痛折磨，更不必說這是從八十邁向九十的風燭殘年。那麼，是什麼支持陳星堅持下來了？

我看到的是苦難經由記憶和批判性思考而轉化和強化的抗爭意志。

掌權者對陳星提出的質疑是：你怎麼沒完沒了？

而陳星的回答是：這不是幾個錢的問題，而是在十三億人面前為自己討回做人的權利和尊嚴。

這個回答將人權和尊嚴放到了至高無上的位置，比實際利益、比生命更重要。如果不了解受害人曾經的刻骨銘心之痛，就不能理解這種權利和尊嚴有多麼重要，陳星說：

他們是沒有見過，甚至也可能沒聽說過，在「肅反」、「反右」運動的高潮中，各單位是如何停工停產，大小批鬥會日以繼夜開個不停。他們也不知道，辦案者使用駭人聽聞的酷刑對待我們，當著我們親人的面，用繩捆索綁，把我們送去判刑和勞改。他們更不知道，我們忍饑挨餓，還必須從事高強度勞動，流血淌汗。他們不知道的還有，我們與親人甚至咫尺天涯，生離死別。父母失去贍養，妻子遭受欺凌，子女蒙受羞辱，家人都是孤立無援地度過漫長歲月。而我們在監獄勞役中苦苦煎熬，犧牲了最寶貴的年華。每想起這些我就肝腸寸斷，痛不欲生。

有關對1957年反右造成的災難，當局一直沒有懺悔，沒有道歉，更沒有賠償。要求執政黨道歉和賠償，至今只有極少數、屈指可數的倖存者在呼籲和堅持。大多數當年的受難者都去世了，餘下的親歷者也如陳星一樣，年逾古稀，蠟炬將盡。親歷者中間，像陳星這樣留下生平傳記的人不算太多；寫出長篇巨制的人更是少數。還有很多人，心有餘悸，他們不願意介入公共事務，也不願意讓個人經歷進入公共記憶。

而陳星寫出他的回憶，與公眾分享，這是他的抗爭方式之一，也是有效的自我賦權手段。作為讀者，我從中看到了記憶苦難的力量。它幫助我們抵禦遺忘和謊言，強化我們的正義感和責任心，並且讓我們相信，為權利和尊嚴而抗爭是值得的，也是有希望的。

第七節　倖存者如何講述自己的故事

陳星回憶錄的上卷出版之後，得到很多好評；如北京難友倪良山認為，陳星將自己的經歷「描寫得淋漓盡致，感人至深，它不愧為當代各家回憶錄中的重量級力作。」但也有難友提出批評，如在安徽反右時蒙難的陳炳南先生。他寫了長篇讀後感，對《風雪人生》中控訴和批判的部分給予高度肯定，但認為陳星在寫到文革後的政治開明時，對某高層領導人表達的讚美不

恰當，給人感覺「就像吃完美味大餐，忽然發現碗底有幾隻蒼蠅腳趾和翅膀，心裡有一股說不出來的……」

陳炳南特別指出的那一段，是陳星1987年在北京上訪，某日在公園擺攤乞討，邂逅睽違四十年的故友秋盡先生。他們倆在抗戰結束前從軍相遇，戰後也曾一起創辦《時代影劇》週刊。兩人敘舊時談得最多的是對當朝領袖的看法，其中頗有一些套話，這是為陳炳南先生所詬病的。

我重讀這一段故事，想以此作為例子，來討論一個更具有普遍性的論題：倖存者如何講述自己的故事。

回顧文革結束後的文學現象，我們會想起當時的「傷痕文學」，其中有一部分作品描寫了1957年蒙冤的知識分子回歸。如魯彥周的《天雲山傳奇》、張賢亮的《綠化樹》等。隨著時光過去，這些作品對於今天的年輕讀者已很陌生，而在當年卻是轟動文壇的現象。現在回過頭來看，我們很容易指出早期傷痕文學中正與邪人物的簡單化和道德意味，至於章永磷走過紅地毯那種歸宿，更有一種回歸主流意識形態和權力結構的象徵意味。

然而陳星所寫的與秋盡的相遇，如果我們不從他們的對話是否正確、而是從他們的對話是否真實來看，我認為它是有價值的。它提供了另一類歸來者的形象：他們的內心與現實處境是分裂的（他們理應得到公平對待，但他們所承受的是持續的不公平）；他們對這種處境的表達是失語的（難以傾訴，不堪回首）；他們這種分裂和失語的狀態也是很難得到理解的。相對來說，他們代表了大時代裡更令人深思的小人物的悲劇。

何以分裂？在文革後的流行敘事裡，他們的故事找不到位置。他們的歷史相對複雜，不符合那種文革中受迫害、文革後得平反的單純故事。他們的地位依然卑微，在官場的城堡裡，他們如入迷宮，求告無門。這種處境和「撥亂反正」的時代主旋律拉開了距離。

這位秋盡先生的歷史就無法地簡單地歸之於「國民黨」或者「共產黨」：他曾是嚮往馬克思主義的左翼青年，在1949年時代發生巨變的前夜，他是中共地下黨員，曾策反國軍投奔解放區；因此坐了「舊社會」的牢。新中國成立後他是共產黨幹部，曾任某縣的縣委副書記。在肅反時他被開除黨籍（「歷史汙點」肯定是主要原因），反右後被遣送農村監督改造。文革中

他慘遭毒打，被迫還手自衛，結果官方以「故意傷害罪」判他十五年，送往新疆勞改。陳星遇到秋盡時，他正在為自己的文革後的「改判十年」而上訪。就此冤案，他已經又申訴了十年。

陳炳南先生感到不可思議的是，兩個乞討相逢的訪民，見面後竟發出一大段「顛倒是非、混淆黑白的感歎，叫人哭笑不得」。他們談毛是一位偉大的天才，鄧是善良而明智的政治家……他們像領導人物做報告一樣，暢談改革開放、反腐倡廉，最後展望港澳回歸，「統一臺灣也會為期不遠」。

這些大話何以如此融入了小人物的日常生活，我認為正是需要深究的。因為這種現象也和本文開頭提出的問題相關，我從三個方面來展開思索。

1. 失語 · 替代 · 掩飾

陳星解釋這段交談說：

> 人微言輕的我們不配談論國家政治，然而人無不受到政治氣候的影響，何況我們是在惡劣的政治氣候中相識，我們都在盼望一個有希望的明天。「憂國憂民」、「自作多情」，是中國知識分子的通病。我們分別四十年後，又在這樣一種環境裡邂逅，不說這些又能談點什麼？說各自的家庭吧，都是不堪回首的；說各自的前途吧，中國人民的前途就是我們的前途。

從這段話裡可以看出，他們對各自的命運感到無能無力，因此寧可討論國家政治的大話題而不是個人際遇——其實這種情形在今天也依然存在——它不可能是充分的獨立思考，說話人也無從追溯國家話語的事實依據。

這個現象反映出一個更其嚴重的後果，即國家話語對個人話語的剝奪，包括對獨立思考和思想自由的剝奪。因為多年以來，大多數人的思想意識都是被官方組織起來的，官方刊物傳達的信息決定了普通國民在日常生活裡說什麼、如何說。儘管文革結束十年了，中國的政治制度沒有變，領導集團也沒有變；但是這個領導集團中的確有開明的一派，他們結束了文革，至少做出了新的政治承諾。小人物沒有話語權，當國家決定著他們的命運，而他們

必須依託國家來改變命運時，他們也不得不襲用國家的宏大話語。而兩位特別來京申冤的人，當然是希望在國家一級機關部門找到公正。他們渴望有包青天，也把希望寄託在開明的政治領袖那裡。他們深知從自己從十五年、二十年長刑得到改判五年、十年，完全有賴於國家的政治變局，而不是個人奮鬥。在「希望」、「明天」、「中國人民」、「前途光明」這類空話裡，他們表達了對社會改革的積極認同。

還有，個人、家庭的遭遇，也因其「不堪回首」而無從分享。不堪的經驗被劃入另類，被排除了。倖存者歸來，該如何陳述這種痛苦？如何體認到這種痛苦的生命經驗有其重要性？它必須是在穿透謊言之後開始說話，必須擺脫官方的話語邏輯。在沒有掙脫這種窠臼之前，講述個人故事，這如何成為可能以及合理的行為呢？

進而言之，痛苦的經驗對於倖存者，除了難說，還有不忍說。說出來加重彼此的精神負擔，加重內心的絕望。因此，不如用國家政治的宏大話語來替代吧；以這種合理的、富有正義性的話語掩飾過去。

還有，我們也不能忽略，這是兩個落難人闊別四十年後的偶遇，儘管交流中充塞了許多套話，也有一些是言不及義的。也就是說，它用來交流感情的作用勝過詞語本身。

陳炳南先生在這個對話裡看到了荒謬，他的批評是有道理的；但另一方面，我也認為，這種荒謬也是真實的。我想，就是作者陳星，也未必沒有認識到希望與現實的落差。兩人分手時：秋盡「要把僅有的一點路費掏給我，我再次謝絕了。我則指著自己的半條腿說：它就是討飯的優越條件。」這裡的情誼催人淚下，這裡的樂觀也透著淒冷！

也是在這一節的結尾，陳星以寥寥數語寫出了秋盡悲劇的落幕：「一年後，我寄給他的信被退了回來，上面的批注是：此人已故。」這位年輕時代桀驁不馴的人，這位曾將《共產黨宣言》贈與陳星，並想介紹他入黨的人；就這樣帶著黨賜予他的四十年不白之冤永別人世。

2. 個人故事與語言的困境

我因此想到德國青年導演克里斯蒂安‧佩措爾德（Christian Petzold）的

作品《不死鳥》（Phoenix）（2014），它其中也包含著這樣的問題：從集中營回來的人，怎樣講述自己的故事？

在影片裡，女主角奈麗戰後回到廢墟一片的故城。她認出了丈夫，想和他恢復夫妻關係。但她的容貌已被大轟炸的創傷改變，儘管遠沒有被毀容到鐘樓怪人那個程度，她丈夫一直沒有認出她。

我把這個看作導演對觀眾的挑戰，這是一個虛擬場景；但假定的情境象徵性地揭示了事實：倖存者找不到語言來講述在自己的經歷。大屠殺、種族滅絕，這一切都是如此的不道德、無理性，無從說起。受害者和苟活者、旁觀者、告密者，儘管都是說著德語，可是語言無法表述的經歷，使他們之間難以溝通，又談何相容。一個人歷經這樣的苦難，在理性上找不出解釋。而另一個人做了沒有道德底線的事情，指認了自己的妻子，這事是同樣的不堪，也無法用語言講出來，使這個經驗成為可以溝通的故事。在這個時刻，過去的伴侶，被大屠殺的悲劇改變了命運，兩個人都找不到出發點，因此也無法重建親密關係。

這是浩劫過去後的又一重悲劇——受害人語言的困境。你怎樣讓人們相信，你經歷了地獄一般的苦難，你見證了那麼多傷害、血淚和無辜的死？更何況，對於那些思想和情感都被主流意識形態組織起來的人群，他們怎麼肯聽一個人講九死一生的故事？在影片裡，奈麗想講，但她無法開口，因為鄰居們寧肯緘口不問，就像她只是出了一趟遠門而歸來。他們到車站迎接她，這場景甚至經過排練，以便符合流行的戲碼和觀眾預期……而且，那個強尼還要說，我再給你添加點痛苦。從集中營回來的人，他們總要磨掉寫在身體上的囚犯號碼，我準備了這個藥水給你從皮膚上磨掉——他希望由此也抹掉了記憶，抹掉了差異。這樣，傷害以及浩劫就彷彿從未發生。人們在大屠殺中扮演的不同角色，也就不會浮現，因此也不用為他人的痛苦來承擔責任。

確實有這樣的人，如陳星回憶中的高官崔君，如省高院的李大法官；他們是抹去了金印的人，他們不願意再和難友相認，也不想回憶過去。他們深知冤案似海，人命如山；他們擔心，如果伸出援手，自己也要墜海落崖。

讓我們想像一下如陳星這樣的倖存者，當他要寫出個人經歷時，面臨了多少困難。這裡有國家政治宏大話語的規訓，有出版審查制度，還有個人的

認知能力和表達能力的局限。但是，如果不講出這一切，他所確立的寫作目標——「小小百姓在歷史洪流中的拚搏、掙扎直到被泥沙所吞沒」——就無法達成。申張正義，首先你要自己運用語言來反抗，為自己被妖魔化的人生昭雪。所謂冤案，首先是謊言的枷鎖，謊言封鎖了真相。

陳星用了差不多三十年的時間（從1988年動筆到2018年重寫），來掙脫枷鎖，他通過不斷的寫作來克服障礙。他的語言才華通過個人化的敘事風格表現出來，他的內心矛盾和創傷也留在了文本裡。

3. 個性化的敘事風格

從文體來說，這本書屬於自傳類。作者從童年家世說起，娓娓道來，一路講到人生途中的曲折和時代的巨浪。他以個人經歷為主線，開枝展葉，穿插記敘了許多小人物的故事；就此而言，它是自傳，又超越了自傳體。

在這個講述過程中，陳星也確立了他的敘事風格，這賦予他的講述以一種個人的特質。令人印象深刻的有幾點：

第一是他出色的寫景狀物的能力，陳星在民國時代求學，他熟讀舊詩詞，又有藝校研習國畫的訓練，這些培養了他的觀察力和那種寄情山水、託物傳情的感受方式。如下面這段描寫：

> 每到紅日西沉，玉兔東升時，我就在一個洗臉盆上蒙上一塊紗布，中間剪個小孔，裡面放點餌食。我把洗臉盆拿到洮河邊的靜水潭渦處，給盆裡塞個不大不小的頑石，悄悄地放入河底。然後，我便學著姜子牙，坐在一棵大柳樹下，欣賞水上的粼粼月光。我吸著金魚牌的劣質煙等待著，這時，若有一杯水酒，可解萬古憂愁，也是人生雅趣。

這是陳星在勞改時看守庫房一段苦中作樂的片刻，這段描寫頗有詩意，彷彿黑暗中的一抹亮色。它成為一段舒緩的序曲，為這一節裡描寫苦難中的友情、親情和愛情的故事做了鋪墊。摸魚是餓囚偷著改善生活的手段，它引出作者和另一位囚犯的私交，並因此延伸開來，寫出了他的女兒馬小雲和女婿魂斷夾邊溝的經歷。

在寫龍布丹珠的女人們來為他收殮遺體時，那段故事也是一波三折、驚心動魄的。而在結尾陳星用了古詩詞裡常見的比興手法，景物因此成為人物命運的寫照：

> 一陣蕭瑟的秋風把三個黑點送上紅土高坡。淚模糊了雙眼，我們都在淚水中消失了對方，留下了一個模糊不清的印象。灰暗的天空傳來幾聲淒慘的雁叫，我抬頭看去，那也是不成對的兩隻孤雁，它們不是比翼雙飛，而是忽前忽後地在灰色的天幕上掙扎。

第二，在勾勒人物形象時，陳星多是採用白描手法，不事鋪陳，突出特點。尤其是涉及人物後來的結局時，他三言兩語概括，留下的空白卻令人震撼，如他寫到的收廢品人王化祥之死。王化祥因收廢品涉案，被獄卒押解到他自己的家。兩個獄卒大吃大喝，卻強迫王化祥跪在一邊，也不給他鬆綁。妻子只得相對跪泣，給餓得像骷髏一樣的丈夫餵飯，兒女們也都跪在旁邊。因收監材料不全，王化祥很快被釋放了，但他嚥不下任人踐踏的這口氣。他再一次跪下了，而這一跪，卻是棄絕這個悲慘世界：

> 1968年的早春，漫天飛舞著鵝毛大雪，王化祥的親友和家屬們穿著一身白色的孝衣到處尋找他。他們沿洮河兩岸，在石縫、冰窟，遍尋不獲。他們失望了，又逆河而上。我的小兒子也和他的兒子一道尋找著，他們忽然發現，在河的南岸水邊，有塊被雪蓋著的物體。他們立即渡船過河，向那裡奔去。近前一看，果然是個人跪在河邊，把頭伸在水裡浸泡著。

陳星在晚年開始寫作時，他對難友們的人生起落已經了然於心，因此他的簡練還見之於跨越時空界限，把多年後的結局與當下的場景融合在一個畫面裡，可謂無限滄桑，盡在其中。例如他寫到右派被關押後，單位把隨遷的右派家屬都趕回老家，這一刻，對有的人來說就是生離死別——郭希賢的妻子回老家後得不到丈夫音信：

把一個剛強的中年婦女急成了瘋子。她丟下一雙兒女，瘋瘋癲癲地乞討於長街，口裡不斷高呼：「毛主席萬歲！共產黨萬歲！」1963年，郭希賢刑滿就業回了一趟家，她已經不認識他了；叫她也叫不回去。所以他們今天的分離，即是此生的永別。

多少悲憤，需以長歌當哭，都濃縮在了這簡單的幾行文字裡。

在回憶中，陳星有很多感觸是通過他記憶中的古詩佳句來表達的。傳統文人秉有的憂患意識、家國情懷和同情弱者的態度，對陳星一直是一種精神的加持；它對被傷害的人性也是一種保護。仿若文明的屏障，讓人在倍受欺凌時得到慰藉。當故友秋盡和陳星在北京訣別時，他們彼此也是以舊體詩相贈，寄託情志。

第三，直面黑暗，描寫獸性。陳星回憶中的大量故事和場景，其實是很殘忍的。把其中的暴力和虐待寫出來，需要一次次回到那黑暗的深處，體驗其中的錐心之痛。在這方面，陳星付出了巨大的心力。他用了相當冷靜和克制的態度來寫人性的變異，包括寫他自己在那種人性滅絕的狀態下如何自處：

這是囚犯掩埋餓殍的場景：

儘管死者的重量已經輕到不能再輕的程度，然而，抬他們的人也不比他們重多少。也許，明天就會輪到他們，也要被這樣地抬著出去。抬到目的地，把死者順著壕溝放下，踹他一腳，他就乖乖地躺在裡面了。然後，灑上幾鍬土，把「亡命牌」插在土堆上，送殯儀式就全部「禮成」。

所謂「禮成」，當然是反諷。陳星以此寫出了非常狀態下人們情感狀態的變異，他們冷漠，麻木；作為人的正常反應已經被這種完全非人的現實剝奪了。陳星如此寫道自己：

起初，我看到這些死屍，頭像骷髏，身體就像拔了毛的小雞，十分害

怕。現在看到他們，就像看林區楞場上的木頭，敢從他們身上跳來跳去。我也成了冷血動物，毫無憐憫之心。

就史料價值來說，我認為，這本書在西部甘肅倖存者回憶錄裡，是非常難得的一部著作。惟有親歷者，能夠揭開那些政治運動給普通人帶來的無盡摧殘；並且，惟有陳星這樣在監獄裡度過整整十五年時光（還不包括此前三次拘留的兩年多以及釋放後留廠就業那兩年）的人，才能把那麼多小人物的苦難和絕望寫到如此深刻的程度。

何況，他們的聲音相對於悲劇本身，僅僅是九牛一毛。這一點正如美國波蘭裔史學家楊・T・格羅斯在他的開創性著作《鄰人》中所指出的：「災難越深重，倖存者越稀少。」「我們所瞭解到的，都是一些『有偏差』、有傾向性的證據」。因為這些證言，來自倖存者，他們活下來了；而那些死去的人再也無法講出他們的故事。有關大屠殺，相對於已經被記錄下來的證詞，真正的悲劇只會是有過之而無不及。因此格羅斯也就認為，凡留下來的倖存者證言，都有無比的重要性，這是我們必須認真傾聽的「來自深淵的孤獨聲音」。

4. 文本矛盾與創傷

關於這本書還留下另一個值得探討的問題，即我列在標題裡的「文本矛盾與創傷」。

在作者的自印書《問天無語》上卷的後兩章和下卷的大部分內容中，大量的文字已經不再是講人物故事，而是將日記、遊記、新聞報導、法律文書與爭議等都納入進來。因此，從上卷主要章節來看，敘事性很強，時間和事件的線索也很清晰；而下卷的線索則比較龐雜。由於申訴的進展艱難，作者要不斷去反駁官方說法，這也會不斷回到前面講過的案情，在敘述上就帶來一種迴環往復的特點。有時我也迷失在作者身處的權力迷宮裡，要一讀再讀才能抓住要領。

那麼問題是什麼呢？我覺得在講述過去的經歷時，作者個人的故事和他人的故事是完全可以作為時代證言來看待的，也是非常獨特和重要的。而後

面很多內容，它慢慢脫離了說故事的軌道，而變成了記事。在這些記事裡，也有很多有關國家政治的議論，包括作者對電視新聞、網路消息以及《炎黃春秋》等雜誌上刊載文章的思考。其中例如有關朱鎔基是個什麼樣的官員，或者溫家寶的政績如何……它不屬於作者親歷故事，也缺乏獨到的見解，就顯得有些空洞。

與陳星前面所寫的小人物故事相比，有關引大工程指揮者、有關敏生光先生復出後的事蹟，引述現成報導較多，在深度上與那些具有個人經歷獨特性的故事也是不可比的。

容易引起爭議的可能還有，在描寫黨群關係、單位領導與被驅逐被損害的冤案當事人的關係時，陳星延用了有關母親打兒子或婆媳關係這類流行比喻。儘管陳星是在質疑說，這種關係沒有達到家庭成員應有的親情程度，但對這個比喻本身的缺陷還是有失警覺。

有讀者朋友和我討論這本書時說，從史料和史實的角度來說，這本書的上卷很重要，很豐富。但如果從史識的角度來評價，這本書裡有些時政議論是大而無當的。前面引述陳炳南先生的批評，很尖銳地指出了問題所在。如果我們要挑出書中一些觀點來討論的話，類似的地方還有，把文革時期的偶像崇拜歸咎於紅衛兵的頂禮膜拜，而不是專制者的造神運動；這就有點倒果為因了。

我願意換一個視角來看我們可能會歸之於作者的認識局限的這些問題，我覺得，這也是一種見證，它見證的是作者的困境，還有國家的宏大話語和主流意識形態對人的思考力的傷害。我重點就文中一些重複的內容和觀點來說。

第一，重複是現實困境的投射：當我們看到下卷中不斷重複案件的起因和過程時，敘述的重複就投射了現實中的艱難。如果我們不把這些內容看作已經完結的故事，而是看作進行中的事件，那麼我們可以把後面這些故事性並不強的記事，視為一位老人的內心獨白、一種日記體或備忘錄的文獻來考慮。它不如故事那樣引人入勝，但它表現了作者通過書寫行為來進行的抵抗；一個人需要不斷地分析強權的力量和自己何以弱小，無論他的分析是否正確，這個人的處境卻正是反映了弱者的權利和社會正義是處於何種境地。作者通過持續的反駁和抗辯，從而克服自己內心的挫敗感，將理性的抗爭堅

持下去。

第二，**重複與自傳體的內在矛盾：**如果我們看到文本中出現了重複，這種情形確實是破壞閱讀快感的。它對故事的線性結構也有破壞性，這也許就是自傳這種體裁內在的悖論。因為自傳，它在某種意義上，就是自我表達，它服從於自我。當它進入公共領域時，它與公共需求會有一定的矛盾。特別是這種倖存者的記錄，我們可以從文學的角度來接近它，但它不是純文學，甚至可能不是文學。它介於非虛構作品和個人記事之間，它越真實，也就越多地保留著作者的內心矛盾和思想局限。

第三，**精神傷害與文本創傷：**我前面說到，作者有關國家政治一些看法最容易引起爭議；我覺得，如果說作者的思想認識有局限的話，那麼這裡的局限也來自時代的傷害。它形成了文本中的一些矛盾，換言之，留下來一個有創傷的文本。

歸納起來，頗有一些例子是屬於娘打孩子的政治論、民眾缺乏素質論、還有個人有責的宿命論。例如說：「在那個不幸的年月裡，國家許多優秀領導人在法西斯暴徒的皮鞭下，只得端起屎盆子向自己頭上扣，甚至死於非命。我被處以重刑又何足道哉。」這話看起來是不錯，但是，且慢，人的生命和權利都是一樣的，何以身居高位者蒙冤可歎，而小人物則無足道哉呢？同樣，在回顧自己一生時，老人感歎道：「老伴去世，令我痛不欲生。我蹉跎一生，一事無成，寸名未立。小不能維持一家生活，大不能為社會造福；按照佛教的說法，這是我前世未能培根築基。」我們通讀陳老一生的故事，當然知道老人一生的坎坷，是極權暴政所造成的，它並不是個人的過錯。

我覺得像這樣一些感慨，可以視為文本的症候，不能說這不是作者的真實想法，但它卻反映了各種似是而非的政治話語的影響。結束文革的政治話語是建立在國家領導人慘遭迫害的前提下，底層小人物的悲慘命運和權利喪失並沒有得到歷史性的回顧，它反而在這種高層領導人的政治悲劇中隱身了；或者說被代表了。其實，從陳星的回憶中我們得知，現實不是這樣，悲劇並不能被代表；大人物的平反並不意味著所有的犧牲者都得到了昭雪。而那種「何足道哉」的說法無異於權利的讓渡，它反而是認同了這種權利的不平等；即小人物有責任為國家、為政治大人物的理想做出一切可能的犧牲。

類似的議論，與文本中揭示小人物命運的慘痛和抗爭形成了內在的矛盾。

　　無論是以娘打孩子的血緣關係去比喻政黨對民眾的不公，還是以民眾素質不高以及個人前世有罪來知人論世，它都不是作者的發明，而是未經深思的一些流行觀點。這些觀點無視了制度和執政者應該承擔的責任，而正是他們才對普通的社會成員的生活有著決定性的影響。而且，以高層受害論來弱化底層社會的滅絕之災以及以血親關係論政治運動，是脫胎於父權社會等級制的思考模式，它跟現代政治對個人和人權的確立是背道而馳的。

　　假如說，一個深受其害的人、一個深深認識到極權之禍的人依然會重複這些陳詞，那麼這個文本的創傷也可以說是另一種意義上的例證了。類似陳炳南先生這樣的讀者已經提出了一個更嚴峻的問題：為什麼受迫害的人還會讚美迫害者？這難道不是斯德哥爾摩綜合症嗎？

　　如果是這樣的話，那麼我們可以從這些症候裡去推論更多。其實陳星後半生經歷的尋求公正難上難，已經證明了一個問題：在體制內、在缺乏司法獨立的情況下，中國當代一系列政治運動的受害者，是無法得到應有的公正的。無論受害人是怎樣地認同報章和國家機構的法治話語，這個話語體系和現實中的司法實踐是有很多脫節的。如果一個人要通過長年累月的忍辱負重、奮不顧身的社會奉獻、體制內的有效人脈和非凡的抗爭意志，而且在放棄為國家賠償的前提下，才能獲得應有的社會保障；那這不是肯定不是大多數社會成員所能承受的代價，也不會是他們所期待的正義。

　　那麼，這本書所沒能回答的問題，實際上也尖銳地擺在了當代社會政治變革方向的思考者面前。

後記：書寫苦難與傳承記憶

　　2014年我在甘肅開始《夾邊溝祭事》的拍攝時，經張遂卿先生帶領，認識了陳星先生，並在影片中加入了對老人的採訪。那時，陳老和蘭州的和鳳鳴教授等倖存者作為發起人，倡議在夾邊溝為五七勞教罹難者建紀念碑。陳老也將剛印出的《問天無語》一書送給了我。

　　我初讀這本書就深感震撼，我覺得，陳老這本書提供了有關黑暗時代非

常重要的歷史知識。知識是需要探求的，而探求的過程絕不會亞於自然科學研究的艱苦。陳老在寫作中一遍遍地重歷了監獄和囚徒生活的痛苦往事，懷著記錄歷史的使命感和知識分子的憂患意識，他最終揭示出政治暴力的豐富細節和賤民囚徒的個人歷史。這是許多人遭受壓迫的故事和一個人爭取公正的戰爭，戰事經年累月。陳老忍辱負重，帶著屢戰屢敗的挫折感，也帶著他隨時準備結束自己生命的決絕，在長達數十年的抗爭過程中寫完了這本書。也許到後來，敘事線索有些重疊了，但他追求公正的意志已經深深地銘刻在了作品裡。正如張遂卿先生在編後記中所說：「千萬篇這樣的紀實文字，彙集成新時代的《史記》」。

作為一個讀者，我期待陳老在有生之年，就能得到來自青年一代讀者的回應。如此說來，時光已經非常緊迫。這就是我在聽說陳老再度骨折臥床不起之後，趕緊放下了其他工作，全力以赴地對原書稿的電子版做了仔細的校讀；在此基礎上，我寫完了這一長篇研究，以期將陳老這部回憶錄推薦給更多的讀者。

在此，我要深深感謝陳老對我的信任和寬待。目前讀者看到的這本書，是在《問天無語》原稿的基礎上，加入了陳老去年在病床上重寫的《九死一生》內容修訂合成的。遵照陳老的意願，我對原稿中重複的內容和相關議論做了刪節。此外，能繼張遂卿先生之後接續完善這本書的文字工作，我感到榮幸；這是與我尊敬的故友和師長在精神空間的重逢。

從年齡上來說，我要算陳老和張老的晚輩；從文革過來人來說，我們要算同時代人。而從精神上來說，我等註定是陳老一代抗爭遺產的繼承者。我願陳老能放心地將這份責任交付後人，安享晚年。因為，紀念罹難的前輩，收集倖存者證言，繼續追求社會公正，是我們責無旁貸的歷史使命。

2019年4月17日
艾曉明
（廣州中山大學退休教授、獨立紀錄片導演、倖存者文獻研究者）

寫在前面

陳星

亞里斯多德說：人是政治動物，一生要共同生活。

我說：政治是人的空氣，猶如魚的水。

水受到嚴重汙染，魚就會逃離或死去。空氣被汙染，人就會得病；汙染嚴重人也會死，甚至死無葬身之地。

有人說：我不問政治。但政治要問你，這在近現代的中國，是不可避免的事情。

半個世紀以來，一個接一個的政治漩渦，自源頭而降。所謂「文化大革命」是前所未有的政治大漩渦，幾乎沒有一個中國人不被它漩得暈頭轉向。不管你是否願意，都得向左漩。「左」是時代風尚、行為準則。站隊要向左看齊，握手要伸左手，車馬行人靠左行，左撇子也成為時髦。「左」是革命的，「右」是反動的。「左」是方法問題，「右」是立場問題。「寧左勿右」是處理問題的法寶，凡事必需「左」三分。一句話，「左比右好」。偉大領袖把人群分成左派、右派，意即革命派與反動派。左派手裡拿的白旗，你必須說那是紅旗；指鹿為馬還要臉不變色心不跳。

你要是還不知道這位幹部是共產黨員，而給他提了極平常的意見，他就會用「對黨不滿」這面大旗來做他的虎皮。對政策提點改進建議，你就是企圖推翻社會主義制度。他裝腔作勢地給你提段毛主席語錄，你若背不出來，那就是「反毛澤東思想」。這在文革時期是常見的事。

有人無意識地把印有「毛主席」三個字的報紙坐到屁股底下，就被帶上反革命帽子去坐牢。虎死威不倒，毛主席他老人家逝世後，餘威仍在，至今還在。

我以為，給人們政治思想、經濟生活中造成一言難盡的災難，或許不應歸咎於一些真有信仰的共產黨人；而他們很多人也難逃厄運。領導總愛說向

前看，但我認為，要明辨是非，應該向後追溯；以史為鑒。

小民一生只知愛國愛民，無任何罪惡可言。但解放後又五進五出囹圄，先後蹲過一十五個大大小小如同枉死城般的監獄和看守所。在沒有見過任何一個原告、公訴人、審判員的世所罕見的違背司法程序的情況下，拿到三份不給上訴權的判決（不包括第四份終審判決），累計領刑三十五年。

從上個世紀1970年代，由底層到高層機關不斷申訴，上訪；一直到本世紀初，沒有任何一個法院辦案人員主動問我一聲。省委、省人大、省檢察院和高院有關領導查證多次，他們研究了我的申訴，並向高院建議複查再審。而審批機關死死握住「左」的權柄，不肯鬆手，最終令我夢斷黃橋！古羅馬普魯塔克說得好：「對人民來說，惟一的權力是法律；對個人來說，惟一的權力是良心。」某些人既不講法律，也不講良心；這就是我對目前很多執法者的判斷！

自而立之時被誣為反革命、右派；近二十年在監獄和看守所被囚禁。到耄耋之年，傷痕猶在，汙名猶在；我還沒有得回應有的公平正義。

在我行將就火（編案：因大陸採火葬，故有此稱）之前，願將親身經歷的一齣齣悲劇資料獻給憂國憂民的知識界、法學界和史學家；奉獻給多災多難的同胞和年輕一代讀者。

我相信，以史為鑒，將是民族之幸；也是倖存者的責任。

話從這裡說起

托爾斯泰說：「人生不是享樂，而是一椿十分沉重的工作。」背負重物，步履艱難，在人生路上蹀躞跋涉。假若你能將自己的重負，轉移至他人，且不被發覺，並揮鞭驅趕其人，然後收穫他的勞作；你便會看到他在痛苦中煎熬。於是，你覺得愉快和自豪，你被人羨慕、崇拜，異常幸福。這是聰明人，也是人上人。鄭板橋先生有首詩：船中人被利名牽，岸上人牽名利船。江水滔滔流不息，問君辛苦到何年？

薩迪也說：「如果你對別人的苦難無動於衷，那麼你就不配稱為人。」如上所述，不只是「不配稱作人」；但卻被公認為上等人。社會的道德觀在

那個歷史階段已蛻化到奴隸制時代。叔本華說得簡潔：人們給同類施加痛苦若並無其他原因，那就僅僅是出於惡。

最痛苦的人，莫過於被凌遲處死的罪人。

我晚生了幾十年，便為當過幾十年囚犯而未被凌遲處死而感到輕鬆。

但我時常在夢中見到被凌遲處死的人，他們被行刑者一刀刀、一片片地割著，而我對受刑者面部的緊張抽搐、身體的顫抖、叫聲的淒慘、劊子手的洋洋得意、監斬官的不可一世、旁觀者的驚恐萬狀、親屬的悲痛欲絕，既不羨慕也不同情，更無苦楚之感，只覺得自己倖免之幸！好在我並不孤獨，和我相似的人多如牛毛。中國有句諺語：「兔死狐悲」。我不悲，當然不如一個禽獸。

在行刑者將要完成最後一刀時，竟有一人大步走向監斬官。叩頭後，他指出行刑者在某幾個部位漏割了哪幾刀，故不足三百六十刀。他奉命接過刑刀，從容不迫地在犯人身上一刀刀補足後，才施了最後一刀。於是這人被紅袍加身，那把刀也永久握在他的手中。

回憶夢中所見，我慚愧自己無此絕技。同時也覺得自己不配稱作「人」，所以我便成為劣中之劣的劣等人。

本書上卷《赤地天網》的前九篇是在1988年寫的。後因住醫院，抽空補了個第十章。現將離開監獄工廠後的坎坷經歷歸於下卷《風雪夜歸》，全書共一十八章。共產黨人常常講：辦事、說話的基本原則就是「實事求是」；所以，我也遵循這一原則，敘真事，說實話。我不會避諱，也不會虛構；都是真人真事，有些人也還健在。若我有不實之詞，願承擔法律責任。

大作家們給偉人、名人寫的頌歌，可以說是汗牛充棟了。但小小百姓在歷史洪流中的拚搏、掙扎直到被泥沙所吞沒，均被「不值一提」擱過了。我覺得應補上這一章，因為我們都是人。

黃河水無論來自天上還是地下，只能是一滴滴匯集起來的。人們以為它取之不盡，用之不竭，如今它時而斷流了……我也在想：這究竟是為什麼？

上卷　赤地天網

第一章　從戎

　　來自西伯利亞的一股高壓寒流，捲著沙塵在烏雲裡迅猛東移，與太平洋的暖氣流對峙於龍的故鄉，在神州上空激化為龍捲風。它以迅雷不及掩耳之勢，向四面八方擴張運動。

　　在經久不息的風暴裡，備受摧殘的當然是小草和小鳥。正直挺拔的大樹被連根拔掉，能順從風暴屈膝伏地彎彎曲曲生長的樹木鬼鬼祟祟地苟安著，如今已成為參天大樹。

　　少時，老師常教學生課餘多多運動，諸如球類運動、田徑運動、冰上水上運動，這些統稱為體育運動。還有一種說法，生命在於運動。政治上也有運動，例如「五四」運動、「新文化」運動。人們對於「運動」這個詞並不陌生，且懷有良好的感情寄託，有嚮往和振奮。

　　1949年即通常所說的「解放後」不久，各種運動接踵而來；如鎮反運動、三反、五反、肅反運動……這些運動使人揪心、恐懼，不敢怒不敢言。一個儒家的農村民粹主義者梁漱溟惹惱了偉大領袖，他就在知識分子中掀起了思想改造運動。1955年，那位曾在上海文壇上熠熠生輝的左派詩人胡風（胡是魯迅的得意門生之一，另一得意門生馮雪峰後來也被打成大右派）給中央呈上「萬言書」，主張創作自由、學術自由、思想自由，要求允許作家保持獨立人格。結果，「肅清胡風反革命集團」的鬥爭直接演變成了肅反運動。運動的概念已完全脫離了體育的含義，而是疾風暴雨，席捲到每一個角落，令人步步驚心。今後還有多少運動接踵而來？它將如何撥弄人們的命運，我的猜測是凶多吉少。

　　「肅反」，是「肅清反革命」的簡稱，也是我在解放後親身經歷的第四個運動。它像龍捲風引燃的野火，燃燒在甘肅南部的草原上，烤熔了雪山，煮沸了黃河。

　　黃河的主要支流之一──洮河，貼著迭岷山脈，穿雲透霧迂迴流淌，滋潤著豐富的森林資源。採伐後的木材又藉著洮河之水流入黃河，奔向遠方。

所以解放前，這裡便成立了洮河林場。解放後該林場原名未改，它屬於甘肅省農林廳直接管轄的單位。在這個單位的肅反運動中，我充任著各種重要的反面角色。

肅反運動主持人指控我的出身可與惡霸地主劉文彩「媲美」，是個歷史反革命。由於我在國民黨黨部和軍隊中工作過，便是「中統」、「軍統」雙料特務。我拋棄國民黨迎接解放，未去臺灣；因此便是潛伏特務。由此推理，我參加革命工作後一切積極為人民服務的行為，都是為了欺騙組織，掩護自己；是企圖推翻共產黨的反革命行為。他們可以不要任何證據，憑「想當然」給你定罪，並且不受憲法的約束。不僅如此，更有甚者，他們使用慘無人道的毒刑，折磨一個真正的效忠於黨和國家的公民。

歷次運動使少數人瞬間變為奴隸主模樣，而大批大批的普通人頃刻淪入奴隸境地。奴隸主可以不讓你吃飯、睡覺，不讓你單獨上廁所，也不許和家屬接談。他要你無休止地做苦力，挨打不許呻吟，挨鬥不許反抗，痛苦時不許落淚，整死後棄之荒野。你不知道自己犯了什麼罪，做錯了什麼事，說錯了什麼話。一切都要叫你交代，交代，再交代；坦白，坦白，再坦白！你感到自己已經完全失去了作人的資格，進入一個野獸的時代。而奴隸主得意洋洋，步步高升，並且是一人得道，雞犬升天。

為了把歷史的真實奉獻給讀者，必須從我的童年說起。

一、賣炭翁

「賣炭翁，賣炭翁，伐薪燒炭南山中」。我的家就在唐代詩人白居易寫的這個終南山中。有詩為證：

> 父祖逃荒最可憐，終南山遠栗寒煙。
> 年重手足千層繭，日歷崎嶇萬仞巔。
> 漚汗蠻荒生墾地，粗糧薄獲自耕田。
> 深山乏計逃租稅，也有豪強浪舉鞭。

這是我讀中學時寫的幾句不成詩的話，卻概括了我的家世。

韓愈在〈左遷至藍關示侄孫湘〉中，有這樣幾句哀歎：「一封朝奏九重天，夕貶潮州路八千。欲為聖明除弊事，肯將衰朽惜殘年。雲橫秦嶺家何在，雪擁藍關馬不前。知汝遠來應有意，好收吾骨瘴江邊。」我的家正在藍關的雲雪之中，在我家屋後，有座雲臺山，傳說韓湘子曾在那裡修過道。門前，一條小溪晝夜不息地流淌著。我不會描寫她的美麗，但詩人裴度在〈溪居〉中寫道：「門徑俯清溪，茅簷古木齊，紅塵飄不到，時有水禽啼」，這卻是我家環境的絕好寫照。

我的祖輩和當地其他人一樣，是從遙遠的河北逃荒來到關中的。因其他地方人口稠密，無立足之地，老一輩人最終才擠進終南山麓。這裡的七溝八岔溝深坡陡，山石嶙峋，原來都是無主荒山；任憑外來戶在坡上、溪邊搭個茅庵，在山石之間，開墾出巴掌大的一片片彈丸之地。逃荒者在地裡點種一粒粒包穀種子，企盼它生根、發芽、結果，用以維持貧苦的生命。當你有點微不足道的收穫時，山外和嶺南的豪強見有利可圖，便去官府辦了產權登記。於是，這裡的自耕農又變成了佃農，連燒木炭所得的三分之一也得給他們交作山價。

在這裡燒木炭是很苦的，進山時要背夠半個月吃的玉米麵，惟一的調味品和副食是一撮鹹鹽、一碗酸菜。那時用鹽，比現在用味精還要吝嗇。早晚喝玉米糊湯，中午蹲在雪地裡啃灰裡燒的乾糧。晚上躺在毛竹搭成的窩棚裡，沒有鋪蓋，全憑通宵達旦的柴火驅寒。燒炭人用三塊石頭支起一口鍋，這就是惟一的炊具，再折斷一根毛竹就成了筷子。

在寒風中度過一個疲勞的夜晚，東方未曉，燒炭人別著一把冰冷的斧頭，踏著沒膝的厚雪爬上高山。每砍一斧，樹枝上的淞霜就鑽進衣領，冰得人渾身打顫。砍樹的斧頭震得手掌虎口發麻，燒炭人雞爪似的手上條條裂口冒著血珠。

出一窯炭，身上要蛻一層皮。第二天還要鑽進滾燙的窯膛裡，把一根根木柴緊緊地豎整齊。點火後，三天才能閉窯；再三天，才能出炭。辛苦一冬，還弄不到十來八塊大洋。

我上學時，每年寒假都幫大哥燒一冬木炭。

記得有年冬季乾旱少雪，沒有炭販子來販炭。春節將臨的一天，父親和大哥各在木架子上疊了二百多斤木炭，他們背上像揹了把大扇子。我用挎籃裝了五十來斤，從窯上背到家裡，已是深夜了。

天未亮，我們喝了母親攪好的包穀麵糊湯，懷裡揣著乾糧。出門一看，厚厚的大雪，覆蓋了通往山外的道路。我以為走不成了，可是父親和大哥卻欣喜若狂地說：「快走，今兒的木炭一定能賣個好價錢。」「可憐身上衣正單，心憂炭賤願天寒」，一千多年前白居易的詩句，彷彿就是我父親和大哥的心情寫照。

由家到集鎮有四十華里路，這種路大都是過去的人們在絕壁上先鑿出小孔修起來的，往孔裡插根條形石，再鋪上石板，就有了路。古時人稱它為棧道，我們叫它「石碥」。行人小心地在上面挪動腳步，身負重荷的揹夫走起路來都要發出吆喝聲，給對面來人打招呼。否則在彎彎曲曲的地方遇到來人，就像兩隻羊在獨木橋上相遇，誰也過不去。

迎面颳來的北風夾著雪砂，不僅使人睜不開眼，還出不來氣。父親和大哥的炭背子像船上的帆，隨時都有被吹落在冰河裡的危險。為了減輕阻力，他們只能像螃蟹似的橫著走。我不時也背過身去做一次深呼吸，然後趔趔趄趄地趕上他們。

揹炭的人都抱個T形的「木打杵」，作為歇息時的支撐，並用它在雪裡探路。道路雖然如此艱險，但所有揹炭人都精神煥發。他們滿臉的熱氣一遇寒冷便把眉毛和鬢角染成了白色，可是風雪和嚴寒卻好像給他們血管裡注入了興奮劑。

我們每挪一步都要咬緊牙關，腳心的馬鞍形鐵鞋爪像是要切斷腳掌。當我脫掉它反而不會挪步，大哥拖著我的胳膊，跑了一陣才好些。

鎮上的「炭伢子」在我們眼裡簡直是了不起的人物。他們披著大氅，抱桿大秤。我們先從背上給他取下一部分木炭，作為傭金。我的五十多斤木炭才稱了四十斤，但誰也不敢爭辯一句。我又想起了白居易的詩：「賣炭翁，伐薪燒炭南山中。滿面塵灰煙火色，兩鬢蒼蒼十指黑。賣炭得錢何所營？身上衣裳口中食。可憐身上衣正單，心憂炭賤願天寒。夜來城外一尺雪，曉架炭車碾冰轍。牛困人饑日已高。市南門外泥中歇⋯⋯」

從白居易的詩中可以看到，在唐朝，賣炭翁清晨趕著牛車，車上裝著自己燒的木炭，中午就到了長安城的南門外。那時長安城外遠郊皆為鬱鬱蔥蔥的丘陵地帶，牛車裝了炭可在平坦的車轍上行駛，半天即到南門。千年來，由於開荒，耕進林退，炭窯也後退一百餘裡。山路崎嶇跌宕，毛驢也無法負重馱行。因此，只能由燒炭人肩挑背馱至小集鎮；這裡的炭販子再用獨輪車推往西安。

賣完炭，每人吃一碗蕎麵餄餎，目的是利用擱有鹹鹽的湯來泡乾糧。

辦了一點年貨，剩兩元錢是準備還債的。可是回程中剛進山口，就遇見了攔路的土匪。這裡的土匪，都是來自嶺南玉川鎮鄭效仁手下的嘍囉。他們不像梁山好漢那樣殺富濟貧，只敢搶劫苦力行人。我們的年貨被搶劫一空，剩下的只有二十斤鍋底鹽。我和大哥的哭啼伴奏著父親的哀歎，在駿黑的夜晚進了家門。

母親還守在灶爐前，生怕鍋裡糊湯冷了，不時地添著柴禾。見我們進門，她才點燃松節。一看我們的表情和僅有的二十斤鹽，她不禁嚎啕大哭：「天哪！又遇見了『刀客』，這年咋過呀。」一窯木柴變作集市上的木炭，承載著多少辛酸和血淚！賣炭所得卻在轉眼之間化為烏有。

春夏我們割竹編筐，秋採藥果，冬燒木炭；農忙前又把掃帚，這些都是集市上的搶手貨。房前屋後栽些白楊、泡桐，幾年就能成材。父親和大哥又當「解匠」，把樹解成板子變錢。當我輟學從軍之後，大大減輕了我父兄的負擔，家境隨之漸漸好轉。他們從「地主」手裡又買回了自己開墾的土地，雖然還住著茅草房，但成了真正的自耕農。正因為這樣，大哥在解放後被戴上「地主」帽子。而地主家的紈袴子弟，由於吃喝嫖賭卻變成了「窮人」。時來運轉，他們成了農會的骨幹。

在我家，父親還收養了兩個他人不願照顧的殘疾親屬。結果在土改中，他們被認定為「長工」，計算為我家的剝削量。

這些便是我的家世，也是我家被定為地主的原因。

二、怒火燒胸

愚昧和貧困是孿生兄弟。

我們這個窮山溝距省城西安也不過百十里，但無論男女老少，誰也沒有去過省城。離我們村莊不遠的焦岱鎮，就是我們的「首都」。我們不知道自己是生存在地球上，更不知道地球以外還有其他星球，中國以外還有其他國家。直到抗日戰爭爆發，一雙雙抓壯丁的手伸進山溝，人們才知道有個東洋鬼子要奪老蔣的江山，但依然沒有抗日救國的概念。這裡的人只是想逃避當兵，他們認為當兵不但要賣命，而且還要挨打。由於軍餉被層層剝扣，免不了挨餓受凍。所以當地流傳著一句民俗：好鐵不打釘，好男不當兵。要不怎麼會像捆豬一樣地被捉了去？人們愛國意識淡薄，其根本原因是沒有條件讀書而形成的愚昧觀念，因此也更談不上什麼「國家興亡匹夫有責」了。

鄉民大都沒有讀過書，過著「雞犬之聲相聞，老死不相往來」的生活。過年不貼春聯當然是可以的，但發生買賣借貸關係時，常常是由「東家」的先生信筆去寫。先生寫完，自己在文約上摁個指印，或畫個「十」字。到後來感到賬目不清，滿腹委屈卻又說不出來；我的祖父就是這樣被折磨死的。所以當大哥成年後，父親便決心讓我讀書識字。

父兄原想讓我認幾個字，能識別紙幣面值，代人寫個契約什麼的就行了。然而，「任是深山更深處，也應無計避征徭」，抓丁拉夫的，並沒有放過這個窮鄉僻壤。

當時有條規定，凡家有念「洋學堂」的，可以緩役。繼而又改為有讀中學、大學的，就能緩役。父兄為了能安居樂業，便含辛茹苦地供我升學。

由於家境貧寒，在校學生中食宿簡陋、衣著襤褸的莫過於我。誰和我接近，誰就會被人奚落。「山蠻子」代替了我的真名實姓，也給我創造了一個悉心苦讀的條件。我十七歲時，原本已經在西安後宰門力行中學上了高中，但這時有了學藝術的機會，我拿了個肄業證書就轉學了。

當時「中華藝專」剛成立，這是個私立學校，校址在城南嘉善寺，這裡是畫聖吳道子作過畫的地方。學校由馮玉祥任理事長，李烈鈞、張伯英、梁

梅九任理事，李丁隴任校長。

丁隴先生也出身貧寒，苦學成名。他以〈黃泛區寫實〉為抗日義展，他也是第一個赴敦煌探寶臨摹壁畫者。他的作品在西安、重慶展出，贏得人民的尊敬，是一位有進步思想的畫家。他尤其是憐貧惜才，助人就學，其作風博得師生的敬愛。我在該校就讀時，就一直受到免費優待。抗戰時期，許多著名畫家都在半壁河山的中國搞個人展覽，改善生活條件；而李丁隴和夫人鄭墨軍卻熱衷於辦學，給我們提供了學習美術的機遇。如後來以畫馬著名的畫家韋江凡和以畫驢著名的黃胄都曾在此學習過。著名畫家張大千、葉淺予、趙望雲等也在此講過學。

當我進入中華藝專時，父親和大哥聽聞我在學畫畫，氣得說不出話來。因為我在關帝廟讀私塾時喜歡臨摹壁畫，多次受到老師和父親的打罵。於是，我在1943年畢業後，便又就讀於西北農學院，意欲以農興家強國。在那裡，我得到了院長周伯敏先生的資助，抗日勝利後又得到過他的安置。

周伯敏先生是國民黨元老于右任的外甥，頗具愛國思想。每逢紀念週就要講述抗日形勢，激發學生的愛國熱忱。

在此之前，我「兩耳不聞窗外事」。此後我便找些舊報紙隨身攜帶，躲警報時去翻閱。當我讀到1937年12月13日日寇在南京大屠殺的報導，這才感到，作為一個中國人不能為國雪恨、為同胞報仇，這是莫大的恥辱。

日本侵華軍隊在南京的紫金山下比賽殺人術，看誰能先砍夠一百。手起刀落，血流成河，這種獸行竟持續一月之久。然而他們覺得砍頭太平凡，又採取了種種慘無人道的酷刑。把人的下半身埋入地下讓狼狗咬食，名曰「狗吃刑」。把人的舌頭掛起來，名曰「釣鯉魚」。把人綁在鐵床上四周用火烤，名曰「烤全豬」。他們對婦女的蹂躪更是慘絕人寰，小到七、八歲的幼女，老至七十高齡的弱嫗都是他們姦汙的對象。姦後用刺刀捅進陰道，割去雙乳；遇見美貌者，數十人在光天化日之下輪姦。他們對我被俘官兵捆縛其手足，推倒在地，以軍車輾軋其身。南京全城遇害者已獲屍體三十餘萬，拋棄江河、活埋地下者不計其數。此外還有縱火劫財，更是難以筆述。日寇每占一城，莫不如是。

日寇屠殺中國人的種種慘景，雖未目睹，但我深信這些報導絕不失實。

當時我苦苦地思索著，我這個手無寸鐵的學生能為祖國做些什麼？

同班同學賈得仁品學皆優，我們相處甚善。暑假的一天，我們同來西安。在緊張的警報聲中，仗著年輕力壯，我們一口氣跑到王寶釧的寒窯裡。我說：「薛平貴在新婚之後尚能別窯遠征，我們為什麼不能效法班超投筆從戎？哪怕只殺掉一個鬼子，也不愧是中華民族一份子。」

不料他卻這樣回答我：「四萬萬人就缺你我上戰場？殺一個鬼子就能嚇跑日本人？這是匹夫之勇。好好讀書，將來為國家做番大事業。」

你忘了「國家興亡，匹夫有責」嗎？皮之不存，毛將焉附？你又去為誰作事業？他似乎無言以對。

回來時，我又看到餘煙未盡的彈坑和血肉模糊的死難同胞；不覺潸然淚下。同時我也看到有錢人家依然是燈紅酒綠，霓裳羽衣輕歌曼舞。這使我想起南宋詩人所寫的詩句：「山外青山樓外樓，西湖歌舞幾時休。」「若是胡塵吹得去，東風萬戶侯。」

我立下決心，一定要去參軍抗日，無須「馬革裹屍還」。

三、新婚三日永別離

1918年，義大利、德國向美英投降，結束了第一次世界大戰。德國復仇之心不死，挑起了第二次世界大戰。1945年4月，軸心國的墨索里尼被游擊隊活捉槍斃，希特勒也死在地下室的洞房裡。日本已陷於窮途末日，仍宣佈說：「日本還要再戰，直到帝國人民全部戰死，三島化為焦土。」盟國與日本在緬甸、印度展開了決戰。

此前，1944年秋末，蔣介石委員長發佈〈告全國知識青年書〉，號召知識青年從軍。全國各大報紙都開闢了「一寸河山一寸血，十萬青年十萬軍」的專欄，動員知識青年投筆從戎。我抱著保家衛國、拯救中華民族、收復大好河山的赤誠之心，報名從軍遠征。

藍田縣負責青年從軍工作的是陳子敬，他從陝北回來，是很有才華的共產黨員，在這一帶主持地下工作。他也是我小學時的校長，我曾當過他的交通員，但當時並不知情。他的公開身份是國民黨藍田縣黨部書記長，對我

報名從軍的要求，他表示欣慰與支持。他把我安排在縣民眾教育館作宣傳幹事，讓我再以這個身份參軍。

記得他意味深長地對我說：「你家很窮，父母供你讀書不易。從學校參軍只能保留學籍，家裡得不到優待實惠，以現職參軍能保留薪職。」他還鼓勵我寫份〈告全縣知識青年書〉以示號召，我立即想到，我在小學時的名字叫陳子明，那時很多人以為我是他的弟弟，起碼是堂弟。因此，我們也曾將錯就錯。現在若以陳子明的名字寫份〈告全縣知識青年書〉，表示參軍的決心，一定有較大的號召力。當時縣上許多頭面人物都在「送子弟參軍」，那不過是作為誘餌罷了。

報名之後，我最大的困難是如何向父母解釋。

一家人含辛茹苦供我讀書，雖不敢指望我光宗耀祖，總希望我弄得一官半職，成為這個窮家的「保護神」。尤其是母親，她怎能承受得起這個打擊？

每逢假期我回家，母親總是歡天喜地把她保存的、認為是最好吃的東西一樣一樣塞到我手裡，看著我把它吃完。她還再三叮嚀我，要學會自己照顧自己。在她老人家的眼裡，我永遠是個不會獨立生活的傻小子。假期結束返校，我走得很遠了，她還是站在屋後的松樹下望著我，不時地用衣襟擦著眼淚。這次，她知道我要離鄉遠行，好像我這一去便回不來了。她痛不欲生地躺在床上，好幾天不進飲食，也不去打豬草。

父親懷著望子成龍的心情，一聲不吭地坐在炕爐邊，使勁地吸著旱煙。

大哥比父親更愛我，夜間在炭窯的窩棚裡，他總是用身子替我堵著風雪。上山時他讓我走在前面，下山時走在後面，怕我從滑道裡滾下來。喝糊湯時，他要把鍋底的鍋巴鏟給我。他希望我早點成人，共同為父母分憂！如今……

大哥坐在父親的對面，他不會吸煙，將一把乾蒿子毫無意識地一截一截掐了一地。他本來少言寡語，如今更說不出一句想要說的話。

他們雖則沒有讀過書，但都識理。父親和大哥都找不出任何理由來阻止我從軍，便提出一個要求，要我提前完婚。

我的未婚妻唐小妹，與我訂婚已十年，當年她才六歲。九叔家在嶺南，

雖家道衰落，仍請有教師。我五六歲時，就在他家借讀。雙方父母為我們定了婚約，我們不懂事，也不知情。正所謂青梅竹馬，耳鬢廝磨，兩小無猜。漸長時，見小妹被裹足啼哭，感同身受，我扯著九嬸的衣襟搖晃祈求：不要給小妹纏腳！直到小妹十歲，因政府查禁，官員進山，她那雙已變形的腳才被鬆開，但為時已晚。

到了彼此察覺已有婚約時，我們又互不相見。但小妹的形象已經深刻在我心裡，她身材修長，瓜子臉上嵌著一雙水汪汪的大眼睛，有著少女特有的羞赧和溫順，且粗識文字。對於她，我沒有任何可以挑剔的地方。

唐九叔是個知識分子，不乏愛國之情。他知道「知識青年從軍」不同於拉壯丁。國家興亡，匹夫有責：「叫他闖去，好男兒志在四方嘛。」此外，他同意小妹出嫁，還有一個原因。小妹十歲時生母即被土匪烙死，九叔續弦又生一子。

九嬸慘死之狀至今不敢回顧。

采玉河與岱峪河的水匯於「灞橋風月」。九叔家在采玉河，與我家只有二十華里小山之隔，當時這一帶都處於民兵團長鄭效仁統治之下。要在鄭團長麾下當個兵也是不易，因當地兵匪不分，當了兵沒有餉銀，給枝槍任其所為；方圓百里稍富人家時有匪患之憂。九叔家先輩略富，由於浪蕩不羈早已敗落；但給人的印象仍是瘦死的駱駝比馬大。因此，九叔家便成了眾匪劫掠的目標之一。

那天我正在九叔家，三更時分，群匪撞開大門。但九叔及其子外出，土匪便將九嬸及兒媳捆綁起來，要她們交出財物，一眾匪徒還輪姦了媳婦。

他們翻箱倒櫃一無所獲，便將燒紅了的烙鐵在九嬸背部燙烙。一時濃煙滿屋，小妹哭得叫出聲來；土匪便將一長工、小妹和我三人鎖進磨房。他們大膽用刑，要九嬸指引埋藏財物之處，九嬸忍痛不過隨意指點。他們深挖後未見一物，又烙九嬸前胸。小妹只有七歲，把頭栽在長工的懷裡只哭，我也趴在磨盤上驚恐得抽泣。老長工猛然把外牆窗上的木條搬斷了兩根，我們才從窗戶逃出。

我們躲在屋後唐家祖墳樹林裡，忽聽幾聲槍響，嚇得我和小妹都嚎啕大哭，以為九嬸和大嫂不在了。老長工說：不要怕，這是土匪放的起身炮。

我說：快回家看九嬸。老長工說：別急，小心土匪殺回馬槍。接著一串鞭炮聲，老長工說：走，土匪走了。

到家時我們看到，九嬸已被近鄰抬到炕上。不久九叔和兒子也都來了。九嬸昏迷不醒，全身被烙得焦黑，全家大放悲聲。親人圍攏她，九叔握住手叫了兩聲，她才微微睜了眼。要給她翻身也無處下手，她嘴唇上結了厚厚的痂，說不出話。小妹爬在娘的身邊，我也未離左右。突然九嬸睜了眼，一手握住小妹手，一手伸向我，似乎在說：你倆要好好的。她永久閉上了雙眼，永遠看不見我和小妹了！這位慈祥的母親就這樣離開了我們！

小妹失去了母愛，繼母雖未虐待她，但她總想離開娘家，成為另一個家庭的主人。所以，說到提前完婚，她也樂在心裡。

新婚之夜，她敘述了她大姐夫春節拜年時被兩個嫂嫂捉弄的情形。她們如何給碗裡藏辣椒和肥肉，把姐夫弄得狼狽不堪；又如何沒完沒了地叫他磕頭等……小妹並很誠心地教我如何識別，如何對付，謹防上當。

她的每句話都像給我心上扎的針，因為我絕不可能和她一同去拜年；而最後的分別就在眼前。我難以對她如實相告，這使我十分內疚。

離家的前一天晚上，我囑咐她：要聽哥嫂的話，要孝敬父母，要多做重活兒，不要使他們不高興。走後，我只能時常向家裡寫信，過年時我一定會回來的……

誰知我的囑咐反而使她嗚咽起來。母親在隔壁故意乾咳了幾聲，接著又是長噓短歎，還有隱隱約約的抽泣。

第二天早上，母親像送我上學時一樣，飯要親自做，並遞到我手裡。我想，這也許是最後一次吃母親親手做的飯了。一片傷感之情，在碗裡，也在我的心上。

母親把準備了多日的鞋襪、衣褲一件件小心地包好，正是「慈母手中線，遊子身上衣。臨行密密縫，意恐遲遲歸」。母親的眼淚悄悄地落在手背上，她看見小妹站在旁邊便佯說：「昨夜沒睡好，早晨見點煙老是淌眼淚。」小妹把她繡的一個荷包（出嫁前給丈夫繡的裝錢用的小包）塞在母親手裡，低頭走開了。

一家人懷著與往日不同的心情，卻和往常一樣送我到屋後的那棵小松

樹下。

　　這個小山包上的樹都是父親和我親手栽的，早栽的已有碗口粗細。父親常說我是「水命」，栽樹肯活，叫我多栽。我想我的生活的確和「水」一樣，流去的水永久不會再來了，何況「自古征戰幾人回」？

　　父親從不落淚，今天卻一手拿著旱煙鍋，一手抹著擦不乾的眼淚。大嫂站在母親的左邊，也是眼淚巴巴。小妹牽著母親的衣角，深埋著頭，我只能看到她的肩膀一起一伏……

　　「春蠶到死絲方盡，蠟炬成灰淚始乾。」淚水模糊了我的視線，我眼前出現了一個坐在孤燈之下、終身守寡的唐小妹。

　　大哥送我到縣城，我把安家費交給他。他又要我帶在路上用，推來推去我拿了四分之一。大哥噙著眼淚說：「這和賣壯丁又有啥區別！」

　　我們在震天價響的爆竹聲中，冒著風雪，乘坐膠輪大車向西安進發。那時這是最好的交通工具，一般是兩套馬拉一輛車，我們每組十人乘一個車，由四套馬拉著。風雪擋不住送行的親人，於是我們一行將出征的人又都下車和自己的親人步行。藍田到西安只有四十餘華里，誰也不願和親人分手。

　　「母親叫兒打東洋，妻子送郎上戰場」，大家不約而同地唱著這首抗日歌曲。直到長安八景之一的「霸橋風月」旁，我們和親人才依依分手。也有人以悲壯的歌聲唱道：「風蕭蕭兮易水寒，壯士一去兮不復還」。

　　接近黃昏，陰雲密佈，西風搖曳著稀疏楊柳。情景是淒涼的，但歌聲則是從內心裏著熱血迸發出來的，是鐵血男兒的豪言壯語：「大刀向鬼子們的頭上砍去」，「起來，不願做奴隸的人們。把我們的血肉，築成我們新的長城。中華民族到了最危險的時候……」《義勇軍進行曲》這首歌是在1935年由田漢作詞，也是聶耳譜寫的最後一首歌曲。歌聲震撼了秦川大地，也震撼著全中國，它激勵著中華兒女驅逐日寇收復大好河山的雄心壯志！

四、悠悠關山情

　　在初雪覆蓋的古都西安城，全省參軍的知識青年都集中在這裡。到底有多少人我也說不清。大約「雙十節」的一天，我所在的集中站全體青年列

隊，美軍的大卡車把我們送往冰天雪地的西郊機場。

一群美國軍官分別指揮我們脫去外衣，展臂踢腿，躬腰挺胸。然後，向東伸手，你就向東走；向西伸手，你就向西走。我是走向東邊，立即上了飛機。

在飛機上欣然回憶起小時候的情景，那時驚見空中的飛機便羨慕飛機中的人，現在自己第一次身在高空，內心好不自豪。但這種軍用機設備簡陋，忽升忽降，許多人都吐在了身邊的鐵桶裡。我沒多大反應，不久隨機平安降落。在西安發的軍服是棉衣，下了飛機站在馬槽般的敞篷車廂裡，立即汗流浹背。

這裡的官兵都在緬甸浴血戰鬥，經歷了穿越死亡之谷、野人山的考驗！他們的生活待遇與國內士兵相比，也有天壤之別。當前已成為遠征軍的一員，必定有仗可打，若能手刃日寇一兵一卒心願足矣。

一夜之隔，我們身上的棉衣成了負擔。這是四時如春的雲南曲靖縣郊區溫泉山，只見豌豆花開，小麥吐穗。這裡正是生機盎然的春天。不料，早晨起來地上又鋪上了尺把厚的白雪。有個二十多歲的小夥子赤著腳，在上面跑來跑去。他高興地對我們說：「我們長這麼大，只是在銀幕上看見過雪。這是第一次真正地觸摸到它，感謝你們給我們帶來了北國風光。」

陝西參軍青年大都被送往漢中，編為206師。在雲南的是青年軍207師，師長是死守衡陽的第十軍軍長方先覺。我被編在613團，參加集訓。凡有大專程度的官兵，又被調往昆明師部，準備出國遠征。正在此時，蔣委員長率子蔣經國、總監羅卓英來，在一片掌聲中登上主席臺。他揮動著白手套，然後慢慢摘下軍帽，露出那昀昀發光的光頭。他一如既往地重申了「中國只有一個主義、一個黨、一個領袖」的重要性，並且闡述了當前的形勢：印度、緬甸一帶的日寇已處在盟軍大包圍之中。他說：你們必須加強訓練，隨時準備出國協助盟軍作戰。蔣委員長大大讚揚了中國遠征軍的輝煌戰績，他堅信：中國必勝，日本必敗。

當時的中國遠征軍早已結束了滇西騰沖、大盈江一帶震撼世界的戰鬥，日寇已退至緬甸瑞姑、八英一帶，還在頑強抵抗。我被編入新六軍18師政工隊，任少尉隊員。我們剛剛穿上美製毛呢軍服，還未能走去營房，突然又班師回國。

在緬印戰爭勝利在望的關鍵時刻，新六軍被調回國；其原因據說是這樣：蔣介石要防止自私自利的英國人在收復緬甸的戰鬥中，利用中國人作炮灰。同時新一軍的孫立人與新六軍的廖耀湘宿怨很深，廖是蔣的心腹將領。蔣欲保存新六軍這一實力，便藉口說日寇佔領了貴州獨山，已逼近貴陽，湘西戰場急待救援。所以新六軍最後一批士兵，在1945年2月離開印度薩地亞汀江機場，飛至雲南沾益。在雲南曲靖稍事休整後，又從沾益登機，降落在湘西芷江。

芷江機場是美空軍在中國修建的最大機場，戰略位置極其重要，從這裡起飛可以往返轟炸東京，還可以迅速反應保護重慶上空。因此，日軍調集重兵圍攻。國軍以王耀武一個集團軍固守雪峰山，使日寇不能得逞。目前是要加強摧毀日軍在雪峰山的前沿陣地，所以這次是與日寇激戰的時刻。

新六軍軍長廖耀湘是湖南人，曾留學法國，能說一口流利的法語。他率領的這支部隊在遠東戰場上與盟軍會同作戰，戰功卓著。蔣介石期望他能一舉收復湖南，然而，我們在芷江所見便給全軍士氣潑了一盆冷水。

芷江岸邊，躺滿了頭部或四肢受了重傷的抗日戰士。輕傷員都散落在城裡乞討，重傷員都用綁腿或破布條綁紮著傷口。他們身旁只有一根木棍陪伴，他們在淒哀地呻吟著，抱怨著，咒罵著：

「老蔣，你這樣對待傷兵怎不亡國滅種呢？還有誰為國效力，為你賣命呢?!」

「兩天沒吃一口東西，餓死了。」

「渴死了，想嚥口唾沫也沒有。」

「定國之術，在於強兵足食。」而吃不飽的兵何以禦敵？見此情景我們顧不得去想什麼，大家都把身上僅有的乾糧、壺裡的水往他們嘴裡倒。可是，喝了、吃了的人仍在罵，沒有得到食物的人更是有氣無力地罵不住口：

「你們當官的也不得好死，你們揩兵油、喝兵血！這就是我們打日本的下場，你們還要不要良心？」

難怪他們把我們這樣的士兵也認作是當官的，因為新六軍全是美式裝備。普通小兵也穿著毛料軍服和皮鞋，比他們的官兒還要顯得闊氣得多。

有些重傷員想罵也罵不出聲，那種憤怒掙扎的樣子就像被洪水沖到沙灘

上的魚，只有兩腮在一張一合。

我還看到，田埂上有兩隻紅眼狗守護著兩具屍體；看來它們早已吃飽了。遠處還有幾隻瘦狗撕扯著白骨，烏鴉一起一落，和它們奪食。

下午我走到城裡，見有幾處房子掛著「傷兵接待站」的牌子。我想，這裡一定住滿了重傷員。仔細看去，裡面盡是身背武裝帶、腳蹬馬靴的軍官，個個神氣十足。人群中還夾雜著塗脂抹粉的女人，人們出出進進，靡靡之音伴隨著淫聲穢語。爭風吃醋的吵鬧聲不絕於耳。

這時，我才第一次深刻地感到，大好河山淪為半壁，非人民之不勇，也有政治腐敗的原因。

次日，18師進駐洪江市；在洪江與邵陽之間的瓦屋塘一帶展開戰鬥。打了兩天，前方傷亡慘重。凡年輕的後勤、政工下級士官，一律向前方補充。能夠親臨戰場殺敵，我沒有畏懼，反而感到欣慰。我原來在政工隊是搞宣傳的，每到一處寫寫標語，發點傳單，編印簡報，沒有去前方作戰的機會。政工隊領導要我編一期戰況簡報，我便趁機要求去師直屬連隊參加戰鬥，體驗生活，取得宣傳素材。

在洗馬潭未及休息，即奉命去強奪一個無名山頭。我方付出了慘重的代價，仍未實現目的。

那邊敵軍只有少數日本指揮官，其餘都是中國人在打中國人。中國人打不過日本人，是因為日本人都有一股不成功便成仁的武士道精神。要不日本軍隊怎麼能以三萬兵力在新加坡俘獲了裝備精良的八萬英軍？日本籍營妓在激烈戰鬥中，主動搬運彈藥，在最後一刻她們要求曾經愛過她的兵擊斃她，這叫「美麗之死」。可是真正的中國人也打不過在日本人奴役下的中國人，其原因何在？

這時的新六軍，已不是威震印度支那的遠征軍了。剛一回國，他們的薪餉即由一日數貶的法幣代替了美金。以往他們吃的是罐頭、麵包、黃油、餅乾，還可以抽到香煙。現在這些東西不僅一概沒有，就是現有的糙米素菜，也不能填飽肚皮。經過昆明、芷江時，軍人們早已把隨身所帶的軍服、毛毯、皮鞋、象牙製品都陸續變賣，填了肚皮；如今則是一無所有。之所以形成這種兵無鬥志的局面，士兵待遇低是原因之一，更重要的原因是軍官自上

而下的貪汙腐化。

在盟軍監督下的中國軍官，身處異國，無法貪汙。歸國後，遇到適宜的環境、氣候，他們便像餓狼似地大顯身手。當官的吃空額、扣軍餉，降低伙食標準，盜賣軍需品，樣樣在行。於是，部隊裡開小差的人越來越多，官對兵的態度自然更加暴虐。幾個月後，那些生龍活虎、身經百戰的鋼鐵戰士，竟變成了皮包骨的乞丐。一支在第二次世界大戰中屢立戰功的鐵軍，被腐敗政府保護下的貪官汙吏自戕了。

記得最後的一次戰鬥是在傍晚進行的。

士兵們端著槍警覺地前進，或匍匐，或跳躍。當官的鳴槍壯膽，引誘敵人出現。

距山頭五百公尺，敵人沉默著。四百公尺，敵人仍然沉默著。越接近山頭，這種沉默越發顯得陰險和不祥。我本被安排在中排，但我為了能和日寇拼殺搶在前面。我們不像士兵配有海母式衝鋒槍，軍官只有手槍和兩枚手榴彈。我立即向離我最近的一個身影擲去，那人在火光中倒下，欣喜中又擲出一顆……「轟」的一聲地雷爆炸，手榴彈爆炸，機槍響了。機槍不是十挺，而是一百挺二百挺。小炮擲彈筒從隱蔽的地堡中噴吐火舌，交叉射擊。紅色的火焰、黑色的煙塵，吞沒了士兵的灰色身影，將他們紛紛拋入血泊和死亡中。副連長犧牲了，連長高聲喊：撤！他拔腿向後跑。我方此時已是屍橫遍野，潰不成軍。

我也想撤，但離我不遠處有位士兵倒下。我不知道自己受傷了，想去攙扶這位傷兵，誰知卻寸步難移。低頭一看，左膝汩汩地冒著鮮血，已是動彈不得，只覺口乾舌燥，渾身麻木。正在此時，一發炮彈掩埋了那個傷兵。我滾到一個大石凹窯處，撕開襯衣給自己包紮了傷口。

炮火停息了，只有滿天星斗在微微顫抖。拂曉時分，我聽見幾個人輕聲說話，我不敢吱聲，腳步向我移來，隱隱約約看到是三個老鄉，一人提了一支美式衝鋒槍。他們把我當成了死屍，拽了一下，我隨著巨痛哼出聲。其中一人說，我們不是壞人，是為游擊隊撿槍的。他們用電筒照了照了我說：是個娃子，你的槍呢？我把自己的手槍給了他。其中一人說：還是個小軍官。我便懇求他們救助，他們把我揹到一隻小船上，過了一條小河，把我交給了

一位陳老郎中。我在這位中醫大夫家，得到了很好的護理。

這位陳老郎中有一子，是鄉村教師，酷好美術。養傷的日子裡，我並不寂寞。從閒談中，我忖度這裡可能是共產黨的一個秘密聯絡點。他們雖未吐露實情，但其殷切照料使我終生難忘。這是他們一家人給我的第一印象，也使我對共產黨產生了好感。

我這是有生以來第一次與死神握手，敵人的子彈若是上移，不是擊中胸膛就會打到腦殼；即使在腿上，若是擊中主動脈血管，那也必死無疑。但我也自我安慰，我的兩枚鳳梨式手榴彈總算擊殺了一個鬼子。所受的傷好在沒有傷骨，四十多天已基本痊癒。但部隊去向誰也不知，我便按陳老郎中的指點向芷江找去。

五、再做一次軍人

走崎嶇的山路，像爬雲梯一樣艱難。

到了芷江，我找不到部隊的蹤跡。連原來看到的那些奄奄一息的傷兵也無影無蹤，留下的只是一堆堆白骨。他們的呻吟和怒罵似乎還在我耳邊哀鳴，我想起杜甫的〈兵車行〉：「君不見青海頭，古來白骨無人收。新鬼含冤舊鬼哭，天陰雨濕聲啾啾。」說也奇怪，正想到這兒，便有一陣大雨把我從沉思中喚醒。

杜甫寫的是一千多年前荒涼寂寒的西北邊陲，所以「白骨無人收」。而今是全民抗戰，又在人煙稠密的江南，卻也出現這「白骨無人收」的慘狀，豈不令人寒心。

新六軍是蔣介石的心腹嫡系，作為實力終於得以保留下來，抗日勝利時在南京參加了受降儀式。後來，新六軍被調往東北打內戰，全軍覆沒。

這時，我就像一個孤兒躑躅在十字路口。找部隊吧，不知它在何處。回家吧，家隔黔山蜀水。難道把滿腔抗日熱血再裝回去見關中父老？而守候在此，豈不是坐以待斃？萬般無奈，最終還是母親的一顆心牽動著我的腳步，我踏上了歸家的路途。

河山破碎，交通阻塞。只有繞道湘、黔、蜀，才能翻越秦嶺，看到八百

里秦川。

由於傷口初癒，經過幾日跋涉，左腿又在隱隱作痛。走到湘黔交界的晃縣，我已寸步難行。賣掉僅有的一件大衣，總算湊足了僅能到貴陽的路費，但公路局的車票甭想從窗口買到，只得高價搭「黃魚」車。那種貨車裝得摩天價高，坐在上面東搖西擺；我只能緊緊抓住繩子，任其顛簸。上山時，還得下來幫著推車。司機的助手一手搬著車門，一手搖著木炭爐的鼓風機手柄，汗流如注，車就像蝸牛似地緩緩爬行。這是中國人在國難當頭時的首創──用木炭作為燃料，節約汽油。機器發熱了，我把手上提的三角木去墊住後軲轆，才能喘口氣。平路上司機也不敢開快，那種軍用十輪大卡車對他們是從不講客氣的，撞翻了商車還要探出頭來罵聲「笨蛋，活該！」

我坐的這輛車到鎮遠縣就是終點，要換車還得搭「黃魚」。好不容易又搭上了一輛商車，司機一伸手：「錢。」我括囊奉上。他一數又擲還我，輕蔑地一笑說：「老子不是慈善堂。」把我拽了下來。

我買了包好煙，在一家飯館門前踅摸；見司機就遞煙。等到發完最後一支煙，我的最後一線希望也隨之破滅了。

幾天後，又等到一輛掛有星條旗的十輪大卡車。當司機大大咧咧鑽進酒館時，我便趴在馬槽裡。他酒足飯飽後一打馬達，把我拉到了貴陽。在燈火通明的鬧市區，我跳了下來。我不敢向他說聲謝謝，因為他還不知車上有個抗日傷患。

那時的貴陽市只有一條中華大道，北起六廣門，南至南明橋，只有幾輛膠輪小馬車充當交通工具。除幾輛美軍吉普，便看不見汽車。街道上皆是馬糞，靠的是一場大雨清掃街道。

現在，我腳踩的是窮地方，這裡「天無三日晴，地無三里平，人無三分銀」。路隔黔山蜀水，身無分文，討飯是糊口的惟一選擇。

乞討之中，我認識了公園路悅來客棧的王掌櫃。他是「秦晉同鄉會」的理事，雖是山西人，自古秦晉一家，也算多半個同鄉。他願意盡力，為我找個職業。可是在人滿為患的大後方，找工作談何容易！於是我一方面求他為我奔波職業，另一方面我又去社會服務處職業介紹所登記。我也把悅來客棧作為通訊地址，向家裡聯繫。

「職介所」能推薦出去的首先是年輕貌美的婦女或者奶媽，其次是有技術的泥瓦工；這二者我均不具備入選條件。即使有個可以勝任的工作，也必須有兩個以上的鋪保。王掌櫃對我這個乞丐不摸底，也不敢冒險，何況生意人以謹慎為重。

我每次去「職介所」，都能在求職的隊列中看見一位待業青年。他頭上長著一堆「髮菜」，腳踏兩隻破「船」，身著藍布破長衫。他瘦長的臉上架著一副凹凸不平的眼鏡，用一本《英語會話》遮著臘黃的臉。直到當罷「龍頭」便搖搖頭，歎口氣，失望而去。我想和他攀談兩句，他那高傲的樣子使我不敢近前。有次我鼓起勇氣問他：「老兄，在這裡等了好久了？」

「一個多月啦。」他用廣東普通話回答，看也沒看我一眼。

「怎麼還沒中選？」

「得有合適的。」他依然用書擋著一張臉。

「你的條件很高吧？」

「麻雀焉知鴻鵠志。」他是以麻雀比喻我的無能。

我終於碰了個大釘子。

1945年7月，我在報上看見一則消息：「歡迎青年自願報名從軍抗日」。這對我這個一心想抗日的年輕飄泊者來說，簡直是夢寐以求的喜訊了。

我幾乎是第一個在飛花村大酒家報了名。第一天吃飯，兩餐都是四菜一湯；住宿被安排在南明大旅社。第二天，報名的人逐漸增多，生活條件隨之下降。不過最壞也是酒席上剩下的大雜燴，比討飯強多了。

一天，我在餐桌上發現一張熟悉的面孔，他就是那位「鴻鵠」。我熱情地向他打招呼，他卻以「鴻鵠」的眼光打量我這個「麻雀」。我簡直有些生氣了。

次日，我便有意和他坐在一條長凳上：

「鴻鵠兄，你也報名了？」

他看了我一眼，並未回答。飯後，我禮貌地遞給他一支煙和一張電影票。這是第一天報名的優待品。於是，他才和我交談了起來。

他叫秋盡，是廣東中山大學中文系學生，一家人都死在日寇的屠刀之下。去年他才從淪陷區逃了出來，沒有趕上「知識青年從軍」。他每天苦讀

英語，是想做個翻譯。

於是我說：「如今你來賣壯丁不感到屈才嗎？」

「不是明明白白地寫『青年志願軍』嗎，怎麼是『賣壯丁』呢？」

「這是兵役局給商會派了壯丁，要人不要錢。逼得商會無法，只有向各商號籌款，收買無業人員去當兵。這叫有錢出錢，有力出力。」我儼然以消息靈通人士自居，其實我是昨天才從悅來客棧王掌櫃那裡打聽來的。

「從軍也好，賣壯丁也好，但願能手刃日寇一卒此願足矣。雙親在九泉之下亦能瞑目。」他用衣袖拭去湧出眼簾的淚珠。　我問他近日來以何為生，他富有詩意地回答：「百席殘羹舌卷盞，十里屋簷磚作氈」。

原來他和我同樣地過著乞討生活，我們成為萍水相逢一見如故的難友。

那幾天，大家都在為「安家費」的發放問題進行猜測。有的說：安家費當然是要發給家裡人安家。無家者立即反駁：難道我們沒家的人就不給？有的說：安家費當然要等入伍後才發，我們這些人又沒人保，先發了不是落個雞飛蛋打？

正在爭論之間，主管報名的瘦老頭說：各位吃過飯莫去別個地方喲，請去商會領安家費喲。他的一口貴陽話引起了大家的極大興趣，我們便一窩蜂似的奔向商會。

六、關在籠中聽見了勝利的歡呼

商會院內鴉雀無聲，禮堂門檻上貼著幾個大紅字：「歡送大會」。

我們走到門口，兩個「接待員」恭敬地一伸手：「請！裡面請！」

桌上擺著一遝撐得鼓鼓的信封，每個人都死盯著它。一群商人模樣的人繞著張會長團團轉。太平門的兩旁出現了幾個彪形大漢，他們用禮帽緊壓眉梢，一對白袖口交叉在胸前。這幾個人背靠牆壁，像被釘子釘在牆上似的。

張會長致了「迎送詞」。那遝信封移到出口處，叫一個出一個。有兩個全副武裝的驗兵軍官把我們向左一撥，我們就拿個紙袋，摁個手印，去院中央站隊。被軍官向右一撥的人，便進入另一個小門。　一百多人中只有五十幾個「入選」，連那位有「鴻鵠之志」的秋盡先生也被指進小門，成了「廢

品」。

看見落選的人那麼多，張會長眼珠一轉，便恭敬地向兩位軍官一拱手，「長官辛苦了，請到客廳用茶。」兩位軍官胸有成竹地大步跨進客廳。

幾個店員模樣的小子端茶送菜忙了一陣，兩位軍官摸著鼓鼓的口袋滿面春風地走了出來。接著，關進小門的那批「廢品」也全部成了「正品」。

站在四周荷槍實彈的士兵，嘩啦一聲子彈上膛，喊道：「兩列縱隊，前後對正，齊步走！」走到街上，一個當官的不停地警告：「跟上，誰要離隊，就地槍斃。」幾家店鋪還劈哩啪啦地放著鞭炮，以示「歡送」。

我們像綿羊一樣，被趕進名叫衛西門的一個民宅小院。這個小院正面五間樓房，樓下是老兵和軍官宿舍兼辦公；南面幾間是平頂房，屋頂架著兩挺機槍。

一位連長整理了一下武裝帶，神氣十足地向我們訓話：「你們要來當兵，當兵是沒有自由的。樓上是你們住的地方，除過開飯、倒馬桶，任何人不許出樓門，不許走動，不許高聲喧嘩。誰要不規矩，請看──」他向機槍一指：「它可不是吃素的。現在把你們身上的現金、鐵器一律掏出來，帶在身上是很不安全的。」於是，連我們身上的角票分錢都被沒收到最「安全」的地方去了。

我們被鎖在五通間樓房裡，前面的四個窗戶被報紙糊得連氣也不透。百十個人擠在一起，像籠屜裡的饅頭，沒顧上拉就吐在馬桶裡。日夜喝不上一口開水，身上起皮，嘴唇結痂。百十個人不要說倒下躺一躺，即使站著，還因為踩了腳不時地爭吵。　發的軍服簡直是紗布做的，透氣性固然好，卻又擋不住蚊子的叮咬。

只有開飯時可以透點空氣，但院落小，要分三次開飯，每次只有十分鐘。

飯是米和穀子各半，還夾著砂子。油菜是用白水煮的，少不了有蛆和雜物。一個「小四川」吃了兩口，搖著頭說：「這種飯不拿出去餵豬，叫人咋個吃嘛。」

特務長立即集合大家，「賞」了他二十軍棍。

特務長小個子凹鼻樑，大嘴巴裡鑲了兩排金牙，開口就是「龜孫」。所以老兵也稱他「龜孫」，但不敢當面叫。只有連長喊聲「龜孫」，他立即兩

腳一併答聲「到」。

　　次日，特務長在開飯前就辦來了糕點糖果香煙之類。他用一口河南話喊道：「你龜孫嫌飯孬，現在要啥都有。不收一個子，記個帳就中。」樂得他大嘴裡的金牙像要蹦出來，於是每頓都是那一桶飯抬出又抬進。

　　由於年輕，我和秋盡在這南方的盛夏季節還算挺得住。我們每天都是吃麵包、餅乾。他每天還要買一包「杜魯門」香煙，我便說：

　　「你老吸總統牌，受得了嗎？」

　　「天生我才必有用，千金散盡還復來。何況這些錢已經成為虎口綿羊。」

　　我便和他開起玩笑：「天生爾才有屁用，鴻鵠鑽進鳥籠中。」

　　他並沒有生氣，反而把腿翹得高高地吸了口煙，唱起《四郎探母》中的幾句：「我好比籠中鳥有翅難展……」這個老廣唱幾句京戲還有點京味兒。

　　一天傍晚，我和秋盡正在談論什麼時候能離開這個「鳥籠」，開赴前線殺敵；忽聽高音喇叭響徹雲霄：

　　「我們的盟國——美國，於八月六、七日兩日向日本廣島、長崎投下兩顆原子彈。我們的盟國——蘇聯於九日對日宣戰，日寇關東軍、萬惡的日本帝國主義不得不接受《開羅宣言》，宣佈無條件投降。我們勝利了！」

　　彷彿不相信自己的耳朵，我們誰也不吭一聲，靜靜地聽著：勝利了！我們勝利了……歡呼聲、鞭炮聲像潮水一樣湧入我們的耳中。接著我便聽到平房上的哨兵、樓下的老兵一擁而出，是真的如夢方醒。我們也大膽地撕開窗戶上的紙，狂歡亂呼：抗戰勝利萬歲！勝利萬歲！

　　我和秋盡緊緊地抱在一起。不知是喜悅，還是惆悵，淚水落滿了我倆的衣襟。八年，多麼艱難的八年，它給中華民族的心靈刻上了仇恨和羞辱。淪陷區的人民還在血泊中呻吟，被姦汗的婦女還未解開自縊的繩索，失散逃難的人們還在天涯淪落。

　　八年抗戰的苦難終於成了歷史的傷痕。緬懷抗日烈士，敬仰之情油然而生。一個七尺男兒，棄家離妻，投筆從戎，未能手刃日寇一兵一卒，卻被鎖入囚籠般的營房。我愧恨交加，傷痛不已。

　　多少鄉情在召喚，多少父母在企盼。我也想起小妹，此時此刻都有萬千惆悵。我默默地吟誦著宋詞人柳永的〈八聲甘州〉：「不忍登高臨遠，望

故鄉渺邈，歸思難收。歎年來蹤跡，何事苦淹留？想佳人、妝樓顒望，誤幾回、天際識歸舟。爭知我，倚闌干處，正恁凝愁。」想到這一切，一個不眠的夜伴著我們……

就在這天晚上，連部的一位上士文書開了小差。連長選中我代理這個職務，我又藉口忙不過來，找秋盡每天幫忙。我的目的是找個機會，飛出牢籠。可是不到兩天，秋盡便和「龜孫」鬧翻了。他還挨了兩個耳光，又被鎖了進去。

我雖代理文書這個職務，仍不能單獨邁出大門一步。一天，我想起悅來客棧一定有家信來，便要求「龜孫」帶我去買菜。

「龜孫」挎著手槍，我挑著菜筐來到客棧。王掌櫃交給我一封信和一遝匯來的鈔票，「龜孫」一伸手把錢接了過去，「我裝著，保險。」我急忙打開信，讀著讀著，眼淚不知不覺地滴濕了信紙。

信中說，唐小妹見我春節沒有回家，病倒在床。家裡瞞哄不過，只能以實情告之。她自此茶飯不思，終日哭泣。在端陽節那天，小妹永遠地離開了這個世界，結束了她短暫的一生。

我想起臨別的一幕，她們站在父親和我共同栽的那棵馬尾松下，小妹的頭貼在母親的胸前，肩膀一起一伏地抽泣，眼淚又在我的心頭流淌。

痛苦的思索中，一個逃離牢籠的計劃在我心中漸漸形成。

七、直言賈禍

要想逃離牢籠，這是惟一的機會。我在痛苦中強打精神，對「龜孫」百般奉承，並把他請進大什字天津飯館。用一瓶茅臺把他灌醉，我才逃走。

在大街上，我摸著空空如也的口袋，悔恨自己沒有膽量，也沒想起去「龜孫」的口袋裡，摸出家裡寄來的那疊鈔票。這時，我也不敢去悅來客棧，只好流落街頭，乞討度日。

有一天，我在廣播中意外地聽到，西北農學院院長周伯敏出任國民黨貴州省黨部主任委員；我便去投奔他。由於編制所限，他讓我當總務科的助理幹事。總務處長黃仲涵是周伯敏從西安帶來的，他又把周公館的事務交給了

我。由於我不通此道，1946年9月，他又調我到市黨部宣傳科。

我在宣傳科任主辦幹事，專管戲劇、電影上演前的審查和報刊出版登記。短短幾個月，我在文藝團體混得很熟。曾經給我們致「歡送詞」的商會張會長，也成了我的忘年之交。

這天，我打電影院出來，從人流裡伸來一隻手，緊緊抓住我的肩膀：「總算抓住你這個逃兵了。」我回頭一看，不是別人，卻是「鴻鵠」在抓「麻雀」。頓時，我們感到了不期而遇的快樂。

他是在送往安順途中逃出來的，現在以寫點雜文謀生，混得很勉強。我便利用職權，把他安置在市黨部的「文化人員招待所」住宿，免得花錢租房子。

自辛亥革命成功以來，軍閥混戰，日寇入侵，當時內戰烽煙又起。當代青年誰不為此感到憂心忡忡？秋盡一再鼓勵我和他創辦刊物。他說：自己手上有了議論工具，便可暢所欲言地直面社會，直面人生。然而，這又談何容易。

至於辦理登記，當然有我一身承擔。可是經費從何而來？我便求助於商會張會長，並邀請戲劇工會理事長章耀南兼任社長。我們將刊物命名為《時代影劇》週刊，由周伯敏先生題寫刊名，秋盡任總編，我任經理部經理。剛剛出了兩期，因觸痛了省主席楊森的神經而遭起訴，章耀南便辭去了社長職務。

瀕臨停刊之時，我藉國民黨裁員的機會辭去了市黨部工作。我以退職金資助復刊，擔任專職社長，我們又重新幹了起來。

《時代影劇》雖是評論戲劇，其宗旨則是針砭時政。我和秋盡是患難之交，但對政治、時局的看法存在著分歧。他認為，共產黨的馬列主義是拯救中國的一劑良藥，並主張像辛亥革命那樣，推翻國民黨統治。我沒有讀過馬列主義的任何著作，連毛澤東的許多小冊子也無機會拜讀。當時我認為，災難深重的中華民族再也經受不起戰爭的摧殘，應當得到休養生息；兩黨之爭應化干戈為玉帛。我以為孫中山的世界大同與共產主義是殊途同歸，不管誰來執政，人民都希望有個朝氣蓬勃的政府，也有廉潔奉公的父母官，使百姓過上安居樂業的生活。所以我認為，揭露貪官污吏，爭取民主自由，這是當前首要任務，在這一點上我們是求同存異的。

據我所知，在國民黨高級官員中，周伯敏是比較公正廉明的。他平日的飯食只是一葷一素，別人求他的書法作品，只收紙張，拒收任何禮品。1946

年9月，蔣介石走進省黨部視察，他還在辦公室裡。蔣介石這次來黔，目的是勸說張學良承諾去東北剿共，結果被張拒絕。那時，張學良將軍被囚禁在黔靈山麒麟洞；楊虎城也被囚貴州息烽。而省主席楊森妻妾滿樓，兒孫滿堂，成立了楊氏子弟學校。楊森喜愛體育，便在六廣門修了體育場，便於子弟鍛煉。每晨一群馬隊，橫行中華大道。他主政貴州以來，所用高級官員大都是四川親屬舊部。一時買官求榮，上下成風。我寫過一篇〈六廣門前耗子多〉的文章，使楊森更為惱火。

1947年3月19日，胡宗南部攻佔延安。各報都在搶出《號外》，而秋盡則寫了一篇諷刺文〈不要高興得過早了〉，於是鑄成大禍。此時周伯敏已調往南京立法院，任那有職無權的立法委員。

事發後秋盡在逃，我被捕到警察局偵緝隊。在那裡我遇見支旒修，他設計使我逃了出來。支旒修原是藍田縣政府職員，我們一同從軍到雲南。當方先覺的207師從昆明開赴東北經過貴陽時，他與我相遇。我勸他和姜禎祥，莫去東北打內戰。由我向周先生請求，讓他就職警察局，在偵緝隊中當了分隊長。所以我被捕後，支旒修放了我。

曇花一現的《時代影劇》週刊只出了二十多期，我便落了個在逃待緝的下場。正想設法北歸，適逢黃仲涵由安龍縣來省述職。

黃仲涵是周伯敏帶來的惟一親信，後來他當了安龍縣縣長。他願做我的保護神，帶我去了安龍。他那裡還保護了一位姓張的共產黨員，他和我一樣被待為上賓。我被安排在張之洞的讀書樓上，有時畫點畫。

七月間，通過市黨部書記長黃長祚的周旋，我才回到貴陽。我在達德、永初兩中學任教，秋盡也得以返築。我們又成立了業餘話劇團，我籌辦了幾次聯合畫展。

貴陽最馳名的特產即是茅臺酒，其中以賴茅為佳。賴永初其時已成為貴陽金融巨頭，所以成立了「永初中學」。教師每週都被邀至酒廠痛飲，返回時賞賜佳釀一瓶。學校裡教師待遇比較優厚，所以師資水準較高。達德中學久負盛名，是方志敏的母校，其舅父即在該校任教。當局對學校教工管理甚嚴。這兩所學校是比較馳名的中等學校。

那時，我在年齡上正是黃金時代，可說是風華正茂。雖則過著水上浮萍

的生活，卻感到十分愜意。可是紙幣日貶千丈，令小職員們經濟拮据；我感到實在難以維生。因為這時，我已有了個小家庭。

我妻劉瑞蘭，是安徽霍邱高塘集人，母親早逝。家鄉淪陷時，她與父劉子和、弟劉家聲在兵荒馬亂中失散。她被難童教養院收養，輾轉來到貴州；進入國立二十中。在「知識青年從軍」時，她被送往重慶學習。再後來，她被分配到205師，任少尉軍郵聯絡員；我們在那時相識。勝利後女青年全部遣返，她和同學羅文玉來到貴陽，躑躅街頭，無家可歸。我即介紹她在省黨部工作，任出納員。她的同學羅文玉與會計師錢大星結了婚，我和劉瑞蘭結為終身伴侶。

有家後，就不如單身時自由了。她因周伯敏卸任被裁減，並將退職金支援了《時代影劇》復刊。妻子失業後，僅靠我的那點微不足道的月薪，連十斤米也買不來。那時的公務員全憑撈外快度日，但教師哪兒有外快可撈？我們便住在秦晉同鄉會後殿，借了關雲長將軍腳下一角（秦晉同鄉會供奉的是關羽），這是用蘆席隔出來的地方。關將軍雖「義氣千秋」，但他無法資助我的柴米油鹽。所以，家庭生活經常陷入困境。

秋盡仍是單身，但也無法維生。而且，還時有被捕的危險。如果能在中央軍裡謀得一官半職，狗特務們便不敢摸老虎屁股。秋盡不知通過什麼路子，進了輜重兵十五團任政工室指導員。那裡的官兵，除指導員外，都是靠「馬達一響，黃金萬兩」過日子。秋盡也給我活動了一個指導員職務，可以在月初領到薪金。這不但能勉強維持生活，也可避免特務們再算舊帳。

我是反對內戰的，為何這時又去當兵？因為這時大西南還聞不到一點火藥味，只是為了生活而已。

1948年8月，我隨軍移駐漢口。在白崇禧的指揮下，再也不能說與內戰無關了，於是我又決心離開軍隊。

八、東去長江水

抵達漢口，正是1948年8月8日——「爸爸節」。

次日，幾家小報公布了一則十分令人痛心的消息：鄱陽街景明五樓在

昨夜歌舞聲中突然電燈被熄滅，發生了有計劃的集體強姦。強姦者是我們「友邦」的美國「飛將軍」，被強姦者是中國婦女。這是四億五千萬人的恥辱，是中華民族的恥辱，也是總統府的恥辱。我以為當局決不會輕易甘休，然而，這樣的奇恥大辱竟和北大學生沈崇被姦一樣，在照顧「中美邦交」，「家醜不可外揚」，「小不忍則亂大謀」的種種藉口下，不了了之。

日寇投降了，又來了美國佬。這豈不是後門驅狼，前門進虎？對這個腐敗無能的政府我喪失了一切信心，於是更堅定了離開軍隊的決心。

要唾棄那個政府，就得離開這塊土地；因為華中一帶還是它統治著。無奈，我只得去南京求教周伯敏先生。

那時汽車部隊的連指導員，實際不如掌握方向盤的兵。連指導員既無事做也沒飯吃，生活十分困難，離開部隊更困難。我打算去南京找周伯敏先生，另謀他職或求指教。好在去南京的四等艙的船票包括吃飯才兩個金元券，只是兩個大餅錢。據說這是為了維持金元券身價的最後防線，所以我和成群的乞丐一樣擠上了船。

船上一片昏暗，幾隻燈泡就像點燃的香頭，依稀可辨攢動的人頭。船上不要說下腳，連扎根針的縫隙都很難找到。我站在艙門口連喊「借光，借光。」終無一人偏偏身子，要想擠進四等艙難若登天。此時，有位闊少爺的後面跟著兩個提行李的彪形大漢；他們橫衝直撞，如入無人之境。被他們踩到的人痛得「媽媽」直叫，一個衣衫襤褸的少年被踩著了生殖器，痛得罵起來：「你家瞎了眼，娘賣，屋裡頭死了人。」那大漢也不開口，回頭又是幾腳，踹得那少年鼻青眼腫。周圍也有不少人吃了大虧，我趁亂也擠了進去。一問，所謂四等艙即是四處為家，那裡有空那裡坐。為了找「空」，我又擠向樓梯，也是下不得腳。樓梯上的人都很幸運，我真忌妒他們，階梯就是凳子一個套一個直到艙頂。這樣冷的天，船頂仍有幾十人，他們和我是同命運的人。這裡雖冷，倒很寬敞。一個避風的角落卻被幾個「娘們」佔據了，誰敢和她們爭這塊寶地。

江風呼嘯，雨雪交溶。兩岸點點燈光在黑夜中顫抖，船身移動了。龜蛇二山慢慢在縮小，我只能把背靠在欄杆上，抵住江風的侵襲。

東方拂曉，雪暫時停了，可是浪花和晨霧送來了無法忍受的寒流。我幾

乎被凍僵，只得和有經驗的人東倒西歪地慢跑步，甩臂搓手。不時被船摔個筋斗，我爬起來再跑。這是驅寒的惟一方法。

我想去頭等艙的走道上踅摸一席之地，便佝僂著腰，用手掰開樓梯上人的肩膀。他們雖則對我忿忿不平，但我終於下了樓梯。艙裡這時多「點」了幾根「香頭」，使我看清了那些千姿百態的旅客，有的小孩在酣睡的母親胸膛喝奶；有的把腿壓在另一個人的頭上。有的人站起來伸個腰，卻再也坐不下去。只有那個挨了打的少年躺著，還在長長地呻吟。要說這裡的空氣，真是酸、辣、苦、甜、臭，什麼味兒都有。

我擠到頭等倉的過道一看，這裡的地鋪實在下不得腳。據說這都是船員的親友，或是以高昂的價格換來的方寸之地。所以，我不敢再越雷池一步了。

我往回擠，看見有四個人抬了兩筐紅米飯，手上提了兩桶白菜煮蘿蔔。那個胖子喊道：「用自己的傢伙自己裝，裝完為止。」他把扁擔往肩膀上一扛，叼著煙捲，一跳一跳地騰空而去。船內頓時大亂，人們拿著帽子、缸子、手絹一起來搶，大把大把地往口裡送。可是他們得了飯，卻丟了地盤。由於擁擠，船上一直沒有查過票。本來嘛，兩個金元券誰還花不起。

天快黑時，我又擠上頂倉。靠住欄杆凝視遠方，我吟誦一首宋詞：對瀟瀟暮雨灑江天，一番洗清秋。漸霜風淒緊，關河冷落，殘照當樓。是處紅衰翠減，苒苒物華休。惟有長江水，無語東流。

船到南京下關，剛一靠岸，人們像瘋了似地往下擠。可能是為了自由和空氣的緣故。

夕陽的餘暉移上紫金山頂，幾隻烏鴉馱著晚霞，呱呱地掠過長空。

金陵是座歷史名城，現在她是祖國的心臟。金陵寄託著人民的希望，也給人帶來了失望和痛苦。

日寇在南京大屠殺的慘景仍然深深地埋藏在大家心底，儘管日寇的屠刀似乎還在我們眼前揮舞，但那一陣陣高喊「勝利了，我們勝利了」的歡呼聲畢竟振奮著我們。

勝利了，勝利已經整整三年了。我面前就是勝利了的南京，是中華民國的首都。她該是如何繁榮昌盛？她一定比以前更加年輕美麗，莊嚴肅穆。我急於一睹南京風貌，也爭相下船。

不知是何處的一股奇特的腥臭味，隨風迎面襲來。有的人用袖口掩著鼻子，一些闊小姐則用手絹堵著她們紫紅的櫻唇。有人甚至用衣襟捂著臉，只露出僅僅可以看到腳尖的一雙眼。我注視了臺階兩旁的陡坡，只見滿地盡是垃圾、便溺、死狗、爛貓，石階上的大便被人踩得斑斑駁駁，坡的頂端有個大廳，髒得令人不忍目睹。直到走上了馬路，我才深深透了口氣。然而寒風捲著碎紙、鴨毛、落葉、灰塵，撲向馬路邊的食品小攤，又打了個旋風衝向人流。

　　這就是首都南京給我的第一個印象，別的我也就不必觀光了。

　　原以為周先生在南京有一所像樣的寓所，沒想到他住的竟是于右任院長公館的三間門房。其中一間被隔作臥室，另兩間是客廳、書房兼餐廳。他的老跟班蒲永傑住在傳達室裡，和他正對門。

　　從周先生的言談中，我聽出他對時局也很悲觀。東北和山東大部早已易手，鄭洞國的投降、廖耀湘的全軍覆沒，都不是謠言。秦皇島一帶的達官富賈，紛紛由海路逃往上海。就是南京，也是人心惶惶。所有這一切跡象都表明，蔣大總統的寶座已朝不保夕。

　　我第二次去周家，屈武先生也在座。從他們的談話中得知，周伯敏先生的武漢市市長一職又被他人奪去。周先生語重心長地說：「在這風雨飄搖中，我也沒有回天之力去擔那風險。」屈先生說：「別人也不是搶著去擔風險，而是去撈逃跑出國的外匯。」

　　我看到周先生身體健安，感到欣慰，謀職一事也未便啟齒。因為他也難保自身。這次的收穫即是周先生的〈正氣歌〉、于右任老先生的〈滿江紅〉兩幀墨寶。在以後的肅反運動中，這也是我無法交代清楚的一條罪行。

　　既到南京，便想去看看胡塗。在貴州省黨部時，胡是周的機要秘書。故他仍隨周來京，由于院長安置在上海招商局監察室。他和我是同事，又是話劇舞臺上的老搭擋。我們合演過《日出》、《雷雨》，可以說是莫逆之交。同時，我也想目睹蔣大太子在大上海打老虎的威風。他的口號是：打禍國的敗類，救多難的同胞。然而，他打死老虎、紙老虎，可以說氣壯如牛；遇見真老虎就膽小如鼠。當他查封了孔祥熙女公子孔二小姐的揚子公司時，被他老子在電話裡訓斥一頓。從此便屁滾尿流，偃旗息鼓，打老虎的事也不了了之。

8月19日，金元券又改革。一個多月來，收購黃金白銀、外幣共值美金三億九千三百萬，但到十月初，搶購之風又漫延上海。

國民黨江河日下，由秦皇島一帶逃來上海的難民與日俱增。當時的經濟狀況簡直糟極了，短命的金元券成了一堆廢紙，一條條搶購食物的長龍日夜擠臥在大街小巷。胡塗是湖南人，年近四十尚未成家，仍是一副窮酸落魄的知識分子模樣。我們只好在一家小飯館裡，把重逢之喜和永別之苦注於一碗陽春麵裡，而這也是一頓永別的晚餐。

我一無所獲地返回漢口。

九、思鄉北上

無奈中，我緊靠在冰冷的江漢關石欄杆上。向西看去，不盡長江滾滾來；向東遙望，浩瀚大江滔滔去。江河的歸宿是大海，而我的歸宿又在哪裡？江漢關的鐘聲送走了一幕幕歷史，也送去了每個人的青春。

一輛美製吉普車嘎然在我身邊停下，我們連的少校連長任格民伸頭出來：

「指導員，這麼冷的天還有雅興瀏覽江景。」他的太太也嬌聲嬌氣地說：「好久不見，聽說您去上海跑單幫，何不打個招呼我也沾點光？」任格民見我眼望對岸的黃鶴樓不語，便問：「你打算上哪兒去？我送你。」我擺了下手，又抱拳表示感謝，他們也就一溜煙地去了。

我雖則是九連指導員，但和連長很少見面。士兵經常出差，帶隊官輪不上指導員。其餘士官各有自己的油水可撈，連長占大頭，如出賣汽車材料、汽油，借用汽車跑買賣等。我也感到大家不喜歡我這個局外人知道內幕，便不常去，他們倒覺得我還知趣。連長太太是個很美的中年女子，會點英語。她和一個美國軍官過從甚密，可以往返香港和昆明。他們已經有了很可觀的一筆財富，她決不相信我會窮得揭不開鍋。所以她認為我去上海是跑單幫，不過，她的話倒給我以啟示。　那時，指望軍餉過日子的人已經無望了。我在江邊徘徊，不是故作高雅，而是考慮能否下個決心，將自己付之東流。因為春節就要到了，上下級之間的禮尚往來不必說了，房租和債主又如何應付？尤其是倒馬桶老阿婆的臉色一天比一天難看，孩子在穿戴及玩具上也往

往要和其他孩子一比高低。他們的哀求聲撕裂著父母的心。但我依然沒有勇氣投江，倒是產生了北上回鄉的念頭。

在漢口，我和一位王班長的家都借居在同一閣樓上。她的夫人對我老婆說：

「人家都在跑生意，你們這樣困難，為啥不叫指導員也去跑點買賣？春節眼看就到了。」我老婆說：「吃飯的錢都成問題，哪兒來錢跑生意？」王太太又關心地說：「漢口的盤紙拿到信陽，可以賺對半利。我借給你們本錢，不要息。」

我想，若能到信陽，就能打聽到北上交通的可靠情況。於是，我便接受了五十個大洋的借款，買了四個美國造的捲煙盤紙。就這樣，還得繞道進站，否則，可能會白送給稅務稽查，還不夠稅金。

我總算擠上了一節悶子車廂，在擁擠的旅客中，我聽人說：「快到信陽時必須跳車，否則貨物依然會被沒收。」我正在半信半疑之中，一個廣州行商對我說：「不要緊，我也是常跑這一帶。跳過一次，就有經驗。你看，我揹的比你多三個。」我一掂，果然比我的麻袋沉得多。

他又教我：「跳車時，第一，心要正，要沉著。第二，要向前跳，腳尖著地跑幾步，才可以站住。」我尚未身體力行前，心不斷地跳，我在思忖：是不是會摔斷腿？會不會被氣流捲進車輪下面？不跳吧，結果又會怎麼樣？想來想去，於是安慰自己，人家能跳，自己怕什麼？幹哪一行都有第一次，總不能練好了再跳。

越是快到目的地，心越跳得厲害。那位老廣捅了我一下：「前面那棵老槐樹就是非跳不可的地方。遲了兩旁都是鐵軌，跳下去是要命的。」

那棵老槐樹像是拉長了腿向我跑來，我一狠心，先將麻袋一腳踢了下去，再飛出車廂。所幸那是塊冬麥地，我安全「著陸」後，又向前跑了幾步。尾車把我甩在了後面，一股勝利的熱流壓住了我劇烈跳動的心。

我把麻袋揹進城，一問價，還要倒貼一個大洋。有人說，到駐馬店交易，價錢還可以。我便又下決心北上。那位老廣的東西是從廣州販來的，當然不賠本，所以他南歸了。

我進站時，被稅務稽查捉住。說了半天好話，他看在老鄉的面子上才放

我進了站。這時，北上的列車已經得到發車信號。

不要說是能否擠進車廂，單是那圓弧形車頂上的人就像蜜蜂沾在蜂巢上，能看得你眼發直。只見上面人喊著：「別擠啦，再擠孩子就掉下去啦！」隨著喊聲，果然有兩個行李滾落下來，而車輪已開始緩緩滾動。

在這稍縱即逝的剎那間，我一縱身抓住上車頂的鐵梯扶手。置身於腳踏擋板上，我一手抓住扶手，一手抓住四五十斤重的麻袋。幸有一身汗水，雖迎著北風，卻未感到寒冷。可是人體本身所產生的熱能和力度，怎能經得起這樣持久的煎熬？這時才發現，頭上的大簷帽早已被無情的北風借走了。寒流像萬把利刃刺向全身，先是鑽心的疼痛，漸漸地就麻木了。這隻右手如果失去知覺，就擺脫了大腦的控制，它會掉在鐵輪下被碾成肉餅。我不斷地警告自己：堅持，堅持，堅持到下一站。這樣，生存的欲望不斷地鼓勵著全身每根神經。

我報怨車速太快，也怨恨車速太慢。

夜深了，在一個小站，下車的旅客比上車的多。藉此機會，我才擠進車廂。

駐馬店以北被戰火燒斷了交通，這是北去的終點。所以，北上西進回鄉的念頭也被粉碎了。由於接近年關，駐馬店的盤紙價比信陽還低，但貨到盡頭死，我總不能再揹回漢口。

這裡的豬肉價比漢口低百分之五十，我便想，盤紙的損失豬肉補。我買了八片豬肉，是四個全豬。老鄉用兩個獨輪車幫我推到一列貨車旁，我在車頂往上吊；吊到第五片，沒聽見鳴笛，而貨車軲轆已經在滾動。

車速不斷加快，那兩個車夫變成兩個黑點兒。他們似乎僥倖地向我揮手告別，我還站在車頂上出神。身旁的一位老大爺扯了我一把：「坐下吧，不要命啦。」

十、棄暗投明

華中戰場是人稱小諸葛的白崇禧坐鎮，他也感到朽木難支。所以，他把華中一切可以搬動的物資往南運。一些輜重兵團盡移長沙，還有車輛往返漢

口—衡陽之間。

　　1949年元旦我到了長沙，便寫了退職報告。未等批示下來，我就脫去了那套丘八服（編案：對軍裝的蔑稱）。

　　東去南京失望而歸，思鄉北上此路不通，看來只有南逃。小諸葛白崇禧為了保存實力，逃跑之迅速使解放軍望塵莫及。他的目的是死守他的家鄉廣西。而我南逃為何？難道一定要入海餵鱉？

　　汽車十五團只有第一營在長沙與衡陽之間，其餘仍在貴陽。由於行止不定，我也未能和秋盡通信。他若在此，我們還可罵罵大街，解解悶；或者商討今後的去向。我們有過一段不成功的合作，但友誼則是牢固的。

　　那是在貴陽南明河畔，我們划著一隻小船。船兒盪開蘆葦，悠悠前進；垂柳拖在水面，野鴨伴隨其間。這是一個安詳、幽靜、清新的傍晚；我們像是一對情侶，神秘地停靠在一棵大柳樹下。一輪明月在水面泛起粼粼波光，秋盡小心翼翼地從內衣口袋裡掏出一本《共產黨宣言》的小冊子，作為一份厚禮送我，他並且嚴肅地說：「我作為你入黨的介紹人。」

　　這本小冊子我在市黨部宣傳科就拜讀過，左一句「幽靈」，右一句「幽靈」，我讀不懂。我覺得不如康有為的《大同書》有趣、有味、有理，也不比孫中山的「天下為公」高明多少。難道月亮只有外國的圓？我認為國民黨不得人心的原因是，沒有執行孫先生的「三民主義」。但我擁護共產黨打倒國民黨，建立一個嶄新的、沒有人剝削人的新型社會。所以，我創辦刊物，和國民黨作鬥爭。

　　「君子群而不黨」，這是我的主導思想。任何一個黨，往往在革命尚未成功前生氣勃勃，人民無不愛戴；而它在革命成功之後便發生質的惡變。國民黨成立之初，其成員不惜生命，投身革命。他們傾家蕩產，資助革命事業，深受人民愛戴。如今，不罵國民黨的人幾乎沒有。我在黨部工作時，包括我在內，無人不以在黨內工作為恥。我不是預言家，共產黨能否出汙泥而不染，我難以論斷。因為我知道，一個人可以明哲保身，一個黨就難了。

　　因此，我謝絕了他的美意。現在回想起來，如若接受了他的介紹，當然也就負有使命。至少，遇事有個商量的地方。人在社會裡混，就得有個團體作保護，社會上的各種各樣的團體、幫會、宗教都起著這樣的作用。我離開

達德中學的主要原因，當然是薪金難以維持生活；但另一個原因，則是我不屬於任何一派。達德中學是共產黨烈士方志敏的母校，當然有不少左派。他們認為我在國民黨黨部工作過，就是黨棍子。而學校裡的右派人物又認為，我辦過《時代影劇》，便是危險分子。左右雙方，都對我存有戒備之心。外國有句名言：「中間分子的尷尬就在於受到有立場者雙方的排擠。」

既然反對國民黨，就得擁護共產黨。以大局而論，這是大勢所趨，人心所向。以兩黨優劣而言，共產黨目前還是清正廉潔的楷模。所以，我選擇了棄暗投明這條路。準確地說是棄暗盼明，因為我無力衝破火線，北上投共。

有人說，陳明仁要在長沙重演四平之戰，湖南不易解放。而我深信，陳明仁在國民黨主力未被重挫時，尚且守不住四平；在國民黨奄奄一息的今天，焉能守住長沙？何況程潛早有起義之心，他要迎接毛澤東回鄉祭祖。

雖說解放軍所向披靡，勢如破竹；但要等待天明，天卻不明。我在職時，雖然困難，還有一點可憐的軍餉勉強度日。而如今則要靠自我奮鬥，不勞動不得食。我曾在運輸商行當過「頭」（即為司機找客貨，為客貨找汽車的經紀人），我也去江西販過米，然而都以失敗告終。

我住的小吳門，盡是經營汽車油料和材料的商行。有位商車老闆，名叫于志高。他的車被軍車撞壞了，當時也開了個不景氣的油料行。在他的幫助下，我租了兩間鋪面，開了個「星星油料行」。也許是我堅持信譽第一，或者是時來運轉；不到半個月，這裡就門庭若市，一派興旺發達景象。於是，于志高把在他那裡混不下去的許德生、范明燦也推薦給了我的「星星油料行」。

許德生年近四十，還是獨身。他終日像頭老黃牛一樣地幹活，不說一句話。我給他工資，他一擺手：「有活幹，有飯吃就行，什麼也不要。」我便把高出他當司機時幾倍的工資作為股金，全記在帳上。范明燦一家四口，也都和我們同吃同住，親如一家。誠實和互相信賴是我們能夠親密合作的基礎。

五月間，有一對青年男女來找我妻子劉瑞蘭，向她求助路費。男的叫郝鴻年，女的叫趙淑琴，都是她的同學。他們是剛剛出獄的政治犯，我對他們表示了由衷的敬意，並贈給百塊大洋作路費。

次日，有一輛軍車停在門口。我挨了兩個耳光，被拖上汽車關在警備司

令部。在警備司令部裡，我挨過皮鞭，坐過老虎凳。他們追查我和郝、趙的關係，最後敲去五大桶汽油，才算了結。

據說，這是國民黨一些中下級軍官趁機敲詐的常用手段。這又增加了我對國民黨的厭惡情緒。

7月25日，岳陽、平江一帶解放，白諸葛早已南逃衡陽。

8月5日清晨，有幾個工人模樣的人佩帶紅袖章，沿街督促打掃衛生。他們認真、熱情而愉快。

我走向鬧市，但見主要街道裝飾一新。人們忙忙碌碌地貼著標語，有些單位的秧歌隊整裝待發。我這才知道，盼望已久的解放終於到來了。

我回到家裡，趕忙寫了幾張標語：「熱烈歡迎中國人民解放軍」。我把標語貼在街上，一向不多說話的許德生也興奮地問：「真的？是真的嗎？」沒等我回答，他一溜煙地奔上了大街。

下午七時，中國人民解放軍一三八師由小吳門入城。從五星牌到小吳門盛況空前，街道兩旁擠得水泄不通。

人民解放軍衣著潔淨而樸素，步伐整齊而矯健。他們顯得紀律嚴明，訓練有素。我望著他們在想：國共兩黨若能早日聯合抗日，有這樣一支戰無不勝、攻無不克的軍隊，人民怎會遭受八年之久的災難？又有誰敢說我們這個偉大的民族是「東亞病夫」？

我又想，國民黨的數百萬軍隊就是這支軍隊消滅的嗎？我反復地回味杜牧在〈阿房宮賦〉結尾的幾句感歎：「嗚呼，滅六國者，六國也，非秦也。族秦者，秦也，非天下也。」國民黨早就在開始做「自掘墳墓」的工作。正是如此，老百姓才簞食壺漿，以迎王師。

當天晚上，我徹夜未眠。

抗日時，我只想能手刃日寇一兵一卒，血灑疆場就問心無愧。勝利後，在政治上我無過高追求，終日為生存疲於奔命。經商只為謀生，如今衣食無缺，我只願回歸故里，侍奉雙親。1949年的8月，我帶著不到我全部財產十分之一的現金（不足一千大洋），離開了長沙。當時我在長沙的財產若折合硬幣，已近萬元。星星油料行大部分財產，我都留給了許、范二人。

三十一年後，我曾專程去過長沙。在經武路一個破樓上，我找到形似

乞丐的許德生。自我走後，他們不但買了一輛大道吉，還開了修理廠，日子過得很紅火。1953年，他們加入公私合營行列。范明燦入了黨，當了支部書記。許德生不會說好聽的話，就一直當工人。肅反時，有人自西北來；他們強迫他承認我是潛伏特務，油料行是特務聯絡點。許德生和外調人員吵了一架，自此，領導上更不信任他。文化大革命中，他被當作「資本家」鬥爭，並被廠裡開除。三中全會後，廠裡才發給他每月三十元生活費。古稀之年的他，過著孤苦伶仃如乞丐般的生活。

1980年我剛出獄，無力幫助他，我們在一家小小的飯館裡共訴衷腸。火車開動了，一個白髮老人在淒風苦雨裡含淚向我揮手，淚花模糊了我的視線。我的思緒進入三十多年以前，那時，星星油料行盛況空前，我和許德生誠實互信，友誼深厚。此情此景，正如詞裡所寫：「寒蟬淒切，對長亭晚，驟雨初歇。」

這是我解放前的一段經歷，也是一個青年學生報效祖國時所走過的道路。這一路走來，曲折艱難，而且路途遙遠。但我萬萬沒有想到，就是這段充滿血淚的歷程，影響了我以後的歲月乃至一生的命運，產生了那麼深刻的影響，而且帶給我深重的災難。

也是這段歲月，在肅反運動中，在對我進行的長達三十一天的殘酷鬥爭中；無論我怎樣交代，怎樣坦白，也無法使「幫助」我的積極分子相信我對這段歷史的陳述。

我為什麼要寫這段中國人不可避免的平常歷史？皆因在肅反運動中，卓尼縣檢察長同志金指控我，他說我離開西安時，就是「中統」、「軍統」雙料特務。在當時，我只知中國有個三民主義的國民黨和共產主義的共產黨；什麼叫「中統」、「軍統」，我是聞所未聞。

我一生的厄運就是從肅反運動開始的。所以，我有責任把歷史的真實告訴我的同胞和我們的後來人。

第二章　赤誠

　　長沙解放了，我也被解放了。這一歷史性的變革，在我生命歷程上產生了深刻影響。我記得有這樣一句話：有兩種生活，一種是燃燒，一種是腐爛。雨果對生活也有過這樣的論述：「生活，就是理解。生活，就是面對現實微笑，就是越過障礙注視未來。生活，就是自己身上有一架天平，在那上面衡量善與惡。生活，就是有正義，有理智，有真理；就是始終不渝，誠實不欺，表裡如一，心智純正，並且對權利與義務同等重視。生活，就是知道自己的價值，做自己所能做到的與自己所應該做的。」生活，這是一個人生活中的全部含義。我要燃燒自己，決不腐爛自己。

　　從長沙到西安，在這段長途旅行中，我接觸到共產黨人。他們的言行給了我極大的啟發，所有官員都把自己稱為「人民勤務員」，他們所履行的一切公務都被稱為「為人民服務」。他們辦事認真，態度平易近人，用他們的話說，這叫「聯繫群眾」。曾幾何時，李自成進了北京，首先考慮的是自己如何享受君主的特權。而共產黨進了北京，想的卻是如何安民治國。那些打了幾十年仗的老幹部，進城後依然腳蹬「鯢魚鞋」，腰掛旱煙袋；他們是將軍，也是普通一兵。記得我從長沙出發，沿湘江進入容納四水、吞吐長江的洞庭湖。岸邊的碉堡裡衝出個兵來，勒令我們靠岸。他到船上，找不到扣船的理由後，拿去了兩條毛毯。到了潼關，我們又被解放軍擋住查車。他們先交代政策，檢查時彬彬有禮，「不拿群眾一針一線」。前者是陳明仁的起義兵，後者才是真正的解放軍。兩相對比，更使我認識到解放軍的紀律嚴明。

　　經過漢口，我去了往日不能越雷池一步的租界區。租界區已不見了昔日那些洋旗狼狗，中國人理直氣壯地徜徉在自己的土地上。

　　國民黨統治已成歷史，人民並不是不擁護他們，而是他們自己太不給自己爭氣。親歷並目睹兩黨的不同，我決心要把一顆理智的、赤誠的心奉獻給正義、真理和事業，奉獻給共產黨、毛主席。

　　我和秋盡辦報，痛斥國民黨的貪官汙吏。我們在長沙苦苦等待解放，只

有一個目的，希望有一個廉潔的政府。我們希望官員平等待我老百姓，我們可以不作洋人的奴隸，成為有自由有尊嚴的中華民族之一員。這個目的已經實現了，今後我所面對的將是，如何為人民服務。

一、尋找光明

1949年8月，為了探親我回到了生我養我的地方。離開我日夜思念親人和故鄉，已整整五年了。如今，終於回到親人身邊，躺在故鄉的懷抱。但我發現，山河依舊，人們的精神面貌卻發生了很大變化。

我一進家門，父母便想起六年前匆忙娶到家的兒媳唐小妹；她不幸夭亡，令家人悲痛萬分。但面對從未見過面的兒媳，還有摟在自己懷裡的兩個孫子，父母又忘卻了昔日的悲傷。一到家，我就帶了妻兒去為小妹掃墓。我向亡人懺悔，並將臨別時她遞給母親的那個荷包展現在胸前。我希望讓她和我自己的良心，都得到一點安慰。

不多說話的大哥整天有說不完的感受：

「幾十年咱家裡人沒有睡過安穩覺，狗叫心就跳；連黃鼠狼拉雞，都怕是土匪來了。如今不要說解放軍，穿灰制服的幹部還沒進山，土匪就嚇得沒影了。咱上集賣炭，連炭伢子也乖得跟貓一樣。兄弟，你說共產黨咋整（這）大的氣候，老毛該不是玉皇大帝下凡吧？」（山裡人把蔣介石叫慣了「老蔣」，所以認為叫「老毛」也是尊稱。）

這是鄉裡人對共產黨的第一印象，也是我回家的第一印象。

我是個無神論者，我不信鬼神，也不信天上有位主宰一切的玉皇大帝。但是，我並不反對任何一種宗教信仰。

從異鄉到西安，我看到的共產黨人都是陝北農民形象。他們兩袖清風，辦事公道，待人和氣。這樣的新風貌，贏得了人民的尊敬。機關辦事人員不謀私利，不以貌待人；有令必行，有禁必止，為共產黨贏得了聲譽。我相信，這是一個朝氣蓬勃的黨、一個有希望的黨，是一個能夠領導全國人民建設中國的政黨。

這就是解放之初我對共產黨的初步認識，我決心跟共產黨走。

1949年8月，一到西安，我就拜見了老師趙伯平、老校長陳子敬。他們看到我生還，都感到欣慰。

當年是子敬親自送我參軍，我們在霸橋上共同唱過：「風蕭蕭兮易水寒，壯士一去兮不復還。」如今，我們夢幻般地重逢了。

他在藍田地下工作做得很出色，所以地下黨要他爭取去北潼關任國民黨黨部書記長，以便保護共產黨人出入陝北。西安解放前，他打入胡宗南特務組織，解放後在摧毀胡宗南的潛伏特務時，他功勳卓著。此時，他擔任著西安市公安局長職務，所以，他安排我去勞動習藝所搞宣教工作。（陳子敬在以後的政治運動中也多受折磨。）

「勞動習藝所」相當於後來的「勞動教養」機構，那時有數千學員，其成份相當複雜。學員中有妓女、吸毒者、流氓、乞丐、小偷等。那時的共產黨清掃社會垃圾徹底有效，這類人思想轉變極快。大家都學會了自食其力的技能，使我感到驚訝。但我不懂共產黨的政策，如何宣教？於是我要求參加學習。

1949年9月，我進入西北人民革命大學第五部。它的前身是延安抗大，校長是陝西省政府主席馬明芳兼任，副校長是原西安報人李敷仁。李敷仁在抗日期間曾主編過進步刊物，被國民黨西安當局多次查封，他也遭到逮捕。最後一次，謀殺者對他行兇後，把他扔在咸陽北塬莊稼地裡。他竟然沒有被殺死，又活過來，被地下黨送延安救治。在革大，我從李敷仁出生入死的傳奇經歷中，受到了深刻的教育。他口才極佳，講《共產黨宣言》、《社會發展史》和《新民主主義論》深入淺出。這是我第一次上共產黨的學校，也是第一次讀馬列和毛主席的書。

以前我很少讀政治理論方面的書籍，也不懂社會科學。但在革大上學，讀著讀著給迷住了。我捧起書本就忘記了周圍的一切，我確認馬列主義對社會的科學論斷是放之四海而皆準的真理。

那時，我年輕熱情，思想活躍，感情也易於衝動。我感覺好像置身於母親早已暖熱的搖籃，一年多的時間裡我沒有回過家。我的學習熱情高漲，思想鬥爭也激烈。這裡的學員成份複雜，有國民黨的軍、團長，也有一般的雇員。我們既自我批評，又當衝鋒陷陣的先鋒，猛烈地抨擊別人的所謂的錯誤

言行。有時我也感到過火，但又覺得毛主席說得極為正確：「凡是反動的東西，你不打，他就不倒，這也和掃地一樣，掃帚不到，灰塵照例不會自己跑掉。」每次運動、每次會議我都積極帶頭，走在前面。因此，我還擔任了本部學生會主席。

西北人民革命大學歸西北局和西北軍政委員會領導，在紀念楊虎城就義一周年和畢業典禮上，我第一次見到共產黨的高級領導彭德懷、習仲勳。我覺得他們可欽可敬。

在革大畢業時，組織上號召一批人到甘肅參加「土改」工作。

甘肅，我從來沒去過。但我知道，那是「自古白骨無人收」的地方。我讀過張恨水的小說《燕歸來》，知道甘肅自然條件差，百姓貧窮，讓人望而生畏。可是，我想起毛主席的教導「越是艱苦的地方越是要去，這才是好同志」，何況那時剛剛解放，國家正處於百廢待興時期。我覺得，不能按照自己的興趣去選擇工作，而應當無條件地服從革命的需要，所以我率先報名去甘肅。

那時，我如果想要留在西安工作，是毫無困難的。在藍田孟村當過教師的趙伯平時任西安市委書記，我進革大就是他指示組織部寫的介紹。他說：「現在幹部很缺，畢業前給我打個招呼。」汪鋒那時是西北局統戰部的部長，我們在陳子敬家裡也會過幾面。1950年9月6日，在皇城召開了楊虎成將軍就義一周年大會，當天晚上我們又在陳家見面。他一再表示，要我去他那裡工作。但我堅決響應組織號召，放棄了在西安工作的機會。

於是，我再次辭別了父母、妻子和生我養我的故鄉；又一次離開了古都長安。但這次不是向南而是向西，是去那「自古白骨無人收」的黃河上游。

二、西行隴上

1950年冬，一個北風怒吼的冰雪天，我們順著絲綢之路的方向，翻越高接雲天的六盤山、寸草不生的華家嶺。在快要到達蘭州的地方，我看到左宗棠征西時留下的如牆柳樹。如今人們還念叨：千里柳樹不忘左公。可見不管哪一個朝代的官員，只要能為社會留下一點好的政績，人民是永遠不會忘記

他們的。

　　甘肅給我的第一印象就是這樣，透過汽車揚起的沙塵，我看到沒有一棵樹的華家嶺村莊，牆旮旯裡都擠著赤身裸體的小孩，向冬天的陽光祈暖。

　　那時的蘭州也極為荒涼，一到傍晚，連省政府門前也只有幾個小腳老奶奶。她們拿個簸箕掃馬糞，再回去填炕。當時，蘭州惟一的交通工具就是省政府門前停的膠輪馬車。車夫的頭上戴一頂火車頭帽，腳蹬氈靴，身穿一件老羊皮襖，袖著雙手抱根鞭子，不斷地吆喝：「坐車啦，小西湖」……滿街都是賣水和煤磚的毛驢車。蘭州人給自己生活的地方作了個特寫：「車像梯子煤像磚，燃燃子像笏板。」我不敢相信這裡就是甘肅的省會。人們從黃河裡挖出冰塊，藏在冰窖裡；待暑熱時給機器降溫，還當冰棒叫賣。

　　據省政府官員說：「土改條件還不成熟，你們要去甘南伐木頭。」一聽這話，六十多人只剩下我們二十多個，其餘的人和薛平貴一樣，從金城關打馬回了長安。

　　送我們去甘南伐木的兩輛客貨混裝車，都是從國民黨軍隊裡俘獲的美制「大道吉」。走平路它拉我們，遇到陡坡或冰河我們拉它。經過兩天的「互相幫助」，我們到達岷縣。住了一宿，換乘木輪馬車；又經過兩天跋涉，我們才到達臨潭縣的舊城。所謂洮河林場，當時也只是租來的兩座車馬店。

　　這一路給我印象最深的是翻過分水嶺，我常常看到路邊茅草房的牆旮旯裡，一群兒童不穿褲子，披條破被或氈片，迎著陽光取暖。這是公路邊，要是更遠的山溝，他們也許連條破氈也沒有。

　　然而，這裡還不是我們的落腳點。我和同行的十多人，又跟在一群馱著行李和給養的毛驢後面出發了。在風雪交加的中午，我們爬上了海拔三千米的搭架山，我第一次嘗到了高山缺氧的味道。

　　搭架山北面不見太陽，山坡陡峭，走起來嚇得人不敢伸腿。白雪埋沒了所有的曲折小道，腳戶拽著毛驢的尾巴，喊著號子，生怕它滾下山去。我們雖則事先準備了探路用的木棒，仍然不敢直起腰走。只得用昨晚領來的那件沒有面料的老羊皮大衣裹住身子，坐在地上往下溜。好多人都是滾了下來，一群雪人你踢我打，一陣謔鬧，惹得腳夫也笑了起來。下了山，前面的道路連毛驢也不敢涉足。便由當地特有的一種犛牛馱著我們的行李，小心翼翼地

在冰河上行進。偶而通過一個藏民的小村莊，但見赤身裸體的小孩在雪地裡玩耍。我真佩服他們，可見原始社會的人不穿衣也能越冬。　披荊斬棘地爬過一段灌木叢，我們上到高聳入雲冰雪覆蓋的森林裡。

我們住在馬鞍形的白布帳房裡，這帳房四周被幾根細繩扯著，在北風中顫抖。山坡上挖了幾個坑，前面開個小孔，上面擱著一口黑漆漆的大鐵鍋，這就是埋鍋造飯的「廚房」。我們喝的是雪水。這裡最大的優點是不缺柴禾，能毫不吝惜地點燃篝火。

帳房被風吹得東搖西擺，被雪壓得吱吱叫。裡面的煙漲得滿滿的，趕也趕不出去，熏得我們個個大把地淌眼淚，每個人的眼睛都像雞屁股。

有次半夜颳起大風，只聽嘩啦一聲，我和張春華、郭希賢、張明軒都被壓在帳篷裡，好半天才爬了出來。為抵抗風雪送來的寒冷，我們只好跑到一棵大松樹下原地踏步。

每天上山採伐時，我穿的是一雙特製皮鞋。它是用一塊生牛皮泡軟，自己用根細繩串成的。穿的時候給裡面塞一把青根草，腳背上還要綁一副我揹炭時戴過的那種鐵鞋爪。

我們把樹伐倒後，經過打枝、剝皮、川坡，然後用繩子從冰上一步一步地拖到洮河邊（這叫「拉冰場」），這才算完成了採伐任務。我們雖然不是定額工人，也和其他工人同樣地幹著。因為我們是人民的勤務員，而不是人民的老爺。

一月吃不到二斤蔬菜，甚至連鹹鹽和麵粉也不能如期送到。每月的工資也只是僅可維持個人生活的一點小米代金。

一個從大城市一步跨進雪山林海的人，能在這樣艱苦的環境中，毫無怨言地保持樂觀工作情緒，如果沒有全心全意為人民服務的思想，那是辦不到的。在我來說，這算不了什麼，因為我小時候和大哥燒木炭時已得到過鍛煉。

三、工作一再是陌生的

洮河林場，那時並不是以造林育苗為主；而是以開發森林工業為主要任務，以撫育更新為輔助。林場擔負著採伐和運輸的雙重任務。場長是縣級幹

部，場部下設作業所，相當於區、鄉級。這裡也是甘肅工業建設的用材基地。

由西安來的這批幹部中，只有王傑來自延安，是有文化的年輕老幹部。他也是我們中惟一的共產黨員，並被省林業局任命為副場長。其餘的人都是來自國民黨軍政人員，其中多數是縣團級人員；他們大都被安排到作業所負責。

這裡有個大峪林區，凡收購或採伐的木材，都要在冬春兩季集於小河岸邊。等待小河漲水時，再將木材推入河中；像趕羊似地把木材趕至洮河。1949年剛一解放，一場洪水把共和公司、林木公司和洮河林場的木材全部推到雲江峽，木材堆成大閘，綿延五華里。後來按上級指示，所有木材全歸洮河林場接收。由於峽道窄，河水流量小，兩岸又是絕壁；結果，木材堆積如山，在河床上猶如一條旱龍，長長地臥在五華里的河面上。據估計，這些木材加起來約有兩萬立方米以上。全省百廢待興的需材單位，焦急地等待著它們。那時，木材在建設中起著鋼筋的作用。

1951年小河解凍後，王傑先後派去兩位負責人，他們都一籌莫展地交回了「令箭」。眼看小河撑運最佳季節就要過去，王傑便叫我去試試。

我去了，不看不知道，一看嚇一跳。雲江峽寬不過五丈，兩山對峙的崖壁陡如刀切。一股細流彎彎曲曲從石縫中擠出，上峽口河床寬闊，亂石林立。木材橫七豎八堆積如山。我只聽到水響，見不到涓流。要搬掉這兩萬多立方米木材，只有一根一根地抬出峽口。怪不得前人望材興歎，何況自己從未見過這樣大的木材和急湍的河流，我也一籌莫展。

這是解放後在工作中遇到的第一個陌生而難打的硬仗，然而這是命令，也是責任。原有的幹部在這裡已守了兩年，束手無策。辦法還得自己想。

古人云：「道雖邇，不行不至；事雖小，不為不成」。

這麼多的木材為什麼會堆在一起，又為什麼會擱置兩年，當地水手都不敢承攬這一工程呢？我得要找出原因。

解放前，在洮河上游，除眾多私商經營木材外，其他經營者主要有共和公司、林木公司和洮河林場。在解放軍到來之前，他們都力爭把木材從林區運出，變成現金。所以在小河解凍時，這些人各自給木材打上水號，爭先恐後將之推入河中。未等他們將木材趕出小河，一場洪水把木材推在一起。解放後，經上級決定，前兩個公司的木材均由洮河林場接收。他們把帳本向接

收方一推，手向河中一指，就算完事。省上各個需材單位，只是向洮河林場要材。原來承包撐運的攬頭賠了許多錢，誰也不敢續約。這就是主要原因，是制度問題。

於是，我來當這個「大攬頭」。我把計件工資制改為計時制，原來的攬頭改為工人組長，按需要招收工人。我的目的是打消他們的顧慮，使工人不必擔心──如果不能按時完成任務，賠了錢還得承擔法律責任。

凡事總得幹，在幹中總結經驗，找出克服困難的辦法。

辦法就是在可以拔得出來的那根木頭上栓根繩子，往出拽。但是，人少了拔不動，人多了沒處站。工人費了九牛二虎之力，每天也只能拔出十來八根材，丟進水裡，慢慢流淌。我和一些幹部急得食不甘味，寢不安席。工人們每天收工時，也都垂頭喪氣。怪不得那些攬頭不敢承包，如今只有我才大包大攬，把這個千斤重擔壓在肩上。看見河床上堆積如山的木材，卻送不到需材如渴的建設者手裡，時間又不等人，我日夜憂心如焚。

一天，大家幹得正累的時候，瓢潑大雨從天而降。工人丟了繩子要避雨，我要大家把拴好繩子的木材拔出來再休息。誰知這一根根木材就像從筷子籠裡往出抽筷子一樣，開始滑動。我大喊一聲：天助我也！原因是，那時提倡冬季採伐只能打去粗皮，木材在粗皮下面還有一層薄膜，那薄膜見了水，就像魚身上的黏液一樣，起了潤滑作用。

於是，增添了一批「潑冷水」的人。下雨天，工人披上蓑衣幹活，每天可以抽出數百根木材。當峽裡木材抽完後，上面的木材動一動，就可以十根八根順流而下。於是，我把一部分技術工人轉至洮河口，撈材，編筏。

已經是九月，這裡的山頂積雪不化，猶如戴上白帽。我想再加一把油，把小河兩岸尚存的木材推河流送。五十里路以上的木材在凌晨三點推河依次向下，沿著小河關卡，要派專人把守，不許停材。傍晚再讓工人將河中木材打撈上岸，水裡不留木材過夜。但五十華里以上的木材則需每日凌晨一點推入河中，沿途各關卡還必須監督到位，不許誤工。為此，我買了一匹黑馬，每天夜半出發，凌晨到達最遠地段督查。然後再騎馬沿河而下，查看各個關口有無失職。這樣才能保證河中的木材暢流無阻。

能在封河前超額完成小河流送任務，真要感謝這匹與我情同手足的黑

馬。以前我沒接觸過馬，更不是會相馬的伯樂。只是因為工作緊迫而山長路遠，便想到何不騎馬。

正好，有位跑江湖玩武藝的老鄉，人稱王把式，解放前他在此入贅。他從岔口驛買來一匹黑色小馬駒，精心調訓過。此馬周身找不出任何缺陷，堪比千里赤兔。當地舉行賽馬時它一馬當先，榮獲冠軍。我一見鍾情就想買下，給王把式付了五十個大洋，他忍痛割愛。把馬交給我時，他告訴了我相馬和馴馬的要點，此後也時時幫我操心。

馬通人性，我親自添加草料餵它；別人給料它連聞都不聞，還必須我把料攪一下拍拍它的前額才吃。我夜半十二點從住所動身，一小時就能到最遠工地，那裡的職工在我到達之前到已上班。然後我沿河查檢所設各點，如是兩月。每次返回接近到家時它便四蹄生風，而我卻希望它緩行乾汗。

有次，我越是收韁它越是加速，我氣極鬆韁任其向洮河邊空曠處奔去。那裡是一片秋收後的空地，早被河水沖刷成五十多米高的懸崖。我使勁收韁，眼見它就要跌入懸崖下的深水。此時我兩眼全黑鬆開韁繩，直覺眼看就要馬死人亡。沒想到耳邊聽到的是石沙落水之聲，猛睜雙眼只見馬的前蹄已將地上刨出兩道溝渠。它直直地撐住全身，我全身是汗小心下馬，它才收回前蹄。我拍了拍它的前額暗自感歎，真是一匹寶馬靈駒。

當年，場裡召開年終總結會。林場的業務科長殷建德是個騎手，他逞我不在要試此馬。跑馬場即是馬市，黑馬一到就被眾人圍觀。而馬不肯被生人馴服，殷建德無法踩鐙。馬市的馬伢子這才跳上馬背，上下跑了幾趟。殷建德拉馬轉回時，一位西藏活佛看上這匹馬，攔住要買。殷以高出市場價格的五倍出價，意欲嚇退這位愛馬的活佛。不料該活佛立即拿出二百五十個大洋，強行牽走了寶馬。殷背著馬鞍子回來，我見狀幾乎哭出聲來。拿著我的千里駒尚未吃完的豌豆，我揹上豌豆找了幾座車馬店，竟未能見它最後一面。

在大峪林區運出木材，我不僅因地制宜，對全程進行了技術改造，分時按段推河；而且在當天分段按時，用不同顏色的油漆給木材打上號。當日在洮河口，要記錄某時某刻撈出某種顏色的木材，從而計算出木材流速，使河中無宿材，防止流失。我也在當日編成木筏啟運。所以在封河之前，我們不僅運完了那兩萬立方木材，而且將沿河存材悉數運完。

最後的一段小河攬運工作，是在極其艱苦的情況下完成的。

轉眼冬天即將來臨，胡天八月即飛雪，九月間，鵝毛大雪已隨風飛舞。水也漸漸小了，木材又不聽話；淌不了多遠便靠邊「休息」，像一群沒有領頭的綿羊。你不趕，它就不走。而工人抬起赤腳不敢落水，生怕腳掌和石頭黏在一起。見此情形讓人下水，我也於心不忍，但又不能就此甘休。我想，共軍能打敗國軍不就是官兵一致嗎？於是我常常把鞋脫下，搭在肩膀上；從他們手中接過搭鉤，咬著牙跳進刺骨的冰水裡，和工人共同戰鬥。一想起國家建設急待木材，一股熱流穿過每條血管，一切艱難困苦都拋於腦後了。

王傑同志對這項工作的完成表示滿意，年終嘉獎了一批吃苦耐勞的職工，如許忠信等。省局做年終總結：指定我帶了五名勞動好的工人參加了省農林廳召開的年終表彰大會。崔局長親自授予我「先進工作者」稱號，五個工人被評為勞動模範。青海的大通林場曾派人來「取經」，《甘肅日報》也作過專題報導。也就在幾天之後的「三反」、「五反」運動中，我和許忠信被捆吊起來冤整了多日。之後，我又接受了新的艱巨任務。

四、在激流中抬起頭顱

在這裡，我要說說洮河。洮河，這個名字，可能鮮為人知，但唐代詩人王昌齡早在他的〈從軍行〉中作了記述：

> 大漠風塵日色昏，紅旗半捲出轅門。
> 前軍夜戰洮河北，已報生擒吐谷渾。

如果說是夜戰「洮河北」，這個戰鬥就是發生在我工作的上游——在卓尼縣和臨潭縣一帶。因為洮河發源於青海的西傾山，由西向東，流經甘肅岷縣時立即轉了九十度彎；改為由南向北，在永靖縣的劉家峽注入黃河。

唐詩裡還有：

> 北斗七星高，哥舒夜帶刀。

至今窺牧馬，不敢過臨洮。

　　據傳說，洮河兩岸，古大夏是大禹王的出生地。大禹治水前受黑玉書就是在洮河上。舉世聞名的馬家窯文化、秦長城西端起首，均在洮河岸邊。盛唐時期的李氏祖籍即是隴西，隴西郡設在狄道；那時的狄道就是今日之臨洮。洮河流域自古就是名人輩出的地方，《三國志》中的董卓即是臨洮人。

　　洮河在它的千里流程中，造就了無數峽谷。這裡蘊藏著豐富的水電資源，其中最為險峻的當數上游的野狐峽、中游的九甸峽和下游的牛鼻峽。木筏經過這三個峽谷都要拆筏單灌，而野狐峽則要兩拆、兩灌、兩編。不僅木材受損、延誤運輸時限，更重要的是常常造成工人傷亡。

　　野狐峽上段的曹家浪和中段的劉家浪，落差約在十米左右，形成了瀑布。遠的不說，僅1951年，這裡就有六名水運工人遇難。當年，木材灌浪任務也只完成百分之五十；而在1952年，筏運任務又增加了。

　　場長王傑又指定我去：一要保證完成1952年的任務，二不能發生職工死亡。這個難度遠遠超過大峪林區的小河流送。

　　頭兩個月，我只能沿襲舊法，摸索工序制度上的改革。當時的情況是，我們連一根鋼絲繩都買不起，也買不到。我就地取材，因陋就簡，大膽設想，反復實踐。在沿峽關鍵河段，我和工人做了多處設計，架設了數百米長的雄偉浮漂。這項改革，可以說是前無古人，冒天下之大不韙；遭到不少老工人的好心反對，他們認為這是不自量力的奢想。但我是從實際出發，借鑒在大峪溝撈材的經驗；並向工人請教，科學設計，一步步地去實踐。最終，我得到全體工人的支持，也經上級批准。我們實現了一次拆灌，當年便完成了上級下達的指標；並廢除了沿用近百年的老辦法。

　　後來，在不斷革新的基礎上，我們年年超額完成任務。我在職期間，也杜絕了任何傷亡事故（肅反運動停止了我的工作，當年就死過兩個工人）。最突出的是，此舉大大減少了木材流失。

　　為此，我差點付出了自己的生命。

　　為了攔截上游流失木材，我們用浮漂分段設置了閘門，夜間關閉。一天夜裡，洪水把上游流失的木材堆上閘門，眼看不堪負擔的壓力將要沖閘。

萬一發生這種情況，不僅木材將會隨波流走，而且會摧毀以下道道防線，造成重大損失。這時，我便帶領幾名工人一根根抽出木材；不料，一根木材將我拖進巨浪。我在覆蓋水面的木材下喝著泥漿，每當我掙扎著露出水面時，巨浪卻不允許我有絲毫選擇，只能隨它而去。此時我沒有任何壯烈犧牲的想法，只是希望有生的契機。我使盡全力衝向浮漂末尾的一根木頭，由於木材粗大，只能雙手抓著它的脊背。喝足水的棉褲被飛速的流水一尺一尺地向下流拖去，再差兩尺我就失去依靠。下面不遠就是瀑布，蛟龍進去也休想生還。

在這千鈞一髮之際，工人賈正朋冒險順著浮漂跑來。他用那三丈多長的搭鈎向我手背扎來，卻扎在拇指與食指之間。我小心翼翼地抓住它，副主任王家發同志從岸上扔來一條繩子，我趕緊用手抓住，這才被拖了出來。

洮河木材，在林區集材時必須在大頭鑿一孔，用二牛抬槓的辦法集材。編木筏時，則須將小孔擴大，利用它以樺桿串連。這樣就要浪費五十釐米長的一段木材，每年損失加起來，就得損失近萬立方米。王傑與工程師楊耀池對此進行了改革，不用在木材上打眼便可集至河邊。這樣，在水運木材時，勢必要改革木筏編製的材料與方法。據此，我進行了木筏編排設計，我稱之為安全筏。但工人心有餘悸，都不肯試行。我想機械產品往往要經過破壞性的試驗，才能使用戶放心。於是，我便找了位技高力大的水手名叫魏神仙保，我們意欲從曹家浪駕新編木筏駛下（曹家浪小於劉家浪，且經過多次炸修）。如果木筏不散，則可在洮河安全行駛，解去筏運工人後顧之憂。他滿口答應，但要求說，我本人也必須站在筏上。我拍著胸脯：「一言為定」。

當我們接近浪口時，便想起解放前這裡死過無數水手。僅在1951年，就有六名水手在此葬身魚腹。神仙保臉色漸漸發白，正是船到江心難回頭，他連聲喊：「龍王爺，許你一個羊……」

我也只能是強作鎮靜，給自己壯膽。我向他喊：心要正，膽要大！你有神仙保佑料然無妨。　他抖擻精神，抓住槳柄，我們迎風破浪，箭一般地衝進浪口。狂吼的巨瀾震耳欲聾，我們都沉入河底。浮稍上的木材在我頭上、身上撞來撞去。我緊緊抓住安全筏上的一根腰繩，只覺頭上身上被浮面來的木材像敲鼓般地撞擊，但我死也不丟拽得很緊的繩頭。在平緩處，我的頭終於露出水面。我看見神仙保安然無恙地握著槳柄，這才高興地鬆了口氣。而

我自己則滿頭是血地泡在水裡，只有手裡的那根繩頭繫著我。

工人群眾都擠在橋上，面露驚喜之色。因為從來沒有人如此闖過這道鬼門關。新編的木筏沖過巨浪，安然無恙。水運工人欣然接受了這種用繩索編製的木筏，從此改變了數百年來的木筏編製方法。

我們這個基層領導班子是團結的，副主任趙樹學原來是老區區長，王家發是紅軍老幹部。在他們的模範帶動下，我們彼此間沒有任何私欲，這是保證安全完成任務的基礎。

當地工人群眾勤勞、勇敢、誠實。我們在勞動中，像解放軍打仗一樣，不分官兵，互相關心，彼此建立了深厚的感情。當我被整成反革命時，有些人舉起雙手憤怒地喊：「天理何在？良心何在？」我被囚在獄時，他們流著淚結隊探監，使我至為感動。

這年，我再次出席了省先進工作者表彰大會。

五、篝火在黑夜燃燒

大峪旗布寺林區，是數百年來由寺院保護著的原始森林。過去這裡不僅不允許採伐，連拾燒柴的藏民群眾也不會輕易進入。然而，在歷史的風塵中這座寺院逐漸衰落下來，僧人為了衣食便開始出賣林木。

這裡的森林不僅樹身高大，且材質堅硬。早在解放前，這裡的木材就為木商所垂涎。但伐倒的木材迄今未能移動寸步，後來便無人問津。

1953年，洮河林場在這裡採伐了兩萬多立方米。採伐過程中，一個工人小腿骨折，負責人張明軒未能將他及時送醫，使這個工人留下殘疾。張明軒因此被處有期徒刑兩年。到1955年，這批木材還就地躺著，寸步難移。

我每年夏秋在洮河放運，冬春都在林裡採伐。1955年，洮河運輸又是提前超額完成任務。新任場長胡宗彥便令我去大峪旗布寺林區，完成集材任務。這又是一項我從未幹過的事，也是讓許多人束手無策的工作。

胡宗彥在慶陽老區當過十多年縣長，他的心腹幹部張得全也隨他來到這裡。1954年，他便派張得全到大峪作業所負責，要他把這批木材集於小河邊，以便趕進洮河。

張得全在慶陽看上了一個貌美善歌的中學生，便和髮妻離婚；結果丟了黨籍。自那以後，他和小他二十歲的妻子形影不離。到大峪後，他從不進林。有次開玩笑，我把柳永的詞〈鶴冲天〉抄給他「且恁偎紅倚翠，風流事、平生暢。青春都一晌，忍把浮名，換了淺斟低唱。」他很惱火。

我和他開這個玩笑，並不是譏諷他。他的這段風流佳話已早為人們讚誦，我是敬佩他忠於愛情、輕視烏紗的浪漫主義。不料，這個玩笑竟然惹惱了他。聽說我要去旗布寺林區完成此艱巨任務，他便學周瑜刁難諸葛亮造箭的辦法來難我。對於工人、供給、工房、工具等問題，一律要我自己解決。這給我增加了極大的困難。張得全本是個很和善的人，他也是受胡宗彥場長和黨總支書記汪仲舉的指示才這樣做的。

那時，上級要求洮河木材一律全尖（即原條）運輸。這裡的木材不要說二牛抬槓，就是九牛二虎也休想動一動它。用畜力車拉吧，沒有築路的地形和集材場地。至於機械化，在這裡還是如夢般的幻想。人們只是道聽途說，東北林區有「人工冰滑道」；但誰也沒見過。

還是那句老話：前人沒有幹過的，我們摸索著幹。

我把和我共同戰鬥四年之久的野狐峽工人全部請來，他們當天到達，就地取材搭起了窩棚，埋鍋造飯。

如果按一般小面積林地積材辦法，從溜道裡川坡下山，用二牛抬槓即可拉至小河邊，等待流送。而這條河是大峪河的支流，這樣大的木材如不經過日曬，推入河中就成了秤砣。要說困難，此其一也。再者，兩條山溝都很狹窄，三面川坡下去，木材就如同筷子插在兩山之間，無法推進小河。因此，必須有個開闊地帶作為楞場，以便來年推河流送。

修這種滑道，我也是就地取材。先找直徑較大的原木，像火車鐵軌一樣鋪設兩邊；再加以梢、枝木如搓板式地鋪墊中間。繼而以冰雪灌之，即形成滑道。木材進入滑道，會隨著坡度大小或緩或快自動滑行。當時的建設需材要求，必須全尖下山，全尖運輸。有些木材長達二十多米，滑道不許有急彎；木材要繞山大回轉。所以，三公里長的兩條滑道，要通過深澗、山梁、陡坡，需要鑿山，架橋，填溝，移石。在沒有一件勘測儀器的情況下，我就憑自己一雙肉眼，加上淺薄的物理常識，把四五百人安排在互不見面的叢林

之中，同時施工。而且，還不允許有返工的差錯，僅靠銑與鎬，在一月之內必須完工。這的確是極其困難的，然而，我們終於滿意地實現了第一步。

當第一根木材如遊龍般地，經過曲曲彎彎的冰雪滑道，進入楞場；我眼眶裡滾出興奮的淚花。工人們也感到了勝利的喜悅，他們的笑聲迴盪在深山峽谷中。

然而，真正能夠利用的冰凍時間只有三個月。滿山遍野還有兩萬立方木材，都需要翻身，打枝，剝皮；還得讓它們在滑道中保持適當距離。這不像小河撐運，推多少淌多少。很快，中國人最神聖的傳統節日春節又將來臨。這些工人中有不少人是村裡的文藝骨幹，他們寧肯不掙工錢，也要回家過個熱鬧年。如此，至少要損失半個月的寶貴時間。滑不出來的材就要擱到次年，那時又得要重新整修滑道。為了讓工人留在工地上，我便租來「行頭」，讓他們自演自看，放假三日，工資照發。於是，張得全又告了我一狀，他認為放假就不應發工資。

我不計較這些，完成任務是關鍵。春節一過，向陽處冰雪就要溶化。我必須一步一個黑窟窿，踩著沒膝的雪，像狗熊般地四蹄爬行在每個山梁、坡面，計算剩餘木材的數量。經過計算，不禁嚇出一身冷汗，時間發生赤字是永遠補不上的。

夜間，我徘徊在紅柳之中。但見白雪映月，如同白晝。小河流水冒著熱氣，發出清脆的低唱。露出水面的石頭像朵朵白蓮，微風從樹枝上彈下的落雪，驚得灰喜鵲拍打著翅膀。雪夜，空氣是鮮甜的，環境是靜謐的。這是多麼美麗而神秘的銀色世界啊。

一輪明月從山凹處升起，向我送來一絲深情的微笑。它也給我以啟示，我想，此時若有一壺酒，定要學李白，「舉杯邀明月，對飲成三人」。

我信步走進楞場，踏著白雪一直走到滑道末端。我籌畫著如何能按時完成任務，想來想去，只有白天黑夜連軸轉。

次夜，一堆堆篝火燃起，像古戰場上烽火臺的景象，鼓舞著工人的鬥志。聲聲哨音傳遞著「軍令」，指揮山頂和楞場行動。陣陣寒風像比賽場上的加油聲，高亢的號子、婉轉的山歌混合著木材隆隆滾動的轟鳴和滑道的磨擦聲，響徹了整個山谷。

職工們每天早晨揣兩個乾饅頭，一出汗便把棉衣扔在一邊。中午就像啃鐵餅一樣，把乾饅頭嚥下去。渴了，他們抓把雪丟進口裡潤潤嗓子，又唱起高亢的號子。

晚上回來，我們像落湯雞似的；一雙雙臭鞋、濕窩窩排在地爐邊。不管鞋乾不乾，早晨往裡塞把青根草，又套在腳上。誰也沒有怨言，擔心的是任務。誰也不希望春色早臨，但願風清月潔。

一次，我沿滑道檢查，發現一根木材「臥軌」。我怕它被後面的木材撞碎，便不由自主地去推動它。它走了，我卻滑倒在軌道裡。只聽隆隆的木材滑行聲和工人賈正朋的警告聲。我來不及爬起，趁勢向內弦一滾，一根木材風馳電掣般地撕去我棉衣的一角。賈正朋立即趕來，將我扯起；又一根木材擦腳而過。這是賈正朋第二次救了我。

風雪交加的一天中午，我正在山頂和工人一起勞動。檢尺員王長生為了早下班，違反操作規程，進入禁區檢尺。不幸的是，一根木材出軌，他當場殉難。黨總支書記汪仲舉立即請檢察院會同張得全和他親自來檢查，並帶來死者家屬尋釁鬧事。他想追究我的責任，意欲把我像張明軒一樣送進監獄。檢察院的一位「法醫」，撥弄著死者的睪丸說：「子宮發青，有問題，記下來。」這句話弄得人哭笑不得，後來人們都叫他「子宮法醫」。事故是這樣發生的：檢尺員王長生為了早下班，違規進入禁區檢尺，恰逢彎道中飛出的木材而遇難。此時的我，正冒著風雪在山頂與工人共同戰鬥。楞場是主管業務的劉英負責，此時他若在現場，檢尺員便不敢違規擅入禁區。不料他還在工棚避風睡覺，所幸劉英是汪書記新提拔的團員，於是領導不再追究事故責任。我後來想到，這次檢查是汪仲舉和檢察長同志金為整我發出的信號。在生產現場，因事故導致職工死亡，並非絕無僅有。但動員司法部門進行聲勢浩大的檢查，這還是第一次。雖則這一次並沒有找出我的問題，但等待我的不是先進工作者的表彰大會，而是一場令人驚心動魄的「肅反」運動。

我雖生於秦嶺山溝裡，但離開學校後，一直奔走於南方各大城市。在顛沛流離中，我熬過了八年抗戰、三年內戰。好不容易和妻兒回到了久別的父母身邊，徜徉在日夜思念的故鄉土地上；馬上又離別父母和古都長安，毅然

踏上了千里冰封、「西出陽關無故人」的荒漠。如果沒有一腔沸騰的熱血和旺盛的革命豪情，那是辦不到的。

　　自1950年跨入雪山林海，我從沒有請過一次探親假，也沒有在家裡度過任何一個節日。我不知疲倦地忘我勞動，對小河流送和洮河放運總結出一套可行的經驗，被《甘肅日報》刊用。因而連遠在青海的大通林場等單位都來洮河取經，我也多次作為先進工作者參加省級表彰會。這一年，我出乎個人意料地完成了雪山集材任務，而且將解放前木商所伐的臥山材全部運出。這種清林工作，對防止森林病蟲害大有裨益。

　　以上講述了我在洮河林場三段雖苦猶甜的工作經歷，都是我終生難忘的。作為一個新中國的公民，我畢竟為國為民為黨做了一點有益的事。我盡到了應盡的責任，也可以說是鞠躬盡瘁，無愧於心。

　　我在五十年代初所做的這點工作，若與中國上古的四大發明者相比，何堪掛齒？那麼為何要把它寫出來呢？因為肅反運動的領導者說：我做這些「是為了騙取組織上的信任，便於隱蔽反革命活動。」按照他們的邏輯，只有飽食終日無所事事者，才是真正的革命者。

第三章　肅反

　　在林區，每天置身於繁重而緊張的生產勞動中，我並沒有太多的政治考慮。我相信，共產黨是中國最有希望的黨，毛主席是中國人民的偉大領袖，我對他們懷有崇高的敬意。我下定決心：要全心全意為人民服務，緊跟共產黨毛主席走。我要不計個人得失，為我們飽經憂患的民族盡綿薄之力，死而後已。每天，我做的是極為平凡的工作，但我將之視為祖國建設大業的組成部分。

　　在洮河林區六年，我沒有和家裡人度過一個節日。有時路過家門，也顧不上進去看看經常惦念父親的幼小子女。對工作我是克盡厥職，毫無疏漏。我不要求上級的賞賜，只求給一個順利的工作條件。然而，現實是嚴酷的，未來更是凶吉莫卜。

一、不知道天空有幾朵烏雲

　　「天有不測風雲，人有旦夕禍福」。1955年冬天，洮河水運工作結束得很早，我想回家探望一別六年的高齡老母。黨總支書記汪仲舉說：「旗布寺集材任務完成後，你回去多住幾天」。

　　1956年春，遠山的雪尚未開始溶化，洮河還處在枯水時期。我請汪書記兌現他的諾言，他卻說：「不行啊，有項偉大的政治任務需要我們共同完成。」我久居深山看不到報紙，聽不見新聞，有什麼政治任務要我這個不問政治的人去完成呢？同時，我整天和木頭打交道，有什麼政治可言呢？

　　早在前一年的春天，1955年，全國就開展了對胡風文藝思想的批判。當年7月1日，中共中央發出關於展開鬥爭肅清暗藏的反革命分子的指示。也就是說，「肅反」運動1955年就在全國展開了。而我看不到報紙聽不見廣播，可以說是久居山中不知春。據說，甘肅省委決定：在少數民族地區不開展「肅反」運動。但胡場長認為自己領導的是省級直屬單位，他主動要求在洮

河林場開展肅反運動。搞政治運動是陝北老幹部的拿手好戲，所以卓尼縣檢察長同志金便向縣委請戰，由他來主持。

場裡留下參加運動的有三種人：一是黨、團員和積極分子；二是歷史清白、工作中可有可無者；三是來自舊社會的職工，我顯然屬於後者。從西北人民革命大學來的二十多人，走了一大批。剩下的五個人中，張明軒因工傷事故被處刑二年；段士穎被懷疑殺過共產黨人，被捕後卻查無此事。他的案子本屬冤案，理應賠情道歉，徹底平反；而洮河林業局黨委卻給他了個開除公職的處分。他因此拖兒帶女回了西安，作了一名中學英語教師。這對段士穎來說是「塞翁失馬」，使他避免了以後運動中的災難。目前僅有我和張春華、郭希賢三人屬於第三種人，我們也是被上級抽調多次、捨不得鬆手的人。

同志金這位檢察長很有首長派頭，他第一次給我們作報告。他講到目前對「胡風反革命集團」罪行的揭露，闡述了肅反的必要性和重要性。他並講解了《人民日報》社論〈忠誠老實〉，又交代了「坦白從寬，抗拒從嚴」的政策。他要求我們每個人以忠誠老實的原則寫份自傳。

這次寫《自傳》，我已記不清是解放以來的第幾次了。由於輕車熟道，從九歲起寫到現在，也不過費了半天的時間。除了沒有寫出小時候諸如尿濕被子焐在熱炕上不讓母親發現的錯誤，其餘我的經歷，可以說是毫無保留，沒有任何遺漏。

大會交代，當然少不了張春華和郭希賢。交代過就不見他們了。據小道消息說，他們被送往剝皮組「剝皮」去了。我當然不會相信「剝人皮蒙鼓」。但究竟是如何地「剝」法，我還未能體驗。而我相信，自己的歷史是清楚的。至於張春華和郭希賢為何被剝，也許是他們真有問題。因為馬列主義、毛澤東思想是放之四海而皆準的，這架「顯微鏡」、「照妖鏡」是不會冤枉好人的。

洮河林場已由臨潭遷到卓尼縣。這裡的房屋是一位昆蟲學家鄧某按德國民宅形式建起，房子都分散排列在楊柳叢中。所以剝皮時，不見人，不聞聲。一座「十」字形老建築可容百餘人，這裡是「肅反」大會會場。

清早，陰雲密佈，狂風捲著枯草腐葉，在尚未甦醒的樹林裡東鑽西竄。肅反會議室內外的大小標語，被風撕得吱吱叫，顯得悲切淒涼，令人窒息。

汪仲舉書記和同志金檢察長親自主持大會，他們的臉和天空一樣陰沉。

　　同檢察長身著嶄新狐皮大衣，頭戴火車頭皮帽，顯得更加高貴威武。他雙手卡腰，咳了兩聲，會場立即靜得能聽見每個人的心臟跳動。在他簡短而威嚴的動員講話之後，汪書記叼著他從不離嘴的象牙煙嘴強調，今天的大會較之往常，有更為重要的意義。

　　積極分子王懷曾猛地站起振臂高呼：「站穩立場，英勇戰鬥！誓把反革命分子徹底、全部消滅！」隨之長臂如林，喊聲震天。當然，我也不甘落後。

　　我的拳頭還未落下，只聽汪書記一揮手：「好！像個革命戰士的樣子。今天叫反革命分子陳星交代他的問題……」於是王懷曾又揮起拳頭：「老實交代才有出路，蒙混過關死路一條！」我也習慣地舉起手來，一想不妥，趕快垂下雙臂，站到被指定的位置上。

　　我被突如其來的點名給弄懵了。在交代中，我機械地背誦著我的《自傳》。在不斷的口號聲中，我背完了自傳。這時，我低著頭聽到：「陳星的交代是在訴苦，是在表功，是想蒙混過關！老實告訴你，群眾的眼睛是雪亮的，是欺騙不了的。只有放下武器，向人民投降」……聽到「放下武器」，我不由自主地看了看自己的雙手。

　　同檢察長最後向與會者宣佈：「陳星不是一般的反革命，他既是歷史反革命，又是現行反革命，而且是美蔣特務。他在工作中做了一些成績，那是敵人慣用的伎倆，是以此欺騙組織取得信任，以達到反革命的目的。大家要擦亮眼睛，磨快武器，打一場你死我活的殲滅戰。」

　　從這天起，王懷曾和另一位積極分子跟在我的身後，寸步不離。而且，他們令我搬到另一小房間。睡覺、站隊時他們左右排著，行動時前後跟著。這就是我的「剝皮」房，除了幾個「剝皮」專家，誰也不敢進來。所謂「剝皮」，就是不分晝夜的「車輪戰」。審問者一層層地分析，對我窮追深究。他們要我從第一次離開西安時交代起，每走一步都要交代一件反黨反人民的反革命活動。我要說不出來，他們不只是白天拳打腳踢，晚間還要把我拖出去綁在樹上，脫去鞋襪站在冰雪上。當我昏厥過去時，他們便把我放倒在地，給我臉上澆尿。我醒過來時，常常看到他們一手提著褲腰，一手抓著那個不知羞恥的生殖器，罵著下流話。

有時他們把我兩手背綁，把臀部捆在板凳上，下面放盆炭火，烤著了衣服，烤焦了皮膚。這種刑罰也許是從日寇的「烤活豬」中學來的。中國還有句俗話：「打娃不叫娃哭。」他們這樣整了我，還要叫我保密，並警告我說：「否則有你好吃的。」這一切，不只是對一個人的酷刑折磨，更是對一個遵紀守法的公民的人格汙辱。

當他們一無所獲時，便召集了一個所謂中型的鬥爭會。會上，他們發揮自己的分析天才，用那純屬捏造的罪名把我說成地地道道的特務。每天我要站十多個小時，站得我兩條腿腫得像蠟棒。一次因腦供血不足，我倒在地下；他們一擁而上，你踢我拖。同檢察長和汪書記坐在沙發上品茗、抽煙，得意地欣賞著「與人鬥」的「其樂無窮」。

過去我常常忙於工作，妻子對我沒回家過春節並不感到意外。但這一次，由於一直沒有收到我的信，她便揹著三歲小女孩，從百里外的岷縣跋山涉水步行來看我。經過一天的懇求，才由汪書記的女秘書帶領，在王懷曾的監督下，讓我去另一房間裡接見。剛滿三歲的小秦認不出我是她的爸爸，她母親擦著眼淚說：「快叫爸爸！」她才喊了聲「爸爸」向我跑來。

我剛要伸手抱她，王懷曾的一雙手像把魔掌斬斷了千古以來連動物都有的舐犢之情，他差點兒把孩子推倒，似乎這孩子的出生就是一大罪惡。小秦用袖頭捂住臉哭著，奔回她母親的懷裡。我們相視落淚，卻不敢靠近一步。妻子帶來惟一一包點心也被王懷曾揉得碎碎的，未能發現什麼罪證才遞了過來。我又重新包好，讓妻子帶回去作個紀念。這被揉碎的不是點心，而是父母與女兒三顆怦怦跳動的心。

整整鬥了我一個月，他們沒有取得一點戰果。

一天，我從糊著報紙的窗戶縫隙裡看到，通信員牛茂有和管理員李俊夫一趟趟端著酒菜，出進小會議室。不久，他們把我也「請」了進去。雖已宴畢，但糕點果品、名煙、香茶擺滿茶几。胡宗彥、汪仲舉和同志金陪著，縣委書記曹文尉、宣傳部長王克勤、縣長楊復興等談笑風生地坐在沙發上。見我進來，他們既嚴肅又客氣地讓我坐下。於是，通信員給我遞煙倒茶，似乎他們一貫對我都是這般彬彬有禮。

接著，幾位說客便大動說詞，無非是要我承認歷史上參加過特務組織，

並一再重複黨的「坦白從寬」和「既往不咎」的政策。從他們的「勸降」中可以聽出：那怕是假降也好。總得讓胡、同、汪有個臺階好下，否則如何收場？

尤其是與我互有好感的楊復興縣長，他語重心長地勸道：「我是國民黨少將司令，解放後仍然擔任副州長、縣長，還入了黨。你的罪惡不比我大，關鍵是交清問題，爭取黨的瞭解和信任……」我懂得他是上層人士，黨統戰他，是讓他發揮自己所處的地位優勢和在群眾中的土司威信，為黨多做工作。

當天晚上，同、汪和王懷曾都換了副菩薩面孔，他們勸我交代個「軍統」問題，也就一了百了。同志金擺出一副老革命的姿態說：「1942年我們在延安，就破獲了一起特務案；由蘭州混進黨中央的特務張克勤（那時他才十九歲）開始他也是頑固不化。通過『坦白光榮』的『搶救幹部』教育，他成了『坦白典型』。第二天就提拔他當了科長，吃了小灶；從而帶動一大批暗藏特務走上了自救之路。他立了大功。」（*後來我才知道，張克勤特務案是康生炮製的冤案。）同志金的弦外之音，不必細論。我也實在太疲勞了，為了雙方下臺和那幾位說客的苦口婆心，我糊裡糊塗編了個曾隱瞞「軍統」特務的假過程。他們喜形於色，且「表揚」了我，並解釋說：「革命不在先後，坦白不在遲早。」就這樣，我總算度過了三十多天來惟一的無人「剝皮」的夜晚。

次日清早，他們把我叫到同志金的辦公室裡。我以為同檢察長要對我說些寬心話，作點安慰工作。不料他又擺出了屠夫般的面孔，要我承認是受命潛伏的特務，又要我把在長沙開的油料行寫成特務據點。他要我把許德生、范明燦寫成我留在長沙的特務，還要交代到西北以後的現行活動：發展了哪些組織？搞了哪些破壞？他要我承認從西安參軍時就是「軍統」、「中統」雙料特務。由此看來，他們連這兩大特務組織是水火不相容的常識也沒有。

我氣得肝肺俱裂，實在是無法忍耐，便高呼了一聲：「同志金！」然後我說：「你乾脆說我是個先天性的特務好了，是特務組織之大成！我昨天承認的『軍統』問題完全是為了你們好收場，是為了給你們下臺階的機會而編造的。你不要逼人太甚！要問題，沒有；要命，有一條。」

啪地一聲，同志金把手中的茶杯甩在地上：「你想翻案？編是你編的，揹進棺材也是你的，你想找死」……也難怪同檢察長生氣，他自任檢察長以

來，還是第一次看到「小人犯上」，聽到有人對他直呼其名。我也向前跨了一步，把他的辦公桌砸得震天響。這時他像皮球泄了氣似的，我被人事幹部王丕勳拖了出來。

從此，我被林警看管了起來，完全失去自由。好在也沒有再上過鬥爭會。

二、分歧的由來

整人是他們的本性，當然也有其原因。

先說我與胡宗彥、汪仲舉的分歧，再說同志金和我的分歧。

王傑到林場後，被認為是有膽識的年輕領導幹部。原場長焉壽先是個有真才實學的知識分子，自知政治條件差，日久必無好下場，便請調他處。王傑因此成了名副其實的場長。1952年秋，上級突然派來了在慶陽老區合水縣當了十多年縣長的胡宗彥，胡並帶來汪仲舉和一位警衛員。對此，王傑當然感到意外。

但以資歷論，他必須尊重胡的領導；而胡因文化低，又不善於領導企業，事事要王作主，他又恐王攬權。兩人從此面和心不和。

胡宗彥作事，有「道旁築室」的作風。凡事他拿不定主意，見人就問這事應如何辦，那事應怎樣做。然而，誰說的他都認為不可信。他從慶陽老區要來一批他的老部下，替換了來自「革大」在作業所的領導職務。我雖未被調走，但他也派來一個老區委書記趙樹學作副主任。這時汪仲舉兼掌總務、人事兩科室，於是，王傑批的文件到汪仲舉那裡往往無效。

野狐峽灌浪工作，越是下雨越要大幹。有時泡得褲腿裡淌水，職工也不敢離開河邊。我自己有件雨衣，也不好意思穿。王傑同意給每個工人發一公尺油布防雨，但汪仲舉不讓買。我便親自去找胡場長，這時我才發現，胡場長的家就是他的辦公室。他的妻子小他二十多歲，他不願離開妻子深入基層。我向他反復陳述理由說，必須給工人發塊油布防雨。他卻說：

「工人幹活拿工資，需用時由他們自己解決。」

「工人不願掙雨天工資，如果發給一元錢的防雨布以示黨的關懷，他們就不好意思離開工地。萬一要走，幹部也有理由阻止他們。」

「下雨時回去，雨停了再幹。」他的態度很堅決。

「工人回了家，河裡的木材淌走一根就是近百元。有十來根木材就可以裝備他們，這筆帳不可不算。」

「淌就淌了。肉爛在鍋裡，蛋爛在窩裡。它又沒腿，能跑到哪裡去？」他喝了口茶，不耐煩地把茶杯在炕桌上重重地甩了一下。

「木頭沒長腿，可是人長了腿。岷縣以下是缺材的地方，每天都有千百雙眼睛盯著洮河，木材一靠邊就不見了。」我再三說明理由。

「拿你的覺悟去衡量共產黨領導下的群眾，我們打游擊時，群眾還把家裡的糧食主動拿出來，支援我們。」他長長地躺在熱炕上，表示堅決不同意。

於是我們高一聲低一聲地吵了起來，他拍著桌子說：「你不要去了，少了你地球還不轉了？」他從炕上跳下來，邊走邊說：「看我把你有沒有辦法！」他的樣子大有要動用專政機器之勢，忿忿地出去了。他的夫人像老娘呼孩子般地把他喊了回來。後來，還是王傑令我們自己買了雨布。

自此胡、汪對我處處刁難。1954年初，胡先把王傑撐走。據王親口告訴我：胡寫材料向省局告他，說他黑夜潛入胡的臥室，奪胡的手槍。證明人是汪仲舉與胡的警衛員。對於這件事，我難以置信。我既不相信王會幹那樣蠢的事，也不相信胡會誣告；因為他們都是老共產黨員。

胡、汪一貫認為，「革大」來的人都是王的親信。所以當王走後，便放不過我和張春華等僅有的三人，我們也就當了替罪羊。

據從慶陽來的幹部說，汪仲舉原是土匪出身，在合水縣待不住，便去國民黨部隊當兵。解放後他才參加共產黨，住在省委招待所等候分配。由於文化太低難逢伯樂，這時與待職的同鄉胡宗彥相識。胡即以汪為左右手，一同來洮河林場上任。所以他年逾半百尚未娶妻，到洮河林場便以書記身份吸收了幾個家屬入黨並提幹。尤其他和女秘書的摟摟抱抱被醫生唐文錦看見，後來唐也未能免去牢獄之災。

這就是我們之間不和的根源。

同志金整我，也和我在「三反」、「五反」中被整一樣，怪我過於固執。

當時全國木材實行「三統」政策，即統一採伐，統一運輸，統一收購。在1951年，我曾擔任過木材收購組長，收購對象是木商在1950年以前採伐的

木材。洮河上游有個號稱「何十萬」的木商，名叫何昆山，他是洮河流域資本最雄厚的木商。我們在藏區驗收木材時，只能和他們同吃同住。有天深夜，何昆山拿出五千元的一張支票要我收下。我拒絕了，一股羞辱和氣憤之火在我心中燃燒。

我憎恨國民黨的貪汙腐化，才決心跟大公無私的共產黨走。「何十萬」竟敢把對待國民黨官員的一套來對待共產黨幹部，這不僅是對我的侮辱，而且是對共產黨的侮辱。我當然明白，在財務制度尚不健全的當時，有我的一張紙條，何就可以領來一萬兩萬。那時的五千元就是五千個大洋，可以買十多萬斤麵粉，我一輩子也吃不完。但我並不需要這種救濟，何也不是慈善家，而是想牽著我的鼻子跟他走。我趁著一點酒意拍案而起，拂袖而去，並將這件事向王傑作了彙報。

「三反」、「五反」運動中，會計主任王世恒主動坦白，何昆山給他行賄兩千元。那時受賄一百元就是大老虎，兩千就是鉅款。要王世恒退贓時，他編了個此款被盜的故事，打虎隊便把他吊在屋梁上拷問，無奈，他從皮箱裡拿出號碼不亂的兩千元。

在他之後，「打虎」隊把目標轉向了我。他們認為，何昆山必然給我行了更多的賄。打虎隊是以榮譽軍人學校來的幹部賀發心為首組成的，他們有一股猛打猛衝的精神。凡是有人群的地方，就會產生幫派鬥爭。初到洮河林場時，王傑與原場長焉壽先不和，我們當然站在王的一邊；而留用人員自然是焉壽先的一派。焉去後，又來了一批以李恒忠、賀發心為首的榮譽軍人，這些人恃功自傲，把留用人員和王傑這派都當作對立面。他們大部是文盲，領導生產一竅不通；但在搞人鬥人的場合，一個頂仨。在他們眼裡，非榮校幹部都是貪汙犯。他們對我搞不出名堂時，又把問題扯到我那匹黑馬上。

如前所述，那是在1951年，在大峪攆小河時，為了如期完成任務，我每天要跑近百華里，惟一的交通工具就是馬。在人多馬少的情況下，為把公用的馬讓給其他幹部騎用，我自己花錢買了一匹馬。攆運任務結束後，馬被殷建德牽去馬市，結果被活佛買走。於是他們要算草料款，會計姚景生出示了我交的草料款收據存根，他們立即把姚景生捆了起來。我便把許德生從長沙給我寄來的一隻表拿出來，再次重交了草料款。然而他們仍不甘休，又要我

說清各個工段攬運工人的工資級別和人數，日支工資若干。這等於強迫一個農民一口說出每畝地有幾株小麥、多少粒麥籽一樣。他們企圖以這個刁難打開缺口。管業務的許忠信說了幾句公道話，許也被鴨子浮水般地吊了起來。

賀發心把我推上老虎凳叫大家批判，還要我拿筆記本作記錄，我站在「老虎凳」上，實在聽不進他們那些不堪入耳的發言；便在筆記本上畫那些被綁著的「老虎」。我的動作竟被賀發心發現，他說，我是要把這些速寫寄往臺灣，攻擊共產黨的政治運動。這就上綱上線了，他們把我打翻在地，捆斷了兩根繩子。還嫌不夠，又把我吊在樑上，背上還壓了塊石頭。那時我已經被整了一個多月，被敲詐去的款未退。而這些未癒的傷痕，在肅反運動中又是我的罪惡之一。

就在同年，還有一件事：有個木商叫李向榮，我第一次收他的木材時，雖然也知道，他是破壞森林濫砍濫伐；但我認為他畢竟是初犯，便收購了他砍的木材。第二次，他又採伐了許多新材，並給我拿來一條馬褡子，裡邊卷著尺把長的一串銀元，要我派人去驗收新材。我發現後，嚴詞拒絕了他。此後，按「三統」（統一採伐，統一收購，統一運輸）政策，沒收了他違法採伐的木材。李向榮是兵痞出身，也是卓尼縣人人皆知的大流氓。他吃喝嫖賭，投機詐騙，無所不為。富了地毯鋪地，一個床上睡著大婦小妻；窮了炕無蘆席，到處敲詐勒索。而在我挨整後，他在何昆山的教唆下，竟把檢察長同志金弄通了。同檢察長傳我去出庭，只見李向榮跪倒在地，口呼同青天：「這個陳主任，向我要一條馬褡子我沒給，他便沒收了我的木材。請青天大老爺為我作主！」同立即令我退還原來所沒收的違法木材，我據理力爭：如無判決書我決不退還。同拍案而起，「你多大個官？我對你說，這個材如退不了，我把同字倒寫了。」果然不久，由胡宗彥作主，退還了李向榮的違法木材。

自此，同志金對我便懷恨在心。所以旗布寺發生死亡事故那次，同志金便派了那位「子宮法醫」和汪仲舉前來，意欲捕我入獄。今逢「肅反」運動，他怎能輕饒於我。

三、「罪證」莫須有

在這次肅反運動中，我被當作重點中的重點。但他們為什麼沒有把我作為第一個去鬥爭，而是作最後一個去折磨？因為他們還需要做點準備工作。

運動一開始，有關方面就派了幾個得力幹部，拿著同志金發的搜查證，去岷縣抄了我那個一無所有的家。

我在卓尼搞工作，我的家為什麼在岷縣呢？

妻子原在西安任小學教師，按西北局原來的部署，我們在甘肅完成土改後，應該回到西安。而我們到蘭州後，省農林廳叫我們去洮河林場幫助工作，當時說的也是，三個月後仍返蘭州，參加土改。所以，誰也沒想到帶家來此落戶。而王傑就動員有家的把家接來，扎下根，安下心，支援甘肅建設。也是王傑再三動員我把妻子調來洮河林場工作，否則就是不願在邊遠地區吃苦。於是有些人立即把沒有工作的家屬接了來。此時正趕上「三反」、「五反」，丈夫站在老虎凳上挨鬥，家屬懷著痛苦的心情看著。有鑒於此，我於1953年才把妻子調到岷縣工作。岷縣距我工作的卓尼縣約一百華里，我就希望避免那種情景重演：政治運動中一人挨鬥，全家傷心。

而肅反開始後他們到岷縣去我家抄家，翻箱倒櫃；在破衣服裡找到胸前佩戴的一塊布質徽章，便如獲至寶。於是，又計畫遠去陝西藍田，抄我的老家。老家不通車路，必須跋山涉水，還要步行幾十華里，他們便沒有去。僅憑道聽途說，他們回來後給我編了個惡霸地主的家世，我家的罪惡不下於四川軍閥地主劉文彩。

我在《自傳》裡如實地寫了我與原安龍縣長黃仲涵的關係，並說明有兩只皮箱寄存在西安黃仲涵的家中。那些人未能去到我老家抄家，便通過西安市蓮湖區公安分局派出所去到黃仲函家中，他們把我苦心收藏的任伯年、吳昌碩、張大千、徐悲鴻、關山月、于右任、周伯敏等名家的原作五十餘幅全部拿去。在肅反會上我只見到于右任、周伯敏兩幅書法《滿江紅》和《正氣歌》；他們認為，這就是我的「特務」身份的鐵證。

我從解放前的舊社會帶到解放後的新社會，並企圖保存下來的只有名家

書畫作品和我自己青年時期的攝影作品。

那些收藏品在當時的我說來，實在是來之不易。抗日戰爭剛剛勝利的1946年，徐悲鴻從桂林返回重慶，途經貴陽。他的隨行人員只有他從桂林招聘來的兩名女職員，其中一人就是他後來的夫人廖靜文女士。那時的徐悲鴻雖然譽滿天下，但在地方政府官員的心目中，他只是一個微不足道的窮藝人。所以，官方只有喜好藝術的幾位小職員才聯絡了十幾個人，去迎接徐先生。當時，我在國民黨貴陽市黨部宣傳科工作。貴陽市的文化人員招待所歸宣傳科，由我主管。它所處的地理位置很有優勢，距離市中心的大什字只有百多米，就在貴州日報社後面的山包上。儘管只有幾十間空房子，但過往的演員、詩人、作家，畫家都願在此歇腳。除地理位置的優勢外，最招人滿意的就是「免費」。所以，抗日時期田漢領導的劇團也都在此逗留過。

這次接待悲鴻大師，當然不能讓他住在這樣的「戲民窟」裡。我便安排在中央飯店，當時，所謂的中央飯店也只是條件較好的一座客棧。

悲鴻大師作畫之勤是驚人的。白天他應酬較多，每晚都是畫到三點以後才休息。年青人和一般普通知識分子求畫，他總是有求必應。特別讓人感動的是，有位裝裱師求他的作品；他欣然在裱畫案上以四尺宣紙為他作了一幅水墨半身像，滿腮長鬚飄落胸前，參觀者無不嘆服。而次日，貴州省主席楊森派人相邀，卻被他拒絕。

求畫者，也不乏庸人。當悲鴻先生離去後，他們見錢就賣掉他的畫。於是，我借錢甚至典當衣物，收買了十餘幅。自此以後，我便成了書畫收藏迷；連我們結婚時交換過的戒指也賣了去收集書畫作品。那時，有不少淪陷區的文人流落在貴陽；當窮途潦倒時，便以出售這些珍品來維持生活。抗日剛剛勝利時，物價日落千丈；到了1946年，物價又一日數漲。此時，書畫便成了廉價商品。我花了兩個大洋，便買到吳昌碩的一幀三尺梅花條幅。現在若有這樣的一幅珍品，能建一所希望小學；也免得我為之四處奔走。可是這些珍貴藏品全部被拿走，連個收據都沒給我。此後我發誓，不再收藏任何一位書畫家的作品。

而在抄家者看來，影集中有佩帶手槍的照片，必然是為殘殺共產黨準備的。身旁有隻狼狗，必是特務。結婚照片上穿的燕尾服，也是受過美帝國主

義訓練的佐證。那枚徽章，更是企圖變天，是配合美蔣反攻大陸的罪證。其實我在國民黨期間的證件，又何止那枚微不足道的「徽章」。我在革大學習時，早已將所有委任狀、聘書及我所保留的《時代影劇》週刊資料全部交給了學校組織。徽章是從何處弄來的，我當時也不清楚。但搜出了這些，足可說明他們抄家的認真。

解放前我是很喜歡拍照的，自影集被沒收後，如今我再也難以找到自己青少年時代的影子。

于老和周先生的書法又有何罪？因為于右任老先生在《滿江紅》中題的上款是「子明兄正之」，周伯敏先生在《正氣歌》中的題款是「子明弟雅囑」。周先生稱我為弟，這是不出格的常規，因為我是他的學生。于老寫字是他的嗜好，往往寫成一幅還不知是給誰寫的。這時侍書者根據自己的意願，遞上求墨寶者的名字，他便信筆寫來。有時甚至把「先生」寫為「女士」、把「女士」寫成「先生」。能恰如其分地稱道，必是己親摯友。而我和于老只見過一面，如今在同志金、汪仲舉眼中看來。這「兄」、「弟」二字，大有文章可做。他們的理由是，能和國民黨高級人士稱兄道弟，來頭必然不小，最起碼也是個「中統」特務。

於是，我在國民黨黨部幹過，必然是「中統」；又在軍隊裡幹過，必然是「軍統」。有這雙重「特務」身份，在長沙開油料行必然是受上級指示，作為潛伏據點，企圖打入共產黨內部。我的努力工作，自然是騙取組織信任，達到反革命的破壞目的。他們都是馬克思主義「理論家」，在一般群眾看來，這種入骨三分的分析自然是「十分可信」的。

那麼現行破壞的事實又是什麼呢？他們認為：南畔事件必然與我有關。如果真是如此，足以置我於死地。

事情的來歷是這樣：1951年至1952年，馬步芳部下的一名團長名叫馬良，聚眾數千，盤踞在甘南草原，還得到臺灣的空投支援。1952年洮河放運結束後，場裡要把野狐峽的幹部調往南畔林區採伐，我也是其中之一。臨行時，主管人事的汪仲舉偏要叫我去車巴林區。去南畔林區的野狐峽的幹部有侯有祿、趙尚聰、劉文中、余效奇、黃育才等五人，在南畔的一個工地被工頭王有才勾結馬良股匪，俘去工人幹部共二百多人。幹部中的前三人被剝皮

抽筋，凌遲處死。余效奇幸運地逃跑回場，汪仲舉懷疑余是從匪之後回場作內應，故將余開除回家。黃育才在逃跑中被匪追回看管，適逢解放軍趕到，作為俘虜，押解蘭州。黃育才經過審查後，在1953年得到釋放。他來到野狐峽，我為他死裡逃生高興，留他便餐以示安慰。後來我欲留其工作，被汪拒絕。

肅反中，汪仲舉反過來說，當時派我去南畔，我硬要去車巴林區。這必然是與工頭王有才、馬良等有聯繫。而黃育才降匪歸來，我居然設宴壓驚，並要留用，企圖東山再起。

然而「南畔事件」確與胡宗彥、汪仲舉有關，致使工頭王有才狗急跳牆，二百多工人被俘，三名幹部慘遭殺害。他們在我身上搞不出名堂來，又找了個幹部張培賢作替死鬼。張培賢被開除回家，後來又被判刑十年，送往新疆勞改。直到1984年，張培賢才得到平反。

為什麼我說南畔事件與汪、胡有關？此案又與張培賢何干？

此案中的工頭王有才原來是國民黨合水縣黨部書記長，名為郭學仁。他和胡宗彥鬥爭了上十年，結下不共戴天之仇。全國解放後，郭學仁逃到蘭州，看見洮河林場招工，便改名王有才。他在1950年招集了二百多無業遊民，前來洮河林場南畔林區採伐。說來也是冤家路窄，1952年冬，王有才來場結算工資，被胡的老婆認出，他就是郭學仁。胡立即派人追捕，未獲成功。郭學仁懷著僥倖心理，以為未被胡認出。他回到南畔，仍想再混一段時間。不料汪仲舉派人前去誘捕，郭即勾結馬良股匪，連夜演出了那場悲劇。後來，汪仲舉從合水縣瞭解到，郭學仁是張培賢堂嫂的遠房親戚；便認為郭學仁化名來洮河林場，這必是張培賢的引進和包庇。在「肅反」中，張培賢被殘酷鬥爭，只得屈招，故而坐了十五年牢。

「肅反」後期，同志金和汪仲舉把我看管起來，雖暫停對我的鬥爭，但並未就此終止，他們通過縣委審幹辦公室派出多人，沿著我所走過的道路去尋找他們所需要的東西。在此期間，他們不許我出大門，卻要我管理一項微不足道的土建工程，實際是軟禁。那麼讓誰來監督我呢？這時，木商兼流氓的李向榮由於詐騙無門，便由他來承包工程；他作為同、汪的心腹監督我。李向榮的開支無論合理與否，我都得簽字；工作品質也無論合格與否，我都

得驗收。他整天跟在我後面熱諷冷刺，我要不簽字，他臉一沉：「這不是你當主任的時候，你是一個反革命。」

張明軒兩年刑期已滿，來洮河林場要求留用；汪仲舉把他臭罵一頓。他想和我說幾句告別的話，但在李向榮的監督下，跟來跟去只好低著頭走了。我望著他那一步一回頭的身影，想起我們一同在西安學習，又同車翻越六盤山、華家嶺，同被風雪壓在帳篷裡；想起我們共同奮鬥在雪山林海中的情景，心情沉痛。在這數千里之外的大西北，只有我們才是如同手足的親人。如今將要永別，連句互相安慰、勉勵的話也不能說……淚水模糊了我的視線，而我仍能看見他那一步一回頭淒涼而消瘦的面容。

他的兩年勞改也有些冤。採伐工人受傷後，他曾去工棚慰問多次。直接管理現場的幹部，也以為未造成骨折；他便同意讓受傷工人在工棚休息幾天。後來工人被送進醫院治療後，走路有點跛。汪仲舉以關心工人的姿態建議檢察院對他起訴判刑。然而，這也不足為奇。我在野狐峽四年，沒有發生過一起傷亡事故。1956年，我被作為反革命鬥爭。那裡因指揮不當，死了兩個工人。檢察院不僅沒有去人檢察，責任者連個檢討也沒寫。

張明軒原是西安市西華門看守所所長，他心地善良，並救助過共產黨人；故解放後西安市社會處送他去革大學習。他的不幸總算由勞改期滿而告一段落了，我也希望自己的許多不幸至此將是終點。然而，令人痛心的是，它還僅僅是個開端。

我第一次出獄後，途經西安時曾去張明軒家探望。他住在郊區，每天從農業社菜地裡挑點蔬菜去城裡叫賣，維持他和老伴的生存。但這樣也常常被市管部門驅趕或沒收，眼看又無路可走。我擔心他們的未來，也擔心自己和一家人的生存。

肅反運動打擊面也不小，根據《人民日報》1957年7月18日社論提供的數字，肅反中被立案審查者達一百四十萬人。而被「清查出來的反革命分子，有八萬一千多名」，「還有一百三十多萬人弄清楚了各種各樣的政治問題」。根據這個數字，那一百三十多萬人都不能定性為反革命。如此說來，錯案率達百分之九十四以上。

第四章　反右

1954年，在共產黨的領導下，制定過一部根本大法，《中華人民共和國憲法》，其中有一條：「中華人民共和國公民的人身自由不受侵犯」。

1951年底和1952年初的「三反」、「五反」運動，以及1956年的肅反，我所在的單位，都有侵犯公民人身自由的行為，而在反右時則更趨嚴重了。最令人痛心的是，你這邊痛不欲生，那卻是他們最開心的一刻。那些運動的組織者把人當成抓來的野生動物去戲弄嘲笑。幹這種侵犯人權行為的人正是他們的積極分子，而幕後操縱者有些就是黨的領導幹部。起初他們還偶爾出來，假惺惺地制止一番；到反右時這種侵犯就變得公開化、合法化了。各單位領導赤裸裸地上陣指揮，總結經驗，論功行賞。什麼民主法制、言論自由，後來在黨內也消失了。

一、和風細雨

「洮河流珠」是洮河八景之一，每到冬季，從洮河上游起，河面上就漂浮著一粒粒晶瑩透亮的「珍珠」，進而這些珠子連結在一起，形成各種幾何圖形。透過濛濛白霧看去，好像朵朵白色睡蓮浮在水面。兩岸紅柳絲條隨風搖擺，河中野鴨拍翅嬉戲。玻璃般的冰床上，時有漁人鑿冰捕魚。「洮河流珠」，使這個寂靜的銀色世界分外好看。

由於被囚禁在場裡，靠河的一面沒有圍牆，我才能欣賞到如此風光。

轉眼又是1957年的立夏季節，我不由得去看水運工人乘風破浪的雄姿。這裡的放筏工人大都是河州的撒拉族人，他們吃苦耐勞，彪悍而樂觀。我苦悶時便坐在河邊，聽他們逍遙自在地唱「河州花兒」：

> 花兒本是心上的話，
> 誰敢把我嘴紮嚇，

刀刀拿來頭割下，

不死還是這個唱法。

　　我真想跳上筏子，和他們一起放聲唱歌。

　　從河邊回來，經過郭希賢家門口，他老婆田海雲正在高喉嚨大嗓門地罵他：「看你那個熊樣！像根皮條拉起一串，放下一堆。割了頭碗大個疤，怕啥？不是反革命就不是反革命，找他們算帳去！」我正要繞開她，她一手抱著剛滿月的丫頭，一手把我拽了過去。郭希賢怕她那從不忌口的嘴，但又不敢攔，連忙鑽進屋。田海雲滔滔不絕地向我發佈「時事講話」說：「他陳叔，你難道沒聽見？人家都說現在要整風，對肅反搞錯了的人要平反，不放過一個反革命，不冤枉一個好人。呸！放屁。把她爸整成那個樣子，還說不冤枉好人？汪仲舉不是個好東西，他的醜事誰不知道？今天找這個家屬談話，明天給那個家屬入黨、安排工作。他在我跟前動手動腳，叫我臭罵了一頓。這兩天他見誰都客客氣氣，他也怕整到他頭上。你還不去找他算帳？不是反革命就不是，他能把人咋的！」她一提起汪仲舉的名字我就怕惹禍，便向她擺著手走了。我隱隱聽見她說：「也是個沒出息的！」

　　按照「肅反」政策，凡是在國民黨軍隊擔任過連級、憲兵排級、行政鄉級以上職務，就能被定為歷史反革命。郭希賢是鹽務局的譯電員，當然不算歷史反革命。而我是連裡的指導員，自然要算個連級。歷史反革命帽子戴定了，算什麼帳？在農村有些地方，把保長也「統戰」到反革命裡，我只能低頭認罪。

　　我心想，共產黨的整風是黨內的事，與我何干？不過，這次整風是全國解放以來的第一次。許多老黨員知道延安整風的厲害，連陳毅都吃過虧，所以未免有些坐不住。這次整風據說要「和風細雨」，我也神經鬆弛了一陣。

　　大約是1957年6月，縣委審幹辦公室幹部吳國梁叫我去看了「歷史結論」。長長的幾大篇，基本上都是實事求是，豈能求全責備。最後的結語是：「經查證：本人交代老實，屬於一般歷史問題，不給任何處分。」這當然是經過縣委決定的。吳國梁問我有什麼意見，我說：「感謝黨的英明偉大。」吳又說：「為了落實你的問題，我們在西安見了西安市市委書記趙伯

平和陳子敬等同志。在昆明，我們找到汽車十五團政工室主任李燁。在貴陽，見到了你的好友錢大星和羅文玉。在廣州，找到了秋盡。在長沙和許德生、范明燦談過話。在上海政協，我們見了周伯敏，還有你的一些老同事。不容易呀！我們三個人，跑了半年多，總算落實了你的問題。以後你好好工作。」最後他拉著我的手幽默地說：「多謝你呀，我們幾個幹部要逛這許多大城市，開開海陸空的眼界，是辦不到的喇。」黨為了搞清幹部歷史，花錢是在所不惜的。

天，果然晴了。汪書記這幾天的象牙煙嘴不是叼在嘴裡，而是夾在指縫裡。他見人就咧著大嘴，又說又笑。一天，他把我「請」進他的辦公室談話：「場裡的『肅反』是由縣委派來的同志金親自抓的，我也只能看他的眼色行事。」他露出苦不堪言的神色，接著又說：「馬上要開展黨內整風，我是個大老粗，在工作中有不少缺點和錯誤，希望你能幫助我改正。這次是歡迎黨外人士參加，你就不要客氣，我們都是老同志嘛。」此後再也沒有人叫我反革命，對我也不直呼其名了。連王懷曾也恢復了當年在我領導下工作時的面孔，一見到我，不叫「陳主任」不說話。

說也奇怪，次日，同志金打發人來「請」我。我對來人說：「同檢察長請我，請拿逮捕證來。」過了兩天，縣委書記曹文尉在縣委門口叫我：「老陳，老同請你去，不只是他的意思，也是縣委給他的一項政治任務。你還是去談談吧。」

我走進同志金的辦公室，他很客氣，熱情地把什麼大中華、茅臺、白蘭地一齊往外搬，弄得我只想告辭。

他終於和我並坐在一對沙發上，兩隻手在雙膝之間搓了搓，一對發紅的眼睛盯著自己的腳尖：「老陳，你今天能來我感到榮幸。」

「洮河林場的肅反是汪仲舉書記主持的，我只是奉命去幫助幫助而已。當然，我不能說我沒有責任。譬如你們場提供的材料，我未能正確分析，只是汪書記咋說我就咋同意。現有問題，我才令審幹辦公室去認真落實。這對你也是有好處嘛。今天我代表縣委向你道歉。」同志金欠了欠身，還給我斟了杯酒。

他比汪仲舉更聰明，說的話又好聽又耐人尋味。整我，是汪仲舉的責

任；落實，是他的功勞。現在道歉，是代表共產黨。

　　總之，沒有毛主席的英明、黨的偉大，我是跳進黃河洗不清的。既然同檢察長能認識到他有一點「沒有認真分析」的責任，今天又能如此客氣地接待我，「君子坦蕩蕩」，我又何必「小人長戚戚」呢？1942年延安整風時，包括陳毅都挨了整，毛主席把手舉在帽沿下說：「現在，我把戴錯了的帽子給你們取下來，向你們行個禮，賠個不是。」大家也都相視一笑泯恩仇。在前進的歷史中，總會給人留下恩或怨，誰也不曾向歷史報恩，自然也不應去索怨。讓它在歷史的風塵中消逝吧。

　　此後，無論在哪裡和同相遇，他總是主動、熱情地和我打招呼。梁山上有句話「不打不相識」，我覺得工農出身的老幹部還是可親可愛的。同時，這也是「和風細雨」滋潤出的明媚春光。

　　我祝願這一切都是真誠的，然而這卻是個不平常的春天。

二、颳過城市的狂飆

　　場長胡宗彥被調往河西，任酒泉地區檢察長。他從慶陽帶來的班子和警衛人員都未能帶走，汪仲舉當了代理場長。

　　黨內整風，已逐漸在報上公開化。報紙上一再闡明，這次整風是和風細雨的，不搞急風暴雨式的鬥爭；不強迫黨外人士參加。但歡迎他們自願地幫助黨內整風，要「知無不言，言無不盡」。希望大家對黨的各項政策、方針，對各級組織和領導提出批評意見和建議。黨員則以「言者無罪，聞者足戒，有則改之，無則加勉」的態度，認真聽取意見並加以改進。於是，民主空氣濃厚了，黨員與非黨員之間的裂痕開始彌合。這時，我更相信汪仲舉、同志金向我道歉是真誠的。

　　我以為，當前的政治形勢是「下不鉗口，上不塞耳，則可有聞矣」。然而，黨外人士沒有一個主動要求參加整風的。汪書記也沒歡迎過任何人，連謹小慎微的楊耀池工程師也未被邀請，但在研究業務工作方面顯得十分融洽。汪書記冷靜、和藹的態度，消除了職工對他的恐懼。幾個共產黨員天天在會議室念文件，個別不可一世的黨員也顯得平易近人了。他們對自己的言行存

有戒備，如果真將黨外人士邀請進來提意見，豈不是引火焚身，自討苦吃？

1957年6月初，幾家全國性的重要報刊出了章伯鈞、羅隆基、儲安平等黨外知名人士的發言。編者加了按語，表示讚賞和歡迎。過了幾天，只見原文不見按語，不久便有反擊文章出現。

幾個月過去，在洮河林場，儘管剛進入10月，青山卻換上了紅裝。紅葉是秋的驕傲，也是冬的信使。人們兩手筒得緊緊的，坐在會議室不敢張嘴，生怕口裡冒出熱氣模糊了視線。

這時，汪書記精神倍增，他把所有的黨外人士一個不漏地請進會議室，一再啟發大家幫助黨整風。然而，這些人的嘴像是被萬能膠給黏住了。黨員不得不帶頭，如王丕勳、包含理、賀發心等，他們都大膽地、尖銳地給黨的政策、方針提出批評甚至指責，他們還公然讚揚章、羅、儲等的「黨天下」論點。

儲安平的「黨天下」，當時已在報上公布了。老實說，我從內心是有些贊成的，不過不敢說出口。但那時我抄了下來，現摘錄如下：

> 解放以後，知識分子都熱烈擁護黨，接受黨的領導。但是這幾年來黨群關係不好，而且成為目前我國政治生活中急需調整的一個問題。這個問題的關鍵究竟何在？據我看來，關鍵在於「黨天下」這個思想問題上。我認為黨領導國家並不等於這個國家即為黨所有；大家擁護黨，但沒有忘記自己也還是國家的主人。政黨取得政權的主要目的是實現他的理想，推行他的政策。為了保證政策的貫徹，鞏固自己的政權，黨需要自己經常保持強大，需要掌握國家機關中的某些樞紐，這一切都是很自然的。但在全國範圍內，不論大小單位，甚至一個科一個組，都要安排一個黨員做頭兒，事無巨細，都要看黨員的臉色行事，都要黨員點頭才算數，這樣的作法是不是太過分了一點？在國家大政上，黨外人士都心心願願跟著黨走，但跟著黨走，是因為黨的理想偉大，政策正確，並不表示黨外人士沒有自己的見解，就沒有自尊心和對國家的責任感。這幾年來，很多黨員的才能和他所擔任的職務很不相稱。既沒有做好工作，使國家受到損害，又不能使人心服，加

劇了黨群關係的緊張，但其過不在那些黨員，而在黨為什麼要把不相稱的黨員安置在各個崗位上。

儲安平在「反右」後也很慘，妻子跟他離婚後跟同院另一個男人結婚，並住在儲家的南屋。結婚與離婚是正常的，無可非議，然而仍住自己的院內天天見面，儲安平其心情可想而知。後來全國政協安排他在長城腳下放羊，後來回到城裡仍是養羊看書。文革期間紅衛兵來抓他，他從後門逃走。從此，再沒有人見到他。

那時候的北海、頤和園，天天有死屍漂起，沒有人認出哪一具是儲安平。我忘記在哪份報上看到，儲安平曾回到江蘇宜興老家祭祖，而後北上至天津，在唐沽蹈海而亡。總之他死了，世界上再也看不到說真話的儲安平了。

羅隆基提出的「平反委員會」，我也從內心裡贊成。他無非是要把「三反」、「五反」、「肅反」造成的冤案糾正過來。他在這裡強調，「平反委員會」要有民主黨派參加，這就捅出了婁子。

可是在我們這裡，依然沒有黨外人士發言。汪書記便徵引了毛主席的話：「如果沒有言者無罪這一條，並且是真的，不是假的，就不可能收到知無不言，言無不盡的效果。」他進一步強調：「難道你們連毛主席的話也不相信嗎？」

果然，有幾個初生牛犢不怕虎的年輕人對汪書記進行幫助。何耀明仗著他是共青團員，以一身正氣揭露汪在工作中的獨斷專行。陳文海觸及到汪的一些作風問題，汪紅著臉向他們保證「有則改之，無則加勉，決不報復。」有天會後，我去業務股，人稱「大馬虎」的殷建德也在房裡。他問我為什麼不發言，我反問：「你為什麼不發言？」他拿出一瓶二鍋頭，我喝了一口，他便吹起了喇叭，抹了一把嘴說：「包含理等的發言是汪仲舉安排的，說得再過火也安然無事。何耀明等再誠懇，也免不了報復。這叫『誘敵深入，聚而殲之』。」但我想起來，毛主席一再指出這是「陽謀」不是「陰謀」。

殷建德雖則能洞察真偽，但他後來還是因批評了毛主席而坐了五年牢。

1957年初，蘭州西固區要在一片荒灘上建一座現代化的煉油廠，勞動力要從省級單位抽調。凡是在肅反中問題不十分嚴重的都調過去了，如張春

華、郭希賢等。我沒有被調過去，當然是因為我的問題最嚴重，目前尚在外調期間。

這次「反右」鬥爭比起「肅反」聲勢浩大得多，揭發、批判的大字報鋪天蓋地而來。西北風揭過一層又一層，我筒著雙手縮著脖子，看過一遍又一遍。我沒給別人寫，別人也沒給我寫。何耀明給汪書記提了意見，他被「揪右戰鬥組」正式命名為「右派分子」。陳文海因是以工代幹，被命名為「壞分子」。目前是揪出一個鬥一個，不幾天，右派分子、壞分子一站一長行。看到他們，我感到幸運；我也為張春華、郭希賢而慶幸。我想，他們被調去蘭州煉油廠勞動，逃過了這一劫。

在搞運動的同時，我們還要幫生產隊搞農田基本建設。一天，我們在卓尼溝的山坡上挖水渠，公路上駛過一輛大卡車。這車顯然是從蘭州來的，車頂坐著兩個人。知情者神秘地說，又調來兩個右派。我想，右派還能從外單位借調？

收工後，我一進大門就看見幾張醒目的大字報：「堅決把右派分子張春華揪出來」，「堅決把右派分子郭希賢揪出來示眾」。我想，卡車上的兩位定是他們無疑。果然，在右派集中室裡，張春華、郭希賢兩人垂頭喪氣地坐在自己的行李上，滿身滿臉都是灰土，我差點兒認不出他倆來。看來是不許他們回家，他們的孩子和老婆被林警擋在老遠老遠的地方，愁眉苦臉地擦著凶多吉少的淚水。而那兩張大字報竟是歡迎他們的標語！

三、慘不忍睹

看來汪仲舉還沒有忘記「革大」來的僅存的三個人，他們被視為是王傑一夥的。目前還沒有給我貼出大字報，「肅反」時我是最後一個，這次可能又要唱一齣「壓臺戲」。總之，圈裡的羊、甕中的鱉，手到擒拿。

一般群眾給郭希賢、張春華貼大字報，說的事都是些雞毛蒜皮，只有「揪右戰鬥組」的兩張大字報是「上綱上線」的。然而，也都只抓到一句「反黨」言論。1956年的秋天，汪仲舉叫張春華把他門前的落葉掃掉，張春華拿著掃帚自言自語地說：「秋風掃落葉嘛，樹林裡的葉子能掃完嗎？」經

過戰鬥組的分析，「秋風」就是指國民黨，「落葉」是指共產黨；張春華是盼望國民黨來推翻共產黨。郭希賢本無多話，被打成「反革命」後，在辦公室連口大氣也不敢出。可是，天不怕地不怕的老婆給他又生了個「千金」。由於營養差，他心情不好，孩子又無人照料給病倒了，他一回家就挨罵。一天在辦公室裡想著想著，他落了淚，邊辦公邊說：「唉，真是屋漏偏逢連陰雨呀。」對他說的這句話，戰鬥組的分析是：「屋漏」指的是共產黨領導，「連陰雨」是汙蔑社會主義黑暗，沒有個明朗的天。戰鬥組的成員們不愧為馬列主義理論家，能把毒草說成香花，當然也可以把香花說成毒草。

還有個年方弱冠的郭思楊，出身於地主家庭；曾在《萌芽》上發表過幾首小詩。據那些分析家看來問題不少（內容我已記不清），他也成了右派。但實質性的問題是，汪書記的女秘書經常暗送秋波給郭思楊。如果不把郭打成右派，汪書記不放心。

這樣抓來抓去，「名正言順」的右派已有十五個，以工代幹的「壞分子」也有十多個，佔在場正式職工的百分之二十左右。辦公室空空蕩蕩，會議室也只是在特殊情況下才坐滿人。大院裡，到處都有一堆堆喧鬧的人群。人群中一會兒鴉雀無聲，一會兒狂呼亂叫，使你眼花繚亂，目不暇顧。仔細看去才知道，一個個「右派」分子和「壞分子」被團團圍在中央，眾人強迫他們交代問題。當這種圈子漸漸縮小時，便是積極分子出手了；他們用指頭搗被鬥者的眼窩，用手摑耳光，用腳踢踝骨，這叫「說理鬥爭」。當圈圈再擴大時，批鬥者就開始「練排球」，對「右派」和「壞分子」推來搡去；當時的術語叫「撞太黃」（*一種加工中藥材的方法）。如果圈圈開了口，那便是把被鬥者連推帶踢，搡到二百多米遠的圍牆邊。他們把這叫「踢足球」和「獅子滾繡球」，有些被鬥者也只能是滾來滾去。如果還交代不出問題，積極分子便把那滿臉是血的人，你一拳我一腳當作「沙包」去練功。

在這一群「武士」中，有的人是當之無愧的，有的人是拾便宜的，有的是違心的，有的是剛剛挨過鬥為了劃清界線的。總之，是人都得上陣。家屬則是懷著不同的心情前來旁觀，夫人等是想看自己的丈夫站在什麼位置；如果站在比較「安全」的地方，便目不忍睹地跑回家去。還有的則是懷著幸災樂禍的心情來看，某某的男人是否也在挨鬥？有的則希望自己丈夫能一拳砸

出一頂新紗帽或一級工資，最理想的是通過這種表現能成為黨員。而張春華的老婆則一手擦淚，一手死死地拽住兒子，生怕他掙脫去闖禍。

汪書記還動員一些被鬥者的老娘去參觀，勸兒子早早交代問題。於是我幸喜自己的老娘和妻子均不在此地，將來登場少一層痛苦。汪書記是特殊觀眾之一，他那支長長的象牙煙嘴已換成紅瑪瑙的咬在嘴上，一雙手塞在馬褲兜裡。他就像一只大油桶，滾在哪裡哪裡就燃起熊熊烈火。當批鬥進入最高潮時，他便站得高高的，瞇縫著眼，吐口濃煙，似笑非笑地聽那嚎叫、辱罵、啼哭、質問的大合唱。

我偷偷地蹲在一個不顯眼的角落裡，痛苦地抱著頭想：看鬥取樂，自古有之。蟲裡有鬥蟋蟀，禽裡有鬥雞，鬥鵪鶉；畜裡有鬥牛。無論是「人鬥牛」或「牛鬥牛」，都是平等的力和智的較量。如今，汪書記欣賞的則是不平等的「人鬥人」。魯迅有詩曰：「忍看朋輩成新鬼，怒向刀叢覓小詩」，我看到被鬥的這些人，也是「忍看朋輩成新鬼」，卻「難」向刀叢覓小詩。

張春華體健如牛，腰裡繫的一根繩子早被扯斷，臉被血抹成了關公，他喘著氣在挨打。郭希賢早已成了一攤泥，躺在地下，頭上無帽，腳下無鞋，那幾根黃毛也被撕得所剩無幾。他的大頭兒子一雙袖頭濕漉漉地緊貼在母親身邊，田海雲一對淚汪汪的眼睛腫得像兩顆桃子。她抱著闖了禍的「千金」，拖著大頭兒子闖進了人海，向她丈夫罵道：「你這個沒出息的膿包，活不成還不會死，洮河又沒蓋蓋，走！」她丟下兩個孩子拖著郭希賢跑向洮河邊……

四、人不如狗

又過了幾天，並沒有新的右派降生，老右派繼續挨鬥。

忽然，新的大字報刷滿了四周牆壁。這一次，目標轉向了各個作業所，其中針對獸醫王耀華的大字報最多。我遍觀其內容，無非是這些指控：該王一貫對黨不滿，攻擊黨的領導，誹謗社會主義制度，企圖推翻無產階級專政等，都是些空帽子。擱在前幾年，我還多少信一點，如今我再也不會相信了；他能推翻無產階級專政？無產階級又不是紙糊的！

王耀華是個二十多歲的青年，剛分配來就在野狐峽工作。他像個沒出過門的大姑娘，連談戀愛也不會。我們好不容易給他介紹了個農村大姑娘，人雖不識字，倒也品貌端莊，通情知理，他們相親相愛地生活著。

　　汪書記對王耀華不能說不關心，他讓王耀華把媳婦留在場裡，自己去基層當獸醫，家裡的事有他照顧。王耀華畢竟不是傻子，根據汪的作風他也能猜出十之八九。更何況媳婦經常向他哭訴，但王耀華敢怒不敢言。有次，他給驢看病，竟脫口而出罵了聲：「老不死的汪驢！」這「汪驢」二字竟也飛進汪書記的耳裡。當然，也怪王耀華死心眼。他若像女秘書丈夫那樣，把兩隻眼全閉起來，雙雙入黨，跟著汪書記高升，豈不一生太平。

　　王耀華被調回來，不讓他回家，他便在院裡看大字報。看著看著，他好像得了神經病，時而大罵，時而痛哭，時而狂笑，還向「戰鬥組」成員的簽名上吐口水。他回到集體宿舍，手舞足蹈，以蔑視一切的樣子指桑罵槐。媳婦抱著剛滿月的孩子，給他送來一缸子麵條，他既不看媳婦也不抱孩子，把缸子扔了出去。晚上他不睡，坐在窗口只是喝水，自言自語地罵個不停。只見他睜大雙眼，狠狠地在桌子上擊了一下：「這還像個人生存的世界嗎？」他似乎根本沒有考慮明天的鬥爭大會怎麼過。

　　早晨，人們按照規定的位置站了隊，跑了幾圈早操天才微亮。睡在王耀華左右的兩個積極分子忽然發現，王耀華未上早操，便向帶隊官賀發心耳語了幾句。他們一齊跑進宿舍，王還躺在自己的被窩裡，賀發心氣得直喊：「他媽的，叫你來交代問題，不是叫你來睡大覺！」見王不理，兩個積極分子跳上床踢了兩腳，還是不見動靜。他們再一摸，王的頭冰涼，鼻口沒氣，只是兩眼圓睜，牙齒緊咬，口角出血。身邊有一喝水的瓷缸子，裡面還沉澱著白色藥麵兒。他們連忙去向汪書記彙報，汪書記非常冷靜地回答：「不要管，一切照常進行。」

　　對於王耀華的死，人人心照不宣。所以院裡的鬥爭會鬥得沒勁，積極分子忙著換標語，貼的是「批判現行反革命分子王耀華大會」。同志金檢察長在汪書記的陪同下，酒醉飯飽之後，瀏覽了一下大字報，便十分嚴肅地站在講桌後面，臉上殺氣騰騰。汪書記破例地把煙嘴拿下來，手從馬褲兜裡取出，他調整了一下嗓門，強調了大會的嚴肅性。接著，積極分子便把臨時拼

湊起的批判稿念了起來。

　　同檢察長是被請來驗屍的，但未帶那位「子宮法醫」，也未帶其他官員。他身著狐皮大衣，頭戴火車頭帽，時不時地還摸摸腰間的手槍。在汪書記主持的大會上，同志金開始講話了，他說：「王耀華之死是反革命畏罪自殺，有人擔心王耀華的死會給反右鬥爭帶來不利，這是多餘的考慮。恰恰相反，它會使我們擦亮眼睛識別反革命分子的真面目，激勵大家的鬥志！」賀發心、王懷曾等立即舉起拳頭高喊：「打倒反革命分子王耀華！」有人低聲說：王耀華已死，不打也倒了。同志金怒目而視：「倒了也得打！」

　　「王耀華不僅是個地地道道的右派分子，而且是個貨真價實的反革命分子，因為右派就是反動派，反動派就是反革命派。不要說死了一個王耀華，就是死他十個百個也等於死條狗。」這時我偷偷地看了一下王懷曾等，他們面露得意之色；我再看那群右派，他們似乎都有些吃驚。

　　同檢察長繼續說：「汪書記說不要給棺材，給條竹席。要我說，席也不給，就那樣光著身子拉到上河灘餵狗。」這時我想，同檢察長可能還不知道王耀華昨晚就沒脫衣服，不然還得扒掉；但給狗添了些麻煩。我正在想，忽聽同志金又喊：「賀發心，為什麼不動，拖到上河灘去。」

　　賀發心等跑進大宿舍，王耀華的媳婦把孩子攔在他的身邊，趴在丈夫身上正哭得死去活來，提來的麵條倒了一地。幾個人抬起王耀華，她還死死地拽住不放，哭得天昏地暗。她不是在哭，是向蒼天控訴，是向大地呼救。她流的不是淚，是從心尖上噴出的血，是從膽囊中淌出的苦水……

　　到了上河灘，這幾個人本想丟下王耀華就走，賀發心發現土坎上有個洞，那是一塚古墳，農民取土時挖出來的。挖土的人嫌那裡的土不吉利，便沒人再去動它。於是這幾個人七手八腳刨出殘骨朽木，就把王耀華的屍體塞了進去。埋葬王耀華，這也算是賀發心的良心發現，做了一件人應該做的事情。

　　回來後，他們到處找王耀華的遺書，什麼也沒找見。只有桌上剩下半杯沉澱的藥粉告訴他們，王耀華是它毒死的，與世界上任何人無關。一個風華正茂活生生的人就這樣死了，汪仲舉得意洋洋地在人群中昂首闊步。同志金夾著鼓鼓的公事包，氣宇軒昂地站在各個單位的講壇上，指揮著反右鬥爭的颶風席捲大地。

王耀華，他來到人間僅僅二十六個春秋，來也匆匆，去也匆匆，只是給這個世界留下了無依無靠的孤兒寡母。他帶走的是尚未噴出的滿腔冤屈，他那一雙未閉的眼睛還注視著這個世界的未來。

王耀華，你的死，真的光耀了中華嗎？

五、無言右派

王耀華死去的當天晚上，我一直沒能入睡。我並不是為他的不幸而悲痛，而是在思索同志金今天講的另一段話：

「你們洮河林場的反右鬥爭，搞得很不徹底，還沒把眼前真正的右派揪出來。」他向我瞟來一眼，接著說：「汪書記說還沒找到右派言論，這是機械唯物主義者的論點。要知道，右派是客觀存在的，是主觀決定的。他說，是右派；不說，也是右派。不要看他（＊他又看了我一眼）會寫兩個臭字，會畫兩筆醜畫把你們迷糊住了。他沒有在會上說，就在會下找；口裡沒有，就在日記上找；如果還沒有，可以在檔案裡找。」他說得憤怒了，那對狼眼珠似乎要暴出來。

我和同志金每每四眼相遇，身上就起雞皮疙瘩。一種不祥之兆籠上心頭。

那是1953年秋末，場裡召開各站、所負責人會議。因無任何交通工具，我便由岷縣的野狐峽步行，走到秦關。前面就是青石山，這山高聳入雲，兩面都像牆壁。羊腸小徑迂迴而上，山頂像把刀刃。兩人若是同時相對上山，直到山梁誰也看不見誰；當互相見面時，鼻尖就會挨上鼻尖。

我喘著氣，上到山頂，面前一條洋狗離我約有兩米。我想這裡哪來這樣精神的洋狗？兩道藍光向我胸前刺來，使我冒出一身冷汗，定睛一看，莫非是狼？我看見兩隻狼眼射出兩把利劍，一對鼻孔忽閃忽閃地扇動，露出一對狼牙。狼的威懾使我六神無主，我若是武松再有一根大棒，當是打狼的機遇；可是我手無縛雞之力。這時，我驀然想起一個獵人的告誡：見了狼，千萬不能轉身逃跑。如果這樣，正好激發了狼的追撲膽量。你若有把傘就一撐一收，它會狼狽逃竄。可是，這時哪裡有傘？我想到在我左手正拽著一件搭在肩上的雨衣，那還是從舊社會穿來的。我橫了橫心，壯了壯膽，猛地將雨

衣從肩上甩了開來，不斷地在空中旋轉，並一步一步地向狼逼近。狼拖著一條尾巴向山梁迅速跑去，約有十米左右才站住，還用它那對略顯藍光的眼睛死死地盯著我……當同志金那對眼盯著我時，我便回憶起這段險情。同時我也想起獵人說的：見了狼千萬不可轉身逃跑。

所以在我承認了「軍統」問題時，同志金那對酷似狼的眼睛睜得更凶。我毫不退卻地把他的辦公桌砸得震天價響，他便偃旗息鼓。今天，他又睜大了那對眼，在此發號施令：「總之，他一句不說也是右派！」他一拳把桌子砸得發顫。

自從同檢察長那次給我「道歉」之後，無論在哪裡，他一見到我總是老遠打招呼。昨天，我們倆走了個對面，我便主動問好，儘管人家不理我，我還以「可能沒看見」來安慰自己。現在，一切都明白了。

向東的一面大牆是揪右戰鬥組貼大字報的專用「聖地」，每個右派都是半夜子時降臨在這裡的。

早晨跑了幾圈，我便模糊地看出，那裡貼出了一張新大字報。我又跑了兩圈，便認出上面寫著：「堅決揪出老奸巨猾的右派分子——陳星」，「陳星」兩個字寫得特別大，上面還用紅筆圈了又打上兩個「×」。罩在我心頭的濃霧終於散了，在反右鬥爭中，我再也不是旁觀者。於是，我反而覺得踏實了許多，一塊石頭終於落了地。

所幸，我只挨了一天鬥。

他們逼我交代右派言論，我說：「同檢察長指示得清清楚楚，說，也是右派；不說，也是右派。這就等於有交代也是右派，沒交代也是右派。既然是個客觀存在的右派，你們何必費這麼大的勁？誰想出出氣，我可以把這個不值錢的生命毫不憐惜地奉獻。」我擺了個挨打的姿勢。怪，竟沒人動手，他們可能疲勞了。

現在已經到了「反右」最後階段，又來了個「向黨交心」運動。不知是不是真的「人人過關」。總之，「右派分子」必須向黨交心。

「交心」並沒有搞那種雷厲風行的鬥爭，而是「一幫一」的個別「幫助」。說白了就是公安人員逼供、誘供。

幫助我的人是財務科長謝宗芳，他讓我這個沒有「右派」言論的右派分

子在《右派分子言論彙編》（甘肅出版的）裡挑。為了讓他好交差，我便挑了幾條，作為我與右派分子的「內心共鳴」。儲安平有支犀利的筆，解放前我就愛讀他主編的《觀察》（後改為《新觀察》），愛讀其中痛斥國民黨的文章。在「大鳴大放」中，他向毛主席、周總理提了這樣一條意見：

「解放以前，我們聽到毛主席倡議和黨外人士組織聯合政府。1949年開國以後，那時中央人民政府六個副主席有三個黨外人士，四個副總理中有兩個黨外人士，也還像個聯合政府的樣子。可是後來政府改組，中華人民共和國的副主席只有一位，原來中央人民政府中的幾位非黨副主席，他們的椅子都搬到人大常委會去了。這且不說，現在國務院副總理有十二位之多，其中沒有一個非黨人士。是不是非黨人士中沒有一人可以坐此交椅，或者沒有一個可以被培植來擔任這樣的職務？從團結黨外人士、團結全國的思想出發，考慮到國內和國際的觀感，這樣的安排是不是還可以研究？」

儲安平若知道毛主席啟發大家給「老和尚」提意見是「陽謀」，也許會給嘴上把鎖。這只能怪那些右派分子生有一顆憂國憂民之心，長有一張多嘴多舌之口，從而招來多災多難的後果。

然而「戰鬥組」的積極分子還要翻我的檔案，他們在我1950年寫的《思想檢查》中發現了一條「右派言論」：「喊毛主席萬歲是唯心主義」。

這不是捏造，我的確在西北人民革命大學學習時說過；而且在「思想檢查」中我作了自我批判。

那時，革大也開展過「民主運動」，讓大家有啥說啥。在學習歷史唯物主義、批判「唯心論」的討論中，我這樣說過：喊黨和國家萬歲是可以理解的，雖然共產主義的最終目標包括消滅黨和國家機器。也許在一萬年以後尚未實現最終目標共產主義，黨和國家當然存在。所以，喊黨和國家萬歲仍然是有象徵性的。然而喊「毛主席萬歲」卻是「唯心主義」的一種表現，那就是把毛主席與封建皇帝同等對待。我們不但喊「毛主席萬歲」，還喊「史達林萬萬歲」，我不知道蘇聯人是否也在喊「毛澤東萬萬歲」。如果他們沒喊，這就顯然不公，不是以平等待我之民族。

我的這種想法也是有來源的，我看過一本史料：1921年孫中山去福州，都督孫道仁打出「孫大總統萬歲」的標語。孫中山令其去掉這類標語才登

岸。他對孫道仁說：大總統是人民的公僕，人民可以選他，也可以罷免他。我們為了打倒「萬歲」，許多革命志士拋頭顱灑熱血。如今我又來接受「萬歲」的呼聲，如何對得起先烈在天之靈？我覺得毛主席比孫先生更英明，他如果聽見人們喊他萬歲，想必也會反對的。

後來我被學校領導批評是「機械唯物主義」，所以在《思想檢查》中我作了自我批判，現在當然是罪惡一條。

我的另一條罪名是為美帝國主義鼓吹原子彈功勞：1950年8月6日，為紀念廣島、長崎死於原子彈下的日本人，聲討美帝國主義犯下的滔天罪行；我們學員參加了遊行。遊行回來，我說：「廣島、長崎死了十萬人，我們搞紀念活動；但日寇在南京一次就屠殺中國三十萬人，不知日本是否也舉行過遊行紀念？豺狼瘋狂地咬人，獵人用手中的槍打豺狼，這能算作劊子手嗎？廣島、長崎人民的悲劇應該歸罪於他們的天皇。美國杜魯門的錯誤是，把應該扔在天皇裕仁頭上的原子彈扔在了那些無辜者的頭上。中國人為什麼化友為敵，又去認敵為友？」

還有一條反對解放戰爭的罪名，是新揭發出來的。

1952年，「三反」、「五反」時，我被榮校來的肖福太等搞「車輪戰」，他們常在我左腿上踢。我懇求他們踢右腿，因為左腿在抗日時受過傷。他們惡狠狠地罵道：「你他媽的是在國民黨部隊受的傷，老子是在解放戰爭中掛的花，還沒有你那樣嬌氣呢。」我也氣憤地說：「你還不是從國民黨部隊裡俘虜過來的，然後掉過槍口，仍然是中國人打中國人，光彩得了多少？」這就是所謂「反對解放戰爭」，成為我的一大罪惡。他們還進一步分析說，我從軍抗日血灑疆場是為了升官發財，氣得我落淚了。然而流淚也是不滿社會主義、不滿反右鬥爭的表現。

反右尚未開始時，我和一個小工人祁全德打康樂球。他技藝高超，我便順口說了句俗話：「紅蘿蔔調辣子看不出。」經積極分子分析：紅蘿蔔調辣子是又辣又甜。小祁是共產黨員，當然我是說共產黨又辣又甜。而我根本不知道小祁何時入了黨，他們這種分析邏輯使我感到又可笑又可悲。

總之哭是犯法的，笑也是犯法的；然而有些不會哭、不會笑的人也犯了法。

幾個月後，我在看守所見到一個半啞的小農民，他被作為反革命抓了進來，因為他在喊「毛主席萬歲」時喊成了「毛主慢歲」。工作組分析說，他喊的「主」是「豬」，「慢」者停止也，問他是不是？他只是點頭，這就成了他已供認的罪狀。

運動接近尾聲，那些積極分子打著得勝旗，唱著凱旋歌，走上各自的新崗位。王懷曾撈了個卡車作業所的主任，不過黨證還是沒有拿到。凡被打成右派、壞分子者，都被從人民中分解了出來。

最初我們還可以拿著碗，依次排隊到食堂打飯。後來便是要等到革命人民開罷飯後我們才能打，還不許坐食堂的桌椅，要蹲在院子的牆角處。吃罷飯，再由林警帶去勞動。

這裡邊最倒楣的是我，因為那位木商李向榮被汪仲舉任用為正式炊事員；他又把著窗口。右派的飯是剩什麼吃什麼，打到誰跟前沒有飯就拉倒。我把一雙手伸進窗口，他裝作看不見；饅頭、菜只向別人手上給。到了最後，便把為我準備的兩個發霉的饅往我手上一塞，我稍一遲頓，他便把饅往案板上一扔。這樣，我就得挨一天餓。李向榮由臨時工轉為正式工，並且一再提升。二十多年後我從獄中出來，他雖退休了，仍被留下來看大門。他對我熱嘲冷諷，拒我於大門之外。

管理員李俊夫是個大好人，他原來是在野狐峽做飯兼保管，既勤苦又小心。汪仲舉看上了他的小心謹慎，才提拔他當了管理員。他見李向榮如此待我於心不忍，又不敢說他；便在自己辦公桌的櫃子裡藏些吃的，要我有機會就去飽餐。誰知這竟被李向榮發現，他反映給汪書記，差點砸了李俊夫的鍋。好在他常向李俊夫拿不掏錢的東西，因而李俊夫才只挨了一頓批評。

最近，汪書記經常給我們右派寬心：「批判鬥爭從嚴，處理使用從寬，你們要好好勞動，爭取從寬處理。」

洮河邊要修一條長堤，先要伐倒摩天大白楊和紅柳。這不只是伐倒，還要刨根，劈成柴燒。領導要求我們，三個人伐一棵樹，必須當天完成。我們上廁所，也有林警跟著。有次我和張春華低聲說了一句話，屁股上立即被林警踢了一腳：「怎麼？想造反？」

雖則管得嚴，大家卻都為爭取「從寬處理」拼命勞動著，忍受著人間難

以忍受的屈辱。我們學會了怎樣做奴隸，奴隸就是忍辱負重地勞動，把自己的需求降低到禽獸水準，僅僅是為了活著而已。

有一天，妻子領著兒女在積極分子和林警的監視下來探望我。她見我被折磨得不像人樣，悲從中來，泣不成聲。我也想哭，但我忍住了。因為眼淚流露了弱者的悲情，也是絕望的產物。它流在狼的面前，能鼓勵狼的凶殘；淌在善良人的面前，會增加他們的痛苦。我把眼淚化作苦水和仇恨，一口口嚥了下去。

六、「處理從寬」

1958年1月中旬，是一年中最冷的幾天。

中午開飯時，張春華和郭希賢的兒子從食堂裡奔向他們，被林警擋住了。兒子流著淚對他們說：「我們的東西都被裝上，媽叫我們在食堂裡吃飯。他們逼我們走。」說到這裡林警過來拖走了孩子們，他們在呼喚爸爸的悲淒聲中消失了。

這時我才意識到，那天財務科叫他倆預借2月份工資；原來是做這個用途，給家裡人作路費，把他們遣送還鄉。黨號召他們來時路費是自己掏，如今又強行遣送回家，路費當然還得自己拿。汪仲舉這幫傢伙比地主資本家還吝嗇，當時發工資的時間是每月15號，而他們把逮捕我們的時間定在3月13號。這樣，我們就領不到3月的工資了。他們還不僅是少發給我們一個月的工資，我們這些右派從3月1號就用上個月的工資買飯票，在大堤上挖樹根。這十三天我們完全是自費伙食白勞動。同志金、汪仲舉這夥人真是比惡霸地主還要精。

聽到家屬要被遣送回家的訊息，他們都抱著頭哭起來。張春華毅然站起，不顧林警喝斥，邊跑邊說：「三九天兔子都不出窩，你們動員我們把家搬來。如今又逼她們走，要走我們一齊走！」

「回來。」幾個林警硬是把他拖了回來。

兩個林警拉不住披頭散髮的田海雲，她對郭希賢哭著說：「走就走，我們一起走，不在這裡受窩囊氣。此處不養爺自有養爺處！」郭希賢腳底下像

釘了釘子，他不敢動，只是哭。

我這個人真是個沒出息，打不哭，罵不哭，見了這種場面哭得抬不起頭。偷眼看看別的右派，沒出息的並不是我一個。我只好面壁而泣。回想在西安學習時，我們滿懷深情地歌頌偉大的黨、英明的毛主席，展望無限美好的未來。我們欣然響應黨的號召，獻身西北建設；也都樂觀地將妻室子女遷來甘南，以一間土棚為家。我們家裡，除過一張床、一口鍋便一無所有。大家都以苦為榮，以苦為樂，拼命為黨工作。如今天寒地凍，竟不允許我們的妻兒在此安身，婦女兒童作為「罪犯」家屬，要被驅逐出境……

一個人事幹部過來，心平氣和地對田海雲說：「你們先走一步，等他們的問題處理了，組織幫他們調回去嘛。」

「那為什麼不讓我們等著一齊走，天不亮就把我們的東西搬出來扔上車？」田海雲連哭帶喊地質問著。

「河邊的兩座房子今天就要拆，再說，你們先回去和父母過個團圓年嘛。」

她們終於被拖上了大卡車，迎著凜冽的西北風，一把鼻涕一把淚，含著生離死別的痛苦向來時的路上走去，向豐都城走去。

我想這也許是處理我們的前兆，將來把我們開除回家，免得有家屬糾纏。

郭希賢的老家在山西汾河灣，老家已無親人。他的妻子田海雲只得去陝西老家，投奔娘家父母。在老家，她左等右等不見郭希賢的人和信，去信也沒回音，把一個剛強的中年婦女急成了瘋子。她丟下一雙兒女，瘋瘋癲癲地乞討於長街，口裡不斷高呼：「毛主席萬歲！共產黨萬歲！」1963年，郭希賢刑滿就業回了一趟家，她已經不認識他了；叫她也叫不回去。所以他們今天的分離，即是此生的永別。

春節快到了，同檢察長代表縣委來宣佈，右派分子在春節期間也同樣放假，場裡有家的都可以回家團圓。我感覺似乎從頭上抹去了緊箍咒。然而在大年三十的早晨，汪書記又代表縣委宣佈，對右派要加強看管。我和張、郭雖無回家過年的精神準備，但覺得「緊箍咒」又套上了。他們的話瞬息萬變。

春節的前幾天，我被縣委借去給大禮堂畫布景。到了我才發現，這裡已是縣級右派分子的管理站。

縣級黨政幹部比洮河林場多得多，但右派分子並不比洮河林場的多。而且，對他們的管理也比我們鬆。管右派的站長是長征老幹部趙全，他的態度好了，右派們便給他戴頂高帽子。趙站長也就和大家談天說地，講說賀龍當年如何向他請假，他如何批評賀龍，逗得大家一場好笑；我也跟著大家享受著痛苦中的樂趣。春節期間我仍然是早出晚歸，以便把這裡的好消息帶給我的難友們。

這個春節過得很寂靜，我們幾個右派都是天涯淪落人。但當地的右派家裡人三十晚上等他們回去下餃子，等不到便叫孩子送來。結果，這些孩子們都被看守我們的林警趕了回去。我們透過窗戶看著一顆星星都沒有的黑夜，抬頭問天天不語！

縣委書記曹文尉、縣長楊復興和檢察長同志金給大家寬心，講的也是這樣的話：「批判鬥爭從嚴，處理使用從寬。幹部是黨的財富，知識分子是工人階級的一部分。」他要大家安心，等候處理。右派對黨政領導的話都很相信，感到親切；唯獨對同志金恨之入骨。因為同志金以肅反老手的本事主持縣級的反右鬥爭，把他看不順眼的全都打成了右派。儘管如此，大家還是保持著樂觀，耐心地等待著「從寬」處理。

這一天終於到來了，1958年3月13日，能容納六七百人的大禮堂坐滿了黨、政、軍各級幹部和人民團體的代表。領導宣佈處理右派分子的大會開始，這是我們盼望已久的時刻。

右派分子面向觀眾，站了長長的兩行（壞分子已回到人民群眾中）。我希望宣佈處理之後，立刻捲舖蓋回家，結束幹革命工作的前半生。

這時我聽到，一位藏族副縣長勉為其難地念著縣委交給他的講稿；他先是痛斥右派分子乘我黨整風之機向黨大肆進攻的「滔天罪行」，最後建議檢察院予以逮捕法辦。

我似乎在夢中，但又不是在夢中。然而，我仍在寬慰自己：楊景華是個統戰副縣長，他代表政府從嚴建議，檢察院再以黨的決定來個從寬處理，不是更有意義？

誰知同志金竟然代表檢察院接受了楊景華的建議，他宣佈了事先寫好的三十多份逮捕證和勞動教養的決定。此時，執行人員蜂擁而上，我們被縲紲

加身，押出會場。這就是我們等到的「從寬處理」！

街上擠滿了人，他們在觀看從未看過也不曾想過的場面。

卓尼是個很小的縣城，街上站滿了男男女女。我看到不少人在揮淚送別，其中少不了有右派分子的家屬。我為張春華、郭希賢和我的妻兒們沒有看到這傷心的一幕而欣慰。

但縣政府機關右派的家屬都在現場，他們聽說大禮堂開會處理右派，興奮地在外面等著。當我們被背綁著出來，孩子們嚇得向後就跑，母親和妻子哭倒在地。有些女人和郭希賢老婆田海雲一樣，衝進民警隊伍裡抓住丈夫只問「咋啦？咋啦？」瞬間就被拖了出來。

膽大的家屬跟著大聲喊：曹書記，你們都是騙子！天天給我們說，鬥爭從嚴，處理從寬，幹部是國家財富，知識分子是工人的一部分，很多工作還在等他們去做⋯⋯

縣上逮捕了多少右派我記不清了，我們林場共有正式幹部一百二十多人，被逮捕和勞教的是十一個人，還有二十多個以工代幹的「壞分子」等待處理，少說也占了職工人數百分之十。

全國到底打了多少右派，眾說紛紜。但2006年2月香港《爭鳴》雜誌刊載：「1958年5月3日，中央政治局擴大會議上宣佈：反右鬥爭取得階段性勝利，定性為右派集團22,071個，右傾集團17,071個，反黨集團4,127個，定為右派分子3,178,470人，列為中右1,437,562人⋯⋯在運動中非正常死亡4,117人」。這個數字應該是可信的。

在看守所院裡，我低頭掃了一下被捕的成員：洮河林場的張春華、郭希賢都在我預料之中。「壞分子」未來的全部被清除了。何耀明、郭思楊當然少不了，還有幾個「歷史反革命」也在其中。

縣上的被捕右派中，也有我認識的幾位。法院院長陸聚賢是蘭州大學法律系畢業，解放前曾為洮岷起義奔走。他懷揣王震將軍的信，擔心受驚地來到卓尼，和洮岷司令楊復興接洽過起義事宜。後來他當了法院院長，修了這座監獄，算是蠶作繭。姚天驤兩輩人都是楊土司的高參，起義時也有他的一點功勞，現已年逾半百。銀行行長梁東升還是個二十多歲的共產黨員，不知為何也被繩之以法。丁物華是我們右派中的惟一女性，大學畢業後偏要來到

這個偏僻小縣當中學教師，結果，她和丈夫都成了右派。好在她丈夫是個謹小慎微的君子，所以縣上在他們這一對盟員中留了一個作統戰；讓她丈夫留在家，給孩子既當老子又當娘。幸運的是衛生院院長王恕三，他在醫學方面是很有造詣的高級知識分子，倖免被捕。據說首長們為自己治療方便起見，才把他留下監督改造。圈裡的羊遲早少不了一刀，文化大革命期間他被揪出來，作為「牛鬼蛇神」入獄，被折磨得實在活不下去，他砸碎近視鏡片切斷動脈，含恨死於獄中。

我們這批右派自此換了個天地，開始了獄中生活，又在等待第二個「從寬處理」。

人總是跟著希望活著，希望和市場商品一樣有時升值，有時貶值。在反右開始時，我總希望這把無名火不要燒起來，不要燒到自己的身上。當被打成右派時，雖明知自己無罪，仍希望寬大處理回家。一個希望破滅了，又產生了新的希望。如今我已成牢中之囚，仍然用「希望」二字來維持著生存的願望。

第五章　饑饉

「批判鬥爭從嚴，處理使用從寬。」這是許多領導人經常對被看管起來的右派說的一句話。前半句的確是兌現了，而逮捕是不是算作從寬，我們在理解上有爭議。有的認為逮捕就是從嚴，有的說逮捕是從寬的第一步。甘南州委謝占儒書記在幹部大會上說：「可捕可不捕的一律要捕。」這句話很中聽，它表裡如一。

這次反右鬥爭是從黨內和風細雨整風開始，到大批右派被捕入獄宣告大獲全勝而收兵。

以儲安平論，1948年我在漢口時，就已讀過他發表在《觀察》上的長篇論文。他一針見血地揭露了國民黨幣制改革的骯髒內幕，指名道姓地責罵貪官汙吏。他也多次撰寫歌頌共產黨的文章，而執政的國民黨並未置儲安平於死地。而今，儲安平僅僅是指出了「黨天下」的弊病，讚揚了「兩院制」的長處，這畢竟是一個關心國家興亡的知識分子的政治見解。不敢說「聞者足戒」，起碼應屬「言者無罪」。何須如此大動肝火，把眾多的好心人投入牢獄？中國曾有〈鄒忌諷齊王納諫〉，李世民察納雅言，連一代暴君秦始皇也接受過李斯的〈諫逐客令〉。毛主席也自豪地說：「秦皇漢武，略輸文采，唐宗宋祖，稍遜風騷」……「數風流人物，還看今朝。」今人應當勝於前人，可現實中發生的這一切如何解釋？

一、一根繩索勒進了咽喉

解放前，我不滿蔣介石統治的那個腐敗無能的政府。我恨過它，罵過它，在貴陽和長沙都短暫地蹲過監獄。解放後，我熱愛共產黨和黨所領導的人民政府，我擁護她，歌頌她，並且為她忠實地工作著。儘管如此，卻也免不了牢獄之苦。莫非應了古人之預言：忠臣沒有好下場？

在看守所的中院，我們的褲帶、鞋帶、手絹都被搜去。但進號子時，還

得學日本人把鞋脫掉。這裡，當然不是擦得鋥亮的地板和軟綿綿的地毯，而是幾寸厚的灰塵和麥草。牢門一關，裡面的人不見一絲光線，比沖曬照片的暗室還要黑。一般牢房最高處或門上都開有一個小孔，而這裡卻暗無天日，如同地窖。我心裡報怨陸聚賢這個監獄「設計師」，今天叫他嘗嘗味道，也算作繭自縛，因果報應。

我們順牆摸著，老犯人的一隻隻手把我們往後撥，直到被馬桶擋住了去路。我們便在它的身邊坐了下來，一股惡臭令人作嘔。夜裡不斷有人起來大小便，有人甚至用手接自己的尿喝，說是能治氣喘。我雖則沒拉，卻把早晨吃的飯全吐了進去。

一個從未進過這種牢房的年輕人被關了進來，比將一隻老虎裝進籠子還要暴躁。似乎頭也要爆炸，眼球要蹦出去尋找光明，心要跳出來呼喚人的良知；我真恨不得碰死在厚厚的門板上。死的念頭一冒出來，老母和妻兒的形象也浮現在眼前，她們以憤恨和淚水鼓勵我活下去。

這間號子（這裡的獄官把牢房叫「號子」）究竟關了多少人？他們是些怎樣的人，我無法知道。只有一個四川口音的青年人急不可奈地問我們是幹了什麼的，我們都在想自己的心思，誰也沒有回答他。

外面是萬籟俱寂的黑夜，號子裡卻並不安靜。犯人打呼嚕，咬牙，歎息，抽泣和說夢話，各種聲音不絕於耳，攪得人連心事也無法去想。

長夜，漫漫的長夜它和世道一樣地黑暗。清晨，門鎖一響，人們像野人似地往外跑，剛到廁所還沒蹲下就聽喊：「快！快！」解手的人又得提著褲子往回跑。這種放風無非是例行公務而已。

每個號子的人一貫都不洗手臉，便在自己門口圍個圓圈，用舌頭舔那少鹽無菜的豆麵糊糊。我偷眼看陸聚賢和姚天驥，他們都沒吃。看守員說：「不吃，有你吃不飽的一天。」再看那些老犯人，簡直是狼吞虎嚥。我心想，這些人的胃口真棒。

開飯時，我看到一張熟悉的面孔。進了號子，他便以半藏半漢的口音問我：你是不是陳主任？我也認出了他，他是拉力溝的盛吉昌。他曾作為藏民代表去北京見過毛主席，因而「盛代表」成了他的官銜。我勘察森林時，在他家作過客。

他以藏語語法問我：「你啥做下了？」我答：「右派當下了。」

他驚奇地說：「啊槳槳（*吃驚），緩（*反）革命我知道，右派，啥就是？」對他來說，這是個新名詞。

我問他是怎麼進來的，大辯論把他辯進來的。我以為也是言論問題，他解釋說：「把我用炭火烤著白元要呢，我交了就把我送進來了。」農村的「大辯論」和城市的「大鳴大放」是個雙胞胎。

那個小四川立即插話：「格老子，活該。要是老子向你個龜兒子要個銅板你是捨不得給的。叫人家烤了去，還關到監獄裡頭，你個龜兒子安逸了吧？」

開飯時，我才注意到小四川。他年方弱冠，瘦得使人不相信他還活著。他的頭髮和老藏民的頭髮差不多長，腳上沒鞋沒襪子。他身穿一件藍布長衫，上面到處是洞，卻沒有一個補丁。開飯時，別人都不敢抬頭，只有他東張西望。他好稱自己是「老子」，罵別人是「龜兒子」，所以大家都叫他「龜兒子」。這是我在獄中和他的第一次相遇（此後還有四次），先說這一次的印象。

我們昨天剛一進來，他就自言自語地說：「這些傢伙好像是幹部，也和老子睡到一起來了，嚐嚐是啥子味道。」現在他挖苦了盛代表，盛代表卻沒有回敬他，而是專心念他的「阿彌巴彌訇」。但張春華愛多嘴：「你他媽的窮得只有一條長衫，既當褂子又當褲子，怎麼也進來了？」顯然是為報復昨天他的挖苦。

「這裡給吃給喝，比討飯安逸，叫老子出去老子還不去呢。」他慢條斯理地說著，並沒生氣。

一個人被關進牢房，首先考慮的是自己到底犯了什麼罪？更希望有個公正的審判。因此我們是天天盼提審，想聽聽法庭的指控。但一週來，除開飯，放風外，獄中是死一般的寂靜，獄方從未提審過任何人。

過了兩天，看守員把我叫去。我以為是提審，但他叫我做了件沒法解釋的畫像工作，是用炭精粉放大一張照片。照片上的人正是我們的副縣長楊景華，就是他在3月13日的逮捕大會上宣讀右派分子罪狀，並建議檢察院逮捕我們。畫完照片後，不允許我回到原來的號子，把我放在伙房裡挑水。

就是在這之後，我看到藏胞遭到嚴刑拷打的場面。

一天凌晨，監外傳來人喊馬叫之聲。接著，就是一陣打罵。打的聲音，似乎是用皮鞭、木棒猛擊一具膨脹物體。於是我又聽見那兒發出陣陣慘叫：「EA（*我）土匪馬勒（*不是）。」

這座看守所是難友陸聚賢任法院院長時修的，它在百多米高的懸崖之間，仰望俯視都是刀削般的峭壁，如《紅岩》渣滓洞。靠崖一面挖有許多窯洞，崖上掛著幾棵乾酸刺，是烏鴉麻雀棲息之所。麻雀的叫聲給牢房平添了幾分淒涼，如今每天凌晨，又傳來鬼哭神嚎。我感覺彷彿生活在地獄一樣。

有天我去挑水，只見民警鍛煉身體的單槓、木馬和拴馬的木樁上都綁著蓬頭血面的犯人。單槓上吊著的人，頭上滴著鮮血。窯洞口安裝上了厚厚的門板，民警從裡面趕出來一個沒繫腰帶的犯人。那人像是藏胞，皮襖的大襟拖在地上，從那裡面發出腳鐐聲。犯人過去，地上留下一道深深的壕溝和斑斑血跡。我猜不出其中的緣故，因為我未進監獄之前，政策對少數民族是十分優惠的，幹部也必須尊重他們的風俗習慣。在路上與藏胞相遇，我們總是先給他們讓路。連他們河裡的魚，我們都不會抓一條。今天如此對待他們，其中必有緣故。

又過了幾天，似乎發生了什麼事情。天未亮就開飯，除過管教人員，所有犯人一個不留地背綁後推上汽車，又用繩子連起來，固定在馬槽狀的車廂裡。七輛卡車都是臨時湊來的，所以沒有篷杆和篷布。車的前半部分被武裝警察佔據，還架著一挺機槍。

有些人被捆得喘不過氣來，同志金卻滿臉殺氣地跨進車槽，他還怕捆得不結實，挨個地檢查；一個接一個地對我們使勁緊了一遍繩子。他氣喘吁吁地走到我跟前，當然不會手下留情。他使勁緊了繩子，又得意地奸笑道：「逮捕證總算拿到了吧？」顯然這是針對我以前曾說過的：「同志金叫我，請拿逮捕證來」。如今我已入獄，他還耿耿於懷。

汽車經過黑松嶺時，押解人員下車小便。也許是條件反射，犯人也喊著要小便。只聽一位民警隊長大聲地：「你媽的X，雞不尿尿咋活了！」趕到岷縣下車時，我們坐的行李全濕了。

在狹窄的甬道裡，不知拐了多少個彎，才進到一個小院。這不是監舍，

是臨時關押過往犯人用的普通房子。所以我們以為明天還要趕路，可是，次晨只叫出去了幾個已決犯，其他犯人要在這裡長期關押。

一百多人都被關在這個小院裡，我們四十一人被關在東房。這個房子結構上是三間，總共還不到十八個平方米。我真不知道當晚是怎樣坐到天亮的。今後怎麼辦？總不能這樣長期坐下去吧。

在這種情況下，誰的嘴多誰就能被時勢造成英雄。張春華計算了一下，每人還攤不到半平方米。他像營長指揮士兵一樣，重新安排每個人的位置；從床上到床下和一米寬的走道，他像曬乾魚一樣把四十一個人碼了起來。他很會辦事，骨瘦如柴的姚天驥被安排在靠窗戶的牆角地鋪上，這樣他可以多吸點空氣。名叫「男男關係」的犯人和最年青的包忠誠大夫被安排在尿桶邊，梁東升行長和我被安排在姚老身旁，他自己則守門。

「男男關係」的真名我不記得，他是因「雞姦」（*同性戀）而被二十年徒刑。那時人們把通姦稱為男女關係，若問此人案情，他便說是「男男關係」。從此，「男男關係」也就成了他的名字。

尿桶邊的人最倒楣，不僅被吵得睡不著；而且每到半夜，尿就溢出來，這時只好捲了鋪蓋坐著。「男男關係」沒鋪蓋，不得不靠牆站著。他和包大夫每晚都因太擠而吵架，有次還打了起來。這時，我們打地鋪的人就遭了「水災」。最後，他們倆都被所長戴上銬子，痛得喊了一夜。

每天開飯的同時放風，倒馬桶。所以馬桶白天也盛不下，有的人就尿在帽子裡、鞋裡，然後從窗戶往外扔。放風時，揀回來再用。那時，要是有隻雨鞋或塑膠袋就好了。可惜那時還沒有塑膠袋這個詞。

也許讀者會問，天天喝不上一口開水，哪來這麼多小便？這全是因為發的一個蕎麵饃還不夠雞蛋大，犯人接到手捨不得吃，都揣在懷裡；力爭多喝幾碗清菜湯。如果遇到運氣好，碗裡還會出現黃豆大一個麵疙瘩。十個人兩大桶，人人寧肯把肚子脹破，也不願少喝一口。那個蕎麵饃，犯人揣進號子，再小心地一點一點掐著，丟進口裡，含化了，嚥下去。這時我才相信卓尼看守員說的：「不吃，有你吃不飽的一天。」

接下來，饑餓已成了突出的痛苦，我們這些被罵為「資產階級胃口」者，開始向「無產階級」轉化。

天氣漸漸熱了，下午的太陽蒸發著四十一個人的汗臭、尿臭，使人喘不過氣來。牆縫裡的壁蝨、身上的蝨子、地下的跳蚤，還有那些肆無忌憚的小爬蟲，攪得人日夜不安。於是，我們又投入消滅「四害」的戰鬥。姚天驥的近視鏡被收走，他成了瞎子；他身上的蝨子在黑色襯衣的線縫裡擠成一條條細白線。我和梁東升天天幫他用指甲掐蝨子，也算是消遣。

晴天不好過，雨天更難過。放風時，一百多人踏著泥濘的道路一齊上廁所。廁所是個兩公尺見方的深坑，每天倒小便就把坑倒滿了。雨天的糞水夾著長尾巴蛆，淌得到處都是。蛆從牆縫、門縫往號子裡擠；院裡、土臺上擺的吃飯碗，都成了它們的防空洞。

那樣大的一個方糞坑，上搭幾根朽木，大便完屁股濕淋淋的。有次朽木斷了，把姚老弄成了落湯雞，又沒水洗，真是苦不堪言！

院裡一只大木盆，每天只換一次水。一百多人洗碗，洗臉都靠它，誰還敢用它洗衣服？這裡衛生條件還不如卓尼看守所。我們真是出了火坑掉進油鍋，躲了一刀挨了一槍，吐出黃蓮吞了苦膽。

嚴峻的現實把人的欲望壓縮到最低限度，剩下的盼望只有兩個，一是盼能舀幾個麵疙瘩，二是盼能吸一口新鮮空氣。

記得有一天，那位愛罵人打人、沒長眉毛的禿所長沒來放風；來的是位文質彬彬的青年幹部。他鎖門時，把我叫了出去。那時，我還沒學會犯人和管教幹部一起走路的規矩，總想讓他在前，而他卻嚴肅地叫我往前走。

在他的辦公室，我遵命欠著身坐下。他又遞我一支煙，問道：「你叫陳星吧？」我點了點頭。「你怎麼進來了？」「我是右派。」「右派？可能是反革命吧？」「是，是反革命，右派就是反動派，反動派就是反革命派。」我按照同檢察長劃的公式回答著，我以為他是提審我。

談話中經他介紹我才知道，他雖是岷縣公安局預審股長，但我們是臨時羈押犯，他並沒有審訊我們的責任。1954年他去野狐峽下鄉，親眼看見我和魏神仙保闖進曹家浪之後的情景；他聽到後來工人們給我塗上了許多神奇色彩的讚譽。儘管我們互不相識，而我的形象卻使他常記心中。在他看來，如此認真工作的幹部為什麼會進監獄？所以他要問個明白。

他叫王守政，才二十多歲。我在看守所期間從未看見他高聲喝斥過犯

人，也顯得非常穩重、老練。

那時，城關派出所旅客登記簿上發現過「反動標語」。有關頭頭便認定，是開店的「歷史反革命」侯秉信所為。公安局逮捕了侯秉信，隨後提起公訴。經省公安廳鑒定，結果認定不是侯秉信的筆跡。但公安局長、檢察院檢察長和法院院長這「三長」依然把侯定為死刑。在上報時，王守政瞞過頭頭，將對此案的筆跡鑒定附入。他又叫當過法院院長的陸聚賢代侯秉信寫上訴書。後經查證，這椿「反動標語」的案情是這樣的：

侯秉信當學生時，曾任過三青團的區隊長。在「肅反」運動中，他被帶上反革命帽子。這以後他當然找不到工作，便只好開了個小旅店。店主每晚必須去派出所的某個房間，在其中擺放的「旅客登記簿」上登記。一天，派出所所長發現，在「旅客登記簿」背面，有人寫了罵毛主席的話。所長將之列為「反動標語」案，他懷疑作案人就是反革命侯秉信。為落實此案，派出所想了個辦法，即在「反動標語」下面又寫了幾句罵寫「反標」人的話。同時在這間牆上開了個小孔，派了位姓苟的股長，每天在隔壁孔中窺視；看誰在這後面又寫了什麼話。等了幾天，沒有任何人寫。苟股長這天打了個盹，下班時進去一看，登記簿上果然又寫著：「是我寫的，你把爺的球咬了。」這個字跡與前面「反標」寫的字跡完全相同。那麼，究竟是誰寫的呢？苟股長沒看見人。若如實說他自己疏忽了，豈不要受處分？他便堅持說：我親眼看見侯秉信寫的。侯秉信提出上訴，經查證，結果是另一小店一個十六歲的學生所為。這樣，侯秉信才被釋放，而苟股長被處刑兩年。

這要不是王守政認真對待此案，侯秉信豈不是要成為九泉之下的冤魂？

這次王股長與我談話後，他把我和陸聚賢照顧到伙房做飯。後來，公安局要修房子，我給設計了圖樣。因此他又把卓尼來的犯人放出囚室參加勞動，算是再次照顧我們。這樣，大家都吸到了新鮮空氣，吃了個較飽的肚子。

就在此時，我也闖了兩次禍。

一次是我和陸聚賢在伙房值夜班，天不亮，就要給出工的犯人攪青稞麵拌湯；這是我們生平第一次做這種飯。陸聚賢蹲在鍋臺上，一把一把往鍋裡撒麵，我拿著一根木棍站著攪。攪著攪著鍋裡像火山爆發一樣，一團團麵漿射向我們的頭、手和全身。接著，一股焦糊味撲鼻而來。透過濛濛大霧，只

見一塊塊黑鍋巴上下翻滾，弄得我們手足無措。我說澆點冷水，陸說不敢。我想起了「揚湯止沸」的成語，他想起了「釜底抽薪」的辦法，這才解除了險情。

但中午，哨兵領回來了二十多個頭暈嘔吐的犯人。大家都說早晨喝的拌湯有問題，氣得那位禿所長召集了伙房的人，要給我和陸聚賢砸鐐子。幸虧王股長進來，他把我們訓斥了一頓，這事才算了結。

還有一次，我在岷縣看守所已經待了幾個月，家裡人還不知道我已被捕，更不知道我在岷縣。我想看到他們，便要求去工地檢查質量。孩子們上學時發現了我，於是，妻子每天都要帶著他們，在工地對面屋簷下瞭望。張春華便出主意，叫我寫個條向家裡要點針線來補衣服。但四周都是哨兵，我不敢把紙條扔出去。他從我手裡接過來，包了個土塊向孩子扔去。然而，孩子還沒揀到手，就挨了哨兵兩記耳光。

這屬於嚴重違犯監規制度的行為，收工後，來了好幾個民警，要給我砸銬子，釘腳鐐。王守政看了紙條內容，這才化險為夷。

不久，卓尼的犯人又全被解了回去。我和陸聚賢、張春華也分手了。岷縣公安局把我和修卓尼禮堂的「黑包工」胡亞東留下，繼續搞建築。到了11月，又來了一輛小車；說我還有重大問題，把我也解走了。

車過野狐峽時，押解人為了給自己找飯吃，把車開進了我工作過的那個單位。許多和我同過事的幹部都嚇得躲得遠遠的，似乎我身上沾滿了傳染病毒；只有一群工人流著淚，給我送這送那。這使我想起一個情景，王守政股長曾帶我去街道，面對高牆寫《公安人員八大紀律》。我在支架上一回頭，看見對面站著一群工人，他們肩上背著濕漉漉的一盤麻繩，仰視著我的身影。帶我的警察不錯，叫我下來。原來是工人魏神仙保和賈正朋等十多人看到我了，他們圍著我，不想走，也不說一句話。我看到他們在湊錢，大家買了一條煙和幾個饅頭遞給我。然後，擦著眼淚低頭離去。我也只能輕聲地說了聲謝謝，淚眼看著他們一步一回頭的背影……

現在，我又來到這個地方，不禁觸景生情；我實在不知道該向這些善良的工人說點什麼好。魏神仙保跑過來，抓住我帶銬的雙手說：「老陳啊，我們那時進了曹家浪，真不該活著出來；也免得今天受這種罪。」聽著他的

話，我已經是欲哭無聲，只有滿腔悲憤化作的熱淚，滴在冰冷無情的手銬上。這是我和那些生死與共患難多年的工友們最後一次告別，四十年後我重回他們村，想看看他們被時光改變的容顏，卻沒有找到他們。

二、平叛前後

回到卓尼看守所，時間已是深夜。我看到看守所裡燈火通明，帳房林立，人來人往，場面嘈雜。我很難猜透，這裡到底發生了什麼事情？送到岷縣去的幹部犯人，為什麼一個個又被解了回來？

我向預審股長楊思俊報到，他竟叫我自己去古牙川農場。我這個當了幾個月被人看管的犯人，如今一個人背著行李，深夜行走在寂無人影的路上，反而感到不習慣。

我生怕洮河無人擺渡，未料卻遇到了老同事。郭思楊、何耀明兩位右派正在此擔任艄公，這是他們勞動教養者每天的職責。見到他們倆，我們互相之間連個好也不敢問。坐他們渡船過了河，我就到了古牙川農場。

農場場長袁鴻德又叫我上古牙川寺，去找陸聚賢。

寺院在很高的山隈裡，我邊走邊想，寺院是佛爺、喇嘛住的地方，陸聚賢難道出了家？剛才在河邊我問郭思楊與何耀明，把我弄回來幹什麼？他們笑而不答。我想，莫非要把「老右」們都釋放了？想著想著，就和老陸見面了。

活佛的寶榻成了我們兩個凡夫俗子的臥室，據說佛爺禿旦在禪定寺當馬夫，那裡也變成了監獄。老陸在此地領著一群犯人木工，正在為大躍進服務。

原來，甘南發生了叛亂，牧區已是十室九空。

我想，右派分子已經抓的抓了，判的判了，天下應該太平了。為什麼還有人敢造反？參加叛亂的也沒有一個知識分子。我想起古人譏諷秦始皇焚書坑儒的兩句詩：「坑灰未冷山東亂，劉項原來不讀書。」也許，這就是答案。

這時我才回憶起，剛進看守所時，看守員宋振榮叫我用炭精粉放大一張照片，照片上不是別人，正是副縣長楊景華；就是他在處理右派分子大會上建議檢察院把我們逮捕法辦的。楊景華是個性格開朗、愛說愛笑的人，我們常見面。他從未請我畫過任何東西，如今怎會有人把他的照片拿到這個不吉

利的地方，叫犯人給他按照片放大標準像？我百思不得一解。畫完像，看守也不讓我回到原來的黑籠子去，而是叫我給伙房挑水。我這才看到，外院窯洞裡有拖著大鐐、出出進進被提審的藏胞犯人。在他們走過的地方，留下一條深溝和滴滴鮮血。

現在我終於知道，原來這些人就是所謂「叛匪」，而副縣長楊景華已為國殉難。我畫的那幅二尺大的照片，就是在追悼會上用的。政壇上的風雲瞬息萬變，楊景華在大會上向同志金建議逮捕了我，相去不到十天，我這個犯人又在看守所為他畫遺像。

為了給參叛犯人騰監獄，我們才被解往岷縣。

甘南地區現在到底關押了多少人，我不可能說得清楚。不僅看守所容納不下，連河西馬鬃山農場、飲馬農場也人滿為患。於是各縣城附近的藏民寺院、回民的清真寺，都被借來關犯人。還有新的看守所和勞改農場正在建設中。

犯人多了，管教幹部顯得奇缺。上級便又提倡「犯人管犯人」，陸聚賢、梁東升那批人被解回來，就是擔任這項任務的。

右派被捕前後，在卓尼縣車巴溝一帶就有對政府不滿的流言。接著在尼壩鄉，有一位支書被人用繩索套走，不知去向。民兵司令部政委趙生鵬和副縣長楊景華於1958年3月20日前往尼壩處理此案，逮捕了拉馬若娃、香巴江錯等四人。犯人由工作組的雷振聲、趙天吉等看管，拉馬若娃等立即與工作組展開搏鬥。村裡藏民鳴槍救援，擊斃了工作組幹部趙天吉（*趙是由洮河林場調去的）。民兵政委趙生鵬即著副縣長楊景華多帶幾個人，去頭人阿巴張尼家中交涉。

楊景華身材魁梧，個性開朗，常常帶著一串串笑聲走遍牧區。他是原楊復興司令的得力團長之一，在這一帶頗有威望。他與阿巴張尼關係很好，親如手足，故他此行只帶了警衛員蒙發榮一人前往。

楊景華一如往常，談笑風生地來到阿巴張尼家中。楊剛落座，阿巴張尼忿忿而出，把楊等鎖於房中，並從天窗向楊射擊。同時，他將點燃了的乾柴投入房裡。藏民房屋是內不見土，全用木板裝修，並以油漆作了表面處理。乾柴烈火，霎時烈焰沖天。楊景華與警衛員蒙發榮二人葬身火海，這是1958

年3月22日發生的事，也是甘南公開叛亂的開始。

次日，上、下迭部一帶相繼叛亂，一場殘酷的鬥爭遍及甘南各縣。

據說在迭部一帶工作的黨、政幹部及其家屬，凡未能及時撤離者，均被開膛破肚，慘遭殺害。死難者有政治局趙文俊、公安局趙文煜等，還包括戰士、工人等，共約一百三十多人。

楊家以土司制度在這裡延續了近五百年，四十八旗的百姓都是亦民亦兵。遇有土司召喚，他們便騎著自己的馬，背起槍，帶上酥油、糌粑和羅鍋去效命疆場。戰爭結束了又刀耕火種，把最肥的牛羊奉獻給土司。紅軍長征經過這裡時，登門拜訪土司，贏得敬意；藏胞們開倉獻糧，簞食壺漿迎接了他們。

直到解放後的1951年，這裡的森林依然歸地方群眾所有。雙岔地區有座原始森林，被當地群眾奉為神林，歷來沒有人敢進去拔一根草。許多木商出高價，也未能買到一棵樹。農林廳令洮河林場派我作為廳代表，前去和當地土司阿采談判，要開採這一林區。阿采是個心直口快遠見卓識的土司，他召集頭人商談多日，毫不猶豫地同意了。他們按每棵樹六塊大洋的價格，把原始森林賣給了洮河林場，支援了社會主義建設。因此，阿采和我也成了莫逆之交。這次他雖未參加叛亂，也難免殺身之禍，儘管在叛亂發生之前；他還曾去北京覲見毛主席。我在勞改隊遇到了阿采，直到四人幫被打倒後，他才得到平反昭雪。

臨潭縣有個伊斯蘭新教派——西道堂，人稱新教。他們早在上個世紀末就打破學生只念經不讀書的傳統，開始投資教育，設立學堂。在解放前這裡還創辦了女子學校，接納各族子弟入學。在伊斯蘭教中，這種做法是罕見的。他們的集體商業遍佈全國各地，在藏區擁有數萬公頃森林所有權。當木材實行統購統銷時，西道堂主動將林權移交給洮河林場（也是我去接收的）。他們還大力協助政府，開展少數民族地區工作，團結了信仰不同的宗教界人士。然而在1957年的大辯論中，他們的集體財產被沒收，房屋和清真寺被改為監獄，許多人遭到重刑審判。

就以修卓尼縣禮堂的資金來說，也是楊復興縣長和雷兆祥副縣長個人捐贈的，但雷兆祥在平叛中亦蒙受不白之冤，被執行槍決。

當然，這些冤案在十一屆三中全會以後都相繼平反。然而，在一個國家內部發生的「叛亂」和「平叛」都是國家的不幸、民族的災難。它比外族入侵更殘酷、損失更嚴重，給人們帶來的痛苦也更慘烈。所以，各民族的和睦相處是社會穩定的基礎。

　　當年平叛時，阿木去乎寺院被圍困甚久，有位名叫旦巴牙告的壯年漢子又糾集了近千人，並率眾逃出。他在尕海打了幾仗，敗退至瑪曲。他們幾次強渡黃河，死傷慘重，僅剩十餘人，最後自殺身亡。同室操戈，玉石俱焚，令人痛心。

　　我當然沒參加過「叛亂」，也沒有被「平」過。但我後來去過夏河縣的阿木去乎，看到寺院裡一片廢墟（直到1980年代重建）。迭部附近原有大片森林，都被燃燒彈燒成枯嶺禿山。

　　發生叛亂的一些地區，無論老少幾乎全部入獄，可以說是村無炊煙。而在沒有發生叛亂的回、漢雜居地區，那些所謂「一等戶」、「二等戶」的主要成員，也大都被收入獄中。1957年初，卓尼縣開過一次政協會，我擔任會議記錄。縣委書記曹文尉一再重申黨在少數民族地區的政策：「不劃階級，不分不鬥，牧工牧主兩利」；但這些在「大辯論」中都被否定了。

　　政策朝令夕改，出爾反爾，言行不一；藏胞對「土改」、「鎮反」十分恐懼。這段時期在農村劃分等級，像盛吉昌被烤去了大洋，還送進牢房；這就是「叛亂」的由來。阿爸張尼毀家紓難，也就不難理解。群眾被捕得差不多了，州委謝書記又發出指示：「可捕可不捕，一律要捕」（黨的政策是：可捕可不捕一律不捕）。在他的指示下，有關部門又在機關幹部中大開殺戒。這一指示當然得到同志金等的積極擁護和執行，許多藏族青年幹部、黨員、積極分子鋃鐺入獄；如藏族黨員幹部、年方弱冠的梁崇文、楊志新等都未能倖免。黨的十一屆三中全會後，他們均被平反，梁崇文後來就任副縣長、政協主席，楊志新亦擔任過人大副主任。王如東副州長是陝北放羊出身，很有才華；但在那時他也鋃鐺入獄。1993年我在蘭州和他相遇，不久即逝；去世前他將珍藏的書畫精品，都捐給了國家。

　　而在五十年代，那場平叛時的反右擴大化已搞得風聲鶴唳，人人自危。有些人今天捕別人，明天自己又被人捕。為什麼被捕？被捕者不知道，捕人

者也不明白。為了完成上級下達的任務，只得無故捕人濫竽充數。那時的迭部歸卓尼縣管轄，下迭只有四百多人，縣委下達逮捕五百多人的任務。因完不成任務，區委書記包俊也被逮捕充數。

平叛後的甘南牧區，有些地方幾乎沒有青壯年男性。於是上級又從河南召來大批青年，補充「大躍進」的人力不足。因此，洮河林場改稱洮河林業局，局裡取消了對當地季節性臨時工的招募，而安排了五、六千名來自河南的支建青年作為正式職工。結果，單位在經濟上陷入困境。雖然有不少人逃回去了，洮河林業局迄今仍為此背著沉重的包袱。因為森林越伐越少，要拿退休工資的人越來越多。

這批支建青年並不是自願來甘肅受苦，我聽甘南一位李姓回族女幹部說：她們到河南（她原籍是河南人）動員青年支邊時，那裡也是吃不飽。他們便宣傳說，甘南的景象正如歌裡所唱：「藍藍的天上白雲飄，白雲下面馬兒跑」。招工人員還說這邊糧食不限量，牛羊肉吃不完；以此來作誘餌。不料，青年們來了之後發現，這裡比河南更苦。

幾十年後，人們還在議論甘南的平叛問題。那麼，叛亂和平叛與我們這些右派又有何干？

1958年春節前幾天，同志金和汪仲舉宣佈：右派可以回家過年。到了年三十忽然又宣佈：對右派嚴加管理，一律不許回家。原因何在？

按原來的政策規定，甘南藏區不搞土改，不分不鬥不劃成分。但這年元月開始大辯論，要在藏區評定一、二、三等戶。農村的上層人士有些動盪，縣委便決定，對右派加強管理，不許回家。隨著大辯論的深入，隨即又開展了反宗教特權的運動。這種動盪形式逐步升級，進而對右派的處理也相應從嚴；凡是來自舊社會的右派，都被定為反革命。此時在藏區，已有明顯的對抗情緒，所以在1958年3月13日，對三十多名右派進行逮捕和遣送勞教。縣委又派副縣長楊景華，於3月20日去車巴溝摸底；在那裡，他被藏族頭人阿巴張尼殺害。於是，甘南發生了全面叛亂。給右派判刑是在平叛結束時，在寧左勿右的思想指導下進行的，刑期也是寧重勿輕。也就是說，城門失火，殃及池魚。所以禪定寺的伊力倉活佛、副縣長雷兆祥等都無辜受戮。

黨和政府對少數民族的優待於禮有嘉，有些藏胞何以反目為仇，兵戎相

見？至今在我思想上，是個解不開的疙瘩。至於該不該平叛，應由史學家下結論。在我看來，半個世紀以來的中國，內憂外患，戰亂不已。人民需要的是休養生息，社會穩定，安居樂業。敵禦外來侵略具有無可爭議的正當性，而評價內亂則要複雜得多。應當承認，在極左路線指導下，平叛也是擴大化的，其創傷性後果，依然隱隱作痛。

「平叛」十多年後，甘南州幹部還稱車巴溝為「全叛區」；並且說，「全叛區沒好人」。可見，幹群關係的距離拉得更大了。

甘肅省政協主席申效曾先生在1971年時，任甘南州委書記。他後來寫有回憶錄《給兒女們留點什麼》，其中有關車巴溝的情況，他這樣寫道：到達車巴溝公社後，我發現這裡還住著一支武工隊。……這支武工隊的人員、都是從當地漢民中抽上來的積極分子，配置有槍支彈藥，以防此地再次發生什麼不測事變，實際上不過是象徵性地起個震懾作用而已。但這些人住在那裡，吃著皇糧，又不從事生產勞動，時間一長，問題就出來了。群眾反映武工隊只幹三件事；打獵、喝酒、嫖女人。這樣，他們與當地老百姓的關係搞得非常緊張，老百姓怨憤很大。

後來，申效曾撤銷了武工隊；並派人去給群眾修建了小型水電站。老百姓家裡亮起電燈，磨麵用上了鋼磨；這些舉措改善了幹群關係，加強了民族團結。由此可見，藏胞能夠接受仁政感化，也堅決反對暴力統治。同時也說明，黨的政策也看什麼樣的幹部來執行。從歷史研究來說，無論「肅反」、「反右」還是「平叛」，都很值得反思。

三、「大躍進」中的故事

在反右派鬥爭取得勝利的基礎上，毛主席以「不斷革命」的思想，發動全黨掀起了1958年的大躍進。他在同年3月中央成都會議上說：冒進是「馬克思主義的」，反冒進是「非馬克思主義的」。換句話說，冒進是革命的，反冒進就是反革命。大躍進這面紅旗正是在這一思想指引下舉起來的。1958年北戴河會議明確提出，要在農村普遍開展社會主義和共產主義教育運動，成立人民公社。緊接著，各地都興辦起公共食堂，實行供給制，吃飯不要錢。

這一年裡，全黨動員大煉鋼鐵，爭取年產1070萬噸鋼，實現十五年趕英超美的宏偉藍圖。

我在岷縣看守所裡，並不知道社會上正在大煉鋼鐵和人民公社化。

王守政股長告訴我，要抽兩個犯人，坐飛機去外省學習、取經。他們內定的人選是陸聚賢和我，因為我們倆是進過大學門的。但後來所裡又派了別人，原因在於我們倆還是未決犯。

張仲良書記「要把洮河引向彩雲間」，讓洮河水翻越華家嶺，流向董志源，去澆灌那千年受旱的黃土高原。這是好事，但這種設想缺乏科學論證，也沒有估算財力成本。其中的沉痛教訓，請讀者查閱《炎黃春秋》歷史風雲欄目中楊聞宇的文章：〈引洮上山：大躍進年代大西北的荒誕事〉。

在岷縣古城，因此也要築起攔河大壩。岷縣只有二十四萬多人口，政府動員了全縣人力同時施工。我的妻子帶著全家人包括五歲的女兒，每個星期日都要去義務勞動；我的幾個農民朋友也死在工地上。

除了築壩，還要大煉鋼鐵。在人力不足的情況下，弄得農業停止秋收。但檢查秋收的幹部來了，那些煉鋼鐵的群眾又被連夜調回，去拔地裡的洋芋秧再糖平，表示顆粒歸了倉。誰要說了老實話，就要被當作典型「拔白旗」。

在此情況下，犯人也要走出監獄去大煉鋼鐵。我被王守政帶到癲子溝，這裡的老鄉把住房讓給政法部門關犯人。

我們沿著陡峭的山坡楞坎，挖了無數個洞；再把從山上檢來的「礦石」和煤炭都填進洞裡，日夜燃燒著。本地沒有煤炭，那些煉鋼的煤炭都是汽車從千里之外運來的。

無論天晴下雨，我們都要發揮「連續作戰」的精神。幹部帶著我們，警察保護著我們。我們從山頂用背斗揹回「礦石」，連警察他們也都滾成了泥人。

洮河北面三那山的人民鐵廠氣勢更為壯觀，那個地方是一大片高聳入雲的階梯形黃土山坡，它和癲子溝遙遙相對。五千年前的先民就曾在那裡築窯燒過彩陶，形成馬家窯遺址為代表的彩陶文化。如今每一臺階就有幾十個煉鐵爐，一直從山腳排到山頭。遠遠看去，像是蜂房鼠窩。煉鐵大軍肩挑背馱如螞蟻搬家，上上下下川流不息；連剛會玩耍的小孩和弓腰駝背的老嫗也不

敢落後。所以，學校停課，工廠停產，農業也都為「鋼鐵元帥」讓了路。山腳下有個戳破天的高煙囪冒著濃煙，那是消化這些煉鐵爐產品的煉鋼廠。隆隆轟鳴的柴油機為它提供動力和照明。

一到夜間，那景象就像重慶的萬盞明燈映入嘉陵江心一樣，道道火光射穿夜空。

我不認識礦石，也不知道鋼鐵是怎樣煉成的。經過觀察才知道，煉鋼並不難，而且知道了礦石到處都有。怪不得毛主席他老人家高瞻遠矚地說：鋼鐵產量一定能趕英超美。我老遠看見我的妻子，帶著小學生和自己的尚未上學的小女，天天來砸礦石。遺憾的是，我沒有看到鋼水奔流就被解回卓尼了。

在卓尼，我也沒有看到鋼水奔流。因為我和陸聚賢搞的是農機改革，老陸領著那批木工，用樺木趕製牽引機，要用它在全縣範圍內代替二牛抬槓，實現農業機械化。產品堆成了山，被厚厚的白雪保護著。我搞的是「滾珠軸承化」，要把成噸的鐵絲剪成小段，再用榔頭砸成圓形；這就是「滾珠」。產品一筐筐碼成了山，滾珠被褐色的鐵銹保護著。這種技術都是專職幹部從外地「取經」取來的，我們將之變成了「大躍進」的成果之一。可惜的是，這些產品最後都成了公害，人們只好像對待垃圾一樣，毫不吝惜地把它們傾入溝壑。

完成了這些任務以後，便開始搞農田基本建設。對此也有各種要求，土地要深翻一公尺，做到地平如鏡，埂直如線。要讓農田花園化，灌溉水利化。於是，人們把富戶庭院的木本花卉移於田間。領導帶著他們的上級，指指劃劃，談笑風生地走來走去，好不愜意。這些成績就是他們高升的動力。

幾個月裡搞這樣多的事，還要大煉鋼鐵，勞力從何而來？禪定寺有三千多犯人都在大煉鋼鐵，農場的犯人進山燒木炭，再由一個馬車隊將木炭運往煉鋼爐。還有三千餘犯人成為搞農田基本建設的勞力，他們來自靠木耳橋和上所藏的兩座臨時監獄。說來好像很奇怪，竟沒有一個犯人逃跑；因為跑出去馬上就會餓死。

我雖則沒有參加煉鋼，但白天可以看到犯人在禪定寺後面挖礦石，晚上可以看見烈焰沖天的萬道紅光；還可以聽見向縣委報喜的喧天鑼鼓聲。

那座山不僅是鐵礦，還是銅礦。因為煉出了優質銅，得到了上級的嘉

獎。不過後來卻被發現，寺院裡的許多大銅鍋不翼而飛了。那種銅鍋有多大我未曾親眼看見，據說洗鍋時要搭著梯子上下；有次念大經時，煮粥失蹤了個小喇嘛；吃完粥才發現，他被煮爛在鍋裡。

不要說寺院的銅鐵器，就是農村的門扣子、火盆、鐵鍋、茶壺之類，也都進了煉鋼爐。

沒有鍋，老百姓用什麼做飯？這時才聽說，我們已進入了吃飯不要錢的共產主義社會。

1959年春節後，我和陸聚賢被柳林公社唐尕川食堂借去，給縣委寫「喜報」。我們兩個犯人能擔當如此偉大的政治任務，實屬光榮。

我們走進食堂大院時，正值午餐。幼兒園的小朋友一排排坐著吃，敬老院的阿爺、阿婆們在喝奶茶、吃油香餅。相繼端上桌的又有炒菜、花捲、米飯，還有當地人最講究的「長湯」（即臊子麵）。他們吃完了又唱「東方紅，太陽升，中國出了個毛澤東」……

這裡不僅招待他們本隊社員，過路的客人也能大嚼大嚥，不花一文。吃完飯出門時，在那張擺有文房四寶的方桌上寫張表揚性的「大字報」，這就等於結了帳。如果不會寫，那裡還設有「師爺」代勞。

這天我們也大開葷戒，雖無山珍海味，但有燒肚塊、燒豬肝和大碗燉肉，吃得我們不由地向食堂主任連聲道謝。但主任謙虛地說：「謝什麼？這都是一些家常便飯嘛。我們要把食堂辦得飯菜多樣化，這才能顯示出共產主義的優越性嘛。」正說著，後面的豬又叫了起來，他忙說：「你們吃吧，又宰豬了。」

這時，我想起法院大鼻子院長來農場訓話時所說的：「現在是一天等於二十年的時代，是超英趕美的時代。我們的畝產萬斤小麥、三十萬斤洋芋已成現實，群眾的食品結構已是『一蛋二奶四兩肉』。今後不是愁有沒有糧食吃的問題，而是愁糧食沒有地方裝的問題。」當時我認為他是吹牛，現在我認為我的思想趕不上形勢的發展。一些遊手好閒的無產階級大讚「吃飯不要錢」，高興得手舞足蹈。我們寫完喜報出大門時，只見一位六十左右的老阿婆面向大門跪著，屁股坐在自己的那雙小腳的後跟上，她邊哭邊嚷：「還我櫃裡的麵！還我豬和羊！我要吃我苦下的，吃飯不要錢誰還願意下苦？」

幾個月以後，岷縣王守政股長把我從臨潭公安局（臨卓兩縣合併，我被送往臨潭）借往岷縣，去辦國慶十周年展覽。經過卓尼時，他想照顧我好好吃一頓。我們走進惟一的一家不到二十平方米的國營食堂，卻見裡面飯菜一空。他不死心地去揭開籠屜，裡邊有兩碗米飯和一碗肘子。經理忙用手壓住籠屜說：「這是給曹書記留的。」

我便扯了他一把，去唐尕川那個吃飯不要錢的食堂。

走進大院，已不見數月前的盛況。院子裡雜草叢生，滿目荒涼，幾個老年人坐在夕陽下捉蝨子。那些大字報被風雨撕得七零八落，只有毛主席畫像依然熠熠生輝。

王股長搖搖頭說：「你還想吃不花錢的飯，現在我們是拿著錢也買不到吃的。犯人餓死的不少，只得去鄉裡買狗，維持重病號的生命。最近，連狗也買不到了。這次你去岷縣，雖然不會讓你挨餓，但要吃一頓白麵飯是難辦到的。」

可惜在大躍進中，我沒有資格去逛逛「無人售貨商店」。要不，也將會看到風雲變幻的商場盛衰了。

這些都不是虛構，與我共過患難的人還說我寫得太粗糙，太簡單，也不夠深刻。對這段歷史他們至今記憶猶新，但願大家都能為後世留下真實的史料，以堵後患。

三、佛地白骨

卓尼縣楊土司是西藏王念知贊布派之後裔，至今相傳二十代，歷代執行的是類似政教合一的體制。長子為土司繼承人，管理四十八旗的百姓；次子為僧官，管轄四十八旗下的僧眾和活佛。禪定寺是僧官的住地，「平叛」之後，寺院改作監獄。1959年1月，我被調來這裡。

這座寺院建於大約五百多年前，「禪定寺」三個字是1710年康熙皇帝召見活佛禪靈時御筆題賜的。後由禪靈捐款擴建，大小建築有一百七十二處。大經堂可容四百多喇嘛念經，全寺僧侶最多時至三千，到民國時至少也有七百餘人。禪定寺供奉的是文殊菩薩和黃教創始人宗喀巴，這裡規模宏偉，藏

經豐富。美國人洛克曾於1927年在此印了全套《甘加》和《單加》，並將之運往美國收藏。然而，這一宏偉建築，被軍閥馬仲英（又稱尕司令）縱火焚燒，毀於一旦。現在的建築是前土司楊吉慶於1932年重建，雖不及原來的宏偉，倒也不相上下。然而，到這裡之後，我所看到的是一片淒涼景象。

如今，一座座僧侶宅院大門緊閉，不見紅衣喇嘛；他們因涉嫌參加叛亂，被攆出了祖輩居住的僧房。僧官楊丹珠在甘南被軟禁，木耳當活佛前一年經內蒙去了西藏，倖免於難。伊力倉活佛被誣參匪，與雷兆祥副縣長一同被槍決。稍有威望的喇嘛均被帶上「念咒經」的帽子，遭到關押。大管家吉巴、塔讓死於獄中。最可憐的是那些未成年的幼小和尚，他們的師傅被捕，房屋被沒收，家人死於戰亂。家裡不要說牛羊，連隻狗也沒有，他們只能淪為乞丐。

寺院裡的貴重文物已蕩然無存，只有幾口大鍋，它們倖免於送進小高爐煉鋼鐵，還可以來為犯人服務。油漆剝落的大門樓頂上，站著兩個裹著羊皮大衣的武裝警察。門洞裡，兩個「自由犯」圍著火盆守門。一株被雪壓彎了枝條的老柳樹上，有幾隻烏鴉縮著脖子，不時發出幾聲淒涼的慘叫。

我和幹部犯郝鎮，在這裡擔任著一項十分重要的工作——管理病院食品庫。

病院分為兩處，一處住危重病人，一處住重病人。輕病當然不算病，只能蹲在監號裡呻吟。然而，凡是進入危、重病院的人，就是把人參湯灌進嘴，他也不會嚥；既使嚥下去了，那也無濟於事。郝鎮說：「能吃的時候不給，給的時候不能吃了」。

冬季，藏族犯人死了不少。其原因大致如下：在大煉鋼鐵和農田基本建設中，犯人日夜苦戰，他們從外面帶來的一身膘都消耗殆盡，此其一也。藏族同胞以食肉為主，酥油糌粑為輔。而入獄後每天只有兩餐青稞麵的糊糊，入不敷出，此其二也。集體住宿衛生條件太差，且無必不可少的取暖設備，此其三也。當然，最主要的還是吃不飽，營養跟不上需要。當時還沒到糧食最短缺的時候，大鼻子院長還在說「今後愁的是糧食沒處裝」。但限於政策規定的糧食標準，上級寧肯「沒處裝」，也不敢裝進犯人的肚皮裡。

醫院的大夫明知是營養不足造成犯人大量死亡，但誰也不敢說。只有

犯人大夫包忠誠天不怕地不怕，他在每份死亡報告書上填著死因：「營養不足，死於心力衰竭。」有鑒於此，新提升的公安局副局長楊思俊，成立了病院食品保管室。

這裡的食品幾乎應有盡有，大部分都是早先進來的犯人家屬給自己家人送來的。那時他們的家裡還有一點食品，但獄方收了卻不交給本人，而是堆在庫房裡。後來，這些犯人的家屬也都被抓了進來。現在這些東西被用來救命。當然他們也購進了一點食品，儘管省著省著發，不幾天也就發光了。這樣，我和郝鎮也就失業了。

郝鎮是個學獸醫的，我們短期相處，我感到他過於心直口快。楊局長叫我們在重病院吃飯，他的絡腮鬍一撅：「我還不到那種程度！」於是，我們依然喝自己的糊糊。有個民警隊長向我要點酥油，我便同他商量。他卻說：「餓死的救不活，卻把活著的往死撐。」後來，這位隊長把我大大地報復了一下。

保管室停業後，我被調去搞犯人登記。這裡，原來是由梁東升、郭思楊兩人作犯人調查統計工作。

農村的「學習班」、「集訓班」不在話下，僅取得正式犯人資格，關在城關附近的就有六千之眾。他們不像我們這些右派，都有檔案，有被捏造的材料卷宗。這些民眾是像羊一樣，一群群地被趕進來的；雖則吃的是囚糧，但還「榜」上無名。政法幹部辦案，沒有人名無處下手。於是就成立了這個「單位」，由梁東升負責。

按理說，登記犯人又有何難？做起來還真是不容易。藏胞的名字老是那麼幾個，有些人甚至是同年同月同日生。要弄清每個人出生的時間、本人有什麼特徵；還要注明何時何地被捕，現關何室。所以，要把這六千多人登記得一目了然，有名有姓可供政法幹部查詢；是件很複雜的工作。僅有他們兩人，實在難以勝任。

我取得了這樣一個合法身份，得以去大經堂「參觀」。

剛到側門，就見兩個似人又似鬼的犯人共提一個馬桶，搖搖晃晃往前挪。他們走過的雪地上流著一條粗粗的黃線，兩邊被皮襖拖了兩道槽。門裡

有兩個幹部犯像秦瓊、敬德一樣守著,一股無法形容的怪臭撲鼻而來。這裡的灰暗、陰森恐怖和天窗上的微弱寒光,使我打了個寒顫。我真懷疑自己,是否走進了十八層地獄?

我閉了一下眼,才辨認出一些模糊的影子。一排排大圓立柱支撐著藻井,地下一片灰褐色,好像橫七豎八擺著的羊皮胎。我只能從「皮胎」的一端長的「髮菜」來斷定,這是人頭。若不是他們還在發抖、打顫和微弱地呻吟,我不敢把他們當作活著的人。如果沒有大小便聲,這裡將是死一般的靜寂。現在,連念「嘛彌巴彌旨」的聲音也聽不到。

上千個這樣的身軀,日夜蜷縮在「皮胎」裡;只有開飯時才坐起。各色各樣的木碗從「皮胎」裡伸出來,去接那一勺糊糊;直到用舌頭舔得一點不剩,才又揣入懷中。因為這木碗是他們惟一的生命之源,也是惟一的財產。然而,有的人舔著舔著也就永遠不舔了。

文殊和觀世音菩薩是以救苦救難聞名的萬能神仙,如今,姑且不說世界上有如此多的冤魂;整天躺在文殊菩薩腳下的虔誠信徒正在死亡線上掙扎,不知他們為何閉目不視,充耳不聞?莫非你們也和惡魔沆瀣一氣,摧殘善良於人間香火?你們是否有愧於佛祖的良心?

這裡還有一千多人,被視為健康的人。每天,獄方都要從這些人裡抽出幾十人去山上背柴,到河邊挑水。有一個青稞麵的饅頭作為重償,所以也就能出現勇夫。

在這座小城裡,分佈著數十座大小不同的監院。不但有男監,還有女監,也可稱為母子監。這裡有待字「閨中」的少女,有剛進洞房就被趕出來的新娘,有身懷六甲的孕婦,有即將臨產的寡婦。還有懷抱嬰兒的母親、年逾古稀的老嫗,也有不懂事的兒童。

女監不像男監那樣寂靜,嬰兒一啼哭,母親就用乾癟的乳頭去堵他們的小嘴;用手撫去孩子的淚。母親自己的淚又落在孩子的小臉上。

這裡還能聽到老嫗的哀歎、少婦的啼哭和兒童的戲謔,因為他們在大煉鋼鐵中付出的代價遠遠不及男犯。

在這些犯人中做調查登記,最困難的是填寫「案由」一欄。被關押者都是一問三不知,有的人連頭也不擺一擺。我們只好見藏民填「叛匪」,見

回、漢填「反革命」。有些還能說話的犯人便扯住我們，要討還他的氆氇褐衫、眼鏡、手錶、珊瑚和手飾。也難怪，他把我們當成了沒收東西的幹部。

我在這裡還是專給死人發「釋放證」的，現在是前門進的少，後門出的多。

從農場抽來兩個專門做亡命牌的木工，三十個打墓工。好在寺院後邊是座向陽的山坡，因為被紅太陽喝乾了它的水分，冬天也能動土。然而每天要挖三、四十個坑也不容易，為省事，他們只得刨出一道槽。

還有四十個人組成的抬屍隊，每天都必須把當天死的人全部抬上山。好在這裡的殯儀極為簡單，一根木棍、一條繩索、一把鐵鍬，就能讓他們在黃土中永久安息。

埋葬的儀式是這樣，首先把死者的兩手雙足收攏，用他入監時背來的那種麻繩捆起。再將寫好的「亡命牌」和鐵鍬塞在他的懷裡，一根長木棍從手腳之間穿了過去，死者就像死牛一樣被兩個人抬走。儘管死者的重量已經輕到不能再輕的程度，然而，抬他們的人也不比他們重多少。也許，明天就會輪到他們，也要被這樣地抬著出去。抬到目的地，把死者順著壕溝放下，踹他一腳，他就乖乖地躺在裡面了。然後，灑上幾鍬土，把「亡命牌」插在土堆上，送殯儀式就全部「禮成」。

這種送葬方式雖則最簡單，仍比河西馬鬃山農場複雜。那裡，只是把死者拖到沙溝邊，踹上一腳，便任憑黃沙掩埋。還有比這更簡單的，如卓尼縣的勞教人員馬天同，他在一望無際的瑪曲草原餓死後，葬身狼腹，也根本不必埋葬了。

我的工作是每天清晨去病院，從護士拖在院裡的屍體懷裡，掏出早已寫好的紙條，抄在空白的亡命牌上。抄完後，我再把這牌子塞在他的懷裡；這就算了事。如果發現有死者又活了過來，那就仍叫人拖了進去。其實這也是多餘的，遲死不如早死。

起初，我看到這些死屍，頭像骷髏，身體就像拔了毛的小雞，十分害怕。現在看到他們，就像看林區楞場上的木頭，敢從他們身上跳來跳去。我也成了冷血動物，毫無憐憫之心。

據說，起先只是偶爾死一個。到我接管的時候，每天不下十個。有人開玩笑說「十大金剛歸天」，有人說「十八羅漢鬧地獄」。大年初一的早晨，竟然死了個「瓦崗寨」，也算放了個「衛星」。我擔心還會來個「梁山一百單八」。

　　總之，在我接管這項工作之前沒有登記，也沒有編號。我從一號開始編，到移交給別人時，死亡數字已逾千人。

　　那個「亡命牌」插在土堆上，有什麼意思？是為便於家屬搬屍。其實，這也是多此一舉。他們家裡早已無人，就是有人，又何以得知他們死在這裡？如果家屬來搬，那個「亡命牌」早被狼刨得混淆不清，只剩下一堆白骨。讓我抄這個亡命牌，無非是體現「人道主義」的形式罷了。我不禁又想起這樣的詩句：君不見，青海頭，自古白骨無人收……這些亡魂早已不知去何處了，他們是在天上，還是在地獄？總之這些餓殍早已不屬於自己的魂靈，都變作豺狼的晚餐。

　　那時的人十分眼小，如果發現某地尚有幾窩未挖的土豆（編案：馬鈴薯），一定要想法把它藏起來，據為己有，用它來延長自己的生命。而豺狼卻比人仁義得多。埋葬者原來只是偶而發現一具屍體被刨，後來每天都有新的發現。漸漸地，我發現被刨出來的屍體一天比一天多了起來，真是遍地狼藉，白骨露於野。可見豺狼對同類也有互相同情、憐憫之心，一旦發現新的食源便互通資訊，共同分享。我並不忌妒它們吃飽了肚子，而可恨之處是，在夜靜更深時，它們吃飽了人肉，爬上山頭面向這座古剎，嗥個不停。這聲音帶給人以恐懼和不祥，許多幽靈在這種淒慘悲哀的嗥叫聲中隨它而去。天亮時，又要出現長長的殯儀大軍。掘墓工只是把被狼刨過的坑用鍬修整一下，送葬者也向我建議不必再寫什麼亡命牌。但我認為這是我的責任所在，必須恪盡職守。於是，我把他們刨出來的亡命牌撿回來，讓木工刨去墨蹟，我又在那上面換個新的亡人的名字。

　　禪定寺的後山成了一座不平靜的黃土高坡，夜間可以聽到鬼哭狼嗥，白日烏鴉成群起落，還有專門食死屍的禿鷲。由於鄉間無可死之人，自然斷了它們的食源，只得來這裡找點殘肉剩骨。當老鷹在空中盤旋時，烏鴉便吱吱呀呀地嗥起令人毛骨悚然的哀叫，一齊飛上烏雲滿布的天空。直到老鷹飽餐

之後展翅飛去，它們又重新回來，繼續在白骨縫隙中搜尋著。

白骨丘山在，蒼生竟何罪？

久而久之，這座山坡被白骨覆蓋了。不知何時，當地的供銷社開展了收骨業務；對此我未曾深入考證。不久，這裡的白骨日漸稀少。

我天天和鬼打交道，但我不怕鬼，只怕人。我只見人害人，未見鬼害人。

送走了這麼多人，而我還活著，我該感到慚愧還是幸運？

今後還要死多少人？我不敢想下去。難道一批中國人要被另一批中國人就這樣無聲無息地毀滅得一乾二淨嗎？

這時，機關單位的「反右」運動、農村的大辯論高潮剛剛結束，「三面紅旗」運動也才剛剛展開。農村餓死人的現象初見端倪，而極左思潮已是烏雲壓城。

四、苦菜花開

臨潭、卓尼一帶過去統稱洮州，後來被分而治之。但在大躍進的形勢下，宕昌又被併入岷縣，卓尼被併入臨潭。既然合併，我們一部分現行犯於就被解至臨潭磚瓦廠，這是在1959年7月間。

臨潭老監也早已人滿為患，於是，西道堂的西大寺和百多間民房全部被改作監獄。在下河灘的一個黃土崗上，政府又興修了一座規模龐大的磚瓦場。如此猶顯不足，在北門外的荒灘上，還在籌建新監獄。這裡沒有大煉鋼鐵的痕跡，因為是黃土高原，一無森林二無礦石。而西道堂原來栽的一片片楊柳林，如今只剩下尺把高的枯樹樁。

在卓尼時，我們被提拔為犯管犯的「幹部」。但這裡早也有了犯人幹部，我們這些新來的犯人「幹部」就被解職了；只有包忠誠大夫憑他的技術進了病院，姚天驥是老弱被照顧了個司藥。張春華、陸聚賢和我之類，都只能進入大號子，隨大隊倒磚坯。這是我生平第一次挨著餓幹重體力勞動，尤其是在三年「自然」災害的第一年。每個犯人從挖土、挑水、打泥、倒坯、上架，一天要完成三百塊磚坯，中午得到的一塊乾糧只得邊幹邊吃。

正是盛夏，火紅的太陽把我們的脊背烤成了醬色，手腳不斷起泡。發雨

時我們更是緊張，要上架，拈架，挖排水溝。被汗水、雨水泡濕了的衣服也沒法換下來，都是穿在身上，再用自己的體溫烘乾。一天勞動結束，晚上還得整齊、端正地坐在鋪上評工和學習毛主席著作。

早晚的野菜糊糊不僅很稀，還要限量。開飯時，無論天晴下雨，犯人都按組圍個圈，席地而坐。伙夫提著桶一人一勺，打罷連桶提走。我想用指頭刮桶邊，挨了伙夫一頓罵。陸聚賢看了我一眼，罵道：真沒出息。氣得我回敬了他幾句：「你有出息，放著院長不當來倒磚坯？還品質不合格，天天晚上挨鬥。」他找不出恰當的話來回擊，白了我一眼。我便想起和他在岷縣看守所伙房值班時，我們偷著揪麵片，吃不完只得倒進廁所。禿所長發現後，鬥了我們一夜。現在想起來，那倒掉的麵片真可惜啊。

這裡不只是吃不飽，喝水也有問題。溝裡的紅泥漿只能倒磚，只有河灘上那個積水坑裡的水才能喝，可我們又去不了。

正在危難之際，我被岷縣政法部借去辦國慶展覽。我回來時，老陸也被他原來的部下李維鴻提拔成了大組長；他在院裡轉來轉去，儼然是個「二場長」的架勢。一人得道雞犬升天，我抱著這棵大樹也升作「二組長」。我想利用職權把我惟一的老夥伴張春華照顧照顧，提拔他當個小組長幹幹。可是，他卻拍拍胸脯說：「老子有這塊肉，不給他們低三下四。」

形勢越來越嚴峻，地裡的苦苦菜開始乾枯，原來供應的青稞改成了連皮磨的大豆麵和紅薯乾。繼而豆餅（油渣）代替了紅薯乾，犯人越來越吃不飽，不斷有餓殍被抬出。夏天到了，地裡又長出苦苦菜。可是犯人拉的比吃的多，個個餓成了皮包骨，身上連個能打針的地方都沒有。不久，餓瘦的犯人又開始變「肥」，像充足了氣的羊皮胎；臉上也「細皮嫩肉」，似乎指頭一搗就會淌水，一對眼睛被擠成兩條短而細的線。這時的張春華，連一級臺階都要爬著上。

臨潭的公檢法合併為政法部，大鼻子院長雖未任部長，起碼也是個副職，要不怎會在預審股長張巨海的陪同下來磚瓦廠視察？我和陸聚賢是大組長，所以必須跟在他們後面侍侯。他看到這些充足了氣的「羊皮袋」，便問我：「你說這些人為什麼會浮腫？」我似乎沒有通過大腦考慮便脫口而出：「營養不足，餓的。」我想請他把「沒有地方裝的糧食」拿出來，裝在這些

「羊皮胎」裡。可是張巨海狠狠瞪了我一眼，大鼻子院長心平氣和地擺擺手：「不，不；那是感冒引起的嘛。」他和張巨海一對極肥的身軀跨出了大門。

社會上這時早已停產，1960年秋收時，上級命令犯人去幫生產隊收割大豆。聽到這個令人興奮的消息，連餓倒的人也爬出來「請戰」。最後，廠裡挑了幾十個勉強可以行動的去。這些人收工回來都沒吃晚飯，睡到半夜喊肚子痛。包忠誠大夫忠誠地挽救了一夜，還是死了十八個犯人。他們的枕頭下都有中午的乾糧和一包生大豆。張巨海股長大發雷霆：「他媽的，死了活該！叫你們幫生產隊收莊稼，你們都偷大豆，也不考慮政治影響。」

李維鴻是磚瓦廠的會計，人很和善。有一次，他叫了兩個犯人去糊頂棚。他一再囑咐說，漿糊裡有老鼠藥，絕對不能吃。這兩個犯人哪裡肯信，晚上回來他們也死了。還有的犯人吃了死老鼠，就被毒死了。

西北的犯人最難過的是冬季，真是饑寒交迫。張巨海股長披著狐皮大衣，身材更顯得高大。他來給我們作報告說：「告訴你們一個好消息，經科學家鑒定，麥草裡含有大量蛋白質，這是可信無疑的，要不牲口吃了怎能長膘？」於是我們把麥草切碎，在大鐵鍋裡炒熟了後磨成「麵粉」。再用這種麥草粉和著紅薯乾、豆餅來蒸饃，攪糊糊。人們想，這下可找到了豐富的開發資源。可惜不到兩天，個個都大便不下。長期挨餓的人，不但肌膚萎縮，腸胃也成了一張皮，不會蠕動。一到放風時，人人都發愁，憋得要命卻拉不出來。想找點油，作夢也辦不到。於是，先用指頭去摳；進而用竹棍。自己摳不出來，驢唒脖子工換工。大部分人都摳得脫肛，鮮血淋漓慘不忍睹，沾滿血漬的小竹棒扔了一地。於是每次開飯都想起大便時的痛苦，誰也不敢吞下一口。

犯人的生活是這樣，那麼，社會上的人民生活又是怎樣？1959年，我給修新監獄的犯人送飯。經過大街，有些婦女群眾抓著我們的糊糊桶看。有的人看完就笑了：「這就好了，他們喝的糊湯比我們食堂的還稠呢。」顯然她是犯人家屬。也有人看了露出嫉妒的面孔：「啊媽喲！犯人喝的拌湯比我們的還稠？我們也當犯人去。」果然，有人為了喝糊糊來到磚瓦廠。

有一天，我們收工回來，看見大院裡有兩個十二、三歲的小孩。他們牽著兩根細線，跟著兩個蜜蜂跑。

我好奇地問道：「你們犯了什麼法？」

「拿粉筆在廁所裡寫，罵毛阿爺。」他們滿不在乎地邊跑邊回答。

「為什麼要罵毛阿爺？」

「為了喝稠拌湯，你沒見，我們食堂的拌湯能照見人呢。」另一個認真地給我比劃著。

大組長隨便可以上街，這樣，我來回要經過騎兵團的大門。門前馬糞堆了一大堆，他們的豬在那上面尋食，烏鴉則站在豬的背上篦它的黑嘴。後來，一群「小霸王」發現了其中的奧秘，他們把烏鴉趕走了。這些「小霸王」左手刨糞，右手拾那未被消化的大豆。一旦發現一顆完整的豆子，就像拾得一顆夜明珠般地高興，擦也不擦就丟進口裡。看他們那種認真的樣子，即使有輛汽車從頭頂駛過，也別想驚動他們。

有個難友，釋放後在家偷偷地賣饃。他見我過來便塞給我一個，還一再囑咐：「小心讓人搶去。」我走了幾步剛咬了一口，就被一雙如鷹爪般的手奪了去。我邊追邊喊：「我是犯人，我是犯人。」他給饃上擤了一攤鼻涕，還用手搓了搓扔在路上。見狀我便止步了，他回過身得意地笑著，又拾起了它。

站在磚場上，我們能把群眾收工、出工的一舉一動盡收眼底。他們收麥子時，偷偷地揉一把麥子丟進嘴裡。也有人把拌了糞和農藥的種子，一堆堆地埋在埂坎下的土裡，半夜再掏了回去。收工時，隊長就像海關檢查金銀珠寶一樣，連大姑娘的褲襠也要摸一下。我以地球上的人類泱泱大國有這樣的搜查法感到悲哀、羞愧和恥辱。可是，誰又敢把這種禽獸不如的行為說出去呢。

在這種情況下，我和陸聚賢的身體沒有受到影響，這還得感謝郝鎮醫生。那時不但犯人生命難保，就是幹部也很困難。於是他便派了獸醫郝鎮去草原，郝鎮住在地窩子裡，給病犯挖旱獺（一種冬眠動物）。可是，送回來的旱獺都被幹部灶上拿去了。有些幹部去路上等他，老郝便躲著走。他經常給我們送來一個旱獺，他說：「有他們吃的，還沒有你們吃的？救活一個算一個。」

我惟一的夥伴張春華也沒死，不是我好表功，實在是我救了他。當他九死一生的時候，我常常想起我們共同走過的路，暗自流淚。如今郭希賢被送到新疆勞改，這裡只剩下了他和我。我想，無論如何不能讓他死在我的前

面。我請陸聚賢去給他原來的部下李維鴻求情，讓張春華去山上守洋芋，竟得到批准。那裡搭有一個草棚，洋芋已有紐扣大小。我不必指點，他自會作「賊」。他的身體和洋芋一樣天天在競賽、變化。趕到秋收時，他比以前更結實了。沒有加牛肉的土豆竟有如此神威，這可能是久經考驗的肌肉細胞很貪婪，把它轉化成了最小的分子徹底吸收了。

在這饑寒交迫的時刻，最能體現出人的道德品質。

前面已經提到過，臨潭縣有個伊斯蘭教的新教派西道堂（以後還要提及），老教主在反宗教特權時思想壓力不堪承受，加之年歲已高，於1957年終去世。教友即選定了繼任西道堂教主為敏生光，他那時還是個年方弱冠的小生。敏生光文雅莊重而善良，但他未即教主位，就被捕入獄，處刑十年。我們和他一同倒過磚坯，他為了不讓人批判鬥爭，拼命地完成任務。久而久之，他也成了皮包骨。我和陸聚賢往往省個饅頭，偷偷地叫他來吃。但他堅決不吃，並說：「是你們節省的，我吃了你們就要少吃。」他非常堅強，靠著宗教信仰的精神支柱和對真主的虔誠，終於抗過了磨難。在我眼裡，他是位值得尊敬的宗教領袖。

吳尚義也是個伊斯蘭教徒，他和父親、繼母都在磚瓦廠勞改。在如此艱難的條件下，他每天總要節省半碗糊糊，要我設法轉給他的父母。他的孝心只有半碗糊糊，然而在吃食堂的當時，常因一口不公，夫妻分居，母子相殘。所以我對他也甚為敬佩，對伊斯蘭教更為尊重。

現在回憶起那時的生活，我仍然不寒而慄。

五、龍布丹珠之死

這要從我和龍布丹珠相識時說起。

1951年春節前，我在他扎（*地名）作業所當過幾天馱牛隊長，給作業所運給養。每天往返，我都要經過一個大村子。村裡的道路狹窄，有的小孩站在房頂上一吆喝，獅子般的一群藏獒便跑來追趕我們。馱牛碰上藏獒便四處奔跑，擠進人家大門，我們又不敢進去要。春節前，有些村民要向我們買東西，你不賣，他們吆喝得更厲害。那些藏獒也更加兇猛地向我們撲來，有

時連牛和馱的貨也找不回來。

出於無奈，我便買了些禮品，去和他們的藏族頭人龍布丹珠交朋友。在他的干預下，我才得以一直平安地通過這個村子。

大年三十下午，他硬是把我拽進他家過年。

他家的炕桌上，大塊的牛、羊、豬肉盛在木盤裡，冒著熱氣，上面紮著三把刀。油炸的麵食也不少，熊熊的木炭火上，兩只銅壺噴出奶茶和青稞酒的香味。龍布丹珠一家人圍在炕桌四周，他把我和他的父親，像佛爺般的供在正位上。我們以彼此難懂的藏漢語加手勢交流真摯感情，他的妻子卓瑪和妹妹銀知草表演歌舞。龍布丹珠一高興，也混雜其間一同跳起鍋莊舞；我和他父親樂得鼓掌大笑。龍布丹珠說，他還有個妻子和男孩在馬場，離家太遠回不來，要不就更熱鬧了。他對我說，年三十家裡添了客人，這是吉祥之兆。

這裡藏民無論生幾個兒子，都只有長子留在家裡，其餘都送到寺院，終生為僧。長子如去世，由次子還俗繼承家業。如果有馬場，還會再娶一房或兩房妻子去管理各自的牧業。藏族男子除了打獵很少外出勞動，他們在家做點針線。

然而，在接近漢民的地區，藏民家庭也有弟兄多人在家的。我在大峪溝就見過，弟兄兩人共娶一妻。我覺得奇怪，但他們說，這樣可以避免因分家而鬧財產糾紛，也免子女多了還得再修房子。這也許是節育措施之一吧。

在龍布丹珠家，我們玩到盡興之後，主客都在這座長長的大炕上安歇。我被安排在靠鍋臺的一頭，龍布丹珠靠著他父親，那邊就是他妻子和妹妹。他們無論冬夏都沒有鋪蓋，睡覺時把大皮衣往頭上一頂，解下繫腰，然後臥倒就行了。他特意給我照顧了一件新皮衣，我雖不習慣，但也只好入鄉隨俗。

半年後去他家，不見了老阿伯，炕上有個喇嘛在念經。龍布丹珠毫無表情地對我向壁櫥裡指了指，意思是謝世了。我略知他們的規矩：人雖未死，但經喇嘛算定，便送進壁櫥等死。我便懇求他打開壁櫥，一摸脈，脈搏還在有力地跳動，老阿伯只是因發高燒才不省人事。我便求他抬出老人，掐了一下他的「人中」、「百會」穴，又將隨身帶的阿斯匹林和奎寧片灌了進去。老人發了一身汗，竟然大好了。

說也巧，兩年之後再去，他們家人正在為老人辦喪事。他們把他的老父

親的遺體裝在牛毛織成的口袋裡，向山上馱；我順便參加了葬禮。山頭上有許多喇嘛，他們奏著各種吹打樂器，給亡人念經。老人的遺體被安放在特定位置，送葬的親朋鄰居並無悲哀之感。大堆的柴禾點燃後，人們便向上面投擲柏枝、酥油、糌粑等。天空中立即出現種種飛禽，一只最大的禿鷲落下，先飽餐了一頓。禿鷲吃飽飛去，其他鳥類才來爭食。最後由孝子用斧頭把逝者屍體砍作小塊，眾鳥隨之啣走飛向藍天。

此即謂之「天葬」，自此一別，我再未有機會與龍布丹珠重逢。我對藏胞一直懷有美好的感情，他們獻一碗青稞酒是真誠的，向你胸前紮刀子也是真誠的；坦率是藏族人民的個性。由於種種原因，我後來再未去過龍布丹珠家。但一幕幕悲歡離合都歷歷在目，我深深懷念著他們一家。

「平叛」發生之後，在卓尼農場、禪定寺等處，我都特別留意過，看會不會遇到龍布丹珠。但我從未看見他或他的家人。當然，他們也許被關在其他地方。卓尼關押的藏胞犯人只是所謂「叛匪」中的一部分，還有一些犯人被關在馬鬃山農場、飲馬農場，或者在那裡死去。久而久之，我也就把龍布丹珠忘了。

時間到了1960年，我發現，從馬鬃山解回來的犯人中有個人，很像龍布丹珠。不久，我便確認是他。於是，當年同他相識的一幕幕便浮現在我的腦海裡。

那時他有三十上下，生得魁梧英俊。他頭上戴頂狐皮帽，帽後兩條飄帶迎風招展；身上穿著豹皮作領水獺皮鑲邊的皮襖，腳蹬十字花靴。龍布丹珠腰挎長刀，背荷叉子槍，騎著一匹潔白如雪的駿馬，煞是威風。而今的龍布丹珠形象與當年相去甚遠，到底是不是他，起初我難以斷定。何況在藏民中，像龍布丹珠這樣的名字數以百計、千計。

從馬鬃山解回的人犯，都是查不出罪證準備釋放的。但釋放總不如逮捕那樣雷厲風行，必須慎重再慎重，因此龍布丹珠便被擱了下來。到了年底，他連大皮襖也拖不動，走起路來東搖西晃。我偷著給過他幾次豆餅饃，他拿進號子躺在皮襖裡吃。不幾次便有人彙報給領導，我受了批評，再也無法給他。想叫他當個自由犯，那卻是萬萬辦不到的；因為自由犯中從無「叛匪」；要有也是未成年的小「叛匪」。

自從停產以後，幹部只是偶然進來轉轉；連那位神氣十足的榮管理員，也僅在屋頂上罵幾聲就不見了。

　　龍布丹珠，前幾天還能走出號子門，長長地躺在走廊上。這幾天除過打糊糊，走廊上便不見他的蹤影。我進去看他，他也只是搖頭歎氣而已。

　　這天我發現，他披著沒有繫腰帶的皮襖，有二尺多長拖在地上；一直在牆角那只大馬桶周圍踅摸。他看看馬桶，又看看躺在院子裡的人。難道嫌人多，不好意思蹲馬桶？這沒有必要，平常有幹部在，犯人也是以「水火無情」的理由蹲下去。或者，是馬桶太滿了無法蹲？馬桶並沒有滿。他想偷東西？那兒有什麼可偷的？

　　結果我看到，龍布丹珠在確認沒人注意他的時候，像猿猴般敏捷地從馬桶裡撈了一截什麼東西，迅速地丟進口裡。他背過身去，面朝牆壁。我在想，莫非誰把饃或其他好吃的東西丟進了馬桶？不可能，絕不可能有這樣「富」的人。莫非他撈的是大便？這倒有可能，只有犯人的大便飄浮在馬桶上面。然而，人怎麼能吃大便？

　　歷史上越王嘗過吳王的糞，那是他有超越常人的抱負和深謀遠慮。而龍布丹珠總不會要從大便裡研究什麼高分子吧？孫臏裝瘋吃了豬糞，這還貼點邊；如果是想裝瘋，就沒有偷偷摸摸的必要，可以在幹部面前堂而皇之地去嚼。他究竟要幹什麼？我好像是在推解一道數學難題般地思索著。

　　忽然，我聽到一陣矯健有力的皮鞋聲從大門走進。我趕快迎了出去，只見瘦高身材的榮管理員，背筒著雙手，滿面怒容向龍布丹珠快步走去。他揪住龍布丹珠的一隻耳朵扯了過來，但立即鬆手向後退了兩步。只見他雙眉緊蹙，踩了一下腳說：「晚上開會，鬥！」他咚咚地出了大門。

　　當天晚上，在張巨海股長的帶領下，磚瓦場的所有幹部，把犯人拉的拉扯的扯（我當然也積極地拉），在龍布丹珠的大號子裡，集中了幾十個人。

　　在一陣陣批鬥聲中，發言人聲色俱厲地把「仇視社會主義制度、誣衊黨的勞改政策」的帽子向龍布丹珠扣過去。但無論如何，龍布丹珠再也無力站起來。如果是當年橫刀立馬的龍布丹珠，一定會對著這些人揮起鐵拳砸過去。可是現在，他吭也不吭一聲。

　　包大夫把百分之五十的葡萄糖和尼可撒米一支支向他的靜脈血管注入，

他才勉強睜開那毫無光彩的雙眼。我責備他說：

「你再餓也不該吃那東西呀。」

「張股長說牛吃草能長膘，我想豬狗吃屎也長膘。」他流著淚又說：「我活的要呢，我的卓瑪（*他的妻子）和銀知草（*他妹）在卓尼放了，知道我回到這兒，一定會來看我的。我的妹夫在馬鬃山也……」他忍不住哭出聲。

「犯人的大便怎能和人民的大便相比！」我恨不得用指頭在他額上戳一下，可是他的兩眼閉得緊緊的。

我去伙房裡走了個後門，把出工勞動的人才能吃到的兩個豆餅饃塞進他的皮襖。第二天早晨，我去摸他的頭，他的頭和饃都是冰冷的。

他的葬禮比他父親的葬禮簡單得多，但比卓尼的死犯要排場些。

兩根椽子上架塊木板，把他放在上面，我親自為他送葬。

兩個自由犯把門板落在葬地上，我看到地上的景象，大吃一驚。

前天埋的臨潭縣文教科長、老幹部傅作舟的屍體竟暴露在外。如果說是被狼扒出來的，那麼他的衣服、還有幹部賞給他的那件氆氇褐衫哪裡去了？衣服也許被人拾去了，然而，五臟六腑完好無缺，股、肱骨上何以有刀痕？我百思不得其解。

無論如何，我得深翻地，把龍布丹珠埋得深深的。然而這裡是紅土岩石，挖不深。我想換個地方，那兩個常埋人的自由犯卻不敢挪地方。

原來，他倆上個月在此埋人，挖出過二百銀元；想上繳又怕交了二百上面要二千，落個像張惹目沙的下場。

張惹目沙，回民，被派往牙貫林區燒炭。砍柴時，忽遇大雨傾盆，避於石崖縫中。這時他發現，有幾件銅罐之類的東西藏於其中（可能是為逃避大煉鋼鐵而藏的），他便背回上繳。張巨海硬說銅罐中有元寶，把張惹目沙關在磚瓦場，白日勞動，夜晚鬥爭。張惹目沙挨鬥不過便乘機逃跑，迄今仍在追捕之中。

有鑒於此，他倆遲遲不能決定。把銀元分了吧，在檢舉立功的號召下，人心難測，互不信任；最後還是硬著頭皮上繳了。好在這次並未惹禍，每人得了十元人民幣的獎金。但張巨海下令，以後埋人非此二人不可，而且必須埋在這個地方。因為能挖出兩百銀元就有挖出兩千甚至兩萬的可能。這和挖

洋芋一樣，有一窩就有百窩，所以他倆決不敢挪地方。

因此只得又挖了一陣，把龍布丹珠埋得稍微深點；又在紅土上再壓了幾個石頭。

再過個把月，又進來一個新犯人。他三十多歲，肥頭大耳，渾身是勁，結實得像個秤砣。他穿一身起明發亮的黑衣服，油膩味夠我們饞一輩子的；憑他那一身肉，走在街上誰不嫉妒？

據說他姓周，綽號叫「肉疙瘩」，是個賣熟食出身的。現在依然開著地下飯館。

有人問他犯了什麼法？他擺出委屈的面孔說：「有人檢舉我賣的包子是人肉餡的。」

在那時，不要說賣肉食，鼻子裡想聞點葷腥味也難辦到。但過了幾天，「肉疙瘩」就不見了。據可靠消息說，此案不好追究，恐怕給社會主義臉上抹黑。他依然回去重操舊業了。

於是我想到這個問題：犯人身上的肉，為什麼犯人沒有去吃，而是被小商販去「利用」了？原因只是在於，犯人沒有行動自由，外役犯又沒餓到那樣程度。實際上，若是龍布丹珠真有機會，他也會把它生吞活嚥了。所以後來有人說夾邊溝「活右派吃死右派」，我也就不能不信了。我不敢懷疑傅作舟身上的肉是這個「肉疙瘩」刮的，因為政法部門都釋放了他；這件事只有傅作舟的冤魂最明白。

1960年的深秋，龍布丹珠的妻子卓瑪和妹妹銀知草前來看他。會計李維鴻只得把這不幸的消息告知她們，並按她們的要求准許搬屍，他讓我領她們去。兩位女性並不震驚，因為在卓尼寺院，她們已經見到很多。從監號中拉出個死人，就像從蘿蔔窖裡掏個蘿蔔一樣平常，她們的親人之死早在預料之中。

這兩個女人只抬頭看了我一眼，便低下頭唏噓。我想起十年前的除夕之夜，她們如花的容貌、歡樂的笑容、婆娑的舞姿、美妙的歌聲，一切都還在我腦際縈繞。時過境遷，如今我看到的她們卻是老態龍鍾。經過歲月摧殘，她們認不出我，我也沒有勇氣作自我介紹。惟一能夠安慰自己的是：我保護了我的朋友、她們親人的完整屍體。

我們之間語言不可能全通，我能告訴她們一點什麼呢？要是把龍布丹珠死前的一切如實告知，那等於在她們心上紥一把刀，給她們的傷口上再撒一把鹽。我低著頭，和她們一起向墳塚深處用力刨去。然而，刨出來的卻是一具赤裸裸的腐爛了的屍體；他的皮襖、繫腰哪裡去了？他胳膊和臀部那點瘦皮哪裡去了？急得我目瞪口呆。

她倆突然停止了哭泣，在臉上抹了一把，向我撲來，把我掀翻在地，用力地撕打著我。我一動不動地接受著懲罰，我希望她們把我打狠些或者打死。她們發現我臉上的淚痕便丟開我，又伏在屍體上搖著他。她們的手摳著枯草、沙土，手指冒出血。何止手指，她們眼裡滴著血，心也在淌血。抱著龍布丹珠骷髏似的頭，她們一起一伏地哭得昏天黑地。我趁此跑了回去，拿了我和陸聚賢共鋪的一條床單，還找了條麻袋和一根繩子，幫她們包裹了屍體。

這時，她們似乎也意識到，我只是個犯人。卓瑪流著淚用手比劃著說，她的妹夫也死在河西的馬鬃山，連根骨頭都不可能找到。我面前站著的兩個女人，都曾是不幸的犯人。等到她們被釋放，她們的丈夫都死在獄中，只留下喪偶的孀婦。但我毫不感到吃驚，因為這是必然的，還有數不勝數的和他們相同的苦命人。

她們兩人騎著老弱不堪的犛牛，馱著親人，一步一回頭地向我揮淚告別。

一陣蕭瑟的秋風，把三個黑點送上紅土高坡。眼淚模糊了雙眼，我們都在淚水中失去了對方，只留下了一個模糊不清的印象。灰暗的天空中，傳來幾聲淒慘的雁叫。我抬頭看去，那也是不成對的兩隻孤雁。它們不是比翼雙飛，而是忽前忽後地在灰色天幕上掙扎。

六、人性的惡

同犯吳尚義求我替他辦件事，做吧，又怕扯出來自己吃虧；不做吧，他又是一片孝心。我想了一夜，答應了。

他要我去他家，取一塊價格昂貴的高檔手錶，營救父母出獄，或者給他們一點自由。因為多一份自由，便能延長一天壽命。所以自由犯幾乎沒有死一個，沒有自由權便沒有人權，便沒有活著的權利。

我忠實地完成了這一任務。

一塊表是不是就有這樣大的威力？這要看接受賄賂者的權力和犯人的罪惡大小。

如果事關我們這些右派，恐怕送上一打手表也辦不到。因為牽扯面廣，是一個階層的問題。像吳尚義的父親母親吳又卜夫婦，他們本來就沒有犯罪。只是和盛吉昌一樣，生產隊要他交出白元，他說沒有，便被關了進來。關押至今，始終未判。吳又卜到底有沒有白元，我當然不得而知。但我知道工商聯的敏文中，他當了一輩子商人，在大辯論中被逼，交出了一萬個白花花的大洋。就這樣的人，依然被判五年徒刑，現在他每天揹著背斗，給犯人灶挖苦苦菜。

釋放吳又卜的權當然不在榮管理員手裡，但從大監院搬出來，作個自由犯，這就是一句話的事。兩天之後，榮管理員叫大小組長開會，我看他不斷捋起袖子看表，果然是我取來的那只。不久，吳又卜夫婦便搬進了男、女自由犯的小院。再不久，吳尚義也偷偷地回了一次家。後來，他的父母被無罪釋放。就最後的結果來說，僅榮管理員的神通恐怕還做不到這一點。這裡面是不是還有什麼文章，我就不得而知，更不敢瞎說。

我當過大組長，還給張巨海股長的夫人畫過像。我畫了好幾張，張股長都驗收不上，因為還不夠漂亮。我實在為難，既要像他夫人，又要比他夫人漂亮，恐怕畫聖吳道子再生也難辦到。最後的一張我發揮了神筆妙用的天才，二者兼顧；可是畫完成後過了好幾天，仍不見張股長來驗收。

有一天，我和陸聚賢在號子裡整理犯人名冊，忽聽李維鴻和場長石宗昌一起高呼我和陸聚賢的名字。我們趕快跑了出去，只見他倆站在屋頂上喊道：「你們給我把這個驢日的放到擔水組，把這一身膘消一消！」我們跟著他手指的方向看去，我嚇懵了。這個被縲絏捆得弓腰駝背滿頭是汗的犯人，不是別人，正是我們稱作閻王爺的張巨海股長。

不管多麼高大的人，被繩子一捆就矮了半截。我趕快去給張股長解繩子，李會計訓了我一頓：「看把你積極的！叫他再享受兩個鐘頭。」我討了個沒趣，回轉身向老陸伸了伸舌頭。

過去，張巨海負責預審股。這個機構設在「西道堂」教主敏生光住的大

院樓上，直接管著那裡的男女犯人；他也兼管原看守所和磚瓦場。人的精神面貌往往象徵著權力的大小，張巨海是個連級轉業幹部，官雖不大，但在這一特殊時期，似乎有生殺予奪之權。

這座庭院寬敞，樓臺回廊環繞，房內陳設應有盡有，美酒佳餚時時飄香。張股長覺得，在他的生活中還應當再添點什麼。可是他權力再大，也只能使在犯人身上。然而，樓下那群餓鬼般的犯人只能讓他過過罵人的癮，有什麼意思？有姿色的女犯住在樓下，雖則他可以「審訊」為由調遣女犯，但這未免有些欲蓋彌彰。

經過一番周密的思考，張巨海把樓下改為女監，老少盡收其中，由他直接兼管。他又調來一個未成年的小「叛匪」，作為他的通訊員。每次提審女犯，小犯人在樓梯口站哨；若遇其他幹部前來，立即給他暗示。

他幾乎提審過所有的女犯，然而對那些沒有姿色的女子和年老女性，他的提審時間都很短。這些人回去後，照常吃飯。他提審年輕貌美者，審訊時間都夠長，這些人回去都不再吃飯或者吃得很少。久而久之，女犯對此心照不宣。

在張股長看來，這種「審訊」方式依然存在著很大的弊病。首先，要通過那個「小叛匪」去傳呼和站崗；這並不會萬無一失。同時，白天「審訊」不如夜間「審訊」痛快。通過「審訊」的篩選，他必有偏愛，可又不能只「審」他所偏愛者。何況，那種游擊戰只能速戰速決，怎能輾轉反側，共枕纏綿。特別是「小叛匪」一聲信號，如同警報，他得連忙收起巫山雲雨，常吃懸崖難以勒馬之苦，還要立即擺出個道貌岸然的法官神色。還有，沒有文化的女犯味同嚼蠟，他必須選個才貌雙全者。目前雖然後宮佳麗三千，務必三千寵愛在一身。果然有位在高等學府讀過書的女犯，人稱楊玉環。她雖然已近中年，仍是天生麗質。張股長便選中這個「楊玉環」作為女犯組長，另闢別室「辦公」，也作為「玉環」之香房。「玉環」雖受過高等教育，在此強權之下怎敢違抗！何況曾被多次「審訊」，只好受辱侍床，張股長便芙蓉帳暖度春宵。但去楊玉環的房間，要通過一些老女犯的宿舍。在張股長看來，老女犯不會注意這等閒事；就是知道了她們也不敢作聲。誰知道這些老嫗人老心不老，聽不得那深夜纏綿靡靡之音，還有那床板咯吱咯吱的搖晃

聲。再加上人老話多，久而久之，傳到了有關幹部耳裡；也傳到了不滿張巨海的上級那裡。

不久，張股長感到每晚只是在女犯身上打主意太乏味，不夠瀟灑；便在探視犯人的家屬中留意觀察。遇見中意的，他便找上門去許願誘姦，或者勒索財物。

犯人和他的家屬受辱，不僅僅發生在監獄以內。有個姓馬的難友是長川大隊的，我在街上見到他，感覺他的精神狀態比當犯人時還痛苦。他被釋放回去時，老婆已和社幹姘居了。像他這樣的人，在他們村就有二十八個。他能原諒妻子，因為社幹看中她們，她們不能不答應，否則，十個工分的活就只能記五個分。如果答應了，五個工分的活就能記十個；甚至不出工也能記個滿分。當時，一個工分貶值到兩三分錢，連作飯的伙夫也可以憑手中的勺把戲弄她們；何況張股長管著一千多犯人。這就是在特殊氣候下生長出來的畸形權威。

我認為，閻王爺張巨海的落網並不是他的上級為了維護公安人員形象，而是張巨海太招搖過市。他仗著財大氣粗，目中無人，得來財物獨自享受；這才自食其果。張巨海終因惡貫滿盈而落網，對犯人來說，也是除了一害。

犯人張巨海現在被編在敏生光的組裡，在那座樓房裡先後住過的兩個主人，如今又住在一起了。但他們的境界迥然不同，骨瘦如柴的敏生光照常挑水勞動，肥頭大耳的張巨海躺著耍無賴。不過，他訓斥犯人的威風已隨今日的處境全然消失。

張巨海是我見到的惟一真正有罪的犯人，他被判刑二十年。

不久，聽說榮管理員也在會上作了檢討，好在他沒有牽涉到我。

七、易捕難釋

對於什麼是「真正的犯人」這個問題，我的認識是有個過程的。剛入獄時，我雖不懷疑自己是個真正的犯人，但總要找些理由為自己寬心。

我認為，法律決不會輕易地把一個忠心耿耿的革命幹部和善良的人去判罪。那麼為什麼要逮捕我？根據以往的經驗，每個運動在轟轟烈烈搞一陣之

後，都要來個糾偏，讓被整的人感激黨的偉大、毛主席的英明。逮捕也是教育方法之一，然後再來個寬大釋放，你就會更老實更忠誠地為黨工作。

我們這些蠢貨，在未領到「判決書」之前；沒有一個不是這樣為自己寬心、聊以自慰的。

入獄一周年的時候，我們這些右派犯和叛亂中被捕的一大批幹部，被「請」到僧官楊旦珠曾經住過的那個院落。一個民警小隊長把一大疊判決書放在面前，他翻了幾份，感到一份份地宣讀工作量太大，同時「攔路虎」又多，便大方地說：「我不搞那種形式主義，宣什麼判？你們都識字嘛，各領各的，自己看去。」

有的人急不可耐地將判決書接到手，找個適當地方，像閱讀秘密文件一樣，生怕被別人看見。但我領到手後卻想考驗一下自己的分析能力，到底能給我判個什麼罪？

我的工作單位雖則把我作為肅反對象，以非人道的手段侵犯我的人權，在本單位限制自由一年；但審幹辦公室通過外調，畢竟弄清了是非。同志金、汪仲舉都曾向我口頭道歉，縣委也作了結論：「本人交代老實，屬於一般歷史問題，不給任何處分。」黨說話應該是算數的，對此我不但沒有抵觸情緒，且發自內心地感謝黨。再反省我的現行言論，我沒說過一句對黨不滿的話。在「革大」我說過：「喊毛主席萬歲是不是帶有唯心主義色彩？」那只是提出問題，以供探討；且在1950年已經作了自我批判。我與右派分子有思想共鳴，那是在「幫助」者的指定下「向黨交心」。幫助者一再勸解我說：交心是把一顆熱愛黨的心交給了黨，黨也就會更相信你；不要有所顧慮。僅憑以上這些，豈能判罪？何況黨的政策還有一條是：既往不咎。但我也知道，不可能白白釋放我。所以我肯定，拿在我手中的應該是「教育釋放」的「判決書」。

像賭博一樣，無論自己的判斷如何高明，還得揭開來才知道是黑是紅。我不願意從頭至尾去看，就翻到後面，只看最後的結論：「判處有期徒刑十年，剝奪政治權利五年。」

我以為是自己的眼睛在和自己開玩笑，於是揉揉眼睛，拍拍腦門，穩住心跳，又從頭看了一遍（以下帶*號句是我的注釋）：

臨潭縣人民法院刑事判決書

（*因兩縣合併故稱臨潭縣人民法院）

（59）法刑字第1031號
（*一個小縣僅在1959年1至3月份，就判了1,031個犯人！）

　　被告陳星，又名子明，男，年34歲，漢族，陝西藍田縣人，家庭地主成份，本人舊軍官出身。

　　上列被告因反革命一案，由前卓尼人民檢察院提出公訴，經本院於1959年1月5日公開審理完結，現查明：

　　被告陳星解放前參加過國民黨（*實際未參加，歷史任職省略未錄），解放後於1951年就隱瞞其反共罪行，混進了我革命陣營，並竊取了領導幹部職務。該犯自混入革命後對社會主義制度極端仇視，敵視黨的領導，反對知識分子的改造，破壞中蘇友好關係，說什麼「蘇聯是赤色帝國主義」，誣衊說「工農幹部土裡土氣，共產黨雖能打仗，不能領導中國建設」，「抗日戰爭是美國兩顆原子彈打下來的」，等反社會主義的言論及誣衊言詞共四十三起，並同意右派分子儲安平「黨天下」和章伯鈞、羅隆基的「兩院制」及「平反委員會」的謬論。不僅如此，該犯在工作中一貫散佈不滿言論，拉攏落後，打擊先進，攻擊黨團員，企圖推翻黨的領導和社會主義，該犯對上述事實供認不諱，確係一歷史革命分子（*此處可能漏掉一個「反」字），民憤極大，為保障社會主義建設，鞏固黨的領導，判處陳犯有期徒刑十年，剝奪政治權利五年。

　　　　　　　　　　　　　審判員鐘毓麟，人民陪審員方拉目。

　　這份判決書上，到最後也沒有「如不服本判決」可以在多少日內提出上訴等語。根據我的判決書文號，臨潭縣人民法院在三個月裡發出了一千多份判決，由此可見辦案的粗糙和草菅人命的程度。這種判決當然是不給上訴

權，就是給了，又能起什麼作用？

這就是有的領導常說的「批判從嚴，處理從寬」這句話的最終體現。

在這份《判決書》上，除有關我的歷史任職出入不大以外，其餘盡是謊言，不值一駁。別的不說，所謂「由前卓尼檢察院提起公訴」和經本院「公開審理完結」，純屬子虛烏有。自被捕之日起，到領到判決書為止，誰又問過我們這些右派一句？何時有過「公開審理」？我不知審判員和人民陪審員是男是女，他們也不知我是光臉還是個麻子。從何說起「經公開審理完結」和「供認不諱」呢？判決書上說我「解放後自1951年就隱瞞其反共罪行」；然而，我1949年參加工作，那時就寫有自傳；就算當時的自傳不作為證據，那我1950年在「革大」的交代和結論又該算什麼？1957年卓尼縣委複查後說「本人交代老實」，這個結論該算什麼？可是，不管我怎麼想，既使我能把滿紙謊言都否定了，他判你十年還是十年。

有個叫魯仲英的幹部，他被判為歷史反革命，其主要問題是「曾當選偽國大代表選舉蔣介石為偽總統」。然而，魯仲英根本不知國大代表是多大個官，更談不上參與選舉。魯仲英因此質問法院幹部，他們自知做了件蠢事，就在《判決書》上抹去了這一條。但對魯仲英依然判處十年徒刑，決不能因為少了這一條罪行而改作三千六百四十九天。

我在岷縣看守所時，有個中學教師林發春，也是右派，他被判八年徒刑。宣判時，他向法院提了幾個問題，並交回了判決書，表示不服。等他再次拿到判決書時，「八」字上面又加了個「十」字，變成了十八年！所以，法院沒給我上訴權，我不奇怪；即使給了，我也不上訴。我知道，那是火中取栗。

陸聚賢、張春華的刑期和我完全一樣。姚天驥被判處八年，包忠誠和梁東升均為五年，這是我們中間刑期最短的。他們的《判決書》上也都是滿紙謊言，也剝奪了上訴權。和我一同從西安來甘肅的最後三個人都有了歸宿，郭希賢早在岷縣時就被判了五年，送往新疆勞改。

現在，大概每個人的心裡都踏實了，同志金和汪仲舉的心裡也舒服了。汪仲舉被提升到白龍江林業管理局，而同志金卻垮了下來。有一次我看到他戴頂藏族的狐皮帽，扛了桿大槍，坐在糧車上當押運員。

他為什麼垮了？據說與他的出身有關。陝北土改時，他家是惡霸地主成分，他沒上過幾天學，也沒當過幹部，直到解放大西北時作擔架夫，他才隨軍來到岷縣。隴南和平起義，無傷患可抬，適逢副專員趙尉文與同志金是志丹縣同鄉，便把他收作馬夫。當趙副專員調任卓尼工委書記時，他將同志金提拔為法院書記員。因此，同志金成了陸聚賢的部下。後來，趙副專員又把他提為檢察長。同志金經常說他是劉志丹烈士的外甥，從而抬高了自己的身份。他擔任檢察長期間不可一世，真是小人得志，野心勃勃。趙尉文調離後，同志金有了新上司，這位領導為了保住自己不受同志金的威脅，將他扯了下來。但由於同志金是來自陝北，當然認識些老領導幹部；後來他又東山再起，被調往異地高升了。

1959年國慶十周年前夕，我被岷縣公安局借去。馬體安和王守政都不讓我再返臨潭，我本來也不想再回去倒磚，何況我的家還在岷縣。然而這時傳來了新的消息，這個消息使我力爭辦完展覽後，回到臨潭磚瓦場。

什麼消息使我變卦？原來，在1959年9月14日，《人民日報》發表文章，中國共產黨中央委員會主席毛澤東向全國人民代表大會常務委員會建議：「在慶祝中華人民共和國成立十周年的時候，特赦一批確實已經改惡從善的戰爭罪犯、反革命罪犯和普通刑事犯」。緊接著，在9月17日，由中華人民共和國主席劉少奇頒佈了《特赦令》。

於是在政法幹部中也議論紛紛，據說這次特赦中，有在淮海戰役中被俘的「剿共總指揮」杜聿明和偽滿皇帝溥儀。報紙上的領袖建議和新頒佈《特赦令》，還有幹部中的議論，在犯人中引起了極大的震動，我也思緒萬千。

我想，杜聿明是國民黨的高級將領，也是被俘的戰犯之一，何以能赦？可能是因為那時畢竟是兩軍對陣，各為其主；他又坐了十年監獄，也許已經達到了「確實已經改惡從善」的程度。何況他的女婿還是世界聞名的科學家、美籍華人楊振寧。值此國泰民安之盛世，赦了他於國有利。溥儀是中國的末代皇帝，孫中山多次罹難才推翻了他的龍位，那時他還是個不懂事的兒童；張勳復辟時他也只是個不諳世故的少年，而在中年時他卻出賣祖國，甘當日寇卵翼下的兒皇帝。他以祖國的大好河山、同胞的頭顱換取龍位；若是赦了溥儀，何以告慰辛亥革命先烈和為抗日而犧牲的將士？

然而我還是希望特赦他們，赦了戰犯和大漢奸，我們這些人又何罪之有？他們能改惡從善，而我這個早已從善無惡可改的平民百姓又豈能不赦？

　　所以，我決定還是回到磚瓦場，免得真有特赦時把我忘了。

　　果然，1959年12月，最高人民法院特赦了溥儀、杜聿明。接下來，一批批「叛匪」和其他刑事犯判的判了，放的放了；還有一些判了後又放了。而我們這類人，卻始終無人過問。難道我們這些右派真是「罪大惡極」？我百思不得其解。

　　與此同時，社會上又在抓右傾分子。縣委統戰部長方旭明和張子學等也到磚瓦場接受改造了，還有大批幹部關在地方辦的集訓班裡。據說，這是盧山會議時彭德懷惹的禍，這些人都是彭的應聲蟲。目前的恐怖氣氛更濃了，又是一片黑雲壓城城欲摧的態勢。

　　今天，這座小土城裡迎來了縣委統戰部部長。他們算是消息靈通的黨內人士，我們還是希望知道一些於犯人有利的消息。

　　據他們說，自1958年總路線、大躍進、人民公社加上大煉鋼鐵，本不富裕的人民生活大幅度下降，直到餓死人。彭總回到湖南湘潭，發現社員面有菜色，路有餓殍，人們敢怒不敢言。土法煉鋼，破壞森林；現成的穀子、紅薯都爛在地裡。他在農村進行深入調查時寫過一首詩：

　　　穀撒地、薯葉枯，
　　　青壯煉鐵去，
　　　收禾童與姑，
　　　來年日子怎麼過？
　　　我為人民鼓與呼。

　　1959年7月17日，彭總給毛主席寫了份萬言「意見書」，要求制止浮誇風，調整政策，使國民經濟得以恢復。毛主席一氣之下，把盧山的「神仙會」改成了對「彭、黃、張、周反黨集團」的批判會。

　　1959年7月的盧山會議把彭德懷定為右傾機會主義分子，基層一些不善於吹牛、好說老實話的幹部進了監獄，或在地方辦的集訓隊挨批鬥。

這對我們犯人來說，只能是雪上加霜，不是什麼好消息。

由於全國開展批判彭德懷和反右傾運動，吹牛者勁頭越來越足，越吹越大。河南欒縣出現了一個八歲的「紅領巾煉鋼能手」，他吹一小竹竿當鼓風機，每次能吹出三、五斤鋼鐵。湖南省宜章縣畝產稻穀七萬斤，廣西創了畝產稻穀十三萬斤的紀錄。最大的衛星是河北省某地，畝產甘薯達一百二十萬斤。這就是所謂「人有多大膽，地有多大產」。各大報都喊起了「形勢大好，越來越好」，「敵人一天天爛下去，我們一天天好起來」。牛皮吹得越大，饑荒越嚴重。

神州大地，從白山黑水到錦繡江南，從東海之濱到帕米爾高原，在1960年都爆發了大饑荒。全國餓死了多少人，誰敢調查統計？監獄裡餓死多少人更是機密。我們犯人，好像跌進了毫無希望的萬丈深淵。

1960年下半年，中央糾正前一段工作中出現的問題，批准了三自一包的新型經濟政策。各種物品的價格雖然還十分昂貴，但街上出現了賣洋芋、蘿蔔和饃饃等喜人現象，中國人有了活的希望。我們磚瓦場附近的犯人家屬也把家裡僅有的箱箱櫃櫃變賣，弄來一點青稞炒麵和饃，搭救在監獄受難挨餓的親人性命。不要小看這點微不足道的食品，它是起死回生的靈丹妙藥。

「合久必分」，1959年臨潭、卓尼兩縣合併，1961年臨潭、卓尼兩縣又在分家。我們這批犯人作為累贅，又被分到原來花園般的古牙川農場。我和陸聚賢仍任大組長，我們組裡還有一個十分誠實的王啟福，他是我們到來之前的大組長。

王啟福是陝西華陰縣人，他從部隊轉業後，在臨潭縣副食公司任經理。1957年他當了右派，被判刑五年。目前他雖是犯人組長，卻和當經理時一樣認真負責。他把各項工作安排得有條不紊，對犯人和氣可親。有了他，我和陸聚賢便去搞那些精神上的建設。

由於王啟福在外面人緣好，有人送東西。他的老部下楊國才也從臨潭縣食品公司調來，在卓尼縣貿易公司當股長。當時，凡購買副食之類的商品都得由他來批。當這個股長比當個縣委書記還吃香，因為拿著錢就能買到平價食品。我的老同事李俊夫也常常送些東西過來，我們的生活得到大大改善；只有當過法院院長的陸聚賢門可羅雀。我把張春華、郭思楊也派去從洮河裡

給魚池抓魚，用一部分魚食和魚，改善了他們的生活，也改變了我們的食品結構。

1962年春節到來了，釋放右派的消息不斷傳來。這股東風是汪鋒書記從省委送來的，然而我們卻是只聞東風不見春雨。

我聽說汪鋒接替了「左」書記張仲良的班，便覺「西出陽關」有「故人」。回想當年我拒留西安工作，再看看如今身上的囚衣，真是愧不可當。不過我深知，以汪鋒的作風，他絕不會重蹈張仲良覆轍。

曾向我要酥油沒要到的那位張小隊長，他接替了袁鴻德任場長了。他少不了要報復我，有次他派王啟福去給他走後門，買東西；結果未能完全讓他滿意，他便找了個茬把我們兩個關了禁閉。誰知次日晨，臨潭法院通知給王啟福平反釋放。我雖在禁閉之中，心情卻十分欣慰。雖然我們相處時間不長，但情同手足，也依依難捨，我笑臉含淚送別了他。

不幾天，在楊思俊副局長的指示下，這位張場長不得不放我出來。他叫我和張春華去古牙川山上砍燒柴，我們每天必須砍兩捆柴，從溜道拉下來，揹進伙房院。不兩天，張春華也被提前釋放了了。

張春華揹著簡單的行李，高興地對我說：「我被釋放了你也快了！孩子們離開卓尼也都在奶奶身邊，我先回河南老家。」我也想起老娘，不覺淚流滿面。

我送張春華過了洮河，向他的背影揮手；我看到他的背也微微駝了，我感到痛苦，但也覺得欣慰。五年前，他的妻子和孩子被汪仲舉趕走；現在，他將要和妻兒在河南博愛縣相聚了。

十二年前，我們像一群南雁北歸；我們在此生兒育女，共度患難，又在風雨中失散了。張春華像隻孤雁南歸了，我們一起從西北革大來到洮河伐木的人，就剩下我一個人，我還能否在北方度過嚴冬？

回來在渡船上，我想起了小爐匠龐士傑。前天晚上他被批鬥後送往看守所，他在這裡跳了河。我們打著燈籠找了一夜，至今不見屍體。想到他，我在琢磨，到底是死了好還是活著好？就這樣翻來覆去，徹夜未眠。

不久，陸聚賢和其他右派都被釋放了，連右派也只剩下我一個人。我為之興奮，也倍感孤獨。失望和迷茫如亂箭穿心，伴我熬著一個個長夜。

在這五年多的患難之中，老陸和我朝夕相處，實在是情同手足。陸聚賢自蘭大畢業後就為隴南和平起義而奔走，他隨任謙、蔣雲台等順利完成了這裡的和平解放，又在這裡坐了他親自修的監獄。他的兒子因他升不了學，後來被伯父陸進賢收養，考上了父親上過的大學。對此，我和他同樣高興；我們到處奔走借錢，以他和我的名義寄去，鼓勵孩子好好讀書。今天他要和我分別，我又能給他什麼作為紀念呢？我翻出保存了多年的一只舊表，強迫他帶在身上，但願他珍惜時間。他拒收，我說留著也無用，你回到社會是有用處的。他安慰我說：「快了，快了。太陽是無私的，烏雲不會遮住你一個。」

八、他魂斷夾邊溝

在獄中相處，由一般到交好，再到交心，可以說是難中逢知己。王啟福、陸聚賢，張春華都先後離我而歸。這對他們說來，是朝夕企盼的好事。家裡的妻兒老小，那一顆顆漚在枯井裡的心都豁然明朗了。他們回到家的第一餐團圓飯，就是吃糠嚥菜也會甘甜如飴。我們都是剛過「而立」之年，就被一陣狂飆捲進荒漠，不辨南北東西，難分涇渭清濁。人說光陰荏苒，我等獄中五年若度萬載風霜，一家人團聚是多麼珍貴，多麼不易啊！

每到紅日西沉，玉兔東升時，我就在一個洗臉盆上蒙上一塊紗布，中間剪個小孔，裡面放點餌食。我把洗臉盆拿到洮河邊的靜水潭渦處，給盆裡塞個不大不小的頑石，悄悄地放入河底。然後，我便學著姜子牙，坐在一棵大柳樹下，欣賞水上的粼粼月光。我吸著金魚牌的劣質煙等待著，這時，若有一杯水酒，可解萬古憂愁，也是人生雅趣。

這天晚上，時運不差；我慢慢走進水裡，用腳觸摸魚盆，雙手抱了起來。倒盡了水，裡面赤條條地滿滿一盆活蹦亂跳的無鱗鯢魚。我當即開腸破肚，洗好後我把魚端進窩鋪，全老頭眉開眼笑地操作起來。

自聚賢、啟福等老友離去後，當過幹部而和我有共同語言的，就只有馬全仁了。全老長我二十歲，是卓尼縣惟一的漢族紳士。抗日勝利後召開國民大會時，馬全仁是卓尼地區惟一的國大代表。卓尼法院誣衊魯仲英，說他曾擔任國大代表去南京選舉蔣介石為大總統，而且將魯判刑十年，真是極為謊

謬。那時魯仲英不僅不能當選，他連選舉資格也沒有。

在河邊，有一座用柳條搭成的僅容兩人的窩棚，我和全仁都住在裡面。他接管了山坡大窖裡的芫根、甜菜，我管的是兩間大庫房裡的白蘿蔔。去年每斤蘿蔔可以賣兩元錢，但領導上認為奇貨可居不賣。經過一冬的冷凍，如今蘿蔔從庫房裡向外淌水，只好一元錢一背簍地賣出，有些老百姓買了去餵豬。而全老管的甜菜（即糖蘿蔔）和芫根仍是搶手貨。

全老和我住在一起，免不了要拉拉家常。他說他的乘龍快婿孫瑞元在1957年被打成右派，送往河西夾邊溝勞教去了。現在已經四年多，不知何時才能期滿？孫瑞元我認識，原來他是全老的女婿，於是我們之間更加親近了。

我到卓尼自治區（後改縣）結交最早的、惟一的一位本地幹部就是孫瑞元。

那是1953年，洮河林場剛剛遷返卓尼。我來場開會時，在河邊畫速寫。在我身旁，圍觀者不少；其中有一位年輕英俊、衣著整齊的軍人，他全神貫注，自始至終站在旁邊。畫完後，我們都毫無動機地相視一笑，有點猩猩相惜的感覺。經過交談我才知道，他是民兵司令部（司令是原土司楊復興）的上尉參謀。他小我三歲，個性內向，態度謙虛、穩重。我們正是萍水相逢，一見如故。

我應邀去他家拜訪，他的家在卓尼寺院東側，房子依崖築室，居高臨下。近看洮河，水波漪漪；遠眺岷山，青煙嫋嫋。他家中人口較多，居室不寬，但也高雅緊湊。落座後，有位楚楚動人的女孩獻茶，瑞元十分得意地向我說：

這是我媳婦小雲。他又指我對小雲介紹：這是陳大哥。小雲微微鞠躬，我連道：不敢當，不敢當。瑞元說，他們結婚才一年，她還不到十八歲；婚姻是父母包辦的。

小雲生得如何我無法用文字形容，當時就感到：此女只應生瑤台，何事投胎到凡間。原來，她就是全老的閨女。小雲生在紳士之家，自小大門不出，二門不邁；也沒能讀書認字。看到她的美貌，我為瑞元感到自豪。

1955年初，瑞元約我去他新居。這是按當地習俗，在自己土地上新建的一座獨宅。宅院依山傍水，向陽門第。瑞元讓我欣賞了他的多幅國畫佳作，

隨後又約我去禪定寺，拜訪楊土司的弟弟楊丹珠，他是百寺活佛之首領。那時丹珠年方弱冠，相貌堂堂，習丹青，善畫虎。我們都風華正茂，興趣相投，青年之友倍感親切。卻沒想到這是首次相見，也是終生永別。四十五年後，丹珠經過許多磨難，又成為甘南州的人大副主任。他得知我在蘭州，便託西北民族大學賈東峰教授前來看我。我前往醫院探候，卻不知他已回到一別數十年的禪定寺。我們錯過了在蘭州見面的機會，當我再拿起電話向他問安時，得知他已圓寂。對我來說，留下人生一大遺憾。

回頭再來說孫瑞元，1956年春節，瑞元曾去洮河林業局看我。那時，我已被肅反辦公室公布了「罪狀」，好在他是個軍人，這才未被審問。不料1957年，瑞元也被定為右派。他因此被開除軍籍，送出陽關，去了酒泉的夾邊溝勞教農場。此後，我們便無緣再會。

全仁對我不止一次地念叨孫瑞元的才華和品德，他是他的乘龍快婿。同時，他也覺得女兒命苦，剛剛搬了新居，孫瑞元就被送去勞教。那時他還常去安慰女兒，可是不到一年，他也成了反革命被捕勞改。小雲不識字，又沒有工作；這下成了右派、反革命兩類壞分子的家屬，處處被人歧視，抬不起頭來。這幾年的大饑荒餓死了那樣多的人，小雲拖著一雙兒女，又是怎樣活過來的？全仁真想去看看她們，但管教幹部警告他說：只許在農場範圍以內活動，絕不允許過河上街。全仁在當地也有臉面的人，他也不願走出農場，怕碰見熟人難為情。

這兩天全老很想把他保管的甜菜和芫根送點給女兒和外孫，讓她們度個活命；但他又怕被幹部看見。我每天都能上街，當然是最佳人選。我們農場和卓尼縣城僅僅隔了一條河，這條河的上、下有兩個渡口。在渡口，兩條鐵絲繩橫在河面上；鐵絲上掛著兩艘小木船，像兩條曬乾了的魚。上邊的那條船是上河灘農業社的人擺渡，過渡時向每人收五分人民幣。下面這條船是農場犯人管著，但我不能從下面過；因為我揹著一大背簍甜菜，這在當時能賣上百元，他們會懷疑我偷賣甜菜。所以我只好花五分錢，從上河灘渡河。過了河後，我順利地找到了孫瑞元的大門。只見牆裡面的那棵杏樹長高了許多，幾根枝條伸出牆外，此時正是「花落殘紅青杏小」時節。

大門未上栓，我推門進去，只見屋簷下地板上鋪了塊氈，上面放著兩只

空碗，兩個孩子趴在旁邊玩，小雲正在納鞋底。她看見進來個人，便呆在那裡不動。我氣喘噓噓地喊：快過來接著。我把背簍裝得太滿了，裡面的甜菜約有七、八十斤重。

您是？她不認識我。

以前我和她見過兩次，頭一次她幾乎沒有抬頭。她的臉上帶著那種少女的稚氣，白皙的面頰抹了淡淡的一層朝霞。第二次就是在這個院裡，那時她已有了第一個孩子，看去成熟得多了，但依然隱藏著大家閨秀的羞赧。她為我送上茶，便和孩子躲進臥室去了。我和孫瑞元欣賞他的畫作和這個向陽小院，那時我的穿著和現在大有差別。所以在她看來，一定很陌生。她比以前瘦了許多，她是個多愁善感的女人。

「我是從對岸農場來的。」我提醒她。

她一怔，面帶喜色，是阿大叫你來的吧？於是我把我和瑞元的交情、先後到她家裡來過兩次的情景，一一敘過。她驀然想起來，連說：快進，快進！我見她邊倒水，邊抹淚，便趕緊叫她不必忙了。我順便問道：孫瑞元有沒有信來？

她說：去冬來了封信，寫得很長。我只能認出百分之五，看不懂意思。又不敢請別人看，心想只要有信來，說明一定好著呢！您來了，就請您念給我聽聽。

我慢慢地讀著信，她聚精會神地聽，不斷地撩起衣襟拭淚。信寫得很長，我錄在下面（*此信是二十年後我從全仁家中抄來的）：

愛妻雲：

　　我們這裡每兩月只許發一次信，不到發信的時間我就早早寫好等著。頭一年是按時發，但一直收不到你的來信，就減少了次數。你雖不會寫信，可阿大會替你執筆的。當然我也懷疑，我寫的信未被發出，其原因有二：一是管教幹部滿不再乎地擱置一邊，久而久之便作為廢紙撂掉。或者沒說鶯歌燕舞的大好形勢，卻說了不合規定的話，也就扣發了。你的來信如果說了我不應該知道的事或者不合政策規範的話，我就看不到。當然，我是右派，居委會會勸你和我劃清界線，

你就不敢給我寫信。或者阿大和阿媽有了病無人替你執筆。不過我相信有阿大阿媽在，你會克服一切困難。我特想知道的是我們第二個孩子是男是女？你給他（她）起了個什麼名字。計算起來，1957年的11月孩子就能出生，現在該是四歲了；還見不到父親的面，這使我揪心地痛，折磨我常常從夢中驚醒。我很想見見你們，但又不忍心讓你千里迢迢來到這個黃沙滾滾、北風淒淒的塞外邊陲。我們住的是地窩子，蠻荒之地哪來旅店。見幾分鐘面，見面時難，別更難。

這裡是甘肅省為右派分子特別設置的勞動教養農場，共有三千多人。我現在又遷到新添墩站，主要是挖水渠，挖排城溝。勞動強度在前幾年一天比一天緊，目前由於死的人太多了，活著的人能走動路的太少了。每天的稀糊糊越喝越餓，從來沒有吃飽過。我聽有些來探視的家屬說外面的天也並不明亮，到處都有餓死的人，所以我見不到你們的信，心裡痛得夜夜合不上眼。

有什麼法子呢，我把人活到這個地步！讓您和孩子受罪。

我們這裡不像卓尼有山有水，春天上山摘蕨菜，秋天采點野果。夾邊溝只有白茫茫一片片沙鹼地，想挖點草根剝點樹皮都沒有，如今要有也無力去剜剝。只有常埋死人的人還活得精精神神的。餓死的人也難逃難友的刮骨剜心。和我要好的一個二勞改，他常常周濟點吃的給我，他趕的一輛馬車來往明水車站，這封信是他答應給我發，我才敢這樣寫幾句真話。我希望你要堅強些，度過這個難關。天不能總是黑夜，我也能堅持到天明。希望你不要來看我，想辦法照張全家像寄來，信中多說些社會主義好和農村的戰天鬥地大好形勢就行了。

問候 阿大 阿媽好 多多保重

瑞元

1960年11月10日

我只顧念信，也沒有抬頭看她。此時，她把正在為丈夫做的棉衣推在一邊，兩個孩子趴在腳下，她的一雙手用衣大襟捂著臉，哭得前仰後合的。我想安慰她幾句，也找不出合適的話，只好說：你設法照張全家照片給寄去。

我揹起背簍剛走到門口，進來一個郵遞員，手裡拿封信。她要叫我再念這封信，我接過一看，是一份「死亡通知書」。我便把信塞在她手裡說：我下次來了給您再念吧，回去遲了會挨批評的。我飛快地出了她的家門，一股傷情的淚水奔流而下。這正是「白骨已枯沙草地，家人猶自寄寒衣。」

我不能給她讀那張表格式的信，它雖是幾個小小黑點，但那是無數顆擲向小雲心靈的重磅炸彈，或是一支支射向內心的利箭。她是一個十分脆弱的右派分子的妻子，天天盼望丈夫歸來，共同撫養下一代。天天盼夜夜盼，竟盼來這樣一則撕心裂肺的不幸消息，絕望會使她失去精神支柱！我不敢再往下想，我也不敢再去她家。我就這樣匆匆地告別了她，在我心目中，她是一個賢慧的妻子、善良的母親，是個古典式的苦守貞操的家庭婦女，也是一個苦命的女人。

……

1963年3月，我出獄後第一次去卓尼。全仁也已釋放回家，他告訴我，小雲已和貿易公司業務股長楊國才再婚了。對此，我十分高興。因為楊國才人品很好，小雲此生不再受罪了。所以我要去看看他們，剛到大門口，我又看見那棵杏樹伸出一枝長臂，正是「滿園春色關不住，一枝紅杏出牆來。」她家的門窗都油漆一新。我進門看到，炕上坐滿了幾位喝酒的朋友。我向楊國才表示感謝，感謝我在農場時他對我和王啟福的關照。同時，我也向他和小雲表示祝賀！

這段故事本該結束了，但並沒有，我想把它寫完。

1980年，是我第五次出獄的第二年。

我再次得到小雲的消息，源於臧智元。臧智元是甘肅光學儀器廠的技術員，這個廠在1968年深挖洞廣積糧的備戰浪潮中，從南京遷來臨夏市。臧智元被造反派誣為反革命，後關進監獄，我和他都在甘肅省第二監獄技術科服刑。出獄後，我仍是一個就業工人；老臧常來我租借的臨時住所閒聊。

有天晚上，老臧喝了不少酒來和我聊天：

吳福升你認不認識？是卓尼幹部。他是我妻弟，從南京老家回來。今晚他要住在我家，還領了個情婦。所以我要在此借住一宿，不知你可容納否？

吳福升？這個名字聽來有點耳熟。原卓尼縣人民銀行行長梁東升在獄中常常和我提到他，吳福升也是銀行幹部，反右派時是積極分子；他把梁東升整得夠嗆。我便問老臧：

　　既然是情婦為何不去住旅館，怎好領到你家裡？

　　老臧告訴我：這已是公開的秘密，吳福升一家就住在她家裡，已有十多年了。他們都心知肚明，要不他怎敢領到南京去？我們去卓尼，也住在她家裡。想不到卓尼那麼個小地方也會生出那樣漂亮的女人，現在已經四十多歲，看去就像三十上下，真是天生麗質。

　　他一說卓尼最漂亮的女人，我不費思索就想起小雲。但我想，小雲是楊國才的老婆，也是名門閨秀，豈會公然為他人做情婦？於是我便問道：這個女人叫什麼名字？

　　都叫她小雲，知道吧？

　　我便說：小雲第一任丈夫是孫瑞元，被劃了右派，死在夾邊溝。瑞元是我在卓尼最早、最好的朋友，我常常懷念他。小雲後來嫁給了楊國才，他也是個大好人。

　　老臧說：楊國才和吳福升都是酒友，相交篤厚。他見吳福升只有夫妻倆在此地，還在外租房；便邀他們同來這個獨莊獨戶小「別墅」同住，兩家關係甚為親密。楊國才由於酗酒，在六十年代末患胃癌。他給小雲又留下五個孩子，便撒手人寰。小雲死了兩個丈夫，按當地陋習便無人敢娶。尤其她還有那麼多未成年的孩子，全靠小雲起早貪黑的勞苦來養活他們。這樣一個可憐的女人，多麼需要一個男人幫助。由於獨門獨院，她便繼續將部分房間借給了吳福升居住。多年來，因小雲為人善良，與吳的老婆相處甚善，她便對他們之間的秘密也就默認了，三人都心照不宣。

　　但是，我對他們三方的「心知肚明卻心照不宣」，有不同見解。小雲善良，與吳妻相處友善，這是可能的。吳妻若真發現丈夫有不軌行為，可能會忍得一時；但她決不會「心知肚明」十年之久而「心照不宣」。

　　又過了七年，即1988年，我丟了一條腿，三上北京回來。我住在洮河林業局「耍無賴」，梁東升這時復職人民銀行行長，他來看我。梁行長和我談起吳福升和小雲的故事，他說：「馬小雲因兒子漸長，需結婚另住，吳福升

只得搬出。之後不久，吳妻病逝，我想應是出於同情，馬小雲和他再婚。」我說：「小雲的後半生應當改變命運。」

梁東升接著說：「事情不是你所想像的那樣。吳福升畢竟還是多次政治運動中積極分子本性，他在夕陽西下時，何嘗不想再紅一陣，便討了一位年青的新歡。」他竟然棄小雲如敝屣，我情不自禁地歎道：苦命的女人啊！真是「自古紅顏多薄命」。但轉念一想，這樣對小雲也好，免去他人非議；還了小雲的清白和善良的本來面目。

一天，我夾著一雙拐子，蹀躞在昔年冰天雪地時被綁在柳林中的那片地方。如今，這裡已是秋風掃落葉的季節。我忽然看見，大堤上一個女人蹣跚走來。這個女人，固然失去了昔日楚楚動人的風采，但在我看來，還有些徐娘半老的風韻。她的臉上，彷彿被淚水沖刷出無數條深壑。我想到這樣的詩句，問卿能有幾多愁，恰似一河洮水向東流⋯⋯

她向我瞟了一眼，似乎在問，哪裡來的這個瘸子？

我想追上去，給她說幾句毫無用處的寬心話，但低頭看了看這條殘肢和一對拐子，欲行又止。

她向孫瑞元親手建成的那座小莊園緩緩走去，連頭也沒回。人生就是這樣，有意相逢，無情離別。

我眼前閃現出了他們往日的形象：風流倜儻的孫瑞元、宛若仙子的馬小雲⋯⋯我彷彿聽見她在風雨中呼叫：

回來吧瑞元！小雲還在等你！

⋯⋯

四十多年後我移居蘭州，得識作家楊顯惠、趙旭、和鳳鳴、龐瑞琳等，並拜讀了他們有關夾邊溝勞教農場的大作。我相信了，人們傳說中的夾邊溝，屍骨覆蓋荒野，不是虛構，絕非造謠。

九、再訪馬小雲

我們「右友」之間常常不期而遇，有位最年輕的古稀難友──張遂卿，

他不久前去過夾邊溝，見到白骨盈野。死難者的後代年年祭奠，他們留下的杯、盤、果、瓶，遺露於淺沙，隨地可見。但面對白骨，何骨是親？兒孫晚輩只得張張黃紙照天燒。張遂卿先生由此產生了收骨堆塚、立碑紀念的設想。有了紀念碑，遇難者的後代也有個寄託哀思的方位。故他積極行動起來，通過大家共同努力，建碑工程已初見成效。因此，我也再次想起了摯友孫瑞元和他的遺孀馬小雲。他們有過一對兒女，如今處境如何？是否也有緬懷生父的祭祀之心？

這年我已虛度九秩。蘭州至卓尼縣並非展足即到，而是山水阻隔，現在駕車走高速也有三百多公里。這對我這個老年殘疾者來說，其難度不言而喻。1963年我見了馬小雲一面，那時她的孩子還是幼童。時隔半個世紀，地理人情變遷，我連個可委託察訪的人也無從想起。

此時，小女雪琴一再來電催促，今年全家四代要在岷縣共渡春節。既然孩子們做了安排，我只得滿足他們的孝心好意。

臘月廿七，兒子陪同我驅車八十公里，從岷縣來到久別的卓尼。窄小的山城裡，高高低低的樓房像是插在禪定寺前的一柱柱高香；要在行人如梭的城裡找一個五十七年前的右派遺孀，猶如大海撈針。

來到這樣一個既熟悉又陌生的縣城，不覺往事如昨。在勞改隊與我形影不離的陸聚賢後來恢復了法院院長職務，那時他與繼任夫人都住在法院後面的三間陋室裡。小他二十歲的楊夫人是否健在？我一路見個老人就打聽，終於找到他略加裝修過的舊屋。楊夫人雖已七十有二，但身體也還健康。我打聽到，小雲仍在舊居原址。春節期間，人們都在各家奔走，相互拜年。我是兩手空空來到老友家，因此，與楊夫人告辭時，我留了幾百元錢給她，聊表心意和我對聚賢的懷念！

孫瑞元的舊居建在寺院高台下面的山坡上，是一座向陽獨院，遠遠即可看到全貌。如今山坡前面高樓林立，人們為爭地盤建房，市面上窄巷縱橫。我們只能在冰雪小道上側身而過，終於找到原址。

孫瑞元長子年近花甲，我們說明來意，他毫無表情地說：「母親因病在楊姓兄弟買的單元樓上。」我們求他領著去見他娘，他帶著我們經過幾條窄巷，來到一座樓前。他指著樓上的一個單元：「就在這裡。」說完，頭也不

回地走了。我想，這也不能全怪他。他前半生受夠了右派父親的株連，父親的歷史還是個禁區，見了父親的朋友心生疑慮，這很自然。

我們買了點薄禮，到樓上一層層打聽，終於在四樓見到一位中年女士和一個青年女孩。她們把我們讓進門，我們從桌椅板凳的空間擠到內間，由於爬樓倒也不覺寒冷。

這時我心臟急跳，坐下了仍氣喘吁吁，說不出話。休息少許，定了定神，才看到床上坐了一位七十八歲的老嫗。因過春節才從醫院回來，臉上還戴著吸氧管。時光給人帶來了生命，卻又送去青春。但從她的面容上，我還能找到六十年前我所見到的十八歲的馬小雲美麗的輪廓。

我輕聲地問：你能認出我是誰嗎？

她的一雙眼把我從頭向下，左右打量後，緊蹙雙眉，搖搖頭。

我能認出她，是因有意專程而來。而她對五十多年從無往來的陌生人，就是用高級電腦恐怕也無法搜索。

我說到六十年前和她的第一次相遇，又說了後來去她家見到她與楊國才的瞬間。說完這一遍，她依然毫無表情地聽著。當我說到三年「自然」災害餓死人時，我給她家送過甜菜和洋根，並給她讀過孫瑞元的來信；這時，她面露悲傷和詫異，差點忘記了重病在身，要從床上跳下來。但她說不出內心的千言萬語，這就是那位世界名人所說：「在一起哭過的人終生不忘」！

我已說完了來意，本可告辭；卻又發現她那十指尖尖如竹筍的雙手變得粗而厚，似乎蜷曲難伸。我在想，一個柔弱女子，在那生活極苦的階級鬥爭年代竟是如何熬過來的？

原先，我僅知瑞元給她留下一雙兒女，我並不知楊國才又留下四個兒女；不止四個，楊國才進她家門時還帶來一子，造成一個很複雜的家庭。也就是說，一家共有七個孩子。在毛澤東時代，一個階級敵人「烈屬」，一個沒有工作的弱女子，她如何把七個孩子養大成人？實在是不可想像。一個大家閨秀，背負階級敵人家屬的汙名，她是找不到適合工作的。小雲只能克服一切困難，去幹那常人不可想像的繁重體力勞動：和泥，搬磚，扔瓦，上山揹柴，下地挖土拉車，推磨……連牲口幹的活她都得幹。吃飯要照顧大大小小一群孩子吃飽，自己才吃；孩子們都睡好，自己才睡。我眼前已不是那美

貌如花的馬小雲，而是個巾幗英雄、偉大的女性！我真希望她的兒女能去夾邊溝哭祭清明。

他們一家的苦難不是父親孫瑞元的罪過，是偉大領袖毛澤東毫不「吝嗇」的賞賜。千秋萬代都應當「珍惜」這幕悲劇，它是人類歷史的一部分。

十、終於出獄

說了馬小雲一生的無限傷痛，再回到上個世紀六十年代。

我等到1962年5月份，仍是天天砍燒柴。張場長又把我發送到卓尼溝去燒木炭。大煉鋼鐵時這裡開闢了木炭基地，到兩縣合併，規模縮小，但仍有三十餘人在此；他們為兩縣機關冬季取暖供應木炭。我很願意幹我童年時幹過的營生，這裡沒有武警，沒有政法幹部，楊思俊局長叫我負責。凡家在附近的犯人，我都「批准」他們每週六下午回家，星期天早晨再返回。外地犯人家屬來探視，我們騰出一間窩棚，讓他們去說說話。大家也很自覺，並未惹出是非。我只是每天晚上，用兩個破臉盆蒙上一塊紗布，中間剪個洞，放進水裡。早晨我取出來，用滿滿兩盆活魚去換水煙、磚茶，給他們搞後勤供應。不久，張場長把我的行為彙報了，並派來了一位回族幹部。他比我還「寬大」，於是我像張思德一樣，終日為他人送溫暖，砍柴燒炭不止。到7月份，這個燒炭組又撤銷了，我便揹著鋪蓋卷，進了我第一天當犯人時住過的那間號子。難友們先後離開，我感到無限寂苦。我想念張春華、陸聚賢；他們是否也在懷念我？

看守所長金旦珠靦腆得像個大姑娘，他心慈手軟；不打人，不罵人，放風時連聲「快」也不喊。他仍叫我跑出跑進地當自由犯。我邊為他跑腿邊等釋放通知，等了三個月仍無消息。

從看守所上街，有條捷徑經過法院。我知道大鼻子又當上了院長，便不敢經過。那天不知怎的走了個捷徑，法院的副院長趙文琦手扶在木欄杆上「嗨」了一聲。我仰頭看，他問我：「你怎麼還在？沒拿到釋放證？」

趙院長也是陝西人，他年輕，態度平和，有時還可以和他講講實話。所以我便不得好氣地說：「我怎麼知道？問問你們自己吧！」

「你等一等。」他快步上樓，進了大鼻子院長的辦公室。不多會兒他出來了，手扶在欄杆上，對我說：「你先回去。」大鼻子的頭從門裡伸出來，望了我一眼，神色極不自然。

次日中午，金丹珠所長把我叫到辦公室，給了我一張公安局發的釋放證，上面還有批註：「本人勞動表現好，提前釋放，恢復公民權利。」

我回想昨天趙院長的話，便問金所長：「為什麼把我多押了幾個月？」他笑而不答。後來，我從別處打聽到：這次釋放右派是省委的決定，由州公安處下達到縣級法院，一律提前釋放；再由縣級單位成立甄別辦公室，予以甄別。我的釋放通知與張春華、陸聚賢的同時到達，但它在大鼻子院長抽屜裡卻多休息了三個月。

這是為什麼？我想起一件事，他到臨潭縣磚瓦場來視察；我是大組長跟著他。犯人一個個腫得像吹足了氣的牛皮胎，要死不活地躺在台階上，他回頭問我：「你知道這種病是怎麼得的？」我脫口而出：「餓的！」他搖搖頭說：「不不不，是感冒引起的嘛。」

我想起大躍進開始時，這位院長在古牙川農場給犯人訓話，便隨口說道：「你以前說今後不是考慮吃飽吃不飽的問題，而是考慮糧食有沒有地方裝的問題；院長現在是否可以拿點出來裝在這些『皮胎』裡？」磚瓦廠會計李維鴻狠了我一眼，李院長的大鼻子朝我哼了一聲，加快步伐走了出去。

接著，我又想起第二件事。1962年初，自由市場開放，街上有人搭了帳房開飯館。我有次上街，遇見幾個被釋放不久的藏族難友。他們硬是把我拽進那家惟一的飯館，炒了菜，喝著他們帶來的青稞酒。此時，大鼻子院長也進來改善伙食。我立即要起身，帶了酒意的藏胞，摁住我的肩膀說：坐下！看他能把ea的求咬了。李院長往這邊瞅了瞅，瞟了我一眼，把吃完了的碗狠狠向前一推，轉身走了。

我想，兩次得罪了他，這就是他不釋放我的原因之一。

雖則對我的釋放延遲了三個月，但釋放證上有「恢復公民權利」這條，可以安慰自己。儘管「公民權利」是句空話，總比戴帽子要涼快些。

可是我人還沒回到岷縣，卓尼法院的「戴反革命帽子」的通知已到岷縣公安局。為此，我又來找大鼻子院長，請他看「恢復公民權利」幾個字。

他說：「提前釋放不等於不戴帽子，釋放是公安局的權，戴不戴帽子是法院的權。孫悟空沒有個『緊箍咒』，能乖乖地去西天取經嗎？」看來這「緊箍咒」只有等待唐玄奘從西天取回經才能取掉了。

卓尼縣對釋放了的右派，均按西北局決定收回，進行甄別後分配工作。而洮河林業局對我們這些勞改釋放右派卻不予安置，連解除勞教的何耀明、郭思楊等，局裡也未按上級指示辦。他們流落街頭，或失去公職，只能返回原籍務農。為此，我和一位新上任的劉局長爭得面紅耳赤，他叫林警把我攢了出來。

出獄後，我沒有立即回家；而是先去甘南州勞改隊探望了敏生光、敏生元、吳尚義和其他一些難友。我並替魯仲英向楊復興州長求釋，同時謁見了州委趙子康書記。此時謝占儒已和張仲良書記同時卸任，否則他會下令：「可放可不放的一律不放。」

趙書記的家裡幾乎沒有任何陳設，他和我都坐在矮板凳上。他夫人拐著一雙小腳，端茶遞飯。趙書記懇切地說：「甘南的反右鬥爭搞得過火了些，就是真正的右派也不應逮捕。現在對你們先行釋放，由各縣級單位甄別，再作安置。」他還把我送出大院。一個州委書記能如此平易近人地接待一個素不相識的勞改釋放犯，我似乎又看到了黨的實事求是精神。

在街上，我遇到原陝西《群眾日報》記者嚴浩，他是我青年時的老友。1952年他來甘南採訪時，因洮河水漲，被阻於野狐峽，我們不期而遇。此後他與我合作寫過一些報導，接著，西北局決定成立甘南藏族自治州，讓他協助。他任畜牧處處長，也被打成右派，被判處三年徒刑。勞改時，他在合作灘上挖了個僅能裝一個人的窯洞，看守農場莊稼。有次，我由臨潭磚瓦場派去學習技術革新，曾到他窯洞「作客」。他對我說：「世界科學走向尖端，我們卻向諸葛亮學習木牛流馬（*當時時興的木汽車木火車），這是傻子中的狂人幹的。」我對他心直口快的脾氣很賞識，但也為他擔心。他現已被釋放，返回原單位。

總之，1962年7月20日，我還戴著帽子，被提前釋放了。今後是否還會當囚犯，不是我主觀努力所能決定的。

第六章　求生

「誰不能主宰自己，便永遠是個奴隸。」歌德說。

那麼，到現在，我這一類無能之輩，又怎麼主宰自己呢？但不主宰自己，我將是永遠是一個沒有人身自由的奴隸。

自1956年肅反運動以來，我就失去了為人民服務的權利，失去了主宰自己的自由。

我以為，若干年的勞改生活，在死人堆裡跳來跳去，在白骨堆中呼喊冤魂，厄運定被他們驅走。如今我得到了釋放，定是大難不死，必有後福了。

回顧自己走過的路，抗日勝利時，我還是個毫無生活經驗的青年。我痛恨當時社會的黑暗，咒罵舊社會；雖頭頂烈日仍能徜徉在茫茫沙漠之中。如今，我出獄了，頭上卻還戴著一頂「反革命」的帽子，今後的生路在哪裡呢？

一、亦樂亦苦

在人生道路上，我已走過了三十八個春秋；往事不堪回首。

眼下的我正乘一輛木輪牛車，沿著洮河慢慢地走著。車輪是用兩根碗口粗的樺木彎曲而成，這個輪子的圓圈直徑有一米二、三。在木軸的兩端，嵌上幾根鍵條，因無油可以潤滑，整天乾磨著，發出咯吱咯吱的叫聲。看著這木輪，我便想起在農場為「滾動軸承化」砸的那些滾珠。而老陸為代替二牛抬槓做的那些「牽引機」，也並未派上任何用場。沿途我看到農民生活貧困程度大都相當，不禁為我那五口之家憂愁起來。

出獄一周，我沒有以任何方式告知家人，妻兒的心還泡在苦水裡。當我被判十年徒刑時，我誠懇地給妻子寫過請求離婚的信，希望她為孩子和自己找條活路。可是她帶著孩子，揹著野菜做的乾糧，風餐露宿地一趟趟來看我。她表示，一定要等到我出獄。這一天終於到了，可她和孩子們又是怎樣熬過那前所未有的三年「自然」災害的？

自1953年起，我就住在陝西同鄉汪子俊的三間窄屋裡。他趕著那種樺木軲轆馬車，從隴西往臨潭販麵為生。以前他曾在馮玉祥麾下當過連長，是個很有個性的老頭。他對我說：「都是老鄉，要什麼錢！儘管住著。」

　　牛車把我拉到家門口，我揣著一顆怦怦跳動的心，走進這個簡陋的小院。在院子裡，我看不到汪子俊趕馬車輾過的轍印和馬糞痕跡，以往我住的那三間小屋門上有把鎖，鎖也被蜘蛛絲網著。從主人的屋裡走出一個滿臉大煙色的老頭，儘管是夏天，他卻穿著一件沒一顆紐扣的棉襖，把身軀裹得緊緊的。一開口，也是陝西口音。經過請教我才知道，他是個唱戲的藝人，叫毛得貴。我作了自我介紹後，他告訴我說：「汪子俊因饑荒去陝西老家逃命了。你老婆因每晚都有雷打不動的學習，往返不方便，她搬到南關學校隔壁姓梁的家裡。這裡的房子已被房管部門改革了。」

　　我找到了梁家院子，進去後我看見，院裡有兩堆濕蒿草，北房也吊著鎖，顯然是主人還沒下地。東房好像失了火，門窗向外吐著濃煙。我猜測，妻子必然住在此屋，我便揹著捨不得丟掉的破棉絮，從煙霧中擠進東房。但進到房門內，還是什麼也看不見。我不得不弓著腰，才睜開不斷流淚的眼。在我眼前，小女面向土灶，認真地給裡面塞著濕蒿草。

　　我想起肅反時，小女和她母親去探視我，被王懷曾兩手隔斷我們父女之情，不讓我抱抱她。到現在，六年過去了。如今她已九歲，能幫母親燒火做飯了。我想看看她到底長成什麼樣了，迫切的心情使我來不及擱下行李，就撲過去一把把她抱出門外。她似乎沒有增加多少體重，只有一對髮辮長得長長的。由於瘦，一對眼睛更大了。

　　她吃驚地看著我，終於伸開那雙小手摟住我的脖子，喊了聲「爸爸」便哇地一聲哭了起來。我緊緊地抱住孩子，父親的淚、女兒的淚，把兩張親切的、痛苦的臉緊緊地黏合在一起。

　　灶裡火熄了，我這才看清，這是沒有隔牆和頂棚的兩通間房子。抬頭可見屋瓦四面透風，低頭可見凸凹不平永遠不必打掃的地面。牆壁每塊土坯的空間都可以射進陽光和透過風雨，上半部的屋頂已經被煙熏得像刷過了黑色油漆。寬闊的獨扇門檻上還留下了被釘了鐵掌的馬蹄碰磕的傷痕，這痕跡告訴我，這裡的「主人」進入了集體馬廄。門的北側是座土炕，炕席都已脫

邊，席的中間烙了一個大黑砣；兩床破被子堆在牆角。被面雖則認不出顏色，但可以斷定，其中有一床還是我們結婚時的紀念品。所以，我帶回來的破棉絮放在炕上也很協調。房子的另一間有個木條鑲成的小窗，下面糊著報紙，上面可以出煙。窗下有塊被破磚支撐的案板，還有幾個空碗和一條幾乎沒裝麵的布袋。鍋台上的鍋少了個「耳朵」，顯然是吃罷食堂以後揀回來的破爛。

這裡沒有普通人家必不可少的麵櫃、衣箱，沒有存水缸和菜盤茶具，更沒有桌椅板凳。炕頭搭有一塊木板，放著兩疊待閱的作業本，木板下面有幾雙破舊泥鞋。牆縫裡插的木橛子上，掛著幾件過冬穿的破棉襖。兩間房的中央是塊極為重要的聖地，上面貼著家家不敢缺少的毛主席畫像。畫像上的偉大領袖正微微含笑，他滿意地注視著這個人民教師──一個人類靈魂工程師的家。

一個中年婦人從大門外搖搖晃晃走進來，她挑著一對沒有盛滿水的桶，提著裝滿了野菜的籃子，籃子還在淅瀝瀝地滴著水。她視線與地面垂直，頭髮蓬鬆；衣服顯得很寬大，胳肘、膝蓋和臀部對稱地打著補丁。只見她兩隻腳蹣跚地向前移動，一對水桶不統一地擺動著。這樣子簡直不敢讓人相信她是個人民教師，也不敢相信她是我的妻子。她的樣子倒像是魯迅筆下的祥林嫂。不，她比祥林嫂還要慘！

她終於看見了我，停了一下，又吃力地向前移動。我上前去接了她的擔子，女兒接過了菜籃。她像是卸下了千斤壓力，坐在炕沿邊，長長地出了口氣。要是一位名導演，一定會把這個場面處理成悲喜交加的擁抱，然而在真實生活中的我們，卻是無語淚雙流……此時無聲勝有聲，「喜極不得語，淚盡方一哂」。

「回來了，只要你能回來，哪怕吃得再稀點，心裡也是好受的。」妻子邊用衣襟拭淚邊說。她又抬頭環顧了四周，似乎被這幾年的痛苦刺痛了心肺，由涕泣而嚎啕。我想不出能夠安慰她的任何一句話，只得低下頭去，讓她哭，哭個夠，把痛苦和冤屈全都哭出來。我羞愧地也落了淚。

她終於忍住了淚水，苦笑了。好像長了精神，她掂了掂案板上那條我以為沒麵的口袋。她開始洗案板，洗完了案板，傾袋倒盡，還捽了幾下，似乎

這一輩子再不用它了。小女又給灶裡塞蒿子，濃濃的煙草味又在房裡旋轉。

二兒子背著捆蒿草，還挎著一筐野菜，輕輕地放在簷臺上。我和兒子說著別後語，眼睛掃著牆角堆著的他拾來的煤核。不用說，那是為越冬準備的。「時挑野菜和根煮，旋砍生柴帶葉燒。」也是在這時我才知道，大兒子和大女兒已被送回陝西老家逃命去了。

二兒子身上穿著我的衣服，那是我從那個萬惡的舊社會穿到新社會來的。它被山上的荊棘刺得稀爛，如今已是補丁摞補丁。兒子腳上套著一雙大小不同、顏色各異的破解放鞋，兩條褲腿一高一低。他長長的頭髮像他背的那捆蒿草，活活是張樂平速寫的「三毛」。他沒有三毛可愛，卻比三毛可憐。

改變孩子的愁容是件極容易的事情，他們看見媽媽在給鍋裡下麵條，便興奮起來。當然，家裡有了個爸爸，似乎也有了保護神。也許別的孩子再也不敢罵他們是「軍犯家娃」，爸爸是能趕走餓鬼糾纏的，他們可以昂首闊步地走出大門。見兒子高興了，我也有信心。只要給我自由，我決不會讓孩子們在物質和精神兩個方面受到摧殘。只有做到這一點，才不愧為人之父。

妻子給我撈了一碗純麵條，才把野菜倒進鍋裡。我知道她是用這碗麵條給我「接風洗塵」。而我深深懂得，這個家弄成這般光景，責任完全在我這個「反革命」身上。家庭饑寒家長有責，於是我又把它倒在鍋裡，妻子的淚水也同時滴了進去。

夏天的夕陽遲遲躲進西山，我們趁餘暉吃完了這頓又香、又甜、又苦澀的團圓飯。我坐在炕上，看見那條翻過了的麵口袋被小女翻弄著，她猛然扯住媽媽問：「明天我們拿什麼拌拌湯？」孩子們把他們曾經吃過的饃的形狀全忘了，記得的只是拌湯。若對於更小的孩子給個點心，他一定不知它是能吃的東西。

這時我挺了挺胸脯，以一個爸爸的姿態說：「明天爸爸給你們烙白麵饃吃。」我以為他們都很高興，誰知他們卻以懷疑的神色看著我，哭了起來。但我不是為他們寬心，我也不會變魔術，更不會去偷。我說這話，是因我身上的確有六百元的人民幣。

從甘南州回來，經過臨潭，我去拜會難友王啟福。我們的相會確是悲喜交加，說不完的往事與未來。我告別時，他從抽屜裡拿出一千元說：「前

天正好補發了三千元的工資，你拿一千去，我們有福同享。」甘南藏族地區工資標準高，他每月工資大約有一百四十多元。他是一片誠意，我卻羞愧得無地自容。在農場，他把朋友送的東西大部分給了我和老陸，這些恩情我尚未報答。出獄時，獄方給我發了三十元，是半個月的生活費和路費。我買了點東西看望那些尚在獄中的至親難友，到他那裡手裡只剩下五元錢，所以連包煙也未給他買。如今他卻拿出一千元周濟我，這是一顆滾燙的心。我堅決不收，他說：「你不要裝硬漢，你回去了一家人把希望寄託在你的身上。何況老伯母還在陝西，能不回去看看？」我低下了頭，他又把錢裝在我的口袋裡。於是我收了五百元，臨出門他又塞給了我一百元。所以，我今天才敢向孩子們誇下海口。但這錢也是啟福蹲大牢補來的，用它我心痛呀。後來，我見過他兩面；關於還錢的事，他提也不許我提一聲。不久我又連連入獄，他全家落葉歸根。再無機會和啟福相聚，我欠下了他終生難忘的恩情債。

想起啟福那豁達大度開朗的性格、飽滿的精神和不知疲勞的工作熱情，我深感他是個難得的好領導，也是難忘的梁山弟兄。在部隊他也是個好戰士，正因為快言快語，他成了右派。他和陸聚賢都是我的患難知己，是我終生難忘的知己！

我又在淒淒慘慘的囹圄中、吵吵鬧鬧的上訪中，倏忽過了四十多年。拿到甘肅省高院對我宣告無罪的判決書。我想，這個消息要先告知啟福。2005年，我千里迢迢找到陝西華陰縣，找到了他。他和我同庚，年已八十但音容依舊，看起來比我年輕二十多歲。我高興得像小孩似的抱住了他，相視無語，我和他都在落淚。他和女兒一家同住，老伴幾乎癱瘓，全靠他形影不離照看著。

當年他給我的錢，我在次年想先還他三百元，他只收下一百。這次去看他，我依然很窮酸，無以為報。他知道我才辦離休沒補發工資，一點薄意也不收，還堅持說我只拿了他三百元，而不是五百元。我想，以後總能在經濟上得到補償，到那時我再去和他好好暢談。當我還在為補發工資奔走之時，卻突然傳來噩耗，啟福闃然長逝。我大恩未報，自責終生。

我在這個世界上，再也看不到親如手足的難友，王啟福！

二、意外的意外

母親不知為我流了多少淚，出獄後的第一件事，就是先回老家看望她老人家。1962年的8月20日，我終於成行了。

剛發過暴雨的渭河，捲著泥沙、雜草和矮樹，顯得更加渾濁洶猛。渭河像條失去控制的黃龍向東奔去，列車載著我在峽谷中全速和它賽跑。我想起南宋女詞人李清照《武陵春》的末兩句：「只恐雙溪舴艋舟，載不動許多愁。」不知這次列車能否載動我如許愁腸。

過了寶雞市，視線寬闊了。橫貫東西的秦嶺，像幅淡墨渲染的絕妙丹青，又像一條青龍橫臥在藍天碧海之間。秦嶺把黃河與長江永遠分開，由於黃河、渭河爭流，洪水沖淤，形成了美麗而富饒的八百里秦川。川之北有人文始祖黃帝陵，向東有千古一帝始皇墓。盛唐時期，這裡是中華民族政治、經濟、文化的中心。這是一塊歷史悠久的黃土地，看到她我就像看到親人；聞見關中的泥土味，就像母親的乳汁一樣香甜。

1944年冬，為了抗日我第一次離開她。雖無光輝業績，但血灑疆場，為她獻了一顆赤子之心。歸去來兮，我問心無愧。1950年冬，為了響應黨的號召，我第二次告別了她。在艱苦的工作中，貢獻了我的青春年華，我也無愧於黃帝子孫。時過境遷，如今的我卻是坐罷監獄，還戴著一頂反革命帽子。我懷著悔恨與愧疚回來，我覺得愧對這塊生養我的土地，愧對勤勞勇敢的關中鄉親。

裝著滿腹苦澀，歸心似箭的我捲起褲腿，跑在兒時求學走過的路上。那是我熟悉的羊腸棧道，清澈的小河在腳下流淌，它與峽谷和韻幽唱，爛漫的山花散發著沁人心肺的芳香。蟬聲迎著夕陽奏鳴，令人觸景生情，這些畫面都浮現在我對少年時代的記憶中。驀然我看見，山上的樹木只留下了尺把高的槎椿，一座座煉鐵爐張著黑洞洞的口，吞噬著行路人的心。我向自己發問：故鄉的人民如今又是怎樣？三年「自然」災害之後，老母、兄嫂和侄女怎樣了？我的投靠親人的兩個子女又是怎樣？我擔心年逾古稀的老母和年過半百的兄嫂承受不起打擊，曾一再告訴妻子不要讓他們知道我的遭遇。如

今，他們是否都知道了？

　　1952年土改時，家裡一點自己開墾的地被分去了一部分。那時父親精神仍很好，他認為這也是應該的。看著無私的大山，又看看長滿老繭的手，父親笑著說：「就是不分，光靠這點地也不夠吃，還得要做點山貨去換糧食。」當農會再次來牽他養了十多年的老黃牛時，剛落地不久的小牛犢，用那還沒有長出犄角的頭一再撞他，父親抱著小牛犢，痛苦地送到別人家。回來後，他多日未進飯食，終於與世長辭。父親去世後，一頂「地主分子」帽子落在大哥陳光明的頭上。大哥發電報來，催我回家奔喪。但我忙於野狐峽河道的設備改革，未能給父親送葬，這讓我遺恨終生。大哥脾氣倔強，為人正直，他燒的炭敲起來當當響。販子都愛揹陳家的鋼炭，過秤時大哥老說：「揹炭人也可憐。」他不但給揹炭的販子過秤時過得高高的，還要多給他們幾斤。大哥對我的疼愛不亞於父母，如今，要靠他一人勞動養活一大家人，真不容易啊。不過今天就能見面，這總是讓人高興的事。

　　我看見父親和我親手栽的那棵松樹，它在風雪中又過了十二年，長高了，也長粗了。它是大煉鋼鐵時惟一的倖存者，看見了它，我好像看見母親、大嫂和小妹在迎接我的歸來。思緒回到十八年前，我正在灞橋風雪中前行。我們和送行者一起高唱：母親送兒上戰場，妻子送郎打東洋。

　　通向家門的路邊，是唐九叔為父母選的墳地。據他說，我家的後代必出大人物；我想，父親一定是埋在這裡。我從綠油油的包穀叢中擠了過去，看見長滿蒿草的墳塚。我爬在地上磕了幾個響頭，向他老人家懺悔，求他饒恕我這個不孝之子，竟未能在他臨終時叫聲爸爸……

　　在離父親的墳地丈把遠的下面，還有一個未長一根蒿草的新墳。看上去至多也不過年把時間，上面還添了幾鍬新土。不容我猜測，那一定是我母親，我慈祥而又命苦的母親！

　　我想起，每到這樣炎熱的夏天，母親不顧一天的勞累揹著我，借著月光，迎著微風，在這裡納涼。她哼著兒歌，直到我朦朧睡去。

　　我跪在墳前痛哭，我的手摳著鬆軟的新土，我哭訴道：「母親，原諒我吧。這幾年不是我不願回來，而是回不來。母親你為什麼不再等幾天，和不孝之子見上最後一面！」我哭濕了兩頰，哭濕了衣衫。千里迢迢回來，難道

只能看見這堆荒塚？我希望它神話般地裂開，讓我摸摸母親的銀髮，吻吻她老人家慈祥又多愁的面容……

我心上像是扎了鋼刀，眼前蒙了一層黑紗。挪動著沉重的腳步，我踉踉蹌蹌地扶著我還沒有走過的小門——老屋一部分房屋被分給了其他農戶，家裡另開了這個小門，但我卻不敢向前邁步……凝視著熟悉而又陌生的每個角落，我驀然發現，上屋門檻上坐著一位白髮老人。她不正是我那慈祥的母親嗎？莫非我的哭聲感動了她老人家，竟先我一步在這裡等我？要不就是由於我神經錯亂引起的幻覺？我毫不猶豫地一步步向她靠近。

她兩眼睜著，卻看不見我。她用兩耳判斷腳步聲的位置，當我快要接近她時，她斷定面前有個人影。

母親的頭髮比十二年前白多了，也稀疏了。歲月和憂愁給她臉上刻了更多的皺紋，沒有一顆牙齒的牙床不斷咬著上嘴唇。她兩隻皮膚鬆弛的老手不停地搓著雙膝，一根藤條拐杖放在她的右邊。

「誰？」她見來人不作聲，才隨便地問了一聲。

這不是亡靈，而是還活在人間的我的老母親！我和小時候一樣搶前一步叫了聲：「媽！我是鎖娃，我回來了。」我忍不住嚎啕大哭起來。

母親摸著我的頭，只是抽泣，說不出一句話來。

不知什麼時候，大嫂伏在母親的肩上抽泣。侄女鳳琴伏在我的背上放聲大哭，悲痛的嚎啕之聲驚天動地，祖孫三輩抱成一團。

我從自己的腋下看到，鳳琴的黑鞋上蒙了一層白布，我立即聯想到剛才看到的新墳，莫不是大哥他……

我猛地抓住鳳琴的雙肩問道：「是不是你伯他……」我這一問，他們三人哭得說不出一句話來。

原來，前天是大哥去世的一周年；所以墳上添有幾鍬新土。大哥死得很慘，母親怕我知道，不讓家人給我們寫信。我們都想把不幸埋在各自心裡，不想為他人增加痛苦。

這個家少了五個人，添了一個人。父親去世後，患過小兒麻痺的大夭叔和雙目失明的禿子表哥也先後死了（這兩位親人因有殘疾，親屬不願撫養；他們自小就跟著我父母生活。結果在土改時，他們被算成我父親的「長

工」，成為「地主」剝削的人證）。大哥死後，二侄女因小產而夭折。新添的人是鳳琴招贅來的女婿，他叫張有緒。

大哥招贅他當然有自己的目的，小張從部隊復員，是貧農的兒子，還是共產黨員。有了他，等於在大門上貼了一張「姜太公在此大吉大利」的符籙一樣，然而小張卻是個膽小怕事的老實人。

肅反運動時，汪仲舉和同志金曾派王丕等人去抄我的老家。因道路艱難未能抵達，便在區委瞭解了一個大概。他們說我有很大的問題，但本地區委並未在意。1957年反右時，單位又去函瞭解我在家鄉有何言論，區委事多亦未進行調查。1959年我被判刑後，法院當然也寄去一份《判決書》著轉我家；主辦人劉義，一年前因住隊才去了這個幹部不常去的地方。而我大哥因給一個親戚說了一樁婚事，妨害了生產隊長張掌娃的面子，他便向住隊幹部劉義告了一狀。劉義將我大哥叫到張家連鬥三夜，拳打腳踢，要他交代他和我說的反動言論；並說我已被捕，判刑十年。聽到這個消息，大哥他再也承受不住了。大哥無子，只有我這個小他十二歲的兄弟。我被判刑十年，他認為今生再也見不到了。這「地主分子」帽子到底還要戴多久？只要開會，他就是階級鬥爭的對象。這種侮辱要受到何時？他想，活著不如死了的好。鬥罷，他走進上房對大嫂說，他要趕快進山閉窯；如果不閉窯，讓這窯炭化掉了，隊長張掌娃更饒不了他；他會被扣上「破壞生產」的帽子。大哥順手拿了根繩子，摸黑出了家門。

次日中午，一個小孩跑來說：河壩大核桃樹上吊著一個人。全家瘋了似地跑到樹下，大哥他還筆直地吊著，滿臉青紫；舌頭上被牙咬出的血，凝固在胸前。

母親自此雙目失明，她老人家生了四男二女，現在只有我這一個兒子了。我想回來侍奉母親，她氣急地說：「你糊塗了，你要繼承你哥的地主分子帽子？」我說：「要不我把你接出去一起過？」她歎了口氣：「我已經七十四的人了，還能活幾天？我死也要死在這個地方，你快把你的兩個娃引走吧，這屋裡現在姓張不姓陳。」母親說著，哭得不省人事。

我想了幾天，只有把一雙兒女領走。我決不能再給侄女婿增加負擔。

不容我為自己開脫罪責，大哥之死是我株連了他。而他也有責任，他不

該含辛茹苦地供我讀書。在當今，知識不僅無用而且有罪，中國需要的是無知和愚昧的老百姓。

我領著一雙兒女跪倒在他的墳前，我安慰自己，也鞭撻自己！一陣清風把化作灰燼的紙錢颳走，我恨不得隨它去見兄長。可是我見了他，又能向他哭訴點什麼……

我又來到小妹的墳前，讓兩個兒女給她燒紙。她也是因我而死的，我再次請她寬恕我這個劊子手。

母親再也不能送我到那棵長大了的松樹下，她靠伏在門框上哭著，向我揮手，叫我快點兒領著一對兒女走。我向她許願：今年臘月一定回來過春節。現在我已失業，沒有單位管我，因此不必請假，也無處請假，這是完全可以做到的。

滿懷悲憤之情，我又一次離開了家，離開了生我養我的這塊土地。此情此景，真是「夾道萬株楊柳樹，望中都化斷腸花。」

三、大年三十一場雪

在勞改隊的時候，我的思維就像孩子般的單純。我天天盼望釋放，心裡認為，只要釋放了，我就能像雄鷹一樣奮翮長空。然而現在我明白了，殘酷的現實絕非如此簡單。

三年「自然」災害時期，岷縣是甘肅遭難最嚴重的地區之一；據說餓死了很多人。不少本地女人拋下兒女去外省嫁人（我住的梁家，就有兩個姑娘逃往陝西。據說那時胡耀邦在陝西主政，因而少死了不少人）。有的丈夫，為了救兒女賣妻子，可是兒女也未能救活，最後只剩下他一人。

大約是1984年我在《啄木鳥》雜誌上看到，甘肅通渭縣某村，一個父親吃了五歲的兒子。河西走廊的張掖市號稱甘肅糧倉，而在1960年，張掖人口的死亡率高達百分之六十。

《三國演義》的作者與讀者，都把殺人如麻的曹操稱為奸雄；但曹操對戰亂給人民帶來的疾苦卻深表同情。他作詩歎道：「鎧甲生蟣虱，萬姓以死亡，白骨露於野，千里無雞鳴。生民百遺一，念之斷人腸。」曹操尚不隱諱

人口滅絕的原因，他將之直接歸結於「鎧甲生蟣虱」。而今上級卻把人為的災難說成是天災而不是人禍。老天爺，難道你也不敢鳴冤嗎？

自古以來，每年的古曆五月十七日，就是岷縣二郎山花兒會的日子，這一風俗從未間斷。但自人民公社化、大躍進以來，花兒會也被人們遺忘了。但這一年，有關方面給了「四大自由」，在這個藥方下，花兒會又復活了。在花兒會上，很少有人敢以民歌的聲音唱出心裡話，卻有兩個年已花甲的老阿婆，她們以那樣實淳厚、簡明通俗的語言和捨得一身剮的膽量，唱出了億萬人的血淚控訴。她們唱到哪裡，人們跟到哪裡。聽眾有的席地而坐，有的倚牆而泣；有的捶胸長歎，有的抱頭痛哭。哀怨隨烏雲翻滾，血淚和洮水湧流。正如杜甫詩云：「歌罷仰天歎，四座淚縱橫。」她們的唱詞我曾抄過幾首，其中有一首是婦女們經常唱的花兒，歌詞如下：

> 拉是要拉隊長呢，
> 胛骨一拍油淌呢；
> 拉是要拉書記呢，
> 入黨細不（很）容易呢；
> 拉是要拉會計呢，
> 工分一筆幾記呢；
> 拉是要拉保管呢，
> 倉庫一開只攬呢。

這是當時農村社會兩個階層的真實寫照。還有一首唱的是：

> 中國有個湘潭縣，
> 湘潭縣有個老嫁漢，
> 老嫁漢養了個毛軍犯。（*岷縣把壞人叫做「軍犯」）
> 餓死百姓千千萬，
> 死了油鍋把他煉。

唱詞粗俗，卻是農村老嫗的心聲。

我無暇欣賞「花兒」，懷揣著釋放證，我在找尋「甄別辦公室」。而那時，這個機構早已摘掉了牌子。那麼為什麼又摘去了「甄別辦公室」的牌子？我百思不得一解。

政治舞臺的風雲變幻，真是吉凶難測。如今我開始尋找工作，卻無人敢用「右派」、「反革命」。人要活就得吃飯，要吃飯，糧戶關係十分重要。沒有戶口就沒有糧票，買黑市糧的話，價格與平價糧相差十倍。可是，當我到派出所報戶口，派出所的柳指導員說：「先由民政局安排工作才行。」妻子以為她認識民政局的主辦人黎同志，便領我前去拜見。黎同志卻說：「好人都安排不完，如何安排你？」聽其言，我自然是壞人，不在安排之列。

「做普工也行。」我懇求道。

「那是居委會的事，你沒有糧戶關係他們也不敢介紹。」

「我總得有個活路！」

「那就全家去農村。」

我再也不敢懇求下去，否則連妻子每月四十元的工作也要斷送。黎同志要我去的地方，都是十年九不收的邊遠乾旱山區，我又不是一個強勞力。茶埠是岷縣比較好的一個公社，那裡有位隊長，他叫我弄十立方木材去，說搞到木材，他給我搭幾間土棚落戶。我通過調撥手續弄來十立方，經過洮河林業局貯木場時，被一位庹場長帶領林警強行扣去。我怎麼懇求也要不回來，這不但讓我的落戶告吹，且將王啟福給我的六百元也弄得一文不剩。春節又要到了，給母親許的闔家回去過年，怎能食言？

正在此時，李俊夫來了，他原來在野狐橋工作，後來在局裡食堂當管理員。我被打成右派時承他照顧多多。這年春節快到時他來到岷縣他岳父家。聽說我打算回陝西老家過團圓年，他說得很實在：「不要說沒錢，就是有，死水也怕勺舀。靠朋友周濟，不是個辦法。叫我岳父賒給你幾十斤當歸，我再借你一百元作路費。人家都把當歸弄到外地賺錢，你順便去西安賺點路費，回來再說。」

當歸是一種中藥材，主要產地在甘肅岷縣。岷縣人都是靠當歸養家糊口，但我還是第一次聽到他給我出的主意。頭一年出監獄，窮酸得無臉見

人，李俊夫卻想到幫我，真是及時雨。

1960年時，連「湖廣熟，天下足」的湖北、湖南都有人餓死。毛主席開恩，批准了劉少奇的主張；農村開始實行「三自一包」政策，政府也號召人民搞「自由市場」。這樣，人民就像曬蔫了的莊稼見了水，慢慢抬起了頭。

我花了高價，把六十斤當歸裝上汽車。不敢走隴西，又高價搭了個便車，繞道去蘭州。老婆帶著四個孩子坐班車，我們約好在蘭州會面。

這天已是臘月廿八，我們買了廿九的火車票。次日，一家六口在蘭州站候車室排隊，火車站總是人來人往，熙熙攘攘。候車室不多的幾條坐凳上，睡著各種姿勢的人。還有的人提著形形色色的旅行包排長隊，大家都要在大年三十趕回家。我叫他們母子五人也排在後面，難道還有人能看出包裡裝的是當歸？

排了不到十分鐘，有兩個賊眉鼠眼的人便注意起我們的行李。我想，也許是小偷在打主意。他們故意打鬧，撞倒了孩子，又去幫著提包，並說：「對不起。」然後，這些人又追打著出去了。我自己作「賊」心虛，覺得有一種不祥之兆，便下意識地示意他們母子走出候車室。這時便有兩個身著公安服的人前來奪包，孩子們捨不得給，被他們拳打腳踢一頓。我和妻子不忍孩子受辱，便上去說理，結果也挨了幾下。公安人員打老百姓方便到如此「合法」程度。

這時，他們查出我們帶有當歸。他們不僅要沒收這些「投機倒把」的當歸，還要查驗我們的身份證明。我哪有證明？好在老婆帶有探親證明，我便謊稱是送他們上火車的。我心裡怦怦直跳，如果他們知道我是個戴帽的勞改釋放犯，非把我關起來不可。當歸被沒收了，但他們不馬上給我們辦手續，卻叫我們第二天來辦。本來我可以不要什麼罰沒收據，但我回來還要跟借錢給我的李俊夫說明原因，才好緩期歸還債務。次日老婆去辦手續，六十斤當歸他們只稱作四十斤，給了一張紙條。這是合法的搶劫，搶劫者當然不犯罪，犯罪者是被搶者。

明天就是年三十，我怎好去朋友家訴說這一不幸的遭遇？不管怎樣，先找個小旅館住下吧。兩個女兒一邊一個趴在她母親的大腿上，哭得抬不起頭。兩個兒子還提著空包包面牆抽泣。我躺在一張木板床上，兩手抱著後腦

勺，望著天花板，吸著最後一支煙。我想著：怪誰？東去還是西歸？東去兩手空空怎見母親？又拿什麼作回程路費？西歸，家無柴米怎度春節？然而，卻也總不能讓全家上街乞討。我只有把退了火車票的錢再去買汽車票，一家人回到那兩間「馬圈」裡再作道理。

可是，汽車票也只買到三張。我和兩個男孩子先走，她們在那裡等加班車。如果沒有車，她們母女去投友，比我這個反革命要吉利些。

汽車在爬七道梁，像老牛車一樣搖晃著。我多麼希望能夠睡著，忘掉剛剛發生的這一切，可是無論怎樣努力，也趕不走這不幸的一幕幕。我是走錯了路嗎？然而前面又有什麼路可走？許多無業者不也是在這獨木橋上跑來跑去？而我剛一伸腿就落水，是我麻痺大意？還是命運註定？或者，是我前生沒做好事？一個唯物主義者就這樣在唯心論裡尋找著答案。無論怎樣，天黑就能進家，孩子揀的那堆煤核還可以取暖。在上面燒幾個洋芋，等她們回來，也是一頓團圓飯。

車窗關得嚴嚴的，熱氣把它塗成磨砂玻璃。外面什麼也看不見，下山時只聽到寒風的呼嘯。越過一個小河溝時，嘎吱一聲，車不動了。司機跳下了車，繞車一圈邊抹手套邊喊：「車壞了，都下來推車，把路讓開。」大家乖乖地下了車，按司機安排行動。

「我要搭車回蘭州取材料，你們耐心地等著。」司機滿不在乎地說。

「這怎麼行？這是大年三十，難道叫我們在這裡過年不成？」一個青年叫嚷著。

「不成，我揹你回去過年？」司機慢條斯理地說。

「既然車況不好，你就不應出車。你又想拿加班費，又要回蘭州過年。」幾個工人模樣的旅客和司機爭論。

過來了一輛車，司機一招手揚長而去。助手告訴我們，至少得等三個小時。淡淡的陽光從霧靄中射出微弱的光柱，我們開始等，等到天黑還不見人影。這時，天上又紛紛揚揚地下起了大雪。

這裡四面的山不長一根草，風沙似乎要把汽車推走。路的兩邊都是土棚房，有二十來戶人家。雖是除夕之夜，卻聽不到小孩的歡笑聲和爆竹聲，也聞不到一點油香。整個村莊死一般地寂靜。

這個村子叫井兒坪，沒有一家客店和飯館。有錢的旅客便找個家戶食宿，我和兩個孩子向助手主動請求：「我們給你看車吧。」

「那中。」他走了。

車上不比馬路上暖和多少，車尾部的玻璃少了一塊。我們的一雙腳在車的地板上敲鼓也不行，於是我們又在馬路上練短跑。

我想起給母親許的願：今年春節全家回去過年。她也許前兩天就盼著我們，而三十晚上，直到把年飯擺上桌也不見我們的人影兒，心裡該是多麼難受。母親此刻若不是在罵「沒良心的東西」，便是擔心我又出了什麼事。兒行千里母擔憂，我似乎看見母親在飯桌上以淚洗面。

幾聲雞鳴，東方亮出了魚肚白，有幾聲爆竹在迎接喜神。我帶著兩個兒子，面向東方，我們跪在雪地上，給老家活著的和死去的親人拜了個早年。就這樣，我們以此來安慰自己的良心。

這是我出獄後過的第一個除夕之夜。

面向東方，我誦詩一首：

　　命蹇家貧強過年，面對祖先漫淒然。
　　歲歲許願皆空話，癸卯更比壬寅寒。

我又想起郭希賢說的「屋漏偏逢連夜雨，船破又遭打頭風」，為什麼倒楣的事全都堆在我頭上？

大年初一的早晨，肚子餓，天更冷。我是個中年漢子可以挨過，兩個幼小的孩子一前一後跟著我，連跑步的力氣也沒有。

不要說沒錢，就是有錢也無處去買吃的。新春佳節的早晨去討飯，不要說自己，就是人家也會覺得不吉利。

路上車很少很少，偶爾由蘭州方向開來一輛車；我們總希望是這輛車，想看到那位司機從車門裡跳出來。然而過盡千車皆不是，真可謂腸斷井兒溝。

一直到下午，司機終於來了。他給車換上零件，行到海拔三千多米的木寨嶺，車又出了毛病。天已黑盡，司機也怕冷，他便小心翼翼地滑下山，又住在一個小村莊。第三天，我們總算回到了岷縣的家──這個一無所有的兩

間「馬圈」裡。孩子看見他們撿來的煤核，高興地生起一堆火，我們把注意力都集中在火堆裡的幾個洋芋上。

四、南下廣州

老百姓最大的希望就是活著，要活著就得有飯吃。

我學過幾天美術，無奈中，便找了兩間鋪面，從那個「馬圈」裡搬了出來。我掛了個畫像的招牌，滿以為可以維持生活，長長地出了口氣。

有一天，柳指導員把我的門板砸得震天價響，他問：「你幹這個是誰批准的？」

像我這類人見了他，按禮就得像耗子見貓。而我總認為異地逢老鄉，必有三分情義，便客氣地說：「實在是沒辦法，你就看在鄉黨的情分上，高抬貴手，讓我找碗飯吃吧。」「放屁，誰是反革命的鄉黨？」他順手扯下玻璃鏡框，咔嚓一聲踏了個粉碎；又指著我的鼻子罵道：「這是搞地下工廠，再幹，我就把你個驢日的送到看守所去。」

我望著他那高大而肥胖的身材去遠了，歎口氣，揀起破鏡框，塞進灶膛裡。

於是我不敢掛牌，只有去給電影院畫廣告。畫了幾幅，也沒領出工錢。那位經理要不是檢查得深刻，連他也砸了鍋，因為我是沒戶口的反革命。

我的難友陸聚賢，家在渭源縣蓮峰鎮；他回去後也難立足。陸聚賢家裡僅僅有個裝水的暖瓶，這也是社幹們嫉妒的東西。他在鄉裡挨鬥，而且吃不飽。他勸我說：「寧當城裡的狗，不當鄉裡的牛。」農村的土皇帝，比城裡的官老爺更難對付；你的衣食住行無一不在他們掌握之中。

陸聚賢來買當歸，他想用當歸回去換糧食，給孩子度命。「十藥九當歸」，當歸是中藥中一種常用的、必不可少的藥材；而岷縣的當歸又是舉世聞名的。我幫他買了三十斤當歸，他揹在背上，拿根打狗棍，捲起褲腿，沿洮河小路回去。據說他剛一到家，便被生產隊長發現，把他的當歸全沒收了。

我決心當「城裡的狗」。然而真狗好當，人要打它，它還可以狂吠幾

聲；這「人狗」實在不容易當。敢整你的人，你不敢吠他一聲。我想乞丐可能就是城裡的「人狗」，便想領著孩子去討飯。然而他們寧肯挖野菜揀煤核，也不願跟著父親去受辱；何況他們的母親還被人稱作「劉老師」。我則認為討飯沒什麼不好意思的，就算是恥辱，我也受之無愧。因為我沒有自立能力，的確有求於人。我決心試試討飯，給家裡省點口糧。

「想」和「做」，畢竟是兩回事。俗話說「小曲好唱口難開」。我鼓了多次勇氣，叫不出一聲「阿婆」、「阿爺」、「阿爸」之類的假稱呼。我想，還是去飯館等剩飯吧。鄉裡人吃飯本來就有個舔碗的優良傳統，經過一段喝拌湯年代，這種傳統也傳給了城裡人。無論再深的碗，他們也要伸長舌頭，將碗舔得乾乾淨淨。哪兒還有我拾剩飯的便宜？每個人舔碗都十分認真，看來也很吃力。我想科學家何不發明個橡皮碗，翻過來舔該多方便。這時我才明白，飯館何以無人討飯了，因為客人碗底已顆粒無存。

偏巧，這天柳指導員也來打「牙祭」。我勇氣倍增地向其他食客伸過手去，一伸一搖頭，我便踅摸到他的桌邊。

我還沒伸手，他劍眉一豎：「幹什麼？」

「討飯。」我有氣無力地回答著，並把右手伸向他。

「走，我給你找個吃飯的地方。」他雖則沒有送我去看守所，卻把我交給了收容站。然後他兩手卡腰說：「別人討飯我不管，我單管反革命。你這是給社會主義臉上抹黑。」他氣沖沖地走了。這可能就是無人討飯的第二個原因，乞丐被看作社會主義臉上的「黑」，給擦掉了。

在收容所住了剛兩天，公安局的馬局長來視察。他發現了我，驚奇地問：「你家就在當地，怎麼跑到收容所來了？」我說：「不是我跑來的，而是柳指導員把我送進來的。」他對那裡的負責人命令道：「放了！簡直是胡鬧。」據說他還批評了這位指導員。

我第一次被羈押在岷縣監獄，給公安局設計房子；第二次被借來岷縣辦建國十周年成就展覽，都是這位馬體安局長的挑選。那時他對我似乎就有同情感，今天我才拾了這個便宜。

臨潭城關地區，勞改釋放犯最多。他們過去謀生是靠做生意，如今是靠「投機倒把」生活。他們是怎樣的「倒」法呢？我思慮再三，為了生計，何

不去為自己取經？

　　一見吳尚義，他們全家如同接待上賓一樣接待我。我將自己的處境如實告之，他說，「你不能一蹶不振。我們每天還不是倒個皮、毛和牲口。抓住了是他的，抓不住是我的。但也得研究戰略戰術，你帶著一家人去『搞投機倒把』，就不是輕裝上陣。現在做買賣就和當小偷一樣，要眼尖，手快，行動麻利。你拿幾百元去，還是做點買賣好。人一討飯就和犯人臉上打了個金印一樣。人，要站著走，不可爬著行。」

　　真是不虛此行，用他幫的錢，我又買了四十斤當歸頭。那時的當歸頭大約是兩元左右一斤。這個不是全當歸，而是當歸根部比較粗壯的頂部，它的價格比全當歸要貴好幾倍。我揹在背上，不向東而向西，繞道臨潭搭車。在蘭州一個店裡，我賣給了廣客吳傑夫妻，而且還和他交了朋友。這次除掉本錢，我賺了一百五十元，相當於老婆三個多月的工資，也只七天光景。在我來說實在開心，尤其是沒有遇到麻煩。

　　我又想，有揹到臨潭這段路，就可以揹到隴西。白天檢查站有人，我來個夜行軍，小時候揹炭還不是常常摸黑。

　　果然，隴西的「廣客」比蘭州多，只要交給店主就行了。市管會有人來，由店主打發。跑了兩趟，收入也算不錯。然而，「夜行人」越來越多，沿途的生產隊也想發點橫財，便派民兵守夜。給民兵幾個買路錢才能通過，不然交生產大隊沒收。你立即走人便罷，否則還得換頓飽打。民兵有利可得，他們又何樂而不為呢？後來，這種民兵越來越多，幾乎莊莊都有。「買路錢」又在天天漲價，賺兩個還不夠給他們的。

　　與此同時，火車上也一樣，廣客漸漸少了。我便發揮「眼尖、手快和動作麻利」的優勢，下了兩次廣州。不過，我每次最多也只能揹四十斤，在吳傑夫妻的幫助下，才得順利脫手。但廣州打擊「投機倒把」的聲勢實在怕人，出站和進站口上，帶紅袖套的長長站了兩行。他們以警犬的嗅覺、老鷹的視覺，隨時會把你抓了去。大小旅館一夜查五遍，連渡輪上也少不了那種人。這都不要說，僅街上的大幅標語、通告、判決，就弄得你膽戰心驚。還有那高音喇叭，跑到公園也躲不開。在這種形勢下，我便懸崖勒馬。

　　這段時間搞到近千元，還帳是第一。但王啟福說：「我又不是借給你

的，還什麼？」吳尚義也說：「要你還，我就不給。只要你不餓肚子，那比什麼都好。」所以我手裡還剩幾百元。

有位王志儉難友，見我身上沒有了補丁，便請我去他家作客。他一定要我把他的小王領去廣州，闖一闖。我介紹了廣州情況和車上的危險，他不信，且認為我不願幫忙。老王已年近花甲，輩輩經營一座老字號商行，在漢人中算得是正牌商人。尤其是我們共過患難，我只好硬著頭皮答應，帶他家小王去一趟。

我之前去的時候，天還不太熱；可以把當歸頭像子彈一樣纏在身上，提個小包就可以。這次去的時候，天熱得人單衣也穿不住，我便用提包裝了幾十斤。一路提心吊膽，頭一趟托老天保佑，平安歸來。只因上車緊張，把回程貨燈芯絨存在吳傑處。老王見旗開得勝，又叫跑二趟。同時，廣州還有燈芯絨，價值五百餘元，我也不能不去取。但這次在車上，由於小王的幼稚，給我們惹了許多麻煩。小王並不小，已是二十七、八的人了。和上次一樣，我們每人拎了兩個小包。為了避免在鄭州換車的危險，我們在西安換乘至武漢；因為漢口到廣州的車不會特意查當歸，也便於我們在廣州出站。

不料，剛上車不久，列車員就搬動行李包挨個問：「誰的？」只要有人答應「是我的」就沒事。問到我的行李包，我立即答應，也就沒事。但問到小王的包，他卻不應。列車員便將包提向乘警房，小王一趟趟來問我怎麼辦，我答「甭管。」

為了逃避列車員的注意，我將座位下的一個包轉至另一個車箱。快到岳陽時，小王又來說：「我要去討包。」我說，「別去，那是虎口奪雞。你還有一個包，我有兩個包，不賠本，保安全。」

其實這次查包，是為別的原因：有兩位旅客的包在車廂，人在漢口掉了車；所以列車員對無人應答的包便要收存。小王不聽我勸，去要包。乘警一看包裡裝的是當歸，便要將他和包交岳陽火車站處理。下車時，他又來和我打招呼。於是乘警連我們兩人和四個包一起交給了岳陽市市管會。那裡名曰「收購」，只是給了我們一張返回的車票錢。

由於廣州還有我們共同的五百元的燈芯絨，所以還得南下廣州。

我想把存在吳傑處的燈芯絨賣掉，作為回程路費，但蝕本也無人接受。

吳傑便說：「我買了些當歸，但我是本地人，不敢去藥材貨棧交售。你們拿去佛山藥材收購棧，售後，借給你們路費北歸。」我們揹著當歸，在吳傑的陪同下到佛山市藥材貨棧出售。那裡藥商驗貨過秤，結了帳，但不付款；說要等下午銀行上班。我恐其中有詐，把另一部分當歸給小王，讓他拿到火車站等候。可他沒有找地方藏身，卻直接站在對面的屋簷下。等到下午三點，來了兩個公安人員，公安把我和其他幾個人一齊抓走，說這是「投機倒把」。小王見勢不妙，竟然還跟在後面，被「警犬」嗅出了味道，於是把我們都關進了佛山公安處看守所。

這是1963年的7月，北方人坐南方的監獄實在是外行，這裡有三大敵人：熱、臭、咬。監號裡除一只馬桶外一無所有，躺在水泥地上仍是冒汗。從地上起來了，地板上又生出一個水人。肚子餓卻吃不下飯，還得不停地打蚊蟲，捉跳蚤。坐在牢房裡，我們一等就等了半年。等啊等，一直等到1964年2月，外調的復函回來，我們才被釋放。

這時，我和小王都瘦成了皮包骨。釋放時，看守所給我們發了一百元的路費。啟程之前，我還想把存放在吳傑處的燈芯絨帶回來；但小王已成了驚弓之鳥，堅決不讓帶。於是，我又成了個一無所有者。

1964年春節前，我從廣東回到岷縣。某日，遇到岷縣茶埠一個生產隊的侯隊長，他又給了我五百元錢，叫我去臨潭給他們生產隊買頭耕牛。我答應了，目的是希望以後可以在他們生產隊落戶，把上次沒落成戶的損失補回來。

到了臨潭，王志儉聽說我要給生產隊買牛，表示他願意幫忙。於是，我把錢交給了老王，請他代辦。此後多日無結果，我便托另一位王姓難友王瑜找了一頭牛。我去老王家取錢時，他說：「過手的鵪鶉我現抓了。廣州的燈芯絨放在你朋友處，那都算你的（他只有三百元的東西卻誆去了五百元）。」可是，我們在廣州時，我要去取燈芯絨，小王堅決不幹。如今，誰又敢專門再去取？老王因此把買牛的錢扣下，我也只好認了。果然，吳傑夫婦在廣州無法安身，偷渡香港；被截獲，家也遭到搜查。他們夫妻雙雙被判刑五年，送中山縣勞改。好在老王沒有受一點損失，還多得了二百元。這就是一個正牌富商、我的老難友給我的教訓。

然而，給侯隊長買牛的錢怎麼辦？我的這位王姓難友王瑜是個直爽而講

義氣的人，他說：「一頭牛不好趕，我再找一頭。本錢我墊了，兩頭共一千元，你把本錢拿回來算了。」

五、牛販子的故事

自古以來，臨潭就是牲畜集散地，人們公開交易，自由出入。但在上個世紀的六十年代，連買條狗也是犯法的。儘管如此，地下交易仍在進行。無論是馬還是牛羊，都是由公社裡的生產隊長上下串連弄來，放在朋友家找買主。

這一帶的沿途村莊也同樣設崗阻擋牲畜交易，沒收被交易的牲口；就和岷縣擋中藥當歸一樣。特別是在夜間，處處都有設卡，人畜插翅難飛。瞭解到這些情況，我又犯愁了。而王瑜卻告訴我說，兩頭牛比一頭好趕。

8月下旬，小麥已出穗，水草旺盛，是這裡的黃金季節。王瑜扛著個二牛抬槓的木槓，上面掛著拉木材用的皮繩。我也打扮成走林區拉材人的模樣。他一邊吆喝著牛，一邊大聲唱著河州花兒。巡夜的民兵問也沒問一聲，真的把我們當成了生產隊進山搞副業的社員。

我們作為第一批過渡的乘客過了洮河，王瑜把槓子交給我：「我要回去出工了。你一路小心，晚上千萬找個安全地方過夜。」說完，他又掏了二十元錢給我：「帶在身上，萬一遇到什麼人，就作為買路錢。」

這條路，我幾乎可以認清路旁的每個石頭。沿途村村莊莊都有難友，雖然他們當不了民兵，但緊要關頭請他們說個情，還是有可能的。

我當過「牛隊長」，趕過幾十頭馱牛；可是今天趕的是剛剛離開草地膘肥體壯的小口騸牛。兩頭牛活像一對黑獅子，你要去抓它，它兩耳一吱愣，尾巴一甩，鼻孔嘟嘟地出粗氣，擺出一副決鬥的姿勢，使我望而生畏。上半天，它們沒有給我添太大的麻煩，可是中午以後，溫度驟然上升，它們不但把那麥子當作野草去吃，而且尾巴一撅便向麥田深處跑去。我怕田間管理人員發現惹禍，才這麼一想，果然有一個人追了上來。我心裡害怕起來，賠莊稼事小，把牛拉去追根尋底，如何是好？

這人比我跑得快，因為我還扛著一根大木槓，腳底下的生牛皮鞋磨破了踝子骨。好在此人正是拉力溝的盛代表，他警告我說：「天熱了虻子多，牛

會亂跑的，你要用個長條子管住它，不許它錯走一步才行。」

可不是，那種牛虻像一窩蜂似地追著它倆。小牛用尾巴和耳朵可以護住頭和背，可是對腹部的牛虻就沒辦法了。它們貼到它倆的肚皮上，用那針尖似的長嘴吸著血，牛便跑進麥地藉麥芒去掃它。我固然可以理解它們的痛苦，而那些田間管理人怎能理解我呢？經過村莊時它們更不老實，總想擠進人家大門去避暑。我咬緊牙關，忍著腳上的疼痛前後圍追堵截；心裡恨不能把它們宰了。

好容易到了一個清靜的所在，離村遠，距路近，誰也看不見我。我解下皮繩加長韁繩，讓它們飽餐野草。我也掏出乾糧，就著香甜的泉水，啃了起來。躺在軟綿綿的草上，我竟朦朧睡去。一陣夜風吹醒了我，沒有一絲浮雲的天空，像個玻璃罩把我護在下面。圓圓的月亮倒像是天窗，身旁的泉水從石縫中發出清脆的歡唱；月光從樹縫裡灑落下來，我真的置身於「明月松間照，清泉石上流」的境地了。

到了後半夜，天突然變了，下起了大雨。我想，下了雨，牛虻就不會來侵擾，路上行人也少，正好安全趕路。於是顧不得腳上磨起的水泡，我折了根柳條，趕著牛又繼續上路了。

西泥溝是洮河上游林區最後一個村子，偏偏碰見兩個民兵。在這裡既不能說進林去搞副業，也不能說搞副業回來；因為岷縣從無進林拉材的習慣。我只能如實告之，請求他們高抬貴手。我掏出二十元錢，他們交換了一下眼色便收下了。我乾脆把木槍也送了他們，這樣倒也輕鬆。到了野狐橋，我的那些「水兵」們義不容辭地幫我把牛趕到目的地，侯隊長很夠朋友，兩頭牛作價兩千元，他給了我一千五百元。我又拿出一百元，讓大家高興高興。

我把這些錢全交給了王瑜，誰知他又買了兩頭牛讓我趕去。我說我吃不了這種苦，可是他已經把牛拴在家裡了。如果被人檢舉了，不但牛會被沒收，還要把人拘留起來。我們商量的結果是：買兩輛木輪車，再雇一個趕車的，從汽車路上走，才會安全到達岷縣。這次雖然沒有上次收入高，但我也落了四百元的勞務費，作為途中雜項開支。

過了幾天，臨潭來了幾個人，說找王瑜的屍體。

原來，王瑜又從牧區給禮縣的農民買了一匹馬。趕馬時，為了避開民

兵，他行走在離家不遠的黃土深溝裡。結果突然大雨傾盆，山洪暴發，王瑜連人帶馬被捲入洮河。臨潭的這幾個人找了幾天，見馬不見人；這才來到岷縣，求我幫著找。

尋屍當然是義不容辭的，洮河的情況我最熟悉；我坐筏子常常經過岷縣以北的西壩灘，那裡河道分散，一個個「小島」遍佈河灘，洪水沖來的屍體常被野狗守著。

我們來到西壩灘，只見有幾條毛色不同的狗守著幾具屍體。吃飽了的狗蹲在那裡逍遙自在地張望，沒吃飽的狗還在扒腸掏肚。我們淌水過去，那些膽小的狗逃之夭夭，膽大的擺出勢不兩立的姿勢。由於我們人多，而且帶著木棒，剛一交戰，它們便敗下陣去。

四具屍體，一具還有點皮，但面目都無法辨認。好在王瑜鑲有一顆金牙，這才讓我們認出其中一具是他。臨潭來人中有阿訇，把王瑜的遺體洗了洗便用帶來的「哈凡」（白布）包纏了。我和他們一起，一直把他送到他家。

常言道：「人為財死，鳥為食亡。」王瑜和鳥一樣，也是為食而亡。

再來說這個落戶的事兒，我之所以要在茶埠公社落戶，因這裡距城關只有五公里，妻子還可留城保留工作，保全一家人賴以生存的四十元工資。但民政局依然要我們全家一起去落戶。妻子不願放棄那生死攸關的四十元；故我落戶的事情也作罷。

六、牛鬼蛇神

「右派」、「反革命」、「勞改釋放犯」，這三個帽子是壓在我心上的三座大山。又還加上我屬於「黑人黑戶」（在城市沒有戶口），這第四座大山，簡直是泰山壓頂。

自1962年我被釋放後，就一直托人跑糧戶關係；直到1964年，我仍然一籌莫展。大禮送不起，小禮也送了不少；我還不敢正面問，一問就得去農村。那時不要說「投機倒把」搞不成，就是能搞，我也沒有本錢。能借的地方張不開口，能張口的地方他又無錢可借。

有個難友馬銘孝，他是我在看守所時的伙房組長，曾任岷縣公安局預

審股長。他被釋放後也找不到工作，便給我出謀獻策。他認為要以寫寫畫畫混生活，必須走手工業聯社這條路。但是我是黑人黑戶，人家不要。他說：「先不要提糧戶關係，我們搞個工藝美術服務組。他們看到有資金，有門面，再把有關人員疏通一下就能行。」於是，他以公安局的老關係出任組長，我只能當組員。我們找了兩間私房，佈置了一下，由他出面活動了一陣。果然，我們於1964年5月，掛上了「岷縣手工業聯社工藝美術服務組」的牌子。這時柳指導員也不來砸它了，再由手聯社出面，我算是解決了糧戶關係，摘掉了「黑人黑戶」的帽子。

這裡的工資制度也特殊，不管收入多少，手聯社先抽百分之二十；再除去公雜費的開支，才是我們兩人工資。我被定為六級工，每月六十元，馬銘孝四十元；我們掙得再多也不能超過這個數。其餘部分我們要按月上交為公益金，收入少了依例遞減。淡季我只能拿到十多元，他也只有八、九元。一句話，多勞不能多得，無勞可以不得。無論怎樣，我們總算是有了工作單位。有人問我：「你在哪裡工作？」我可以毫無愧色地答道：「岷縣手工業聯社」，臉上也似乎貼上了一張防邪符。社教運動時來了個工作組，有人檢舉我搞過「投機倒把」；我花了五十元錢，由馬老弟疏通了一下，便「小事化了」。這個運動算是平安度過了。

記不清是不是在1966年5月，報紙上開始批判《海瑞罷官》，相繼又批「三家村」的《燕山夜話》。這雖與我無關，但我似乎有一種天賦的感覺器官，總覺得有股火藥味，也許是「葉落蟬先知」吧。我記得，1951年報上揭露了高級幹部劉青山、張子善的貪汙腐化問題，不久就在全國人民中搞「三反、五反」。1955年揭露左派詩人「胡風反革命集團」罪行，全國開展了轟轟烈烈的「肅反」運動。1957年批判章伯鈞儲安平等的右派言論，全國開展了「反右」鬥爭和農村大辯論。1959年批判彭德懷大將軍的萬言書，全國開始了「反右傾」運動。此後，反右傾一直延續到1964年的「四清」。政治運動聲勢一次比一次大，不過這次看來，大批判好像涉及的是個純學術問題，與手工業工人毫無相干之處。然而人在社會上和魚在水裡一樣，水被汙染了，豈能不受影響。

《海瑞罷官》的京劇，我看過；據說那是毛主席鼓勵吳晗寫的，並受到

毛主席的表揚。現在為什麼要批它？《三家村札記》和《燕山夜話》我沒有拜讀過，但聽說主筆都是不凡之輩。鄧拓原為人民日報社社長，現任北京市委書記處書記；吳晗是北大教授、北京市副市長；廖沫沙是北京市委宣傳部長。這些大人物出了問題，等於城樓失火，必然會殃及池魚。

可是到了1966年，紅衛兵大喊「革命無罪，造反有理」，開始「破四舊」、「砸爛舊世界」，這卻給我們帶來了興旺發達的大好形勢。我們日以繼夜地為「紅衛兵」、「造反兵團」、「戰鬥隊」趕製紅袖套、紅胸章、紅色戰鬥旗。繼而縣裡也出現了「紅海洋」，我們又通宵達旦地把白牆塗成紅的，再寫上黃色字體的標語。牆面上幾乎無處不紅，市場上的紅油漆因此常常脫銷。如此多掙的錢雖然不歸我們，但只要能消災免難，全家平安，就算是萬幸了。

誰能料到，這場革命迅猛地沖向城鄉每個角落，發展成為最大的政治運動。

現在的形勢已經不僅是造「四舊」的反，而是說「凡是毒草，凡是牛鬼蛇神，都應該進行批判」。不僅僅是批判，還要以暴力去砸爛；因為「革命不是請客吃飯」，「是一個階級推翻一個階級的暴烈的行動。」所以，紅衛兵到處「橫掃一切牛鬼蛇神和國民黨的殘渣餘孽」。他們要對社會上的「黑五類」實行專政，而且要把他們「打翻在地，再踏上一隻腳，叫他永世不得翻身」。

手工業工人決不能在真空中生活，我們天天晚上開會，先學習後批判，找到對象就鬥爭。

這時我們工藝美術組又增加了三個成員，一個是刻字匠老劉，是戴帽反革命；一個是做毛筆的王東保；另一個什麼都能幹，不過最擅長的是測字看手相，他就是李堯生。

李堯生，原是中學教員，被劃右派後以「歷史反革命」罪被判刑十五年，現在是保外就醫。他是安徽人，生活十分艱難。然而他比我膽大，常在街上用大紅大綠寫「鳥」字。這不過是為了招徠觀眾，如果無人監視，他便拿出一把紙卷，勸人測個字或拉隻手來看手相。李堯生以他三寸不爛之舌，使對方慷慨地掏出三、五角錢來。有次我正想請他收我為徒，他卻以極快的

動作把鋪在地下的破布一卷，跑得無影無蹤。我回頭一看，是柳指導員走了過來，我也趕快溜之大吉。

現在我和李堯生都被作為牛鬼蛇神，我有些想不通，因為我從未搞過任何迷信活動。可是，工藝美術組沒有一個真正的「好人」，鬥爭又無法開展。我們繼而被編到修表鑲牙組，但這兒的工人裡沒有一個黨團員，他們積極不起來，每天晚上只好讓我們自己罵自己。於是紅衛兵把我「請」去，白天幹活兒，晚上挨鬥。以前當「右派」，挨鬥還有工資；如今當牛鬼蛇神，卻要勒緊褲腰帶去挨鬥。

我的兩個兒子都上不起學，人家也不允許上。老大當了合同工去修路，老二在電廠做臨時工修水渠。他們也不得安寧，批他們的大字報從他們的單位貼上街，上面盡是父母的罪惡。老二上北京告了狀回來，被鬥得更厲害。老伴因當廚師的父親和還在上學的弟弟隨主人去了臺灣，她也被拉去遊街。我是「五毒俱全的壞人」，其處境也就不言而喻了。有些從舊社會過來的臭皮匠和手工業者都成了牛鬼蛇神，他們被綁起來，硬要他們交出白元、元寶，交不出來只好上吊。對我們這些窮鬼，說是要遣送邊遠山區。

我沒有辦法，只得離家出走。

人不管走到哪兒總是要吃飯，這是天經地義的道理。我到蘭州給旅館、食堂和商店搞「忠字台」，臨摹《毛主席去安源》、《毛主席在北戴河》、《毛主席在廬山》。總之，只能畫毛主席，畫別的都犯法。就是畫他老人家也不安全，臉部畫紅了，紅衛兵說像關公；畫白了說像曹操。這條衣紋像條蛇，那條衣紋像蠍子。三個紅衛兵七嘴八舌一說，你就成了現行反革命。我在光華旅社畫的一幅《毛主席在北戴河》，幾個紅衛兵看了，便要叫旅社楊主任交出臨摹者，我趕快又溜之大吉。

有些朋友家也去不了，家家門口都有「堅決揪出牛鬼蛇神XXX」的大字報。我想姚天驥已是年逾花甲的人，與老伴深居簡出，也許平安。一大早我走到永昌路，見一個老頭弓著腰掃大街，背上有張大字報。我近前一看，上面寫著：「砸爛反革命分子姚天驥的狗頭！」我連個招呼也不敢打，轉身就走了。

只要有運動，我們這類人誰也跑不了。

姚天驥是地地道道的蘭州人，出身書香門第；他家在永昌路有一進三院的衙門式建築。他給卓尼縣土司楊吉慶當過高參，楊吉慶和長子被魯大昌殺害後，是他輔佐楊復興登上少司令的寶座，並陪同十八歲的少司令去南京，在將官學校深造。他把他蘭州的家，作為楊司令的駐蘭辦事處。解放後少司令被統戰入黨，升為甘南藏族自治州副州長兼卓尼縣縣長。而他作了幾天文教科長，竟被打為右派，以「反革命」罪判刑八年。在此期間，他的老伴生活極為困難，只得把幾個世紀留下的藏書作為廢紙出售，用它來糊口。姚老出獄後十分痛惜，經常痛斥老伴毀了祖輩的遺產。如今姚老則佩服老伴不亞於諸葛亮的神機妙算，這些書若保存在自己家裡，不僅會被抄光、燒盡，還得給老姚增加幾條罪名，或者令他再次入獄。

凡是左派看不順眼的人，都可以稱之為牛鬼蛇神，這種人的日子一天比一天難過。

七、碧口一難

根據以往的經驗，每次運動搞幾個月即鳴金收兵，所以我想躲幾天就會風平浪靜；等到那時我再回去，還是做那多幹活少拿錢的工作。然而眼看這把火越燒越猛，我如迷路羔羊，躑躅街頭，無所適從。

岷縣有個職業倒把客叫馬彥門，他約我去貴陽背茶葉。那時成昆、黔滇鐵路均未通車，貴陽茶是西北人不可缺少的飲料。只要能平安背回，便是有賺無賠。我也想舊地重遊，會會故友，便借了二百元與馬彥門同至貴陽。

我在這座山城流過多少痛苦的淚水？嘗過多少辛辣的滋味？當然在這裡，我也有過不足掛齒的崢嶸歲月。我在這裡生活的時候，見過官老爺欺壓百姓；見過美國兵蹂躪中國婦女。可如今看到的盡是瘋狂的中國人鬥中國人。即使站得遠遠的，也是我這樣的中國人看中國人內鬥，心裡不是滋味呀。

在雲崖飯店門口的一座廣告欄裡，我看到一張標為「號外」的大字報，是用幾張大紅紙拼寫的。標題是《我的一張大字報：炮打司令部》，署名是毛澤東，時間為1966年8月5日。我和其他觀眾一樣，好奇地掏出日記本抄了下來：

《全國第一張馬列主義的大字報》:「人民日報評論員的評論,寫得何等好啊。請同志們重讀這張大字報和評論。可是在五十多天裡,從中央到地方的某些領導同志,卻反其道而行之,站在反動的資產階級立場上,實行資產階級專政,將無產階級轟轟烈烈的文化大革命運動打下去。顛倒是非,混淆黑白,圍攻革命派,壓制不同意見,實行白色恐怖,自以為得意,長資產階級的威風,滅無產階級的志氣。又何其毒也。聯繫到1962年的右傾和1964年的形『左』實右的錯誤傾向,豈不是可以發人深省嗎?」

我恨自己此前未能拜讀這「第一張馬列主義的大字報」和《人民日報》評論員的評論,但我深深感到,這是針對「中央到地方某些領導同志」的。上面並未提到「牛鬼蛇神」和「國民黨殘渣餘孽」,我也許能夠躲過這一關。想到這裡,心裡的憂愁稍有緩解,便想會會舊友。

的確是「訪舊半為鬼」,幸好找到了老同事錢大星。他是我在國民黨貴州省黨部的同事,他的夫人羅文玉和我妻子是同學。那時我們都是剛過弱冠之年,如今見了倍感親熱。我們彼此凝視良久,都有「韶華不為少年留,恨悠悠,幾時休」的感傷。他表示自己目前勉強還算平安,但妻子羅文玉回不了家;他長子帶我去南明小學也未得允許見面。為了不使錢大星受驚,我沒有將自己的真實情況告訴他,只說我也還好,這次來貴陽是搞「外調」的。

過去的生意人跑雲、貴,主要是販大煙;然而我們今天背茶葉,卻比販大煙還擔心。馬彥門約我出來也是有一定原因的,首先是他怕在旅館裡被公安人員把錢搜去。錢放在經紀人手裡也絕不放心,因為那些人也是朝不保夕,東躲西藏的;有時連人也找不到。茶葉販子又多是安順一帶的農村人,他們到了貴陽也立即轉入地下。因為必須有個臨時存款的地方,我便把一個「公事包」放在大星家裡。

我們和經紀人總是約在公園無人處見面,談好後便請他們把茶葉經過熱處理後軋在臉盆裡,其餘的軋成書本或糕點盒的形式,裝進網兜。提著這些臉盆、網兜,我們儼然是個走親會友的旅客模樣。辦完事,買張短途票,由

經紀人送我們上車。

　　大星知道我要走，便趕來車站送行。他還從窗口遞進一瓶茅臺酒，我們都懷著十分沉重的心情再次分別了。

　　形勢發展瞬息萬變，自毛主席的《我的一張大字報》發表後，紅衛兵更加活躍。他們要走南闖北經風雨，上北京見紅司令，把個百餘人的車廂擠進了二三百人。茶几上、椅背上、座椅下面、行李架上都坐著人，廁所也擠滿了人。車門也無法正常開合，人們在列車的車窗上翻躍下車。從車門踏板到車頂上，到處都是乘客。到了夜間，椅背上、行李架上的旅客時不時跌落下來。如果跌在紅衛兵身上還少不了一頓毒打，車頂上甚至有人落向鐵軌。

　　到了四川昭化，馬彥門扯了我一把，提著行李擠下車。我以為出了什麼事，一直追出車站，在一個僻靜處他才坐下來。

　　我雖背了五十多斤，已是氣喘吁吁，汗流浹背。這時他才湊了過來邊擦汗邊說：「我們從這裡找車，經武都去岷縣，岷縣價錢好。」「我們好不容易擠上車，明天早晨就能到蘭州，為什麼要在這裡下車？」我實在不理解他的行為。「你不知道，在寶雞換車太危險了。那裡的稽查專抓茶葉，我已經吃了多次虧，經過那裡時身上就起雞皮疙瘩。爸爸，你和這一帶的司機熟識，找個便車我們就能到武都。然後去岷縣，所以我才約你。」他比我小十多歲，口口聲聲稱我為「爸爸」（即叔叔）。我心想，我本是有家難投，為避難才遠走他鄉；如今再去岷縣，簡直是自投羅網。但木已成舟，只有落花隨流。

　　我曾在岷縣監理所畫過幾個月的宣傳畫，有些司機誤認我是監理所幹部，所以見面很客氣。但我怎好和他們談「投機倒把」之事？說了人家也不一定敢帶我們，我抱怨馬彥門：「為什麼不早說？」

　　「說了恐怕你不來！」他回答得很誠實。我又老老實實地上了馬彥門的第二次當。

　　事已至此，就是火坑也得跳。我們不敢去車站，只有在各旅社去找武都運輸公司的貨車。車倒是有，但沒見到一個熟識的司機。我焦急不安地等到天明，中午時分，終於遇見一位司機。他也認為我是汽車監理所的，說他放空返武都。我便扯了個謊，他欣然讓我們坐在駕駛室裡。

細雨如紗，日光朦朧，正是「巴山夜雨漲秋池」的時候。沒有橋的白水河把我們隔在河東的一個小店裡，在那裡住了兩天。河水越漲越猛，使人焦急不安。

　　四川民房多是木板樓房，四面透風雨，一盞油燈忽明忽暗，讓人倍感淒涼。我把魯迅的一首詩改了一個字，抒發愁思：

> 謀生無奈日奔馳，
> 有家（弟）偏教各別離；
> 最是令人淒絕處，
> 孤檠長夜雨來時。

　　那位司機王師傅，欲返昭化；河西岸也停了不少車，都準備調頭。他便幫我們乘木筏過河，又為我們找了個李師傅到了碧口。

　　路上我告訴小馬：「向司機說明，給點運費，請他操點心。」小馬說：「睡著的人不要叫醒，到碧口請他吃頓飯就行了。」可是在我們吃飯的時候，車站來人說：「造反派把車上的茶葉拿走了，還要找『投機倒把者』。」我立即叫小馬過去，將駕駛室的二十斤毛尖茶拿到一位朋友家。小馬不甘心，又逼著我去討被造反派拿走的茶。我雖知是虎口奪雞，但我扭不過他，只得硬著頭皮去。結果不但茶葉沒有要回，人家還要把我作為「投機倒把」者遊行。經汽車管理站說了情，我才算脫身。

　　次晨，我仍想返昭化去蘭州，小馬一定要走武都。朋友便叫一小孩給我們背了那二十多斤茶，逆江而上，送出碧口鎮。我們沿著白龍江步行，欲在途中搭車。

　　白龍江是嘉陵江主要支流之一，發源於甘肅碌曲縣的郎木寺，一直奔流在深澗峽谷之中。所謂的公路只是在峭壁上摳出一道匸形石槽，我們頭上是高聳入雲的絕壁，腳下是奔騰咆哮的江水。這條公路九曲迴腸，行人稍有不慎就會葬身於波濤之中。正走得辛苦，忽聽喇叭聲響，我們想攔車代步；車上跳下來兩個工人模樣帶紅袖套的青年，又把我們扭送到了碧口派出所。

現在，我們不僅是最後二十斤茶葉沒有了，連身上的角票、分幣也都不剩一文。我們還被鎖在樓下的兩間空房裡，我手上僅有一個盥洗工具袋，裡面還有半斤茅臺，是錢大星送給我的。

一夜過去了，噪雜的人聲和紅衛兵的口號聲不絕於耳。我立即意識到，我們會被他們作為戰利品送給紅衛兵遊街。遊完後還會送進文縣公安局，那可是好進難出的地方，真是心急如焚。

樓上樓下聽不見一點聲音，人們大約都上街看熱鬧去了。我發現關我們的房間是老式門板，如果能抬起一扇便可出去，一試果然如願了。

我倆像瘋了一樣跑向白龍江邊的灌木叢中，小馬還叫我去討還茶葉。我生氣地說：「你去要，要來全歸你！現在就是討飯我也要從昭化去蘭州。」

天黑了，我順著江邊的公路東行；他也跟了上來，我倆終於統一了行動。漆黑的夜晚，綠色的草木把公路襯托成一條灰色的曲線，我們高一腳低一腳摸索前進。雖然身無分文，但仍怕碰見造反派把我們當作逃亡的牛鬼蛇神抓去。每當發現有車或有人過來，我們便藏於草木之中，生怕那些領了「執法證」的土匪再追來。若無藏身之處，我們便強打精神唱毛主席語錄歌，以壯行色，這比給鬼念咒還靈。

一整天沒吃東西，口渴時我就循泉聲去痛飲一陣。小馬身強體壯，總是把我落得遠遠的，我只能拼命追去。行走了四十多里後，我感到關節疼痛，舉步艱難，但仍不敢稍緩。多虧盥洗袋中的那瓶茅臺助我一臂之力，每喝幾口便能再堅持走個十里八里。

東方微亮，我的腳後跟磨破了，腳掌像是斷成兩截。前面又橫著那條白水河，水勢雖不及前兩天那樣兇猛，但木筏仍在河東。欲達彼岸，非冒險不可。這條河的河岸寬、水流急，又不摸深淺，我遲遲不敢涉足。小馬仗著他頎高的身材，一伸手：「來，走我下邊，我拖著你。」我一仰頭便把僅有的茅臺灌了下去，把瓶子扔得遠遠的，捲起褲腿和上衣襟，把右手伸給他。越往前渡水越深，浪越急，我的眼也越花；忽然一個浪頭把我打翻，若不是小馬相助，我已成為魚鱉之食。

終於渡過了河，太陽露了臉。我們把打濕的衣服晾在河石上，這時想擦個臉，盥洗袋卻不知何時隨流而去。現在，我終於落了個兩手空空。

危險期過了，便感到饑腸轆轆。然而距昭化火車站還有好幾十里，我想還是找車去，找車比求食更重要。

在一家食堂門口，我們看到只有惟一一輛卡車停著。我們便稱作是公路段查塌方情況的，於是司機把我們帶至昭化。在昭化我們擠不上火車，又扒汽車到廣元。經過一家清真食堂，小馬被飯香吸引住了。他在身上到處摸，然後搖著頭表示失望。我不知怎地想起了褲腰上有個表袋，竟在那裡摸出一元五角錢。我們買了幾個饃，吃了個半飽。

好在一路沒查票，在寶雞換了車，餓到蘭州。

這是我唯一的一次長途販茶。

在這次長途跋涉中我認識到，神化了的毛主席是他鼓動起紅衛兵的激情塑造出來的，也是他的親密戰友早晚燒香拜出來的。於是人們手不離毛主席的書，嘴不離毛主席的話，行動不離毛主席的思想，心不離毛主席的教導。進而跳忠字舞，供紅寶書，掛領袖像，把「三忠於」、「四無限」溶解在血液中，落實在行動上。

人們以十倍的狂熱、百倍的虔誠，傾瀉著教徒般的感情，把人民的領袖捧上救世主的寶座。領袖被神化為創世的上帝、至尊的神靈、再生的父母、世界的救星、絕對真理的代表：「理解了的要執行，不理解的也要執行，在執行中理解。」

我從大字報中看到，紅衛兵在其他大城市的造反行動，比蘭州更驚人。

大作家老舍和三十多位著名文藝界人士在國子監孔廟分別被掛上「黑幫」、「牛鬼蛇神」的牌子，並剃成陰陽頭。一代文豪老舍投太平湖自盡，自戕者又何止舒舍予（編案：即老舍，原名舒慶春，後自訂別名舒舍予）一人！

紅衛兵把北京文化局的藝術珍品古文字畫付之一炬，紅衛兵對宋慶齡採取了「革命行動」，並把周恩來禁閉在辦公室達四十八小時。僅六中、一中就私設勞改所，打死、打傷致殘不下二百人，他們還得到公安部謝富治的支持。據說文藝界的鄭君里、史東山、趙丹、上官雲珠都在上海被捕。

這個瘋狂的中國到處是狂人點燃的星星之火，它令世界震驚，唯獨中國的老百姓還被蒙蔽在黑幕中。

聽到了這些，想到了這些，我能如何活下去？為什麼要活下去？我天天

都在自責自問，卻又找不出答案。

八、他去了另一個世界

文化大革命進入到1967年，人人要唱語錄歌，聲音要高八度；個個要戴毛主席像章，有的竟佩滿胸膛。在城鎮的每個店鋪、鄉間的每個村莊，都要有「忠字臺」，而且是越多越好。為搞這些，錢花得越多越「忠」。幾十米高的毛主席塑像聳立在城市廣場，領袖他高高屹立，揮著巨手，向革命人民指出前進方向，而他卻看不見腳下的餓殍。

我不敢在城裡畫「忠字臺」，便去了鄉間。

臨洮縣是甘肅搞「忠字臺」的樣板縣，那陣子蘭州市每天都要出動數百輛車去臨洮參觀學習。沿洮河兩岸的高山、土塬，到處都是大標語，幾十里以外就能認清標語上的每一個字。在臨洮，我度過了幾個月的畫「忠字臺」的時光。

老百姓勒緊褲腰帶，換來的的血汗錢被揮霍了多少？當然這也是毛主席他老人家腳踩白骨手揮紅旗為自己打下的江山，花這點錢算得了什麼？我有什麼資格說三道四？

還是大城市好混些，1967年的6月，我又去了蘭州。工作之餘，我便從大字報中去理解運動發展趨勢。

舊大字報被狂風捲得漫天飛舞，新大字報又鋪天蓋地而來。有人用汽車、人力車、自行車載著漿糊去貼大字報，也有用二人抬槓去貼的。有人專門覆蓋對立派的大字報，在上面還批一行紅字──「誰敢覆蓋砸爛誰的狗頭」；於是一群狗頭常常互相砸了起來。然而，有些大字報是從五、六層高的樓頂上掛下來的，對方只能伸著狗頭，望樓興歎，蓋莫能及。

有些標語和大字報無人敢去覆蓋，如「炮轟劉少奇、鄧小平司令部」之類。有些則是來自中央內部文件或會議發言，如《劉少奇的檢查》。有幾位老帥在會上的牢騷也被抄轉，我還摘抄過毛主席針對「牢騷」的談話：

你們為什麼向中央文革發難，向中央發難，想幹什麼？無非是想搞宮

廷政變，讓劉少奇重新上台……誰反對中央文革，我就反對誰。要否定文化大革命，辦不到。如果文化大革命失敗了，我和林彪撤出北京，再上井崗山打幾年游擊，你們說江青、陳伯達不行，那就讓陳毅來當中央文革組長吧。把陳伯達、江青逮捕、槍斃。讓康生去充軍。我也下臺，你們把王明請回來當主席嘛。你陳毅要翻延安整風的案全黨不答應……

江青是武則天，那我就成了唐高宗，是個昏君嘍。

毛主席的目標是很明確的，我想，這場大火能毀掉大樹，但也許燒不了小草。沒過幾天，我看到省委書記汪鋒站在省政府前用汽車搭成的批鬥臺上，他被荷槍實彈的解放軍押著，坐著「噴汽式」飛機向革命群眾檢討。我想起1962年回家的情景，那時我在西安見了陳子敬老師；他給汪鋒寫了封信，叫我去找他。我因戴著「反革命」帽子，沒有勇氣去。如今見他這般光景，鼻子不由酸了起來，我不忍再看下去。後來汪鋒被送往武都兩水農場勞動改造，我又遠遠地看見過他一次。他不像在省委書記時那樣胖，更不像在西安陳子敬家見面時那樣瀟灑開朗。人生就是這樣變化無常。但我也認為，他在甘肅糾正張仲良的極左路線，救了不少人。這是事實，人民是不會忘記的。

我當時想，文化大革命的中心任務是整黨內一小撮走資本主義道路的當權派；既然如此，我也沒有逃避的必要。這樣，我便回到了岷縣。

那時，岷縣最大的造反派頭頭是個中學生，叫劉國傑。我們手工業聯社的頭頭是馬明。北京造反派敢揪劉少奇，但岷縣這裡的造反派卻不敢去黨內揪走資本主義道路的當權派。他們怕擔風險，還是整「黑五類」和國民黨的殘渣餘孽，比較放心。然而，像我這樣的「黑五類」，他們再翻騰也撈不到什麼稻草。於是，他們便勒令我離開縣城，要把我遣送農村。得知消息後，我不敢再去工藝美術組上班，也不能蹲在家裡等遣送。去蘭州吧，那裡也只能混自己的嘴，我便和王化祥商量了一個去處。

岷縣那時只有藥材公司一家專營當歸，收購來的鮮藥需要大量的柴去熏，我打算進林當樵夫。

王化祥是個小商販出身，公私合營後當了營業員。在「三反、五反」和「大辯論」中，他都是運動員。這次「文化大革命」，他自然也是被遣送對象，只好整天東躲西藏。他生得高大而結實，有用不完的力氣，人又樂觀好友。在汽車站對面，有他家的幾間土棚房。汽車司機都喜歡去他家，喝幾杯不花錢的酒；因而找汽車拉柴是不成問題的。岷江黃家路林場那裡，有很多朽木樹根，拾這些朽木裝上車，每車交十五元的育林費就行。

然而這也是個苦差事，我們背著行李、鑼鍋、鎬斧和繩索，在那陰暗潮濕的森林裡搭起窩鋪。先要把那朽木、樹根刨出來，再通過肩揹人抬，將之集中到汽車可以開到的地方。我們在這裡做樵夫，日復一日，過著原始人的生活。在這藍天白雲之間，有被淨化了的空氣供我們吸吮，有天真爛漫的喜鵲給我們奏樂。最大的安慰還是擺脫了紅衛兵和造反派的批鬥，夜裡可以喝上兩口辣酒，放心地高談闊論；也能放開嗓子唱幾句，然後進入夢鄉。我們似乎成了世界上最自由的人，怪不得人們想回到原始公社去生活，夢裡追尋桃花源。

我們的柴拾得多了，由王化祥回去請司機。誰知那些酒場上的朋友來到這裡，都變了臉；他們決不肯裝夠噸位，而且只來一趟。下次請也不來，要來就得加倍出運費，一半上交，一半進他們腰包。這樣我們兩個等於白勞動，於是我們又在附近收了點紅芪弄到蘭州，但除掉高額運費後，我們還是白服務。

當時蘭州廢銅爛鐵很多，廢品站忙於鬧革命，廢品無人收，小攤販收的就賣不出去。有個司機的親戚在鄉間給供銷社收廢銅，他便要我們收點由他運去，有一定的利潤。在拉柴過程中我和這位司機爭執過，便謝絕了他的美意。這樣，我就和王化祥分手了。

結果，王化祥又約了另一個小學教師合夥，在小攤上收了幾噸廢銅出售。誰知這些銅是工人造反派從工廠裡偷出來的，公安人員從供銷社追查，但啃不動他們。唯一能啃動的則是王化祥這個鄉裡人，便將他關進了審查站。

半年過去了，五大三粗的王化祥餓成了枯樹枝。放了他吧，蘭州審查站難結案；不放吧，也沒有久留他的理由。於是，他們便派了兩個幹部，欲將王化祥送交岷縣公安局。那兩位「解差」將王化祥從三百多公里遠的蘭州拖

到他在岷縣的家中，在他家**翻**箱倒櫃地搜查。王的老婆一見骷髏似的丈夫，便叫兒子去弄酒菜招待二位「解差」，同時她也想叫丈夫飽餐一頓。

兩位「解差」在王化祥家搜出兩件皮衣，他們各披一件，一盤腿，坐在炕上大吃起來。王化祥的老婆帶著子女跪在地上，懇求給她的丈夫鬆鬆綁，吃頓飯。結果卻招來一頓臭罵，「解差」並勒令王化祥也跪下。王化祥的老婆和他只好相對哭泣，她用顫抖著的手給丈夫一口口地餵飯；兒女們都跪在身邊，哭成了個淚人。飢腸轆轆的王化祥和著血淚吞食苦澀的飯菜，倆解差酒足飯飽，披著「戰利品」；又牽著王化祥向公安局走去。

到了岷縣公安局，蘭州來的解差提供不出王化祥的完整檔案，因此，岷縣公安局拒絕將王化祥收監。兩位解差不願把一個毫無油水的犯人再帶回蘭州，便假惺惺地說：「我們很同情你，把你寬大了。」他倆像頑童放麻雀似地給王化祥解去繩索。

王化祥的老婆聽得此訊，一面叫孩子去找爸爸，一面準備飯菜為丈夫壓驚。可是走遍親友家，不見王化祥蹤影。她又發動人沿大街小巷找了一夜，還是生不見人，死不見屍。

1968年的早春，漫天飛舞著鵝毛大雪，王化祥的親友和家屬們穿著一身白色的孝衣到處尋找他。他們沿洮河兩岸，在石縫、冰窟，遍尋不獲。他們失望了，又逆河而上。我的小兒子也和他的兒子一道尋找著，他們忽然發現，在河的南岸水邊，有塊被雪蓋著的物體。他們立即渡船過河，向那裡奔去。近前一看，果然是個人跪在河邊，把頭伸在水裡浸泡著。

王化祥愧於再見跪在地上給他餵飯的妻子和女兒，也為了不給尋屍者帶來更多的麻煩，便以如此痛苦而又簡便的方式離開了人間。

在文革期間，被迫而死的當然不止他一個人。侯秉信，1958年因在店簿上寫「反標」被冤判死刑，經過上訴後得到釋放。在文革期間，他受不了批鬥，自己給自己判了死刑。不過他不是死在刑場，也不是溺水，而是自縊身亡。

對於他們的死我既不悲痛，也不責備他們懦弱輕生。我從心裡佩服他們的勇敢，然而自己卻又缺乏他們那樣的勇氣和骨氣。我依然苟活在人間，每思及此，常覺愧對亡友。

九、坐牢成了家常便飯

記得是1967年底，在蘭州告別王化祥後，我就回到岷縣。這裡的武鬥也展開多時了，不過其規模較之蘭州尚屬微不足道。從大字報上看，那些黨政頭頭都處於「揪」與「保」的爭論中。保誰揪誰，全由軍方代表決定。因為毛主席又有最高指示：「解放軍要支持左派廣大革命群眾」，「所謂不介入是假的，以前的命令作廢」等，所以解放軍指向哪裡，造反派便打向哪裡。然而被揪出遊鬥的，仍是歷史上「不乾淨」的可憐蟲之類。

造反派山頭眾多，各有各的後台，各有各的目標。他們之間的內部鬥爭也日趨激烈，因此，把各類壞分子「遣送農村」的作法暫緩實施，我便得以悄悄地蹲在家裡。

有個無業的「右派」分子何文奎，我想不起在何時何地與他相識；他竟前來「拜訪」我，說想去甘南的合作縣買七匹馬，運往陝西。他問我是否願意參加。

常言說：多財善賈，長袖善舞。然而販馬可不比販茶葉和燒柴，借一、二百元還買不了一條馬腿，故我謝絕了。何文奎又說：「你不參加也得幫我找輛車呀！」我感到人不親行親，我們都是無業右派，雖說找車我也並無把握，卻打腫臉充胖子，一本正經地答道：「盡力而為。」我答應下來後，他又來電催了幾次。

找車運馬絕不像拉柴那樣簡單，沒有甘肅省生產指揮部有關運馬的手續，運輸公司不可能派車。必須在其他機關單位找個有膽量的司機去搞「副業」，他才肯日夜兼程。我剛托人說好一輛車，臨潭來了一位難友丁尕哥，老丁說他在碌曲縣郎木寺已經買好了六匹馬；那裡查得很緊，稍遲會被造反派搶走。他要求我立即找車，運回臨潭。事情是十萬火急的，人嘛，又是患難之交；我想，不如請這位已經說好的司機先去郎木寺。然而丁尕哥認為他和司機生疏，一定要我同行。我想，既然幫人就幫到底，當晚便住在了臨潭老丁的家裡。寇司機向老丁要了二分之一運費一千五百元，以防放空。果然，我們到達郎木寺才發現，老丁買好的馬已被造反派牽走，老丁白花了一

千五百元。

返回到合作，我把寇師傅介紹給何文奎。他們當面達成協議，兩人連夜趕至岷縣。我回了家，他們去了隴西。這時，離1968年春節也只有三天了。

在合作，丁尕哥見司機寇師傅又拉了別人的馬，便要寇師傅給他退一部分錢，寇師傅當時不同意。不過，他從隴西回來後，還是叫人送來了兩百元，他要我轉給老丁。這已是大年三十那天。

正月初八，武都公司倆司機提著酒來，給我拜年；我們當然要喝兩盅。此時來了一個朋友，他告訴我說：「甘南保衛部來抓何文奎，據說與你有關，你要躲一下。」我仗著兩盅酒氣回答：「與我毫不相干。」幾分鐘後又來了個學生模樣的人找我，被我老婆支走了。兩位司機便勸我隨車連夜去蘭州，但我經濟條件不允許；又是正月春節期間，何況販馬又沒我的份兒。

天剛黑，我的屋頂架上了槍，一夥人破門而入。他們是手聯社造反派頭頭馬明和「紅三司」司令劉國傑，隨後便是一群持槍弄刀的勇士。

只聽乒乒之聲，煤油燈熄了，孩子哭了。手電筒照得屋內如同白晝，一個個魔影竄來竄去。我家鍋碗被砸得粉碎，箱箱櫃櫃被翻倒在地，頂棚被拆落下來，地面也被掘地三尺。刺刀捅得雞呱呱亂叫，他們汙言穢語罵不絕口。不滿四歲的小菊秦被摔在地上，家裡的被褥被他們從打破的窗戶扔了出去；連那個石板炕也被翻了個過兒。他們用鋼釺把牆壁搗得稀巴爛，只有牆上的毛主席像是完整的。

他們總算沒有白忙活一場，老婆替學校保管的一百五十元互助金、寇師傅退還丁尕哥的二百元，還有小孩拜年收穫的角票，全被盡數搜去；連些劣質煙、酒、茶也一點未留。臨出門時，他們還舉起繫有紅纓的大馬刀，在小菊秦的脖子上用刀背鋸了幾下。我的心疼碎了。

只聽見兩個不懂事的孩子哭喊著爸爸……妻子被幾個紅衛兵圍在院牆的旯旮裡，渾身像篩糠似的；只是擔心今後的生活。至於這種災難的降臨，那她已經是習以為常了。他們把我的雙臂綁在背後，拖出了這個我不忍回顧的破家。一群魔鬼在黑暗中踢踢打打，送我進了公安局。

在預審股，甘南保衛部的幾個軍人正「高升」、「五魁」地划拳喝酒。因為沒抓到何文奎，他們便拿我出氣，把鋥亮的銬子，使勁地給我勒進肉

裡。接著是拳打腳踢，直到凌晨一點多。他們要我供出與何文奎販馬的詳細經過，又問何文奎逃往何地、司機的姓名和單位等。我不知道何文奎的情況，能說清的只有司機寇師傅；然而他是我拉下水的，何況他的妻子產後還沒多久。無奈，我編了個無處可找的蘭州張師傅。

他們當然不信，打得更凶。

一個矮個的公安幹部把我送進了看守所，這是我一別八年的地方。所長叫什麼名字我不知道，人們都稱他「裴瞎子」。但他並未全瞎，還有一隻眼瞅著。

他的房裡杯盤狼藉，夜宴剛罷。問過我的姓名，他便舉起雞毛撣，劈頭打來。這樣覺得不夠過癮，他又操起一根棍子。他邊打邊罵：「你驢日的才是個倒把客，你兒子罵公安局的柳指導，今兒個你落到爺的手裡，有你個軍犯的好吃喝。」直到他打得上氣不接下氣，那位送我的幹部才從門外進來，取了鑰匙，把我關進一個新蓋的監號。

這裡面已關了個「曙光社」的反革命頭頭郎成業，多虧他留我在被窩裡過了夜。

清早，我被瞎子所長提了出去；看樣子是要解往甘南。他門口的垃圾上有條被子，我斷定是老婆昨晚送來的。因為甘南更冷，我想帶著。這位瞎所長喊了聲：「走！」他踢我一腳，不但沒讓我拿被子，末尾還賞了個「驢日的」。

甘南州看守所，是在西山坡挖的一個簸箕形的深坑，只有南面是用土築起的監牆。這裡，我還是第一次「光臨」。

一進號子，我便和一個中年犯人面面相覷，似曾在何處相識。他終於認出了我，抓住我肩膀，滿口川音連珠炮般地嘮叨起來：「你哥子怎得大駕光臨這塊寶地？我們是有緣千里來相會喲。」他上下打量了我一遍：「是咋子搞的嘛，郎格又來了？你也看上了這不要票的飯、不要錢的店、不出門的便，捨不得這安逸生活喲！」

他就是我十年前在卓尼看守所第一次相遇的「龜兒子」，如今我才知道他叫相申金。他那天真的孩子模樣不見了，換了一幅中年面孔；然而一舉一

動還是那種放任不羈的樣子。他沒有長高，卻橫向發展了。相申金臉上細皮嫩肉，看來他是個老犯人。

相申金自幼失去父母，過著乞討生活。童年時他不被人們注意，成年後則常被作為流竄犯收審。卓尼叛亂後，犯人特別多，他就被釋放了。由於藏胞樂善好施，他便不願離開甘南。不料社教中他又被收審，他整天大罵，把自己罵成了反革命；迄今監獄方不判也不放他。

這裡關的人也不少，他們多是文化大革命中查出的問題。如公安處處長黨汝霖、糧食處長張敦厚、文教處長韓治華，還有某報社的一位女記者王瑜；其餘的人則是兩派鬥爭中被擊敗一方的成員。州委書記趙子康也在獄中，以前我曾去他家拜訪過他。他被關在革委會一間小禁閉室裡，老伴只得拐著一雙小腳天天給他送飯。

這裡的所長是個大好人，他在社教期間住隊時藏民就稱他董佛爺；現在的犯人也都這樣稱呼他。只要上面允許收下犯人家屬送的東西，他便忙出忙進；並將「貧富」搭配均勻，使大家都能少挨點餓。因為他，我也沾了光。放風時他自己不喊「快」，也不讓哨兵喊，結果常和警察鬧矛盾。相申金的衣服鞋襪都是他給補充，龜兒子對董佛爺敬服得五體投地。在雨露均霑的政策下，相申金的體重漸漸增加。

在這裡，我一直被關押到次年春。這時何文奎被捕歸案，寇司機在政策的威懾下立功，交代並退出了所有運費。經他們各方對證，我是個一文錢未拿的「幫凶」，只是包庇了寇司機，落了個態度不老實的罪名。

然而他們並不願意馬上釋放我，又派了兩個公安人員將我送至岷縣。在岷縣，我被羈押起來。好在那位瞎所長已被罷官，這裡換了個年青的譚所長。

兒子把五歲的小菊卿領來，我們在公安局前院見了一面。一看到她我便想起那天夜晚，造反派拿把鋼刀在她脖子上鋸。我流著淚上前抱了一下小菊卿，公安就把我牽走了。

我被關在大號子裡，這座監獄是一座約一百米見方的小土城，三面監房的後牆距土城還有一米多，後牆高處的小窗戶是個透氣孔。這是國民黨時期的老監獄，迄今沒有補過一把泥。只是在每間號室門口，又加了個三米見方的小院；為的是開飯時，各個監號的犯人互不相見。修小院的原因是，1961

年這裡發生過一次越獄暴動：幾個犯人串通了一個民警，把所長拖進號子捆綁起來。他們拿了鑰匙打開監號，在那位民警的帶領下逃出多人。為防止這類事件，後來才修了這個小院。我們的床是用土坯砌的，半個世紀來從未打開過，它成了細菌的繁殖所，大小爬蟲常常鑽進被窩。

與我同號的兩個人我還記得，一個是「人道主義黨」首犯王義；另一個是常在汽車站一帶用撲克牌騙錢的瞎鄧（一隻眼）。王義對他的犯罪毫不隱諱，他拖著大鐐宣傳他的「人道主義」。我生怕犯知情不報罪，從不敢把他的話聽進耳朵，只有瞎鄧全神貫注洗耳恭聽。

據說王義是受過高等教育的人，曾在中央某部任職。1957年他被打成右派開除公職，回到岷縣東山區。在三年「自然」災害時期，他成立了這個「人道主義黨」，後來他被判處死刑。

瞎鄧是個無所不為的窮賭棍，不要說家，連床被子也沒有。但他是我們這個號子的絕對領導，無論誰家送來東西，都要由他分配。他除了給王義分雙份外，對其他犯人都是一視同仁。

我進去大約在第五天時，清早有隻喜鵲從後牆小窗戶擠進來，朝著我們大叫三聲，又擠了出去。大家都覺得奇怪，瞎鄧則拍著手說：「今天非走人不可，不是吾老爺就是陳老兄，你們三人沒門兒。」他像小孩一樣高興。

果然，譚所長來叫我，我便把被褥留給瞎鄧，報答他的金口玉言。同時這座監獄我已四進四出了，下次再來免得背鋪蓋。

甘南的那兩位解差對我說：「你能不能退出司機給你的那二百元。若不能還要帶你回甘南。」我攤開兩隻手說：「我身上哪有錢？何況那二百元不是給我的，早被紅衛兵抄去了。」

「走！到你家再說。」

我把他們領到家，有位陳子忠老師正在和我妻子談論我的事。我一說情況，他立即去借了二百元交給二位解差。真是殺了人還要手工錢。

這兩位解差不像送王化祥的那兩位，他們坐在門外，連支煙也不肯接。這二百元他們也並未私分，把其中一百五十元交給了合作派出所，五十元作了返回甘南的路費。這是在十多年多年後我從發給我的一份判決中看到的。

我就這樣又坐了一年監獄，而外面輿論卻傳說，我用火車販馬至陝西，

這次是用錢活動出來的。要不，為什麼把何文奎判了十五年，卻放了我？真是人言可畏。

正因為這樣，造反派更放不過我，天天來逼我去農村。1969年春節後，我去了臨潭。我想借點錢把家安排一下，再出去找個落戶的地方。

吳尚義弟兄四人先後也因「投機倒把」進了監獄，我便去城郊找一位姓張的朋友，在他家借住。不料，晚間有一群造反派前來查「投機倒把」，向我要證明。我哪兒有？他們便將我和我借來的一輛自行車一併送進看守所，這位造反派頭頭，正是看守所所長張義。

這個看守所就是我在磚瓦場勞改時修的那一座，那時我常來這裡送飯。如今我又住了進來，飯總算沒有白送。和我同號室的一個「馬販子」叫李英貴，他是個很有個性的人。

李英貴是甘南州的幹部，被打成右派後送回陝西。經過大躍進、人民公社化以及「三年自然災害」，關中耕畜奇缺。不少生產隊都是人拉犁，人拉車。因此，生產隊便叫李英貴來甘南買匹馬。他果然買到一匹烏黑發亮的馬，肚裡還懷著個小馬。然而，雖有生產隊的證明，路上的民兵絕不認它，擋住就要沒收。他便雇了個引路者，循山路前進。大雨傾盆，把一匹黑馬洗成了白馬。這裡的白馬一般都是八九歲的馬，顯然是個次品。他又把馬牽回來找介紹人理論，卻被公安局發現，將他連人帶馬關了起來。公安調查他的案子，從1967年夏天查到年底，這才證實了他不是私人販運。他買的又是一匹老馬，這樣，公安局便連人帶馬把他放了出去。

李英貴獲釋後，卻發現馬肚子小了許多；他就向公安局要小馬駒。公安局哪裡肯給，他便天天吵鬧不肯走。公安幹部少不了要打罵他，他也回罵那公安幹部。這樣，公安便以反革命罪逮捕了他。現在，他比以前罵得更不像話。我勸他不要再罵了，他卻反過來罵我：「瞎song，尻子客。」（*陝西土話，含巴結人的意思）

李英貴始終不服罪，結果，他被以反革命罪判刑二十年。他不知道，公安幹部打罵他是正常業務，而他罵公安幹部則是敵視無產階級專政。再後來，我們在省二監又聚會了。

在臨潭的看守所，又是半年過去了。原磚瓦場的會計李維鴻現任公安局

會計，有次開飯時他進來，見我便問：「為什麼又在這裡？」我如實告之。次日，我被一位幹部提出去，問了幾句便放了。我的那輛自行車，他們說不知被誰騎去了。根據李英貴要馬駒不得反被判刑二十年的經驗，我便不敢再要我的自行車。

自1962年出獄後，我又進過三次看守所，監獄大門對我毫不吝嗇地敞開著。

十、又一場災難降臨

第四次出獄，我的名聲更臭了，造反派之類的人物更香了。馬明這時已升做手工業聯社的頭頭，馬銘孝被整得不知去向，工藝美術組早已不復存在。

甘肅會寧縣的兩個「老奶奶」提出口號：「我們也有一雙手，不在城裡吃閒飯」，這成了報刊上的頭號新聞。把城區裡的「黑五類」遣送到農村，也成了岷縣的頭等大事。現在不只是造反派天天來逼我，派出所也義不容辭地時時來催我去農村落戶。

由政府安排的去處是麻子川公社的邊遠山區，我總得先去看看。

麻子川公社所在地是長江、黃河兩大流域的分水嶺。有一家人的屋子前簷水流向長江流域，後簷水流入黃河流域。這裡很貧困，除公社、商店的幾間瓦房外，其餘民居都是低矮的茅草屋。我在兩間小屋的門口坐下歇腳，有兩個小和尚頭從門縫裡探了出來；他們向我看了一眼，連忙又縮了回去。一個老阿婆提個小籃回來，客氣地讓我進屋坐。我還未動身，那兩個小傢伙光著屁股跑出來，從小籃裡各搶一個生洋芋，搶到手就啃。老阿婆邊奪生洋芋邊說：「等煮熟了，一人兩個。」孩子哭著跑了進去。看到公社所在地的社員生活尚且如此，我再也沒有勇氣去那更邊遠的山區了。

麻子川的分水嶺在上古時期很有名，唐朝詩人盧照鄰在此寫過《早度分水嶺》的詩句：「丁年遊蜀道，班鬢向長安。徒費周王粟，空彈漢吏冠。」這裡一直是甘川商道和軍家必爭之地，當年紅軍的紅四團突破臘子口，就來到麻子川鄉漩渦村、大草灘一帶。毛主席吟道：「更喜岷山千里雪，三軍過

後盡開顏。」他住在漩渦村，當地人民拿出糧食、羊皮等給紅軍禦饑寒。紅四團在大草灘一帶獲糧油萬斤、食鹽千斤。毛主席在國民黨報刊上發現陝北根據地，方得勝利會師會寧。可是如今的麻子川分水嶺卻是如此貧瘠，餓殍載道。毛主席他老人家在中南海是否還記得麻子川？他可曾想過支援他的善良百姓們今日的處境？

我也給野狐峽那個地方打過主意，那裡的隊長和書記都為難地說：「我們雖是一村之長，但一切要由工作組和駐隊幹部作主。再說，你頭上有那麼多帽子，開會不整你，工作組不答應；整你吧，我們心上不好受。」所以，這個主意也打不成。

我下決心回老家。回到老家，母親哭死哭活地說：「你在外討飯也比在家裡強。咱山裡人靠山養活，山封了砍捆燒柴也要隊長批。你又沒有勞力，回來喝西北風？再說，你哥落了那個下場，還有劉大汗也被鬥死了，我不願意你也死在我的前頭。」

原房東汪子俊獨居華陰縣，他是我大女未過門的公公，我便去和他商量。他原來是給生產隊看守果園的，因曾在馮玉祥部當過連長，被定為殘渣餘孽。好在他年過古稀，這才免於遭鬥爭。但他被迫從果園搬了出來，孤苦伶仃地活著；他決不敢向隊長說一句話。而當時，那裡的武鬥正在高潮時期，兩派天天打陣地戰，包穀地裡的屍體也無人敢去收。誰家來個人，馬上就會被抓去拷問。我坐了片刻，連忙告辭。

陝西咸陽北塬的陳煥新是我二叔的獨生子，二嬸早逝，是我母親把他拉扯大的；所以我稱他二哥。解放時他沒分到地，把幾間草屋賣了，在北塬這個地方置了幾畝地。那時的北塬十旱九不收，土地荒蕪，無人耕種，幾元錢就可以買一畝。我大哥陳光明也買了幾畝，本想離開山溝，而母親因故土難捨，所以未去。大哥買的地當然合作化了，二哥還留在那裡，所以我想去那裡投奔二哥。

如今這裡的引渭工程初見成效，黃土地變成了金不換。北塬距咸陽市僅有十多公里，交通方便。由於地理條件好，不讓外人隨便進來，連隊長的親戚也休想在此落戶。但陳馬村生產隊的楊隊長對我說，如果能把甘肅的好馬弄來幾匹，他便能讓我落戶。可是我想，要把馬弄到陝西，那比登天還難。

我垂頭喪氣,又沿著絲綢之路來到蘭州。

1968年末,因何文奎案我陷入冤獄近一年。我出獄後,陝西咸陽陳馬村楊隊長及支書劉文先等一同三人來到岷縣,他們持我堂兄陳煥新的信,求我協助買馬,以便回去代替人拉犁。

我說,買馬容易運馬難。路上的造反派、紅衛兵什麼都管,拿著證明也不認,擋住就沒收。他們也到處打聽,所言一致。我說:建議你們省供銷社通過生產指揮部調撥。楊隊長說,調撥的馬都是老弱病殘,趕不到家就死去一半。分上幾匹也不能耕地,更下不了駒;成本比市場上還高。於是我們雙方都無法達到目的,買馬落戶兩泡湯。

這次我到蘭州,無意間遇見臨洮縣的李如元。他1947年曾在輜重兵第七團幹過,我當時在十五團,我們的部隊都駐紮在貴陽市。如今一見便有思故之情,我談了自己的命運,他倍加憐憫,並說:「我來蘭州是給生產隊買電磨,但提不到貨。你如能買到兩台電磨,我可以保你在我們生產隊落戶。」

臨洮是甘肅比較好的縣,自古就有「天下洮河惠臨洮」的美譽。那裡土地肥沃,氣候宜人,店子街又是公路穿街而過的集鎮。我記得有人曾經說過,岷縣無電,有電磨賣不出去。所以我就接受了李如元二千元的電磨款,回到岷縣周旋。

真是此一時也,彼一時也。由於電磨走俏,統配的指標早就被採購員加價把指標倒賣了。我又跑了甘南、臨潭等地,情形依然如是。

電磨買不到,必須立即把款給李如元送去,以免他著急。

大約是1969年10月下旬,我去車站買票,準備給李如元還款。在車站,遇見了甘南運輸公司司機邱高。他拉了一車木頭去蘭州,駕駛室還坐了一位回民難友五丹。他們約我同車前往,車頂有兩個農民和兩個麻包,他們是販當歸苗的。

行至白楊坡,那位回民難友突然要下車,不去蘭州了。他與我和邱高商量了一陣,我和邱高隨車繼續沿公路上行。

約走了兩公里,便到了老幼店。在道班門口站著兩個佩帶紅袖套、手揮「語錄本」的擋車人,他們是查車上那兩個販賣當歸苗的。司機邱高本欲開

車衝過去，但那路是上坡，而且有條小河溝。他不知從何處掏出一個手絹包著的四方包扔了出去，可能是五丹的包。這時，一個造反派跳上駕駛室的腳踏板，一把抓住方向盤，邱高只得停車。

扔出的小包在雪地上特別顯眼，一個造反派拾起來，打開一看，裡面全是糧票。於是，他們撇下車頂上販當歸苗的農民，集中力量檢查駕駛室。這樣，他們又從座墊下發現二百銀元。這就更激起了查車的興趣，他們開始在車的引擎、底盤上大檢查。這時我想，要走開萬無可能；何況那兩個造反派還是市管會的幹部，又都認識我。然而，我身上的兩千元若被搜去，不但要不回來；他們還會把我作為「投機倒把」者關起來。我急中生智，想將那兩千元順馬槽底板塞在木材的空檔裡。可是木材大，露出的三角形空間也大，老遠就能看見；更何況他們還要在車上檢查。此時我身旁站著一青年農民，我以前揹當歸時在他家借宿過，我知道他的名字叫石鎖全。情急之下，我把錢交了給他，叫他拿去保管，並允諾給以報酬。石鎖全當即應下，懷揣我買電磨的兩千元離去。

車查罷了，兩個造反派把我們叫至道班房裡搜查人身。我身上還有一部分錢，一是替野狐峽水運工人沈周全代購人力車的款項三百元，二是給自己留的路費二十五元；兩項共計三百二十五元，均被他們搜去。

這兩個造反派來此地，本是為自己買洋芋的；順便執勤。現在出乎意料地大有收穫，他們便叫邱高拉著他們買的洋芋回岷縣。在梅川稅務所，他們又對我們進行了二次搜查。我們的鞋襪、帽子、內衣都叫脫掉，連頭髮都被他們摸了幾遍。

到了縣城，我被關在市管會的臨時禁閉室，邱高連人帶車被扣在一家旅店裡。

市管會主任張茂盛和市管員馬漢臣，天天晚上對我刑訊逼供。張矮而胖，當地人叫他「張炮彈」。提起「張炮彈」，連三歲小孩也不敢哭。馬漢臣因一臂殘廢，人稱「折胳臂」，因此他的姓名鮮為人知。此人可以說是個流氓，有一家只有母女二人，生活極其艱難。她們把供應來的白麵節省下，蒸了饅頭，叫不滿十歲的女兒小蓮去躲著賣。市管人員常常把小蓮的饅

搶走，小蓮回去就要挨頓打。這天，小蓮的饃被馬漢臣連饃帶竹筐踏了個粉碎。小蓮蹲在地上，勉強把筐復原，把一個滾成雪球的饅頭剛要揣進懷裡，馬漢臣竟一把奪去，連筐扔到一間平屋頂上。小蓮哭著向前挪步，走到自己家門口也不敢進去。她漫無目的向前一步一回頭地走著，洮河橫在眼前，她沿著岸邊薄冰踽踽而行。她可能想到此時媽媽正等著她，要拿她賣饃的錢去買雜和麵拌拌湯，她瘋了似的把剩下的一只鞋脫掉，也許還喊了聲「媽媽」……

小蓮的母親在家等，等到天黑不見女兒回來。她跟著雪地足跡找去，一直找到洮河水邊，足跡消失了；這條小生命再也不能回到母親的懷抱。

馬漢臣把我關進這間禁閉室，室內除去門窗一無所有；我只能在潮濕的地面上席地而坐。夜靜更深的時候，張茂盛和馬漢臣來光顧我，兩人手提一條細麻繩和一根短木棒。他們進門先把我捆了起來，然後用木棒像捶死豬一樣打得我站立不住。他們逼我承認，從司機邱高車上搜到的白元和扔出的糧票是我的。我不虛招，他們便不解繩子；打完了，鎖了門回去睡覺。如此三日，日日如是。我想，是不是邱高把那些東西推在我身上了？應該不會。邱高連那回民也沒牽連，他一身承擔了。但張茂盛和馬漢臣他們總認為，開車的司機邱高是國家職工，不會幹投機倒把的事；只有叫我承認了，才好將我送進班房。

第四天，他們見我不成人樣，又沒口供。尤其是我的次子陳玉秦一再向軍管會求情，這才放了我。但沒收了我那三百二十五元，他們斷然不肯退還。我去討，只能討頓罵。

我想到，更重要的事還在於，得趕快去找農民石鎖全，把李如元托我買電磨的兩千元給李如元送去。然而沒想到的是，石鎖全蓄意鯨吞那筆錢，死不認帳。我找了司機邱高同去，雖有邱高在旁作證，石鎖全依然不認。我沒辦法，身為「黑五類」，我不敢去告他這個貧下中農。真要告他的話，結果也只會自己吃虧。我便請了幾位老人前去說情，答應給他五百元的麻煩錢。這筆回扣一直添到一千元，他仍不鬆口，畢竟一千不如他到手的兩千多。他甚至誣我把一包大煙土在腳底下踩碎了，他說他沒有檢舉我，就是對我最大的寬容。他企圖以此嚇唬我，但我無可奈何。世道就是這樣，假若是我賴了

貧下中農二十元，恐怕也得吃官司。

野狐峽的水運工人沈周全給我三百元代買人力車，聞聽我的遭遇，前來要他那三百元。我求他和我一同去市管會，作個證明——證明被沒收的三百元錢是他的並不是我的。但他害怕張炮彈和折胳臂，不敢去。他是個水手，錢來之不易，又在我手下幹過；我東借西湊還是賠了他。然而，李如元的兩千元不是小數字，我又怎能賠得起？我求他去告我，這樣，公安人員必會追查。我豁出去，寧肯坐班房也要打一場官司，但李如元又不肯。這兩千元怎麼辦？我心裡如涇河張開一張大口日夜不安，心急如焚。

如今，不要說落戶，就是想做個好夢也辦不到。

我問自己，這一切厄運從何而來？為什麼邱高車上查出白大洋和糧票沒罪，石鎖全鯨吞了我托他保管的兩千元沒錯，而從我身上沒有查出任何違禁物，竟被關押三日，還被沒收了人民幣三百二十五元。道理何在？就是因為我臉上打著金印。他們都是登上政治舞臺的工人階級和當家作主的貧下中農，而我卻是勞改釋放犯，屬於「黑五類」。

十一、涇河張開一張大口

連遭不幸，朋友們想說句寬慰的話也無從說起。誰也沒有回天之力能搭救我，讓我逃出苦海。請問尊敬的讀者諸友，你若是那時的中國人如我，你有何妙計逃出魔掌？

造反派和公安局又來催我，讓我去農村接受改造。1969年11月下旬，有位宋師傅前來看我，他見我躺在床上獨自苦悶，便說：「走，坐我的車出去浪幾天，悶在家裡也無濟於事。」我連個洗臉工具也沒拿，就和他一同走了。

豈知這一走，我和我這個不幸的家一別又是十年。

宋師傅是司機，他要把為供銷社趕牛的藏胞送回到碌曲縣。次日晚，我們便到了碌曲縣的郎木寺，適逢車站和旅社已住滿了人。繼續前進吧，前面就是海拔近四千米的大雪山；停下來，卻又無處投宿。

這裡有個朋友也叫丁尕哥，他不在家，他的親戚馬海牙接待了我們。我們的汽車停在他門口，車上的藏民們有露宿習慣，便在車的周圍生火煮茶。

凌晨兩點左右，來了全副武裝的四川造反派，大門被他們打開了。

他們挨個盤問，並要我們出示證件。司機和縣供銷社幹部都有證件，惟獨我沒有。宋師傅再三說我是他的師傅，因車況不好臨時約我同來，而造反派非要把我帶走不可。我出門故意把車給挪了個地方，向宋交代了要注意車的事項，造反派還是不放我。經過汽車站時，我把何站長的門叫開，何站長對他們證明說：「這位陳師傅常跑這裡，我認識他。」造反派叫他寫了個證明，我才得免了又一次囹圄之災。何站長真是個大好人，我常祝願好人一生平安。

再說約我出門的宋師傅，宋師傅在碌曲裝了一車皮子運往蘭州，返回途中又住在郎木寺。我見了丁尕哥，他對我的遭遇十分同情，想助我一臂之力卻苦無良策。然而他終於想出了一個辦法：「既然咸陽北塬要幾匹馬就可落戶，我買七匹，你找車運去。你起碼可以賺幾千元，這樣可以落戶，還能解決李如元的困難。」

這個辦法固然很好，實現它卻很困難。但我也有如下有利條件：一是北塬待馬若渴，二是丁君慷慨解囊。剩下的便是找車、借路費的問題。當然，最大的困難還是路途遙遠，千里迢迢來運馬？能否平安運到？沿途都有造反派，他們十里一關，五里一卡。即使我持有真證明，也能被說成是假的；何況我沒有證明。陝西人之所以不敢自己來買馬運馬，原因也就在此。所以牧區的馬運不出去，只好一代代老死在草原。

司機宋師傅有助我之心，也有撈這個加倍運費的願望，可我們的條件不具備。

要想有把握到達咸陽，得具備這樣幾個條件：第一，車上必須有兩個司機，日夜兼程駕駛。第二，車上要有篷杆篷布。第三，車前要有左右油箱，後面要左右能掛油桶。第四，車況必須最佳，沿途不能出大小故障。第五，司機必須技術好，智勇雙全。第六，汽車噴漆顏色，要與戰備車相同。

那時中國和蘇聯的關係正是劍拔弩張，全國都在「深挖洞，廣積糧」，「備戰備荒為人民」，所有的車輛都要和軍車噴成一色。事也湊巧，四川南屏有兩輛車在蘭州大修，其中一輛已試車出廠。只要給車尾加掛兩只大桶，就完全符合上述條件。

我在隴南汽車監理所画画時，曾幫過開車的這兩位師傅，讓他們沒送禮就考到了駕照，當然也是朋友。這兩位AB師傅因在蘭州延擱日久，虧空很大，所以他們都同意幫忙運馬。更確切地說，他們也是為了拯救一個不幸者，才願冒此風險。否則，他們怎肯答應先到達目的地，再由我們付清運費？

　　有了車，我便開始借款，籌措路費，加好往返油料。宋師傅又支援了一幅篷布，我們準備即日起程。

　　此時，李如元還在蘭州等我；他急得像熱鍋上的螞蟻，等我還他買電磨的巨款兩千元。我將此行計畫告知他，他祝願我成功。他希望我至少能為他解決一千元，讓他可以渡過難關。

　　與此同時，我向咸陽和郎木寺發電，回電說：「萬事具備，願你平安到達。」我聯繫了兩地雙方，這樣便解除了車去無馬、馬至無款的顧慮。

　　夜間雖無月光，皚皚白雪能讓我們的視線延長得很遠。狂風雪浪也不能遮住人的雙眼，我們的馬像雪海裡的黑點在急急移動。假如路上遇到造反派，我們的一切計畫全會落空，所以我們都憂心如焚。

　　馬終於到了，又必須閃電般地裝上車。裝了車，蓋了篷布，我們才喘了口氣。然而說好和我同去的丁尕哥，這時卻打了退堂鼓。他說完全信任我，叫我全權負責。他並再三叮嚀說，找根木槓攔住後馬槽，以防馬被顛落。

　　草原上的公路筆直無礙，車的時速常常指向六十碼，天明就過了合作縣。下面的幾個檢查站看到這輛車，以為是軍車，遠遠就揚起了欄杆。臨夏以北車輛極多，除過管理站再也無人擋車。我們常常跟在軍車後面一轟而過，當晚燈火通明時進了蘭州。在蘭州，司機給車補充了耗去的油；我們狼吞虎嚥地吃了碗牛肉麵，我就去向李如元報「喜」，請他靜候佳音。我又給咸陽發電，讓生產隊準備好購馬運馬的款項。至此，我感覺已完成任務百分之五十，或者可以說，勝利在望了。

　　以全程來說，才走了四百多公里，還有七百多公里路，萬不可粗心大意。

　　車駛出蘭州，我們便停車檢查馬的健康狀況。我和A師傅鑽進車篷，看見黑馬全變成了白馬，篷布上也結滿了霜。草原上的馬過慣了露天生活，現在篷布裡前後不透氣，已有兩匹倒在車槽裡。我連忙找了個可以卸馬的地

方，牽出了馬匹；又在篷布上開了兩個天窗。我們在老鄉家買了草餵馬，又用臉盆端水讓馬飲水。好在是夜靜更深，不曾遇見其他車輛。稍後，我們又開始趕路。

兩個司機輪流休息，但休息者的雙眼比開車的睜得更大，密切注視著前方的一景一物。每前進一公里，緊張的心情不知要嚇死多少細胞。我們帶的食品誰也不曾吃一口，水卻喝完一壺又一壺；就這樣，嘴唇上的乾殼仍在增厚。兩位司機，A師傅、B師傅不斷地祈禱，請求真主保佑。在路上拋了錨，耽擱了一會功夫，直到天亮才上華家嶺。過了黨家峴，我看到前面有情況了，大約一百多輛車依次停在路邊。我一口氣跑到出事地點，只見一個十多歲的小孩躺在路上，一輛車撞倒了一棵小樹，保險槓陷在土牆裡。肇事司機抱著頭，靠牆蹲著。交通中斷了，據說已去人請管理站、公安局前來處理。

我跑回來和A、B師傅商量，覺得不可在此久留。一是車裡的馬都不老實，馬蹄亂踢在馬槽裡，聲如敲鼓。二是閑著的司機、旅客來回竄，若有多事者發覺篷布裡蒙著馬匹，必然生疑。等到公安人員來處理事故，管理站又發現我們的車無牌照，豈不是自投羅網？所以，我們決定把車開回黨家峴等候。

等到傍晚，沒想到車更多了，處理事故的人不見消息。其他司機開的都是公車，他們拉的是官貨，並不十分著急；他們車上的旅客也只好聽其自然。可我們實在受不住，我便邀了A師傅前去找大隊書記陳述利害。我們求他協助搞點工具，又動員旅客搬土運石。從事故車旁，我們墊起一條便道，這才算通過擁堵路段。

夜幕降臨，大雪紛紛，直到黎明，我們的車才爬上六盤山。而雪越下越大，越堆越厚。

飛雪蓋滿了擋風玻璃，咫尺莫辨。司機只能掛上二擋繼續行駛，從高聳雲天的山頂，我們的車用一檔摸著路面走，慢慢降落下山。每轉一道彎就出一身汗，稍一不慎就會車毀人亡。

進入關中，這才雪住天晴。汽車又如同脫韁野馬般急駛趕路。

終於到了北塬，二哥和隊幹部、社員群眾見了我們，無不歡欣鼓舞。我心裡升起了「落戶成功」的光柱。

卸了車，數來數去，卻只有六匹馬。我仔細觀察，的確少了一匹大青馬。

我便想起在甘南的完爾灘，公路上橫了根電桿擋車。我們衝了過去，我感到後面閃了一下，未加注意。我給馬添草時只發現車尾上斷了繩，並未考慮是丟了匹馬。這件事直到後來我才搞清楚——在合作看守所，我見到一個來自完爾灘的犯人，他說：我那時是民兵，拾了一匹大青馬交給了書記。這個閃失只能怪我們沒經驗，臨行時丁爾哥一再叮嚀，路上要買根木槓攔住車尾，否則馬會被擠下車。我以為有篷布包著不會有事，加之心急火燎地趕路，實在顧不了許多。如今總算平安運到了六匹馬，也算萬幸。

楊隊長此前已經接到我的電報，他仍不相信我真能從甘南把馬運來。所以，他並未準備好現金。馬到當晚，我請求先付了三千元的運費給司機，他們當夜返回，我心稍安。

常言說：「貨到盡頭死。」楊隊長他們原先想的是，只要有好馬，就是比市價高也求之不得。現在，馬拴在槽上，他們便想採取壓價措施。對這些百中選一且受盡折磨的千里駒，楊隊長們百般挑剔。而我為了在此地落戶，只得一再降價，降到保本程度。可他們還要通過獸醫站「點眼」檢疫後，才能拿出成本價的錢。獸醫站的人又都出去鬧革命了，一時也不能來。我便想到，不如先去西安；我還是打算為李如元搞到兩台電磨。

咸陽與涇陽是村連村的縣，經過涇陽的一個村時，我便被一群帶紅袖套的造反派攔住了。我立即意識到，事有異變。然而此時此地，就是孫悟空也無法拔地而起。一望無際的黃土平塬，哪裡有藏身之處！

一個中年農民指著我對他們說：「我們在獸醫站看見陳馬村的牲口，就是這傢伙販來的。」他又罵我：「你驢日的把馬賣給陳馬村，咋不賣給咱村？」

這群人中為首的是個矮個兒，他二十多歲，長著一對三角眼和八字眉，嘍囉們稱他為張所長。

他來自此地的稅務所，這個稅務所設在公社革委會院內。他對我幾乎是打一個耳光問一句，每一個進來的人都要在我身上搜一遍，打幾下，拾點便宜。最後，連我借來的一只舊懷錶也被他們掏去了。

晚上，在一個飼養室的草房裡，他們開始逼供。除那個張所長外，還有四個造反派。他們用繩子捆我吊我，捆吊一陣；又叫我跪在碎瓦片上面，背上還疊幾塊磚。再過一會兒，他們抓住我的四肢晃悠幾下，喊著「一、二、三」拋向草堆。最後，把我的脖子壓在鍘墩上。那位張所長兩手卡腰，喝斥道：「你個驢日的不說老實話，就鍘了！」明晃晃的刀刃直接對準我的脖子，當時我真希望咔嚓一聲身首異處，結束這條罪惡的生命。

　　他們要我交代三點：一、承認我是投機倒把；二、馬是偷來的；三、馬款現在何處。我要如實談了，不但馬款會被他們沒收，還會牽涉到幫我買馬的丁尕哥和幫忙運馬的A、B兩位司機，甚至會追溯到牧區生產隊。於是我便編了一套說辭：

　　陳馬村托我買馬，我自量無力辦到。前幾天在蘭州一家旅社，遇見新疆一個人，名叫買買提。他拉了一車馬，我便領來陳馬村。買買提在路上犯了闌尾炎，住進醫院，由司機和我把馬送來。至於買馬的款，已被司機帶走。

　　他們帶我去陳馬村對質，楊隊長卻說，已有四千元現金在我二哥陳煥新家；還有一部分馬款尚未湊齊。於是稅務所的這撥人便拿走了四千元，並勒令楊隊長交清欠款三千餘元。

　　「財去人安」這話在今天全不適用，他們拿走了生產隊的買馬款，卻仍然要把我帶走。張所長儼然是一位大獲全勝的將軍。

　　剛一出村，陳馬村也來了一群造反派，攔住去路，要他們把人留下。雙方都引用毛主席語錄，企圖壓倒對方。人群中還有我的侄子陳小銀，兩撥人大有動武之勢。

　　張所長結結巴巴地說：「咱們叫他去，給他打個收條，蓋個公章就對咧，把他不咋一嚇。」

　　我一直在想，馬款如能保存下來，我就設法逃走。雖不能在此落戶，也可以使丁尕哥不受損失，還可解除李如元的危急。如今，馬和錢都完了，我回去如何對丁尕哥交代？如何向李如元解釋？在家裡又怎能待下去？不如我跟他們去，該咋辦就咋辦，也免得雙方動武。那時，正是「武鬥」時期，涇陽造反派搶了永樂店國家軍火庫，人人都有尚未發給軍隊的新式武器。陳馬村人赤手空拳，如果鬧出人命，事態必然擴大。所以，我說服了陳馬村的造

反派，他們才回去了。如果雙方真打起來，無論哪方吃虧，結果都得給我罪上加罪。

現在張所長並不是帶我去稅務所，而是一直向北。我想，可能是去涇陽縣城吧。那個張所長不知從何處弄來一輛自行車，他和四個造反派耳語了一陣，一偏腿上了車。他像一支獵狗嚙著獵物，飛也似地消失在北塬盡頭。

今天可能是這裡第一次落雪，路上的墟土能掩沒腳背。幾片稀疏的雪片，還沒著地又被飛起的塵土捲走了，像送殯的人撒著紙錢。「四大金剛」團團走在我的周圍，好像怕西北風把我和雪片一樣捲上天去。

終於到了北塬盡頭，要不是風雪塵埃的干擾，便能把涇陽縣城和永樂店盡收眼底。而現在，我只能模模糊糊地看見崇文塔矗立在那裡。

在涇河邊，一隻渡船掛在細細的橫線上，像條死魚漂在水面。我要在這黃土塬頭休息一下，遙望我的家鄉，他們卻團團圍在我周圍。

涇河像一條不會蠕動的長蛇，它沒有洶湧的波濤，沒有驚人的怒吼。河水靜靜地向東南方向移動，它即將與渭河在雙河口交匯。所謂「涇渭分明」，蓋源於此。而如今的涇渭分明，對我十多年的生活進行了無情的嘲諷。

這次買馬運馬，我深知是現行政策不允許的；然而我的行為也正是這種令人難解的政策所逼迫的。我也曾反復思考過，縱然我犯了無法無天的法，這也是社會悲劇造成的罪。可是，從另一個角度看，我犯的這種罪合乎作人的良心，合乎人民和社會發展的需要。真正的牧民不能把自己生產的牲畜轉化為人民急需的生產資料，只能讓它老死在草原；而真正的農民卻以人代畜，生產得不到發展。我把這兩者溝通起來，何罪之有？市場上還貼著「支農牲畜免交易稅」的通告，而這幾匹馬又為何被沒收？就算一個稅務所所長有權沒收免稅商品，難道他還有刑訊逼供的權力？

天色陰暗，我依然能看見雲台山。山下，就是我的老家。家中年邁的母親總是流淚，一雙老眼失明，還總是向西眺望。遠在甘肅的妻兒老小為我的鋌而走險而提心吊膽，丁尕哥和李如元還焦急地等待著我回去結帳。他們如果知道我今天的處境，將會怎樣地痛苦和怨恨我？我一個人的不幸摧殘著多少顆善良人的心！

由於渭河的沖淤，形成北塬與南山相間的八百里秦川。秦嶺山脈猶如一

條祥龍橫空長臥，它的腹部有七十二條小河，像乳汁一樣哺育著關中人民，也哺育了我。雲台山是嵌在秦嶺山巔的一顆小小明珠，據說韓湘子曾在此山修道。

我的老家與雲台寺僅有十華里之遙，小時躲土匪，我常登此山。入夜，俯瞰古都長安燈火，如見大海中的群星閃耀。

如今的我，狼狽地坐在北塬盡頭，遙望秦嶺；內心勾起童年的回憶，也想起韓愈被貶潮州時登上此山。他遙望長安歎道：「雲橫秦嶺家何在？雪擁藍關馬不前。」當他看見侄兒韓湘子前來送別，又不禁感慨，「知汝遠來應有意，好收吾骨瘴江邊」。而我則在心底說：「遙望秦嶺家何在？此生永別慈母顏。」

回首俯視涇河，百感交集，王化祥趴在洮河沿死去的形象浮現在我腦海裡。死，只有死了，才能了結我在這個世上的一切恩怨。死是拋棄痛苦最徹底的方法，也是求得親友寬恕的惟一良策。死是對這不平世道的抗爭，既然這個世界容不得我，我又何必苟活於世！

眼前這條涇河就是我的歸宿，這也算得葉落歸根。

我想法分散他們的注意力，解除他們對我的警惕。我和他們提各種造反派之間的鬥爭問題，使他們爭得面紅耳赤。一上船我就注意到河是很深的，然而清澈見底，有條小魚也可以看得清楚。所幸有那些落葉，葉子不停地向下游緩緩移動。西北人大都不會浮水，何況又是數九寒天；我只要跳進去，一切都可以了結。

艄公拿一帶鉤的長篙，移動了船身。船上的筐筐擔擔和人力車、自行車擠在一起。抓我的人叫我坐在中間，我摸了摸口袋，還有幾支煙；我便掏出來讓他們，他們三位都搖搖頭。我又問：「有沒有火柴？」「咱都不吸煙，哪來的洋火？」我便嚙了一支在嘴角，向四周瞅去。船邊有一老者在吸旱煙，我大喊：「鄉黨，借個火！」不等回答，我一頭撲入涇河。

我希望自己是個秤砣沉入水底，更希望是條小魚順流速游……

第七章　天網

凡是動物，都有活的欲望。人不僅要活，而且要活得有意義。可是，自1962年出獄至1969年這段時間，我活得很艱難，甚至喪失了活的欲望。

在這幾年中，我沒有犯罪的意識，也沒有犯罪的動機，只有正常人最低等的生存需求，並且一直為它掙扎。

然而當權者對我十分吝嗇，連我討飯的破碗也一次又一次奪走。我就算是鋌而走險，想要的也只是一條活路，他們卻布下天羅地網，令我防不勝防。對我最慷慨的是監獄之門，它就像魚簍一樣敞開著。

說起魚，我便想起1947年在南明河上。我和秋盡見過一葉扁舟，它寬不過三尺，長不過丈餘。舟上艄公手掂長篙，飄然如仙。船頭有幾隻魚簍，最引人注目的是那幾隻形如野鴨的魚鷹。魚鷹的眼睛又小又亮，嘴則又尖又長。它不時從河裡叼來一條條小魚，自覺地丟向魚簍。我便問秋盡：它們自己為什麼不吃魚？

「脖子上套了只鐵環。」秋盡比試著自己的脖子說。

「永久不讓它吃嗎？」我又問。

「不給，會餓死的，死了也就不能抓魚了。晚上回去，會賞它幾條。它就是為了活命，才如此辛勤勞動。」秋盡的這些話，至今我品嘗起來仍有味道。農業社的社員就是這種魚鷹，我則是被逼出家門的喪家之犬。

一、被囚涇陽

我閉著雙眼不忍睜開，但我知道，自己縱身投入涇河卻並沒有死去。我的靈魂和體溫慢慢回到軀體上，我發現自己躺在陝西人特有的那種連鍋炕上。我身上換了一套藍土布舊褲褂，背上有些疼痛，這一定是艄公手上帶鈎的長篙所致。

周圍，有許多忙碌的人們……

一會兒，有人端來一碗紅豆米湯：「醒來，喝口湯，肚子就熱咧！」

這時我有點兒意識，跳河前我想過冬季都穿的棉衣，誰也不會跳到水裡拽我上來，何況陝西農村人大都不會水，我便問：「我咋在這兒呢？」

「你真是命大，這是船大爺家，他用鉤把你鉤住，但拉不上來；我們大家用力把船扯到岸邊才把你撈上來。你已經沒脈了，船大爺有經驗，我們幾個人把你倒提起才把水倒出來。是用船上的人力車把你拉到這兒的，你不要忘了這位大爺」，他用手指著已站在炕邊的那位大爺。我矇矓著眼看了看那位善良的大爺，但我恨他；他是好人做了「壞事」。

對三個押送我的人，我也回了一句：「我也不會忘了你們仨。」

這次是我主動擁抱了死神，連同戰爭中一次負傷、工作中三次遇險，這算是第五次死裡逃生吧。

他們沒有告訴我更多的情況，我實在也不想知道，那只會給我增加回憶的苦澀。

我被送進了「打把所」（*當時我不理解這個名稱，後來才知道，這是「打擊投機倒把所」的簡稱）不久，一個瘦高個幹部和那個三角眼張所長，把我從「打把所」送進了涇陽縣收容站。張所長滿載著物質和精神上的賞賜，返回了咸陽北塬。

涇陽縣的這個收容站也是借用民房，這是一所沒收來的四合院，庭院窄狹而潮濕。

我被關進三間黑暗的廂房裡，房內沒有床鋪，卻有厚厚的濕麥草。我凍得受不了，就抓點麥草蓋在身上，或者翻個身。白天，大家坐成圈，互相把腳壓在腿下。我們不斷磨擦雙手和面部，以此增加溫度。俗話說「在家靠娘，出門靠牆」，可現在誰也不願靠牆，而是擠得緊緊地互借溫度。

這裡每天吃兩餐，共是四碗清包穀麵糊糊。大家都喊餓得受不了，站長為難地解釋：「每月標準二十四斤，我有什麼辦法？」同室人聽站長說我是個大「投機倒把」犯，以為我腰纏萬貫，都對我十分熱情而尊敬（*因為這裡有錢可以買到食品）。當他們知道我身上僅有的二十元錢早被張所長沒收，幾支煙也請了涇河龍王的客，那種熱情又轉為失望，化為烏有。

這裡還關有一個雜技演員之家，老兩口、小兩口加上不滿十歲的倆孫女共六口人，每天清早都在小院裡練功。兩個小演員用三個指頭練倒立行走，每次都練一個多小時，真是冰凍三尺非一日之寒。下午，他們還在後院為我們義務表演，若不是附近一個生產隊給他們供應糧食，可如何受得了？

老兩口是雜技之鄉河北省吳橋人，自幼跑江湖賣藝。文革開始後，到處都在抓流竄犯；他們也多次被收審。沒辦法，只得在涇陽城附近的一個生產隊落戶，以表演雜技給隊裡搞副業。可現在，他們的演出又被視為「棄農務邪」。所以，收容站又成了他們的家。

與我同室的幾個年輕人都是流竄犯，有個小張還是我的小同鄉。陝西的藍田是個窮縣，解放前人們就以唱戲、剃頭、廚師三大技能出外謀生。這個小張是每到冬季外出，給農民教戲。他也曾到過甘肅臨洮。但他教的卻是老戲，內容與「樣板戲」格格不入，所以他也被收審。我視他為親人，我們靠得更緊，彼此借溫。可是，不幾天我們就分別了。

1970年元旦，我被公安局幹部叫出來塞進吉普車，這天是去陳馬村，在那裡開批鬥我的大會。回來後，我便被關進了涇陽縣的看守所。於是，我的案情性質由人民內部矛盾轉化為敵我矛盾。

在陳馬村那天，我非常痛苦。

公安人員在會上宣佈我是右派、反革命兼投機倒把分子。所以，那裡的造反派也不敢為我說話。批鬥會開罷，我被綁在汽車保險槓上，一群無知孩子把我當作擒來的野狼，他們大膽、放心、好奇地向我扔石塊、磚頭，不斷地發出天真莫名的嬉笑。一邊打，他們還一邊喊：打死反革命！打死右派！打死投機倒把分子！直到打破了汽車的擋風玻璃，公安人員出面干預，他們才住手。我真不理解他們那幼小的心靈是何時發生了如此微妙的變化，他們在某種哲學思想教育下失去了善良和天真。

那天，我還想見到二哥。我想託付他常去老家看看，給母親說幾句寬心話；但我看不到他家的任何人。後來我在獄中也寫信求過他，可是十年後我在母親懷裡問道：二哥回來看過您嗎？母親含著眼淚搖了搖頭。

這座看守所面積不大，監牆一磚到頂，上有兩個崗樓，南北兩個小院。號室較乾淨，木板床、水泥地面。號內連我共有四人，我唯一的一件亞麻大

衣落入涇河，只能擠在他們三人中間過夜。

任何地方的監號都少不了一只馬桶，這裡卻是用盛鹹菜的小罐代替。它比木桶衛生，但罐口小，不能同時在裡面大小便。

有位六十多歲的老頭經常顧此失彼，被兩個革命小將踢踢打打地開玩笑。這老頭是習仲勳的堂兄，據兩位小將說，習仲勳因受彭德懷的影響犯了錯誤，當然牽連到他堂兄。於是我想起前兩月路經西安時，我去看陳子敬老師，卻沒見到他。他的夫人流著淚說：子敬和趙伯平也都因習仲勳的問題被調往北京，音信不通。她去過一次，連地址也打聽不出來。此後，我再也沒見到他們。

彭德懷犯了什麼罪姑且不說；他的罪不僅株連九族，而且株連外族。可憐彭總無兒無女，這倒少了許多牽掛和傷感。我想起1950年在西安皇城，我參加楊虎城將軍遇害一周年悼念大會。主持大會的是西北軍政委員會主席彭德懷和西北局書記習仲勳，西安市的市委書記趙伯平也在大會上講了話。當晚，我在陳子敬老師家，見到了西北局統戰部長汪鋒。他勸我留西安工作，而我卻謝絕了。子敬老師和汪鋒部長都是性格非常開朗的人，又善於言詞。汪部長還意味深長地吟誦了王維的一首詩：「渭城朝雨浥輕塵，客舍青青柳色新。勸君更盡一杯酒，西出陽關無故人。」我們都是藍田縣人，自此一別，天各一方，終未重逢。而今天他們四人都成了「壞人」，還株連了不少人。這就是伴君如伴虎的下場。

兩個「小將」中有個矮胖子，年齡不過十七八歲，竟是五百多造反派的頭頭。他說話乾脆果斷，動作敏捷利落。他們搶過永樂店的軍械庫和銀行，燒過火藥庫。這兩次行動曾驚動中央，周總理因此來西安處理。他們用軍械庫的新式武器武裝了自己的「隊伍」，對方得知後也去搶得同樣武器，雙方打起了陣地戰。當對方奪得北塬機場時，他們又把武器運往河南，換回高射炮來對付。他們以玉米高粱地作為戰場，一時間殺得屍橫遍野，血流成河。

這小夥子還向我們說：有次準備襲擊對方，手下人發現一個鬼鬼祟祟的女人，便把她當作暗探抓了來。他不假思索，掏出手槍就宣判了她的死刑。其實他打死的又何止這一個女人，不過那是戰場上的事；而這個女人則是支左軍官的家屬，所以他犯了案，被抓進來。

他在看守所也不老實，常常爬在鐵窗上罵哨兵。因為武警也是支左派，所以他也常常招來打罵。他說對方的人命案更多，但一個也沒進監獄。

有天他又在大罵，兩個武警拿了條繩子進來，把他拖到院裡。可是怎麼也捆不住，累得兩個武警滿頭大汗，氣急敗壞地打了他兩個耳光。他從牆上揭下一頁磚頭，硬是把兩個武警打出小門。所長進來要給他帶銬子，他卻乖乖地伸出一雙手：「你是咱一派的，沒關係，帶上。」臨進門時他又回頭罵那兩個武警：「你倆二球貨，就不中用嘛，回去叫你大把你的外脦（頭）重做一嚇再來。」元旦那天每人四個小油餅，他一個也沒吃。放風時，他從門縫裡塞給比他小的幾個「戰友」，以示關懷。

他還安慰他們說：「甭怕，再過二十年還是個小夥子。」

這裡的伙食很不錯，要吃雜糧，還要走後門。饅頭白得和雪一樣，香味四溢，這種家鄉風味我已是很久不曾聞到。下午的麵條是用一個大瓦盆打了送進號子裡，掌勺的便是小胖子。他是我們四個人公認的「領袖」，他舀得很公平。每次他都是先給別人舀，舀得又稠又滿，輪到他自己則是又淺又稀。一輪舀罷，盆裡還有剩下的，他先給「老習頭」，然後是給我。他對我特別客氣有禮貌。據他夥伴說：他在打仗時也是身先士卒，除了比別人多拿一支手槍外，從不搞特殊化。

一個多月過去了，有天中午，所長打開門指著我：「你出來。」我以為是提審，剛要跨出門，所長推了我一把：「把行李拿上。」我知道又要起解了，便轉身和小胖子他們握手告別。小胖子拍著我的背說：「今生不見來生見，災難磨不倒英雄漢。」他儼然以視死如歸的英雄自居。我想，若在抗日戰場上，他定是個虎膽英雄，如今他卻作了政治的犧牲品。

出了門所長又問：「你的行李呢？」

「沒行李。」

「給國家交了七八千元，連鋪蓋都捨不得置。」不知他是同情我，還是挖苦我。不過我依然認為他是個好人，他從不打罵犯人，這就是我衡量誰好誰壞的標準。

出門後我就見到原來送我進收容站的那位高個幹部，他把我提到涇陽縣「打把所」，剛一進大門，他便拿起一根扁擔，對我大打出手。原來，他按

照我口供裡編造的過程去了平涼醫院和蘭州一帶，想找新疆的買買提未獲。回來他在陳馬村打聽到我的家庭住址，接著他又去了岷縣。經岷縣派出所提供材料，我曾與何文奎在甘南販馬；為了取證，他只得又去甘南受了凍，他是在報他的受凍之仇。

1970年初，開展「一打三反」運動的指示已在內部傳達；甘南自治州保衛部聽到我的名字，意欲以我打開「一打三反」的局面。他們立即派了三個人，拿著逮捕證來涇陽解我。他們生怕打壞了我的腿，到路上給他們添麻煩；這才從高個幹部手中奪過扁擔，然後就把我帶走了。

二、押解途中

三個解差從甘南出發時開了吉普，至蘭州車出了毛病。所以到涇陽帶走我後，只能從西安乘火車返回甘肅。下午大約一點左右到了西安車站，他們要去市區旅遊，把我留在西安火車站，關進了車站的臨時羈押室。

在西安的十來個小時，我過得比在涇陽一個多月還難受。

這個臨時羈押室位於月台角落，只見一間長方形的平頂房，大約有三十多平方米。除了一扇向外開的黑色鐵皮門，房間四面都是鐵柵欄玻璃窗，就像動物園的老虎籠；哨兵從四面都可以監視犯人。

在門口，公安給我開了手銬，說了聲進去。我一看，裡面盡是黃色的水，完全無處下腳。離鐵門一米處有塊厚厚的木板，我便站了上去，鞋底還浸在黃水裡。我沒有行李，要有也無處可放。

因為是最冷的季節，在玻璃房外沒有聞到尿臭。而玻璃房裡密閉不通風，紅太陽蒸發的尿餿味和悶熱，使人喘不過氣。再看靠邊處，還有一堆堆大便，這裡比官方形容的劉文彩的「水牢」還要更令人驚恐。

房間裡只有一盞日夜不熄的頂燈，別無他物。我站在被尿水浸泡的木板上，兩腿發麻身無依靠。中午給了我一個饅頭，但臭氣熏得我口乾舌燥，渴得難以抑制，幾乎就要暈倒。實在難熬，我只得強打精神大喊：報告班長！可是，崗樓上那位荷槍的警察既聾又啞，任憑你喊破嗓子也不會答應一聲。

大約四個小時過去了，我被這無聲的酷刑一分一秒地折磨著。難以抵

擋的惡臭令我頭暈目眩，我先是站著，站不住了再蹲下去；蹲不住了再站起來。每一分每一秒我都盼著那三個解差早點出現。

他們花了六個小時玩夠了西安市，終於回到火車站，大約晚上八點才把我從這個水牢裡領了出來。我一身臭氣連他們也避之不及，但還是給我戴上了手銬。又折騰了兩個多小時，他們把我又連推帶拉地帶上了火車。

由於春節將臨，西去的列車一點也不擠。我們作為特殊旅客，被安排在臥鋪車廂。一路上我沒有給他們添麻煩，他們也沒有給我找岔子。到了蘭州，他們的車要大修，尚需時日，我又被羈押在蘭州的八里窰看守所。

這座監獄是靠東山坡建造的，武警部隊駐在最高處。監道像北京那種古老胡同，兩邊小門內是監院，門口是管教隊長辦公室。門頂有個崗樓，給人以戒備森嚴的印象。

我被關進這個監院的二號房，房間的面積有三十多平方米。房內前窗低後窗高，空氣可以對流。床高只有三十釐米，站上去也夠不著通宵不熄的燈泡。如遇急事，可以按電鈴。在房間的正中間，有個沒安煙筒的小火爐，爐子散發著煤的煙味。由於每天只放一次風，所以裡面的木馬桶大得出奇，足夠兩個人抬。比較起來，這是我坐過的質量最高的監獄。

清早放罷風，十個號室的人都要依次站隊跑步，跑步時不許交頭接耳、左顧右盼和瞻前顧後。

在這裡我看到了過去認識的人，他是甘肅省副省長、甘南州的州長黃正清。1952年他經過野狐峽時遇洪水阻車，在我處歇息，我們因此相識。他體魄魁梧、性格開朗，是位可敬的藏胞領袖；他還是拉卜楞寺活佛嘉木樣的親屬。文革中造反派曾將他和嘉木樣活佛一起押至瑪曲，在批鬥會上往口裡灌尿！黃正清現被關押在八里窰，與我同院而不同室。當然也無法交談。但每天在「早請示」和「晚彙報」時，我們都站在毛主席畫像前背「毛主席語錄」，我倆也只能以眼神交流內心的痛苦。

早請示是在跑完步後，所有犯人面牆而立。牆上有幅經過藝術加工的偉大領袖毛主席畫像，但不許我們正視，要弓腰使屁股成銳角，兩手下垂，雙眼盯著腳背。這時，由領隊犯人帶領大家說：「我們都是人民的罪犯，向最最敬愛的偉大領袖、偉大導師、偉大統帥、偉大舵手毛主席請罪。」接著，

大家齊聲背誦一段語錄，如「只許他們規規矩矩，不許他們亂說亂動」之類。最後我們高呼：「敬祝毛主席萬壽無疆！萬壽無疆！萬壽無疆！林副主席身體健康，永遠健康！」

當時，這套儀式在社會上也是必不可少的，甚至你在商店買東西，售貨員也要叫你背條「語錄」才賣給你。在街上有紅衛兵站崗，攔住行人背「語錄」，背不出便不放行，這類怪事層出不窮。每天向毛主席請示彙報就像宗教儀式，不知要重複多少遍。人們似乎真的相信，只要學習毛澤東思想就會料事如神，不知饑餓。禮成後，才能直起腰解散，依次打飯。

這裡的菜是鹽水煮的爛菜葉，玉米窩頭很大，中間卻是空的。伙食不算好，但比1960年強得多。每天飯菜都是如此，沒有變化。

由於未決犯太多，號室擠不下，我被關進三個已決犯的號子裡。他們都是在1964年社教運動中被捕的，因上訴後等候裁決，故還未被送去勞改。

這三位犯人中有一位身材中等，曾發過胖，所以皮膚鬆弛下垂，眼瞼隆腫，魚尾紋像刻上去的。他臉上濃眉大眼，顯得炯炯有神，言談舉止不失高幹派頭。經請教後得知，他是白銀公司黨委副書記崔國權，說低點兒也是個正廳級。我才想起，他的案子在社教中上過報，進過展覽室，給人的印象是罪大惡極。然而經他一介紹，我想這真是欲加之罪何患無詞。說他給職工糧食裡摻二分之一的砂子，僅這一條就令人難以置信。他被處刑十二年，上訴已三年；目前仍無答覆，只好在此吃窩頭和爛菜葉。我頭一天碗裡打進來一大勺爛菜，看著這菜我犯了愁，而他卻求之不得。果然，他每頓吃了自己的一大盆後，還要幫我解決二分之一。

還有一位犯人是新華印刷廠供應科長，叫呂三。他在1960年為給廠裡搞緊俏物資，當然要物物交換和請客送禮，故以貪汙罪被判刑二十年。第三位犯人是平涼路派出所所長，姓石（案情我已記不清），處刑十二年。他們都已上訴，等待複審。三位難友對我很熱情，照顧更周到。特別是崔國權，他對我的案情有精闢論斷：第一，你運馬不是以投機倒把為目的。第二，馬也不是你的，你無非是個經紀人或資方代理人。第三，馬是免稅的支農生產資料。第四，你不但沒有揮霍馬款，而且還交了幾千元。所以，你這是個批評教育的問題。這些雖是安慰話，但我認為也言之有理。

我知道我不會被長期羈押在這裡，所以天天等候起解。轉眼已是1970年春節前的年三十，在此過年已成定局。

早晨放罷風，呂三一如既往給火爐裡添了三個煤球，而老石以為今非昔比，理應多添兩個，熱熱火火過個年。他不敢違犯「三人協議」擅自加煤，便和呂三你一言我一語地爭論起來。崔國權以他老於世故的沉著不發一言，也許是「每逢佳節倍思親」之故；他又在斟酌上訴和申訴書。而這使他更加苦悶，他便建議今晚舉行四人聯歡會。為了大家高興，他說他要貢獻陝北民歌。呂三說唱洛陽曲子，老石有蘭州鼓子，我便大膽地表示，其餘時間由我包了。這一活動計畫頓時一掃愁雲，為我們增添了節日的氣氛。

下午開飯，打來的是牛肉麵片，其數量超過往日的一倍。我計畫留一部分，作為晚會後的夜宵。這時，管教隊長出現在門口，他嚴肅地發表了一項重要命令：「你們三個要很快寫出『撤訴書』，過罷節就要送你們去勞改隊。」

他的話對上訴三年天天等待複查的人來說，無疑是個沉重打擊。

呂三和老石二人都非常吃驚地把視線移向了崔，似乎要請他表態。崔國權從容地站起來，理直氣壯地走向那位隊長：「上訴和撤訴都是法律給我們的權利，只能由我們來決定，哪有強迫我們撤訴的道理？這豈不是出爾反爾？你們怎能說得出口？」

「這是法院的決定，撤也得撤，不撤也得撤；我有責任通知你們。」管教隊長說罷，重重地拉上了門，鎖了大鐵鎖。

晚會的聯歡計畫被苦惱代替了，牛肉麵片的香味刺激不起任何人的食欲。我正在思考用什麼話來安慰他們，監號門又打開了。

「你過來。」管教隊長指著我，我走了出去。他又問：「你沒有行李嗎？」「沒有。」「走。」我回身想和老崔等告別，卻被隊長扯了一把：「這不是旅館。」

外面一輛吉普車等著我，開車的人還是送我來的那個人。他叫張正彥，是甘南州保衛部的司機。車上還有兩位，他們都是運輸公司的造反派，被臨時抽調到保衛部；我只記得其中一個年青人姓何。他們原想開車去涇陽，但車況不好擱在蘭州修理一個多月。今天車才出廠，他們便要趕回家過節。

我不能餓著肚子上路，但所有食堂都下了班；他們便把我領到一個姓石的司機家裡吃年飯。此人我也認識，在這種情況下見面，彼此都有些不好意思。臨走時他給我裝了些食品和煙類，我十分滿意；它是我明晨給同室犯人拜年的最佳禮品。

年三十落雪，似乎是老天爺的規矩。

汽車在積雪覆蓋的路面上迅速地畫出兩條平行曲線，這是我的「風雪人生路」。

我心亂如麻，年近八旬的老母怎麼能忍受我又一次的厄運？妻兒子女怎麼生活？丁尕哥、李如元下一步怎麼辦？但願他們不知道我所想的，然而這又怎麼可能呢？只不過，他們絕不會想到，我在風雪囚車中度過了這個除夕之夜。這種滋味只應地獄有，人間難得幾回嘗。

汽車爬上了最後一座山梁，合作鎮微弱的燈光在閃爍。幾聲爆竹和雞鳴迎來了夏曆新年的第一天，也迎來了一個可怕的「一打三反」運動。

三、又是一年來到時

合作看守所是新修的，但我已是第二次光臨了。第一次是因何文奎販馬案。

「年三十就來坐班房，為什麼不在家吃了團圓飯再來？」董佛爺開大門時以濃厚的武威口音和我開著玩笑。

「我是來給佛爺拜年的，打攪了你的瞌睡。」見「董佛爺」還當所長，減輕了我的思想壓力，所以也和他開起玩笑。

「拜年，拿的什麼？我看看。」他要履行入監檢查。

我把報紙包的兩個包遞了過去，他說：「就這點？不要。拿進去。」他又把我關進十號。

蘭州監號通夜不許熄燈，這裡室內根本不裝燈。院裡只有一只小燈泡，隨著大門關上，燈就熄了。號內一片漆黑，我怕碰倒什麼，便靠門站了片刻。見火爐還有餘溫，我先把冰冷的手焙在上面。想看看這裡關了幾位，靠

牆的一位鼾聲如雷，其餘兩個抬起頭向我問這問那。

不多時，天大亮了。那位打呼嚕的翻了個身罵了起來：「日媽的，吵啥子嘛，不叫老子睡瞌睡！」聽聲音，正是龜兒子相申金！他和我一樣，要把牢底坐穿。他認出了我，興奮地跳了起來，抓住我的手：「陳哥，郎格搞的，咋子又來了？你哥子真是有本事喲，想出就出，想進就進，這是你的家囉！」我也學著他的口音：「今天給你個龜兒子拜個早年，你拿啥子招待老子嘛？」我想起1968年正月初十，也是在這間號子和他見面，他怨我兩手空空。

他往爐子上一指，果然有半盆牛肉燴菜：「你給兄弟拿的啥子嘛？」於是我也指了指兩個紙包，他連忙穿了衣服，履行他的職責給大家分了起來。但紙煙要由他保管，如果是平常日子，只能點一支大家輪流吸；今天是新春佳節，每人一支。煙味透過鐵窗，隔壁犯人饞得把牆砸得震天響。開飯時，我便請董佛爺轉給每個號室五支，也算給大家拜個早年。

一室四人處得很好，尤其楊西文靦腆得像個老姑娘。他和任何人說話都有一種和善、親切的表情，很隨便的話他也是對著你耳朵輕聲細語。每餐一勺高粱米糊糊，在動筷子之前，他總是笑盈盈地問：「給你撥點？」向每個人都要讓到。然而只有他個大飯量大，不到開飯時間就站在床上，透過鐵窗，他計算著從西牆倒下來的陰影離開飯時間還有幾尺。大門一響，他總是第一個拿著盆子等所長開門。

說起打飯，也是一門學問。糊糊盛在兩只水桶裡，大師傅動作十分嫻熟。當他勺子剛剛閃起時，你得趁勢把盆伸過去，糊糊便能一點不剩地甩在盆裡。如果是小口盛器，一旦配合得不好，就要吃大虧。

站隊的順序也很重要，遇到滿桶時，每勺都是滿滿的。否則等到桶底也不錯，舀不滿，必然要添，一舀一添受益匪淺。還有一條，對大師傅的態度尤為重要。老楊一張恰到好處的笑臉和畢恭畢敬的態度，就能溶化大師傅一視同仁的心；也只有他，才能把這一技巧運用得惟妙惟肖。這並不是他生來就有的本能，而是在當包工頭時練出來的。

他，楊西文，河南林縣人，年約四十歲；曾在部隊某刊作記者，轉業到地方後被劃右派，開除公職。於是他領了本地的一些農民出外搞土木建築，為生產隊搞副業，在甘南承包了運輸公司的一點小工程。工地的書記呂文昌

和會計盧紹堂都是河南老鄉，故他們之間無話不說。茶餘飯後聽聽收音機，一不小心就會收到蘇修和臺灣的聲音。出於好奇他們多聽了幾句，少不了彼此又議論一番。盧紹堂便扯到劉伯溫的《透天機》上，說那是一本神書，可知未來千年事。這樣便由楊西文回林縣找來這本書共同分析，他們竟在那上面找到了當代領袖的影子，還有「江皇后」和林副統帥的模樣。於是兩人各自施展分析才能，對當今皇帝褒貶了一番。彼此都是同鄉，且在經濟上又有共同好處；當時便無所顧忌，暢所欲言。不料文化大革命進入高潮時，首先坐不住的是呂書記，他便主動坦白檢舉。於是，三個人在造反派的鋼絲鞭下，不免又為自己添些莫須有，所以都進來了。楊西文本是個謹小慎微的人，現在更加膽小怕事，對相申金放任不羈的性格十分擔心。

監號裡不許高聲喧嘩，而相申金偏要高喊大唱。放風時不許斜視慢走，而他偏要去民警倒下來的垃圾堆裡找他所需要的東西。開飯時若發現個煙頭，他便像老鷹叼小雞一樣撿來。然而哨兵決不處罰他一個，把我們都罰立在牆角雪地裡，一站就是多半天，甚至每人都要挨頓揍。為此老楊多次要給相申金叩頭，勸他不要惹禍；但他毫無「改惡從善」之意。

每次開罷飯，相申金立即從被褥裡撕絡棉花，捲在柴棍上搓緊，然後擱在床板上。他捲起雙袖，向手心啐兩口，拿起一只專用的布鞋底，弓著腰狠命地搓了起來。聞到臭味立即抓起棉花猛地撕開，舉起搖晃。這一系列緊張操作幾乎使他停止呼吸，當藍煙嫋嫋上升時，他便哼起河州花兒。之後，便把捲好的煙屁股點燃，躺在床上拼命地吸。煙從他口裡出來再從鼻孔進去，經多次循環他才長長出口氣說：「飯後一袋煙，如同小神仙。」當罷神仙，他便用柴棍、土塊，和老牟在地上玩「棋」；還要大聲地唱各種戲曲，那都是他從南來北往的犯人那裡學來的。別人的頭髮被剃得光光的，只有他留著長髮，還用他撿來的鋸條製成小刀刮臉。然而為這個小刀，他也挨過不少打，所幸沒有被搜去。

牟正中是個矮小的黑人，家在當地，三十多歲，很樂觀。1960年他去天津販過一次珊瑚，藏胞婦女喜用珊瑚做裝飾品。現在遇上「一打三反」運動，他被人檢舉了，所以也關在這裡。

這個小家庭便是由這樣幾個成員組成的。

另外要說到的是于林，他也是河南人。這是個做小買賣的或可稱為小手工業者，平時的營生包括做花圈、糊頂棚、粉刷牆壁等。然而，如今他卻是腰纏萬貫，是個真正的投機商。此話怎講？在1965年「社教」運動前後，政府放鬆了對宗教信仰的控制；但原有寺廟和佛像在「平叛」中被一掃而光，藏族同胞對那些佛像印刷品渴求而不得。于林抓住這一機遇，去到上海和佛教部門掛鉤；他源源不斷地地搞來大量的佛像印刷品，幾角錢一張進貨，以十多元一張的價格批發出去。據他自己說，鈔票多得用麻袋裝著碼了起來。

我以為商人就是要抓機遇，抓住了就發財；這是合情合理的。但于林不一樣，他錢多了就要找更多的享受，他把誘姦了多少處女，養了幾個私生子，扔了多少女人，整了多少姘婦的丈夫……都作為光榮說個不完。我並不嫉妒別人富，但我反對為富不仁。所以在這幾個人中，他是惟一一個和我格格不入的人。

四、頭頂高懸一把刀

「一打三反」運動在全國展開了，監獄裡天天都在增加新犯人。「國民黨的殘渣餘孽」為「歷反」，文革中的失敗派是「現反」，小商販是「投機倒把」；還有什麼「女破鞋」、「男流氓」、「流竄犯」，都是被打擊的對象。所以，每逢放風時，我們都站在床上伸長脖子，透過鐵窗去看那些源源而來的新難友。

有天早晨，我發現去涇陽解我的司機張正彥和造反派小何也進來了，還有在老幼店被查出白元的司機邱高；他們都在跑步上廁所。

據新進來的犯人說，3月8日全省要大判、大殺一批；可是戴了十二年鐐子的洮江縣藏族副縣長、唐龍土司卻被開了鐐。這位土司，我在1951年去雙岔、西倉買林時就拜見過他。他是個古怪人，穿得很簡樸，經常住在寺院的屋簷下。那時他才四十歲左右，我們給他獻「哈達」，他愛理不理的。省慰問團（團長是省公安廳的董宏傑，後任甘南州委書記，副團長是臨潭西道堂的馬富春副縣長）和我們召開大會，把他安排在主席臺中央。而他一言不發，燃了塊牛糞（那裡無論作飯、取暖都是牛糞作燃料），吸他的「羊腳

把」（用羊的脛骨作的煙鍋）。董宏傑發表演說時，他卻唱起了花兒。

洮江縣成立後，唐龍土司作為上層人士被任命為副縣長。1957年甘南叛亂時，他親自帶領數百人，固守在一個山頭的小窰洞裡；這些人一直抵抗到彈盡人絕。唐龍土司身上臉部都受了傷，仍不投降，終於被俘。此後他被判死刑，帶上鐐子。他第一個搬進這座監獄，如今已是六十歲的老頭。今見其開了鐵鐐，大家也略舒愁眉。出門時，他還高聲喊：「同犯們再見了！」我們也高喊：「祝你和家人團圓。」他歎息著說：「家裡只有我一個人還活著，我們將在另一個世界團圓了。」

當天，又進來三個帶鐐的。其中有兩個是臨潭縣北路的農民，在武鬥中，他兄弟二人為復仇打死了支書。還有一個七十多歲，是合作鎮小學的老工友，因猥褻少女被砸上鐐。看來，這三個是作為「三・八」獻禮的。

合作鎮在當時還是屬於夏河縣管，這裡是甘南州首府，合作的看守所屬州保衛部管。新的革委會成員都是左派，在這次大殺一批中當然不會手軟，他們的心本來就是鐵鑄的。

到了3月6日下午，突然又進來六個犯人，其中四個帶著鐐。我們也添了個新難友，他叫尕刀尕，藏族，三十左右，夏河縣人；個子不高也不太瘦。他的漢語是在獄中學的，如今我只能回憶他所述案情的大概：

夏河縣完尕灘，有個小商販馬占祥，人稱「尕貨郎」。在三年「自然」災害時，他為了騙錢，成立了一個「反共救國黨」，還自刻「公章」一枚，發展了幾十個成員。尕刀尕參加了這個黨，還發展了一個黨徒；他並且籌集了幾十元錢和一件皮襖，交給尕貨郎作為活動經費。因此，他也被封了個尕官。1965年他們的同黨被一網打盡，捕後一直關在夏河縣看守所，這樣他也學會了漢語。從被捕那天起，他就帶著背銬，四年來從沒開過一次；當然他也沒有換過衣服。他也無法學會用筷子，吃飯時，他就像豬一樣在床沿上用嘴去吞。上廁所是難友幫他，睡覺只能側身。直至今早釘上鐐子，卻打不開銬子，最後才砸了鎖。他將起衣袖，但見那道道傷疤像蚯蚓般地纏在他的手腕上。痛定思痛，他說：「給我帶銬子時，我手腕很粗，他們是用鉗子把一副粗糙的新銬子捏上的。手腕淌了血又淌膿……帶鐐比背銬好受得多。」說著他還高興地走了幾步。

他認為這次來合作，必是對他落實坦白從寬的政策許諾。上了勞改隊就等於釋放了，所以他很樂觀。我們沒有什麼東西向他表示祝賀，晚飯時都把高粱米糊糊分了點給他，算是接風和洗塵。這一夜他睡得很香，雖腳下冰冷，但可以仰面朝天。

3月8日，天還沒亮就開飯，飯打進來還沒來得及吃，尕刀尕就被叫了出去。他兩手提著褲子當然不行（夏河縣不許犯人繫褲帶），我便把褲帶解給了他，並把他的飯放在火爐上熱著。我想，等他回來，可以香香地飽飽地吃一頓。

聽聲音，凡是帶了鐐的都被叫了出去。我們沉默了一陣，相申金開口了。

「尕刀尕回不來了，這些飯是老子的。」他把飯挪到他跟前。

牟正中氣憤地問：「尕刀尕殺了幾個人？他是由於無知才上了尕貨郎的騙錢圈套。他們能推翻共產黨？坐了四五年牢還不夠，還能把他殺了？」

楊西文也想從尕刀尕的案子中得到一點啟示和安慰，但又怕說錯了話，所以沉思不語。我是個攔不住話的人，看到相申金要反駁牟正中，我也說了幾句：「我們都不是審判員，殺與放的權在保衛部。不過尕刀尕一定能回來，就是判了死刑，也要等上級覆核；本人還有上訴期。哪有宣判之日立即執行的道理？」我說的雖不算高論，但平衡了他倆的看法。

宣判大會何時開罷全憑聽覺，大門終於響了。一陣亂糟糟的聲音奔向廁所，但聽不見鐐子的響聲。董所長打開門：「把尕刀尕的行李扔出來！」相申金回答：「他什麼也沒有。」我還以為尕刀尕調到別的號子去了，便說：「我的褲帶被他繫去了。」「明天另給你一條。」董所長鎖上了門。我們都瞠目結舌，只有相申金儼然以預言家自居。

在這次大會上，張正彥因開卡車時拉了私貨，私收了五百元的運費，被處刑五年，上了大西灘勞改隊。小何因派性鬥爭，宣佈逮捕。邱高因布票白元在岷縣被沒收，後又在四川拉過茶葉，亦被宣佈逮捕。後來判了他一年監外執行，但他在獄中已蹲了一年半。尕貨郎一案來的六人中槍斃了三個，其餘被判無期和二十年徒刑。兩個武鬥殺人犯和老強姦犯，也都和尕刀尕一同去了。這同一天，唐龍土司、洮江縣副縣長在碌曲縣（即洮江縣）被執行了槍決。

論說合作鎮殺的還不算多，據說岷縣有位主管政法的孫一副書記，他在
「大殺一批」中放了個衛星。小小縣城，一次就殺了十三個。被殺的都是一
般群眾，如糧食局幹部常發榮和泥水匠張尕娃，還有趕驢車的腳戶賈士傑。
最冤的還是常彥清夫婦，他們都是基督教徒，僅偷偷地作過幾次禮拜，就被
捕了。傳言要對常彥清判死刑，其子便準備了一副棺材。誰知執行的那天卻
是父母雙亡，孩子只好把老兩口裝在一副棺材裡合葬。情景如此悲慘，但誰
又敢為「反革命」落一滴淚，只有老天忍不住大哭起來。

那天開的是萬人大會，傳說被判死刑的人有十四人，但只宣判了十三
人。當刑車開出會場時，雷鳴電閃，大雨傾盆。人流擠倒大門，砸死一人，
終於滿足了十四人的偶數。孫一副書記後來終於升為正書記，更增加了平反
冤案的難度，這是後話。

政策雖是一個，但看什麼人執行。合作是甘南自治州首府，殺了六個。
岷縣是個小縣，一殺就是十三人。泥水匠張尕娃不過領著幾個普工，承包了
幾間平房混肚子；他是個吃了上頓不管下頓的人。包下法院土木工程後，他
每天晚上買酒，和那些政法幹部喝得酩酊大醉。到了抓黑包工時，政法幹部
臉一變，竟以「黑包工」罪名把他給槍斃了；他死後給妻子兒女連一斤喝拌
湯的雜糧也沒留下。

這豈不是無法無天？當時所謂的「無產階級專政」就是如此，連真正的
無產階級也被專了政。

五、老頭越獄

在合作的監獄裡，透過鐵窗可以看到，晴天時，幾片白雲在天幕上慢慢
移動；陰天看出去，天則是被灰濛濛的濕霧籠罩著。

由於運動不斷深入，三畝地的監院已經成為民警打犯人的刑場。原來他
們只打被關押的造反派，如從涇陽把我解到甘南的小何他們一夥；如今則是
想打誰就打誰。按照董所長的規定，每十天，前後院各有一個監號輪流曬太
陽，搞衛生。但現在開了門，犯人也不敢出去。班長（犯人對每個兵都要稱
作班長）在監牆上用土坯把犯人當靶子打，連董所長也干涉不了。董所長便

把所有空地種了菜和洋芋，然而他們照樣在菜地裡打。一天早上開飯時，我看見崗樓的一角被昨晚雷電摧毀。據大師傅透露，那個最愛打人的班長被送進醫院搶救，相申金手舞足蹈地說：「天老爺有眼，這是報應嘍！」

儘管如此，班長並不因此而減少打罵犯人。當天晚上，又是一陣狂風大雨。凌晨三點左右，從東北角傳來一聲重響，接著就是槍聲和警告聲。大門終於開了，雜亂的腳步聲中夾雜著打罵聲；顯然是有人越獄。

我們都在竊竊私議：「這樣高的牆，誰吃了豹子膽？在這『大打人民戰爭』的今天，到處都是天羅地網！跑出去，往哪裡去？這是最安全的地方，何況每個號子都上了鎖。」這些議論是無聊的，但也是自然的。

挨到放風時，我看見一個高個瘦老頭，他帶著背銬和鐐子，背上還壓了兩塊石磚。他靠著監牆，在沒膝的蒿草裡艱難地走動著。淺草處可以看到滴滴鮮血和著泥水流淌，瓢潑的大雨還在向他身上澆著。

東西牆角下站著個帶鐐的人，他是小何，被幾個武警抽打著。牟正中認識那個老頭，他是他們建築隊的工人蔡占元。他的兒子1959年由河南支邊，先一步來到甘南；知道這裡需要建築技工，他父親老蔡前年才到這裡。但他為什麼被捕，牟正中也說不清楚。

開罷飯，院內稍微恢復了寧靜。我們通過「電話」進行「採訪」，這種「電話」是利用老鼠洞或牆縫穿的一根線，1-10號監室都有這種秘密設施，需要和幾號聊天都可以經過它來中轉。

聽說，這個老頭曾在家鄉淪陷後給日本人當過泥瓦匠，每天做工，挨日本人的打。在這次「清理階級隊伍」時，他被定為漢奸，抓了進來。解放後，老頭在家鄉親眼見過處決漢奸的情況，3月8號又親眼看見槍斃人，自然他心生畏懼。所以在大雨滂沱的深夜，他鑽到床下，用捅爐子的粗鐵絲，以自己的建築經驗很快取掉了幾塊土坯。睡在他身邊的小何瞌睡多，老頭毫不費力地鑽了出去。他順著屋簷又爬到監牆東北角，利用牆的九十度夾角和草莬向上爬。大雨掩護了他，也潤滑了土牆；他將要到達牆的頂端時，不料拽脫一莬草而滑了下來。小何被認為是知情不報者，所以也被砸了腳鐐挨打。

老實說，我同情這個逃犯。大漢奸溥儀能作為統戰人士，在文革中受到保護；何以放不過一個作苦工的小「漢奸」？設若汪精衛不死在名古屋返回

北京，決不會像這位泥水匠「漢奸」一樣被捕。我們大小領導都有神經過敏症。目前，獄中風聲鶴唳，草木皆兵，犯人一片驚恐。獄方自此對我們每天只放一次風，而且是保衛部派專人來執行。所以上廁所的時間縮短了，很多人只能是提著褲腰空跑一趟。馬桶顯然小了，高粱米糊糊稀了，也更少了。民警打人則愈頻繁愈狠了。現在更談不上給犯人接收家屬所送食物的事。在警方看來，每個犯人都會飛出監牆。

毫無表情的董佛爺自此面帶愁容，相申金把這一切都歸罪於那個泥水匠漢奸，他對老頭還罵個不休。楊西文更是垂頭不語，大家也都噤若寒蟬。

這種緊張空氣持續了半年多，直到1971年春節前才稍有緩解。但獄方仍不收外面送來的東西，饑餓之神糾纏著我們。相申金的四川京戲、牟正中的河州花兒、楊西文的「轅門外三聲炮」，都在肚子裡哼，像是和尚在超度亡靈。這些聲音聽來更令人煩惱，人人心上籠罩著一層層愁雲，號子也似乎狹窄了很多。

今天是年三十，輪著我們曬太陽。相申金不斷地埋怨「漢奸老頭」越獄，他說否則過年前一定會收東西。他沒家，我和楊西文家遠，但牟正中家裡一定能送些羊肉之類的食品。話音剛落，只聽咕咚一聲，一個班長從西崖上扔下一隻小狗。小狗掙扎了幾下，便不動了。小狗比我們任何人都肥，饞得相申金只滴涎水，不是望梅止渴，而是望狗發饞。楊西文怕龜兒子打狗的主意惹出麻煩，便說：「狗是吃屎的東西，人怎能吃它？」牟正中不同意楊的說法。我是知道狗肉的味道的，跑廣州時，每次吳傑夫婦都要為我準備一隻。何況在那饑餓之年，什麼東西沒吃過？

爭議之間，那條小狗死而復生，跑在距我們不遠的地方躺著。相申金發現哨兵轉到崗樓東面，他像撿煙頭一樣敏捷，抓了狗跑進號子。只聽狗叫了一聲，便再也聽不見響動。他又跑了出來，楊西文只是用衣襟抹汗。

於是相申金和牟正中報告班長，進號子搞衛生。他們用相申金的刮臉刀處理了狗，把皮子放進馬桶，倒進廁所。正在此時，大門開了，進來許多人檢查號子。他們把狗捲在小褲頭裡，鑽進床下塞在煤球底下；這才免去了一場大禍。否則不僅相申金的小刀保不住，而且我們都得帶著銬子過春節。

晚上楊西文很饞，但又不好意思動手。相申金一貫討厭楊的小心謹慎，

所以有針對性地強調：「狗是吃屎的，人怎能吃它？這不是人吃的。」在我和老牟的調解下，楊西文才一飽口福。

我們害了一條活命，換來除夕之夜的歡樂；而其他難友都嚥著苦水，尤其是「泥水匠漢奸」，還帶著沉重的腳鐐。他給日本人做工，未被關牢；建設自己的國家竟被鐐銬加身，豈不耐人深思？

這裡沒有真理可講，無法紀可言，只有鐵的專政手腕。

六、殃及池魚

麻雀經常在屋簷下、鐵窗上嘰嘰喳喳，有時能帶來一點生機，有時給我們增添煩惱。我抱怨大躍進除四害時，未能把它根除。最討厭的還是那醜惡的烏鴉，烏鴉常在監牆上呱呱亂叫。俗語說「愛屋及烏」，如今我是「恨屋及烏」，只要聽到它的叫聲，我就感覺是不祥之兆。最近，它叫得特別賣力。

1971年的春、夏、秋沒有白過，我們給製藥廠、火柴廠糊紙盒。這雖是簡單的手工勞動，但要完成定額，還得雙手不停地幹。不過，有活幹倒是比閑著好。

最近已不大重視「早請示晚彙報」了，所以我們也不再喊「敬祝毛主席萬壽無疆」和「林副主席永遠健康」了。

自糊火柴盒以來，每逢節日可以見到幾片肉。現在快到國慶日了，想必不會例外。然而節前大檢查的緊張氣氛，卻是從來沒有過的。獄方把糊紙盒的一切工具材料全拿走了，國慶二十二周年的這一天，我們不但沒吃到肉，糊糊還比往常清得多。

喝罷糊糊不久，就聽見大門道裡有給犯人砸鐐的聲音；而且砸過一個又喊一個，聲音來自崗樓。「砸鐐」就意味犯人嚴重地違反了獄規，或者將要被判死刑；這不得不看個究竟。然而，我們在十號監舍裡永遠看不見大門；於是大家動員相申金把他刮臉用的「照妖鏡」片貢獻出來，由一個人站到馬桶上，選個適當角度，把鏡子放在窗臺上。於是，大門口的一切活動就出現在這塊兩寸大的「螢光屏」裡。但必須有個大個子站在馬桶上，才能認清被砸鐐的是誰，從而分析砸鐐原因。這個人就非楊西文莫屬，何況他當過記

者，能形象地報導一切。

　　根據叫人的規律，是我們前排一個，後排一個，都從一號起。當楊西文看到他的同案犯盧紹堂被砸了鐐，他有些緊張，報導得不如一開始有聲有色。後來見同案犯呂文昌未砸，他又提起了精神。因為他一貫謹慎，在議論「透天機」時，他幾乎沒有言論，所以也不可能給他砸。根據已被砸鐐者的情況分析，這次絕不是因違犯監規，而是根據案情的嚴重程度。按這個看守所的規矩，凡因案情砸鐐者，必是死刑。可是已砸了十多個，還在繼續叫人，哪有那樣多的死刑？然而和岷縣一次槍斃的那十三個相比，誰還不夠槍斃的條件呢？我首先把自己劃進了死刑圈。

　　鐐子已砸了二十二副，下一個便是我們十號。我毅然把一條破床單撕成條，纏在踝關節上等著。

　　我們的門終於被兩個班長踢開了，喊的卻是楊西文的名字。他還在馬桶上，慌忙之間弄倒了馬桶，只有相申金和牟正中忙著收拾。我仍然靜靜地等著，果然聽見崗樓上喊我的名字。楊西文拖著鐐扶著門框，有氣無力地說：「老陳，還有你呢。」我點了下頭，走到門口，班長卻鎖上了門。老楊又補充了一句：「真的喊了你，要不就是鐐子完了，我戴的是最後一副。」看見我踝關節上的布條，他說：「你先纏上也沒用，那裡被撕下來的很多。」但我依然沒解，因為楊西文的踝骨上淌血，他腿上的皮膚已經被新鐐磨破了。我又在床單撕了一綹，用布條幫他纏鐐子。楊是個很斯文的知識分子，還說了聲謝謝！

　　我雖沒被砸上鐐子，但心情和老楊一樣沉重。我想，絕不會因鐐子沒有了就免了我。我和楊西文都這樣想：砸上鐐就等於判了死刑，下一步就是拉到大會上，向群眾宣佈死刑罪狀。獄警會把我們拖出去，在脖子和嘴裡勒根鐵絲。囚車穿過大街，一輛車上押一個，亡命牌從我的背上冒過頭，嘴裡淌血往肚裡嚥。遊完街，囚車開到刑場，子彈穿過前額，全身倒下。一群狗在旁邊等得眼紅，若無人收屍，就是它們的美餐。那時，還有一張滿紙謊言的大佈告貼滿大街小巷，尤其要貼到家屬所在地。讓妻子孩子看見，那是個啥滋味？還不如現在死了的好。

半夜，我聽楊西文已入睡，我也悄悄地睡了。深夜死一般的靜寂，我向床板下面的縫隙中摸相申金的刮臉刀，它曾宰過那條狗，如今輪到用在自己脖子上。我發現同時竟然也有一隻手在摸，那是楊西文。可相申金那個龜兒子早已把刀收了起來，我們都失望了。

這一夜我都沒合眼，我的腦子裡只有一個想法。死並不可怕，人一降生就開始向死亡靠近，生的末端就是死的開始。曼利厄斯說過：「死亡也許是免費的，但它是用一生換來的。」我一生問心無愧的行為，換來的是這次的死亡，而且是死比活好。不知誰說過「死亡並不是死者的不幸，而是生者的不幸。」我如果被處死在刑場上，將會給親人們留下一生的悲痛和心靈上的傷痕。於是我想絕食，只有絕食才是不求人的自殺。

然而，還有一件東西必須處理掉——我的文字。

在每次寫交代材料時，我都留點紙，並在拾來的青霉素瓶裡存點墨水；再用相申金的刀製根竹筆。一年多來，我寫了不少文字，有詩歌，有回憶，有感想隨筆，已有萬餘字。我把這些文稿都裝在破褥子裡，如果不毀掉它，將會為家屬子女招來不幸。因此，我不得不忍痛從褥子裡抽出這些文稿，一點一點撕碎，將它裝進馬桶，次晨倒進廁所。

次日中午，還是給我補上了一副腳鐐，董所長在一旁，他沒有撕去我纏在腳上的布條。聽說這次一共砸了三十多副鐐，我想，怎麼會有這麼多的死刑犯呢？當然，若與之前的「三‧八」大殺一批相比，也不是沒有可能。殺人不要多大成本，一顆子彈也不過幾分錢，相關部門是捨得的。

我開始絕食，砸罷鐐子的第二天，也就是我絕食的第一天，早飯罷，又是一次大檢查；這次檢查比以往任何一次都嚴格。進來十餘名荷槍實彈的武警，把我們集中在監院裡站好隊，不許動。抬頭一看，監牆上還支著六挺機槍。這裡雖不是「胡天六月即飛雪」，但到十月已經下過兩場雪。天氣很冷，武警卻叫犯人自己脫去衣褲，把每件短褲都要摸個遍，然後把床上的所有被褥一起扔了出來，床上床下不留空白，被褥揉成一團，他們捏了又捏，如有異樣感便撕開。這時我覺得自己有先見之明，不再後悔把獄中隨筆扔進了馬桶，且有種僥倖感。

我的被褥和棉衣都被撕開了，人手一冊的紅語錄也全部被拿走；當再次

發還時，少了前面林副主席的〈再版前言〉。但當時，我們誰也沒去研究它。

　　絕食的頭兩天，大家沒有預感到我的態度。打來飯照樣也分給我一份，我看也不看。第三天，向申金發言了：「陳老哥子，你和我都是老資格，不要想不通。砸鐐子是他們耍威風嚇唬人的，我們哪個怕死？為人不做虧心事，做鬼也是乾淨的。他們耀武揚威，死了也要上刀山下火海，閻王也饒不過他們！真的上殺場挺起胸，慷慨就義是光榮的。」他從前輩犯人中學來這些話，我連眼也沒睜，只是感到口乾頭暈，昏昏沉沉。

　　過了第三天，更無饑餓之感。只是嘴唇龜裂，頭暈目眩，渴不可忍。到第六日，全身酸軟無力，常做惡夢，神志依然清醒。在此以前同屋的他們沒有報告過所長，只是勸我不要絕食；但我不吃的飯他們便分食了。今天老牟報告了所長，不久我便睡著了。醒來之後我看見一根輸液管和葡萄糖空瓶掛在牆上。董所長著伙房大師傅背著我到他的辦公室，坐在他面前。

　　他表情神秘地告訴我砸鐐的原因：「由於大野心家林彪搞政變未遂，於今（1971）年9月13日摔死在蒙古的溫都爾汗，要在全國查清餘黨，所以要嚴管犯人。」他並且一再囑咐我「切勿洩漏。」怕我不信，他又補充說：「你難道沒看見？發回的語錄本裡，撕去了林彪的〈再版前言〉。凡是砸了鐐的，在這月底全部要開，先開你的。我原來就不主張給你砸，因為你從未犯過監規，所以我把你排在最後。我少拿了一副，但軍管會和保衛部不依，才又給你砸了。回去後要吃飯，你如絕食到底，會給我帶來不利，你也要為我著想。」

　　事情就是這樣湊巧，次日上午，我依然臉朝天花板躺著，睡在我旁邊的楊西文搖晃著我的身子說：「你睜開眼睛看看！董所長領來一個小女孩。」把犯人子女領進監號，這在看守所裡是從來沒有過的事。不一會兒，有人進了號子。我感到有一雙小手在我臉上，還有董所長的聲音：「這是你爸，不要哭！」

　　我睜眼一看，果然是我最可愛的小菊秦。我想直起身來抱抱她，但腳上還有鐐。我用被子把鐐蓋得嚴嚴的，絕不能讓她看見；這是她從未見過的、不可理解的東西。我猛然翻了個身趴在床上，雙手捧住她的小臉：「你怎麼來的？你怎麼到這兒來了？」董佛爺一隻腳在門外，把頭擰過去拭淚。

小菊秦雙手抱住我的臉，溫熱的淚花滴在我冰冷的老臉上。我已沒有了淚，鼻子一酸滾出淚珠，爸爸的淚女兒的淚，把兩個血脈相通的臉熱乎乎地黏在一起！她不敢哭出聲只是抽泣，半天才說出：「我們回家吧，媽和姐都想你，媽媽常常在半夜把我們哭醒，都坐起來陪她哭到天亮」⋯⋯

　　從岷縣的家到合作的看守所，有一百六十多公里路；我問她和誰一起來的？她泣不成聲地回答：「一個姓宋的師傅把二姐和我拉來的，我上二年級了，媽叫我把作業拿給爸看。」淚眼模糊的我看不清，只說：「好好聽老師的話，好好學習」。她又哭了起來，「老師好，同學們都不敢和我們多說話，更不和我們在一起玩兒。你是好人！回吧，回家都好了。」她用袖口捂住嘴抽泣，另一隻手摸著我的臉以淚洗面來回擦拭。

　　我不由得痛哭起來，她二姐自小跟著她媽不止一次地探監，現在又領著妹妹來到這個不吉利的地方。我尤其回想起，在肅反運動中，她媽背著三歲的她到洮河林場，給我拿來一包點心；這點心被積極分子王懷曾掰得粉碎，一雙黑手把我們父女隔開。之後她多次探監，今天又領著小妹踏上探監之路。就算是有宋師傅的車捎上她們，這一路也是往返三百多公里的來回顛簸。苦難前程還有多遠？⋯⋯今後我是坐牢的鼻祖，她們是探監的接班人。

　　就這麼一會兒，董所長已非常焦急。他是躲開哨兵，把孩子領進來的。這要是被保衛部知道，必然對他不利。所以剛見一面後，他扯著小菊秦就走。小菊秦一手攥住我的幾根手指頭，我也攥住她的另一隻小手，父女都哭出了聲。從門外走出很遠，我還聽見小菊秦悲哀的聲音：「我不走，我要爸爸，我要爸爸，我要和爸爸一起走」⋯⋯。我在流淚，三個同犯也在流淚。我沒有想別的任何事情，我痛苦地思慮著她們姐妹二人。此時此刻，她們被刀子戳穿了的幼小心靈是在怎樣地抽搐？尤其是小菊秦怎樣理解她的爸爸？別人的爸爸領著孩子們走親訪友，而自己的爸爸為什麼要躲在如此森嚴的地方⋯⋯

　　這天我痛苦極了，雖然下午開了鐐，我仍未進食。董所長帶來醫生繼續輸液，還從街上買來食品。我流著淚感激董佛爺，但我不願功虧一簣。然而一個滿面淚痕的小臉不斷地出現在我的眼前。孩子，我可憐的孩子！別人家的孩子像你這般年齡，或許正戴著紅領巾，歡樂地圍繞在爺爺、奶奶、爸

爸、媽媽的膝下，而你們……

人的生命力比狗還頑強，如果每天喝上幾口水，再加上輸液，恐怕個把月也難以達到預期的效果。看來絕食並不是最佳選擇，何況小菊秦的哭喊不斷在我耳邊嘶鳴……所以我放棄了這個不明智的決定。

這是我第六次與死神遙相呼應，擦肩而過。

七、寬大樣板

1972年五一節前，相申金終於被處以有期徒刑十年。楊西文被處有期徒刑七年，呂文昌三年，盧紹堂二十年，他們都被送去勞改隊了。于林是百萬富翁，早已被保外就醫。這個號子只剩下兩個人，我和牟正中。對我們倆，將來會是放、是判？誰也說不清。因為當今的法律不是有形狀有棱角的物體，而是一堆爛泥，誰想捏成什麼就任意去捏造。

回想我的案子，要追溯到1970年3月8日前。那時，保衛部集中力量全面搞逼供，他們決心要多搞出一些人，納入大殺一批的範疇。審訊人員不足，便從其他單位抽調。我的案子也是如此，運輸公司造反派頭頭馬文林多次參與了審訊。

關於運馬至咸陽的問題，我沒有隱瞞的必要和可能。因為「一打三反」運動在全國各地雷厲風行地展開，酷刑之下，白的也能變成黑的。由於我曾隱瞞寇司機（即給何文奎拉馬的司機）的經驗教訓，所以這次我都如實交代了。然而他們決不就此終了，我還必須坦白以前所搞過的一切「投機倒把」行為，這點我也做到了。

果然，在我寫坦白材料的次日，四川南坪已來人落實A、B司機的問題。碌曲縣來人落實丁尕哥的問題，臨潭公安局來落實我和小王跑廣州的問題。就連已故王瑜的事，也有人檢舉了我。但這些都在我的交代材料之中，核對後也就了了。從這麼多外調中，已然可見這次運動規模之大、面積之廣、用心之狠毒。

然而，對那些自己聞所未聞的問題，讓我又如何來交代？但他們不管事實如何，只是像肅反運動一樣，逼著你為自己捏造罪惡，端著屎盆子往自己

頭上扣。那還是在五十年代的機關內部，自己當時還是個幹部。而現在不僅是文化大革命時期，而且我已是被捕的犯人。造反派把武都專署的黃專員也敢甩進白龍江，北京的造反派連國家主席劉少奇都敢折磨死，對我們這類人用什麼刑罰都是無可非議的。

他們要我交代販布票問題，這我實在無從說起。

在我熬刑不過時，便想起1962年剛出獄，臨潭一位中學教師劉克忠送過我幾十尺過期布票。我通過一位營業員買了點布，給孩子們換了幾件衣服。我把這事也作為「投機倒把」交代了，依然不能過關，被打得更厲害。於是由臨潭公安局幹部來對質，說馬宗剛檢舉我為他銷售過幾萬尺作廢布票，還說我有其他根本沒有的問題。

馬宗剛曾任臨潭縣商業局長，是王瑜的內兄，所以我和他見過一面。他在文革中早已靠邊，我深信所謂有人「檢舉」是公安幹部的審訊手段。然而，為了達到他們逼供的目的，馬文林等令我面牆撅起屁股作噴氣式狀，問一句踢一腳。突然一人抓住我的頭髮向下摁，另一人將早已燒紅的火錐順褲襠烙燙。我的棉褲在燃燒，他們又用開水來澆，我身上的傷疤迄今可見。刑訊逼供歷來就是酷吏殺人不犯法的手段，何況在這個無法無天的時代。

他們又把我一人關在一間潑水結冰的房子裡，連餓帶凍整了我三天。早在1960年，他們就用過此刑，一個幹部因此凍掉一隻腳。那個幹部是河南籍，由內地來此支援甘南建設。此人出獄後，曾去北京告狀，但無結果。

由於「大殺」一批的日子接近，獄方又沒搞出更大的問題。適逢馬文林又出事，就換了一位幹部來審我。馬文林是為一飽口福去大夏河炸魚，卻炸死了自己。造反派把馬文林追認為烈士厚葬，至今他的墓仍在烈士陵園。這時換了另一位幹部，繼續馬文林的工作。他和藹可親的態度使我難以相信他是來審訊我的，他口口聲聲說，願意和我交個朋友。

整一天，他幾乎沒有提到我的案子。我們面對面坐著，他給我連連遞煙點火，談論著我一生的經歷和家庭情況。他還主動看了我臀部未癒的燙傷和棉褲上被燒穿的洞，並氣憤地罵道：「他媽的，簡直沒有人性。一定要向領導反映，非好好整整這些無法無天的傢伙不可。」第二次審訊，他給我帶來好幾份報紙，其中都刊有「一打三反」運動中坦白從寬的事例。他叫我帶進

去慢慢看，並說「問題不在大小，關鍵在於態度。」他說，要認清形勢，識時務者為俊傑。臨行，他又叮嚀所長對我予以「照顧」。

第三次審訊，他分析了我的地主成份、右派、反革命和「投機倒把」等問題的嚴重性；他說：若以此論，問題十分嚴重。但這都是出於形勢所迫，情有可原。何況錢已交公，你主動坦白了以往的問題，具備了從寬處理的條件。然而，以前者論，殺頭也可以；以後者論，放了也行。事在人為嘛，這你是能夠理解的。所以保衛部決定，要把你樹立成「寬大樣板」，只是布票問題迄今未能交代，所以……

聽了這一切，我說：「原來是這樣，根本沒那回事，我怎麼交代？」

「你不要持懷疑態度。樣板也好，模範也好，都是組織培養的，也是個人爭取的。你經過許多運動，難道沒有體會？說句我不該說的話：英雄模範，哪個不是領導上像捏麵人一樣捏出來的？然而『英雄模範』總得為自己捏點突出的成績，才能被人公認。你是個聰明人，明人不可細提。依我看你應抓住這個機會，我是同情你才把這個決定透露給你。」

我們在一周內談過四次，每次都在三、四個小時。他的中心意思是，我具備了「從寬樣板」的基本條件，像「英雄模範」人物一樣；只是「事蹟」還不夠突出，需要自己給自己捏造些。換句話說，就是把馬宗剛檢舉我為他銷售的幾萬尺作廢布票承認下來，這個「樣板」才有吸引力；才能啟發別的犯罪分子走坦白從寬道路。這是革命形勢的需要，也是我千載難逢的機會。

我知道馬宗剛不是糊塗之人，不會故意為自己臉上抹黑，更不會無中生有給我妄加罪名。這是臨潭公安局一些人要利用我和王瑜的關係，去整馬宗剛。我若為了自己得到寬大而虛招，豈不讓馬宗剛有口難辯？所以我難以滿足他們的要求。於是，他又進一步勸說：甘南販馬案例極多，倒賣布票的也不少。因為藏族不用棉布，所以把布票都賣了；迄今尚未破獲一起。你若扮演了這一角色，在下次宣判大會上，就能成為被寬大釋放的樣板。

在他們給我做工作的那幾天，其他造反派對犯人的刑訊並未停止過。從別的審訊房不斷傳來一聲聲慘叫，有的人甚至是爬著進去的，這也含有殺雞給猴子看的意思。

在入獄前，我不止一次擠入萬人大會，偷看批鬥高幹的場面。他們在鋼

絲鞭下低頭認罪，承認自己是「反黨、反社會主義、反毛澤東思想」的「三反分子」，這也許是為了過關才做出的權宜之計。

大凡動物都有求生的本能，哪怕是一堆篝火，燈蛾也把它當做光明。但我並沒有忘記肅反時對我的勸誘，還有反右時「向黨交心」的經驗教訓。當時我也反覆慎重地考慮過：若不按其指供承認，對我判個死刑又有何不可？那時妻室子女和八旬老母會終身痛苦。而另一方面，我感到審訊者一臉憨厚，態度誠懇，也許他們真有救我之心？看來惟有此方可行，承認了於彼於己也許都有好處。就算是陷阱，我也想試一試；哪怕判個死刑，了此一生也好。

然而我決不相信馬宗剛有什麼檢舉，如果將計就計地承認後，害了馬宗剛也害了我。我更不能推在劉克忠身上。想來想去，最好是找個死人，於是我想起一個。

1960年在臨潭磚瓦場，我外出去為幹部買平價肉時，曾多次向屠宰場朱炳斗場長要求，為病犯接點豬血。但他怕喪失立場，不供給犯人，還說了許多難聽的話。後來，他曾在卓尼貿易公司當百貨大庫保管。我想，朱炳斗可能保管有作廢布票；而他在1963年死於胃癌。這樣一想，我便說，1963年我為朱炳斗銷售過一千尺作廢布票。我認為，這樣做即使有罪，他們也怪罪不到死人身上。可是，審訊我的那位幹部一定要我說成一千尺以上，他說少了起不到「樣板」作用。經過討價還價，大約以六千尺定了案。

直到三十年後，有一次我無意中遇到當年審訊過我的人；他就是甘南保衛部偵破組的副組長馬登海。他對我表示，當時實在是受上級指示，也是出於真心，只得走誘供這條路。但得到我的口供後，還是要去向朱炳斗落實。在這個過程中他們發現，我交代買賣作廢布票的時間不對，在那個時間段朱炳斗早已死去。他將調查實情向保衛部如實作了彙報，不久，他被調別處。所以，對我後來因此被判刑，他則一無所知。

我慶幸的是，他得知我迄今未能徹底平反，便主動提供了證明：有關我參與買賣作廢布票一事，純屬虛供。

第八章　苦囚

最後一份「交代材料」拿去後便風平浪靜，再也無人過問我。自1970年「一打三反」運動後，兩年多來開過若干次宣判大會，都沒有我。看來他們也沒有去調取旁證，沒有去落實問題的真偽。我自知上當，悔之莫及。這是我有生以來做的愧對自己、也愧對他人的虧心事，也就是端著屎盆子往自己頭上扣。轉念一想，劉少奇、彭德懷等領袖人物在不得已時，都能幹這種上當受騙的事，我為什麼不能幹？這樣，我也就像阿Q一樣心安理得了。

儘管如此，有時也不免捫心自問。這時的我又想起一位洋名人說過的一句話：「什麼人不可救藥？一再在原地方跌倒的人。」我一再作了有罪於自己、有罪於他人的蠢事，我就是不可救藥的人。我內心就像被強姦、誘姦的少女一樣充滿悔恨、羞辱，且有口難言；真可謂糊塗一時。我不隱諱自己低劣的活命哲學，更不原諒自己的愚蠢無知。痛悔之餘，還是希望得到從寬處理，好讓老母親和妻子兒女得到一點安慰。

一、判刑起解

1972年7月的一天，在甘南州保衛部的萬人大會上，我終於拿到這樣一份判決，摘要如下：

> 陳犯自1949年9月混入革命陣營，一貫對我黨不滿，1957年乘我黨整風之際大肆攻擊社會主義制度，被定為右派分子，結合歷史罪行，依法判處有期徒刑九年（*此處應為十年，法院寫錯，星注）。於1962年7月釋放，回家後又繼續進行犯罪活動，從1963年4月至1964年9月，先後從朱炳斗等處販賣布票六千兩百餘尺，破壞國家政策。1966年9月至1969年11月，先後從蘭州、貴陽等地往岷縣販賣茶葉兩百七十餘斤，謀取暴利一百九十元；1963年，從岷縣往廣州販賣當歸

八十斤，牟利一百六十元；1963年8月，勾結王瑜經岷縣販牛兩頭，陳犯牟取暴利五百元；1968年1月，與何文奎往陝西興平販馬七匹，陳犯牟利兩百元，被合作派出所沒收。尤為嚴重的是1969年12月，勾結丁尕哥從郎木寺往陝西咸陽販馬七匹，計牟利四千二百九十元，被發現後，沒收馬款七千一百一十元，舊懷錶一只。

據上事實，陳犯解放前為蔣匪效勞，解放後攻擊我黨和社會主義制度被判刑，釋放後又一貫大搞投機倒把活動牟取暴利，罪行嚴重，屢教不改，據此將陳犯逮捕判處有期徒刑二十年。

對這份《判決書》，我沒有必要去釋析，僅從「與何文奎往陝西興平販馬七匹陳犯謀利兩百元」這一條中，就可以看出他們是怎樣地搜盡枯腸，為我羅織罪名。

我為去咸陽，向朋友周明借了一百元路費。他見我連只錶都沒有，便將他的舊懷錶借我使用。然而錶也被作為罪惡的東西寫在判決上，予以沒收。我每思及此，都感到愧對周君。直到1979年我出獄後，才設法歸還了這一百元借款，也賠了那只舊懷錶。

而那次運馬，有關方面既然沒收了全部馬款七千一百一十元，我又能從何處再去牟利四千二百九十元？審訊員馬登海等去卓尼調查，已經查明朱炳斗是1963年死去，我在1964年9月又怎能勾結朱炳斗販賣布票？

按照當時的量刑標準，實在是無所謂法律準繩。所謂寬嚴對待，只是按政治氣候的需要而定。就這樣，一位趙審判員還對我恭賀道：「你總算幸運，得到從寬，否則這條命是保不住的。」我不知是應該感激，還是憋屈；也不知所謂的保衛部是寬大了我，還是嚴懲了我？

據他說，在1970年大殺一批時，獄方對盧紹棠和我都報過死刑，而甘肅省高院未批。甘南保衛部最大權限是判處二十年以下的刑期，因此對我頂格判了二十年。那個時代的法律秤砣是在運動員的單槓上，一切都是由所謂的執法者的好惡和他們對政治氣候的嗅覺來移動的。

未起解前，我回憶起那天宣判大會的情景，這種時刻是我們既盼望又害怕的日子。犯人參加宣判會，首先是要被繩捆索綁，回來後幾天都抬不起胳膊。對於犯人，挨繩子就和封建社會女子遭纏足一樣理所當然，因此，大家在出場前都穿上了棉衣。但今天警察並未動用縲絏，而是給我們戴上了手銬。這玩藝雖文明，但在劊子手看來卻不如捆起來威風。這也和有的人長袍大馬褂穿慣了，換套西裝反而覺得不體面一樣。

這是一年中最熱的季節，但我們在這裡卻只有「吹面不寒楊柳風」的感覺，因而穿上防捆棉衣並不覺得後悔。

這次宣判大會帶犯人沒有動用汽車，可能是因為我們中間沒有死刑犯，但專政的氣魄依然不小。圍觀群眾自動地組成兩道人牆，我們被武警夾得緊緊地在人的胡同裡行走。有個近視眼的觀眾擠到我胸前，想看我掛的大木牌上寫的什麼？其實我自己也不知道，否則我會告訴他的，免得他被警察摑一個耳光。

這又是一個萬人大會，群眾都是按居委會的通知來參加，他們要為完成政治任務喊口號，以壯聲勢。這次大會共宣判了十五人，回來後我才拿到了上面那份判決書。

這是個漆黑的夜，透過鐵窗，看不見一顆星星，天像口黑鍋扣在大地上。我和牟正中仰臥在床，他想找幾句安慰話來驅趕這怕人的寂靜，但也只有歎息而已。

我已沉沒在苦澀的回憶中。解放後，我是個極普通的守法公民，竟能五次入監，兩次判刑共計三十年，我要在黑暗中渡過一萬零九百五十天。

人生幾何，三十年是人生的幾分之幾？看來視他人生命如兒戲的法官們，並未發現自己顛倒了正義，褻瀆了作人的良心。

然而說這些又有何用？我又一次被起解了。

我背著髒而簡單的行李，提著既當臉盆又做飯碗的破盆，告別了棲身兩年七個月的墓穴。一輛大卡車被武警包圍著，把送東西的家屬隔得遠遠的。

有的人要求和家屬說句話，武警警告：這裡不是接見的地方。在〈林冲發配〉的故事裡，林冲和妻子還能在十里長亭抱頭痛哭一場；而在最講「人

道主義」的今天，則不能。

在收束西時，董佛爺也送給了我一包東西。我順著他所指的方向看去，那是李俊夫，他面帶苦笑向我揮手。我想起反右中他在抽屜裡給我藏食物，在古牙川勞改農場，逢年過節他總來看我。生活困難時，他解囊資助我。如今他調到合作鎮工作，又不避嫌，特意來為我送行。他送來的是一顆純潔的做人的良心，我在獄中常常懷念他。以前他常說：在工作中你拿的工資比工人少，幹活吃苦比工人多。我是在你手下當的工人，如今雖提了幹，但我永遠忘不了你。我曾希望能在自由的地方再見他一面，敘敘別情。然而當我再次獲釋時，他已與世長辭。真是好人命不長，禍害一千年。

淅淅瀝瀝的雨點落在沒有篷布的敞車上，當武警給我們帶上手銬要起步時，車上車下一片嚎啕之聲，彷彿是在送靈；天空中奏起了哀樂。

根據別人介紹和平常打聽到的情況，我暗暗祈禱，千萬莫去三岔坪。因為那裡環境惡劣，生活極苦。

汽車沿著大夏河冒雨下行在蘭郎公路上，儘管還是夏天，這裡卻是秋風瑟瑟，苦雨淒淒，地裡的莊稼好像停止了生長。警察和押解的官員們都有雨衣，架在頭頂上的機槍也穿上了套，犯人頭上淌水想抹下臉，但手銬不允許；只能低頭閉眼，也不知囚車開往何處。

自進監牢的那天起我就不敢想無罪釋放，遲早是要進勞改隊的。我想，如果能去臨夏的液壓件廠就最理想；若被送往三岔坪農場就是進了豐都城，那才是真正的人間地獄。

汽車爬行在蚯蚓般彎曲的泥濘小道，進了溝，又翻了山。不知轉了多少個彎，在一座黃土高坡上，汽車開進一座土牆院。由於下雨，場地泥濘，院內空無一人；只有幾個哨兵躲在雨衣裡來回走動。知道的人都說這就是三岔坪，我的心像掉進了冰窟。

我們在前院第一大隊下了車，只見一個個犯人穿著破舊棉衣，捲起褲腳，在泥水裡忙著上廁所，打水。可能是因為下雨停工，他們才從地裡回來。我們被趕進一個大號子避雨，凍得直打哆嗦。進屋後我看到，長長的土炕占去了三分之二的面積，中間有一個土爐子。在土炕上，靠牆坐著二十餘人。他們的衣服在上工時淋濕了，收工回來都脫了濕衣，無衣可換；大家

披著薄被，像泥塑的孤魂野鬼。也有人問：「你們從哪裡來？」有人回答：「合作市。」「你們也命苦呀，我們每天都要上山背趕柴，路遠也不好走，摔死的最幸福，傷殘者苦不堪言。」旁邊有人搞了他一下，話音戛然而止。

三個幹部跟在董所長後面，拿著十個人的檔案袋，一個個點名對照，一個個都被領走。

剩下的我還站著，我想也許要把我槍斃到這深山裡，那總比活受罪強。

不多時，本屋主人都圍在被子裡學習「老三篇」；看到隊長出去，他們才給我們介紹情況。

這裡不但勞動強度大，而且時間長；每天都在八九個小時。若是上山背柴就得十個小時，可是背一冬天還不夠一春燒。特別是自產的那種糧食，品質太低劣，吃著不經餓。水又苦又鹹，取水路遠，水源稀缺。所以獄中衛生差，疾病多，死亡威脅著每個人。出工時若遇到那幾個有打罵犯人嗜好的幹警帶隊，整天都心驚肉顫。晚上的批鬥會開個沒完沒了……然而這個一隊還是模範隊，設在七溝八岔的勞改隊更是苦不堪言。

新來的犯人個個低頭不語，心裡都在想，天天盼望出看守所去勞改，如今又被發配到這個地方。而我還要在這種地方熬過十七年又六個月，真是命比黃蓮還苦。

正在這時，「董佛爺」又在喊我。只見保衛部那個幹部還在向農場負責人懇求：「二十年的只有一個，您就收下吧。」

「你們要是前天送來就收下了，昨天接到指示：凡二十年以上的重刑犯一律要送往監獄。我們是勞改隊，實難從命。」

董所長向我一揮手：「拿行李上車。」他已鑽進駕駛室，那個幹部又給我戴上銬子，由三個警察把我保護在車上，好在雨已經停了。

在車上我又胡思亂想了：蹲了若干看守所，人們不都是把它稱作監獄？「重刑犯一律要送往監獄」，這種監獄一定要比看守所、勞改隊更苦。天哪，我要在真正的監獄裡度過十七年又五個月，365x17+150，那是6355天哪。

二、臨夏監獄

　　臨夏地處蘭州西南，古稱河州。它北臨黃河，東有洮河，大夏河穿城而過。它是臨夏回族自治州的首府，也是西北王馬步芳的故鄉。甘肅省第二監獄遷到這裡還是1970年的事，所以鮮為人知。

　　據說，當時有關部門認為，中國並不安寧，北有蘇修虎視眈眈，南有蔣匪蠢蠢欲動。聽說上級打算放棄長江以南，黃河以北的土地，把敵人引進來關門打狗。這是一個偉大的戰略構思，所以，河西的張掖新生汽車修理廠及武威監獄同時遷到了臨夏，和這裡的勞改廠合併，統稱為甘肅省第二監獄。這個監獄也就是我在看守所聽說的「液壓廠」。

　　車行約兩小時，警察互相示意：到了。

　　汽車轉了幾個彎，停在一個漆黑的大門前。橫向的標誌是：甘肅省第二監獄，旁邊掛有「甘肅省臨夏液壓元件廠」的牌子。大門一邊是警衛室，另一邊是值班室，門頂是崗樓，持槍的哨兵來回走動巡視。四周高牆頂，一架架探照燈像睜著的眼睛。此外還有一條條電網，連貫著東西南北。守衛都是荷槍實彈，十分森嚴。

　　我心裡撲通撲通地跳著，不知是喜是憂？總之，我要在這裡度過漫長的歲月；這座大鐵門好進難出，令人望而生畏。

　　董所長依例完成了交接手續，由一管教人員帶我進了第一道鐵大門；我看見裡面有數排車間式的廠房。跨進第二道大門，這裡是生活區。再進去就是監院，還分若干小院。一共過了四道大門，內有相對兩排監舍。管教打開其中一個監號的門，叫我放下鋪蓋，說了聲「不許亂跑」，他就鎖上了監院大門。

　　犯人尚未收工，院內空無一人，我得以安靜地觀察這個新「家」。抬頭四顧，院內牆壁有大字標語：「認罪悔罪，重新做人」，「不認罪死路一條」，「不許階級敵人興風作浪」，「只許規規矩矩，不許亂說亂動」，「認罪服法，積極靠近政府，同反改造分子作堅決鬥爭」。牆上還有批判專欄，上面貼滿了學習毛主席著作的心得體會、大批判文章以及揭發檢舉等。

這就是我後半生的「家」，除在合作縣的看守所度過的兩年零七個月，我還有十七年五個月的刑期，要消磨在這個土城之內。

長長的監院內沒長一根草，沒有一絲綠色，似乎沒有活的生命。監舍也是如此單調，高高的鐵窗、厚厚的門板、長長的通鋪。在這種通鋪上，每人所占面積還不到六十釐米寬。我們的伙食有百分之七十是玉米麵，星期天有一頓「乾拌麵」。平常也還算能夠吃飽，這對我是最大的安慰。

生產編組是按反革命犯和刑事犯分開來編的，後來根據各人技術專長歸口編隊。一大隊搞輕工生產，如鞋帽、服裝和麻繩加工；二大隊搞基建，原來負責劉家峽電站的副總工程師、碧口電站總工程師趙益謙因反革命罪被判二十年徒刑，他加入了基建隊。有了他，獄方才敢向外承包工程。三大隊搞鑄造，四大隊搞汽車修理；五大隊才是液壓原件加工車間。由於我在汽車兵團幹過，所以被編入四大隊當鉗工。我雖是外行，但這裡不分級別，也不許稱師傅。大家吃糧是同樣的標準，每月都拿一元五角的「工資」。我想，我的刑期還有十七、八年，總有一天能學會這門鉗工技術。後來我聽說鄧小平被整下台，也在江西某廠學過鉗工。實際這就是勞動改造，我和他堪稱同犯。

無論是從環境、生活待遇、還是勞動強度來說，這裡都比我想像的監獄強得多。與三岔坪農場相比較，更有天壤之別。當然，比起傳說中的蘭州「模範監獄」，這裡還相去甚遠。

每天最難熬的是的學習和鬥爭會，這是兩個小時的時間，雷打不動。平常還有全監大會報告、整天的小組討論和大會批判。每逢停工開會，人人頭痛。但勞改方針是「思想改造第一，勞動生產第二」，所以監獄管理犯人必須以階級鬥爭為綱，突出政治掛帥。

若以犯罪性質論，這裡的犯人是五花八門，當然以反革命為最；其次是投機倒把，而殺人、強姦、盜竊者最少。在反革命中，以廣東、南京、上海人為多。他們都是建國初入獄，大多數還是死緩、無期，有的服刑已二十多年尚未改判。他們說話謹慎，討論應付，勞動一般，至死不認罪，壓根沒打算活著出去。但這些人從不違犯監規，更沒發生過越獄事件。

總之，這是省內正規化的監獄之一。幹部很少隨意打罵犯人，當然並不是不打罵犯人。至於人人必須緊跟形勢搞階級鬥爭，幹部強迫犯人認罪和

無條件服從管教，則是管教幹部的職責所在，也是政治形勢的需要。凡是遵守監規、積極勞動的犯人，都不會有意外災難。大部分中國人都有這種先天性的功能，隨遇而安。我在這裡度過了兩千多天，沒有受過批評，但也犯過「嚴重錯誤」，管教幹部以「情有可原」予以了諒解。

三、沒罪也要認罪

前面說過，黨的勞改方針是「思想改造第一，勞動生產第二」。也就是說，思想改造是目的，勞動生產是手段。思想改造，第一是要「認罪」。不能認罪、恨罪和悔罪，就談不上思想改造。因此，入監的新犯人都要先過「認罪」關。

我在1958年勞改時，可以大膽喊冤，幹部聽見也是一笑了之。所以，小組長楊國清要我在學習會上談對所犯罪惡的認識，我便大叫冤枉。於是引起眾怒，個個對我進行嚴肅的批判，把我說成罪大惡極、十惡不赦的犯罪分子。似乎這二十年的徒刑，對我還是重罪輕判。我辯解了幾句，就被視為反改造行為，有人揎拳捋袖要幫我「端正態度」。我乖乖地挨了幾下，犯人打犯人，也就是壞人打壞人，活該。

在認罪方面，我們小組有這樣幾種類型：

1、**真認罪**——如于忠、惠應中。這兩個犯人都是河西老實巴交的農民，他們在1960年犯了故意殺人罪。于忠要老婆做饃，做饃的麵是他老婆在月夜裡拾來的麥子。但為了省糧，老婆不肯做饃，只許拌拌湯；于忠因此用斧頭砍死了她。他也沒有感到殺人是犯罪，所以血淋淋的屍首還仰臥在床上，他便忙著和麵烙饃，且狼吞虎嚥地吃了一頓白麵饃。接著，于忠束手就擒，被判無期徒刑。惠應中一家三口餓死兩個，他到處討飯也不得一飽，躺在被人扒過的妻子墳上。姐姐見弟可憐，便將他叫到家中，用僅有的一袋豆麵為他攪了一頓攪團（比較稠的糊糊）。他懇求烙個饃，小外甥也在旁哭求；就這樣在姐姐家吃了頓飽飯。這頓飯似乎給奄奄一息的燈添了油，人頓時精神了，連伴他走路的棍兒也忘了拿。出門走著走著他想：如果再餓怎麼辦？他想起姐姐櫃裡那半袋豆麵，不由自主的往回走。那時，西北地區農村

的確成了道無遺可拾、家無戶可閉的「安全」年代，他姐姐家的門也只是虛掩著。所以，惠應中得以深夜潛入姐姐家中。他屏住呼吸，揭開麵櫃；提起麵口袋起要走時，被他的討飯棍絆了一跤。這就驚醒了老姐，他正要逃出，又被門後斧頭絆了一下。饑餓之鬼都人性泯滅，為保護半袋豆麵，他拾起斧頭砍向老姐，不滿十歲的外甥喊了一聲，也倒在他的斧頭下！如此，惠應中被處死緩。

這兩人都是親手殺死了親人，何以判了緩刑？概緣於那時類似案例多，因一碗稀糊糊造成搶奪、殘殺到處都有。有些人圖食害命，最終自己還是成了餓殍。所以法官們量刑時，不得不掏出做人的良心。

犯人中還有個瘦老頭是甘谷縣人，都叫他老干。據別人說，他在三年「自然災害」時殺了親生兒吃了。他自己說，兒子被餓死後，與其被別人扒出來吃，不如不要埋他，自己吃了。當時，只是他老伴有氣無力地罵他。而在生活略有好轉時，隊裡的積極分子說，是他親手殺死了兒子，把他吃了。這樣，干老頭被以故意殺人罪判處死緩。此時正是「析骸而炊，易子而食」的時代，這是「三年自然災害」時數不勝數的悲劇中一個小小案例。事實上，哪裡有「自然」災害？我可以肯定地說，我所在的甘南一帶是風調雨順。很多親歷者都能證明，是人為的災害。

父食子自古有之，如文王被囚羑里，食子又吐子。雖是歷史悲劇，卻是出於政治上的策略和手段。河西夾邊溝勞教農場，活右派吃死右派，是公開的秘密。

總之像上面那幾個人，他們都能徹底認罪，已被改判有期徒刑或得到減刑。

2、口認心不認——有個王大個（因個大這樣叫，我忘了名字），解小便解得不是地方，被判十年徒刑。文革中農民上地都要舉語錄牌，唱語錄歌，喊著萬歲的口號。王大個見有女社員在場，便去主席像背後小便。就這樣，他就成了反革命。他雖口口聲聲認罪，但由於是地主成份，被認為是口認心不認，獄方並未給他減過一天刑。

3、認罪不服刑——如孔老夫子的後裔孔繁泉（我們戲稱他孔小夫子），他是富商家庭出身的花花公子，解放前生活在「十里洋場」的大上

海。他又是個獨好京劇的票友，為登臺亮個相，花掉了半個家業。上海解放前夕，有國民黨的地下組織知他不問政治，只好玩票友；他們便送他一個反共組織的「少將縱隊長」銜頭，他如不接受，命在旦夕，只好聽其擺佈。解放後他心懷鬼胎，坐立不安，便抱著電臺和委任狀自首了。公安部門在報上給予褒獎，保證既往不咎，並予以統戰。然而「鎮反」時又將他逮捕，判刑五年。他好不容易熬到刑滿，他的妻子前來接他回家團圓。妻名王月秋，是馳名上海的京劇花旦演員，王月秋花枝招展地來到監獄，勞改幹部卻拒絕釋放孔繁泉。原因是適逢「肅反」運動，獄方以「重罪輕判」為由，對他改判死緩。

孔小夫子認為對他明明是「輕罪重判」，因此經常申訴，這也被當作不認罪對待。其實他如果早點認罪得到改判的話，也許已經出獄了。五、六十年代，改判刑期是自逮捕之日起計算，無期、死緩者最多也只坐牢十幾、二十年便可出獄。所以孔繁泉認為，等他服刑到第十九年再認罪也不遲。誰知政策有變，改判刑期自改判之日起計算，這樣他蹲過的十多年就白蹲了。孔繁泉再也沒有信心為改判而認罪。最初給他判罪時，是以他職務為國民黨少將縱隊長宣判的。但1975年按政策釋放國民黨縣團級以上在押罪犯時，公安方面卻不承認他的少將軍銜，不予釋放。

孔繁泉只得又從1975年起開始申訴，這還得感謝那位心直口快的管教科臘幹事，是她堅持去函，終於在上海檔案館中查出對孔繁泉自首給予寬大處理的報導；再將相關報導和照片後上報公安部，這一過程又是兩年。直到1978年中共十一屆三中全會以後，孔繁泉才得到公安部批准，終於被釋放出獄。

4、認罪有反覆——當了一輩子羊倌的王居為，頭上沒有一根頭髮，嘴裡沒有一顆牙，他犯的是姦污養女罪。入獄來，王居為一貫認罪、悔罪，所以成為外役犯，依然牧羊。由於他是二十年重刑，最近被收監燒水。管教劉隊長見他就叫「驢」，王雖窩著一肚子火，也只得答應。後來不見了劉隊長，王便向就業人員打聽，得悉劉隊長的女兒懷了孕。劉隊長的妻子詢問女兒是和誰幹的，女兒招認了親父劉隊長。其母一氣之下，便向領導彙報了此事；劉隊長因此被判刑十年。王居為便向楊國清組長說：劉隊長是執法的黨

員幹部，姦汙了親生女判十年。我是個一字不識的農民，姦汙了養女被處二十年。你說姦汙養女罪大？還是姦汙親生女罪大？楊國清向領導反映後，王便成了不認罪的反改造分子。

我本來也是個不認罪的「反改造」，多虧那位臘幹事教我：「你在犯人中不要散佈不認罪的言論，對判刑有意見可以寫申訴嘛。我給你轉，免得影響別人改造。」於是我經常在會上會下「恨罪悔罪」，有空便不斷寫申訴。自此，別人也不叫我「反改造」了。人在這個社會上就是個演員，派你什麼角兒，就得進入自己的角色。

然而只要定了罪，申訴也無濟於事。

地質隊幹部趙罡在「早請示晚彙報」時期，曾議論林彪「滿臉奸臣像」，他被以反革命罪處刑十五年。後來大批林彪反革命集團時，他便寫申訴要求平反。法院批覆，趙罡不可能是預言家，他怎知林彪要搞政變？那時林是黨的副主席，攻擊林彪就是攻擊黨。法院建議監獄對趙罡嚴加管教，趙罡又成了「反改造」，少不了天天晚上挨批挨鬥。

還有一位姓鄭的公社幹部，他歌頌過劉鄧路線。當劉鄧被打倒時，他也成為反革命，被處刑十年。他也無法，只好認罪。趙罡的申訴被駁回時，他便利用這一邏輯申訴：我歌頌劉鄧路線也就是歌頌黨的路線，那時我也不是預言家，不可能認識到劉鄧路線是錯誤路線，更不可能預料到劉少奇會成為中國的赫魯曉夫。但對他申訴的批覆是：劉鄧路線只能代表劉鄧，不能代表黨的路線；歌頌劉鄧路線就是反革命。鄭不服，他辯護說：「那麼推選和提拔劉鄧的人是否都是反革命？」如此，他自然又成了不認罪的反改造分子。這還算是運氣好的，否則對他可能是重罪輕判加刑若干年。

我的申訴未獲批覆，我預料也是凶多吉少。然而是否轉了出去，尚未可知。要向上級法院轉呈一份申訴，要經過若干層級審閱。經辦幹部對你的印象若是上乘的，當然照轉；否則，不僅要對你關禁閉，你還得挨批鬥。例如前述老右派「馬販子」李英貴，他在臨潭給生產隊買了一匹馬，結果被公安部門收審。後來他被釋放，馬也歸還給他。但這時李英貴發現這匹原來懷孕的馬下的馬駒不見了，他和公安幹部吵了起來。就這樣，李英貴把自己罵成了反革命，被判刑二十年。李英貴被送到這裡繼續罵，惹得幹部個個煩他。

他經常挨鬥，每期「學習班」都少不了他。結果，越整他越不勞動，經常寫申訴，卻從未轉出去一份。我又勸過他多次，他總是兩眼一瞪：「你這個鄉黨才是個尻子客，咱就是這脾氣，看誰把咱的球咬了。」

我之所以遵守監規，還勸李英貴，基於兩種認識：第一，判刑正確與否是原判單位的事，不應遷怒於監獄管教幹部。第二，人活著就應當做點事，積極勞動何嘗不是為社會作貢獻？故意當批鬥對象又於事何益？然而李英貴的老陝脾氣總是改不了，直到文革結束的三中全會以後，他才得到徹底平反。

還有某電廠師徒二人，他們是否犯了法，犯了多大的法，我不敢妄加評論。總之兩人都被判了二十年徒刑，他們也都不認罪。

據說他們的犯罪是因徒弟常常去師傅家幫忙幹點家務，這本是在情理之中；但久而久之，徒弟和師娘發生了愛情。師傅自然有所懷疑，一天下班時，師傅約徒弟幫師娘做點事，晚飯後師傅又告訴妻子，要去廠開批鬥會。

徒弟和師母不知是計，又在床上纏綿。正在此時，師傅從大立櫃裡赤條條地出來，也上了床。他不是抱住妻子而是抱住徒弟，三人一同行起巫山雲雨之事。自此三人一家庭，「男男關係」和「男女關係」和平共處。時間一長，人們都將此事當作奇聞傳開來。紅衛兵最好管閒事，半夜破門而入，將他們扭送公安部門。三人都供認不諱，師母被處三年徒刑，監外執行。師徒二人各領判決一張，處刑二十年。他們入獄以來一直認為，這是他們三個人之間的隱私，並未危害社會及他人。而且此舉還密切了夫妻與師徒之間的關係，誰也沒有強迫誰；這又犯了法律上的那條罪？而管教幹部可不管他們怎麼想，幹部認為，只要判了刑就是犯了罪，不認罪就應該批鬥。

四、魂歸天府

「人生何處不相逢」，這是朋友邂逅的口頭語。我和許多難友在一個監獄相識，又在另一個監獄重逢，最終在囹圄之中永別。

1968年我在岷縣，因受何文奎案牽連，當晚被羈押在岷縣看守所，所長裴瞎子（獨眼）趁著春節酒興，以其造反派的身份對我大打出手，打得我渾身是傷。他把我塞進只住了一個人的單間，這裡關的是所謂「反動刊物」

《曙光》的主犯郎成業。在寒冷的冬天，他見我身有傷痛，給我扯出一半的鋪蓋，我們在一個被窩裡擠了一夜。他送給我的是一顆善良的心和人性的溫暖。

還有楊西文一案中的盧紹堂，被送往大西灘。現在這些地方都將被判二十年的重刑犯都清理出來，因此他們倆也分別被轉送到了第二監獄。郎成業和盧紹堂都在伙房勞動，這是被人羨慕的肥差事。我們因此常見面，但對自己的處境卻都是心照而不敢宣其冤。

有一天，監獄裡召集全體犯人開大會；休息時，我的後腦勺被刺了一下。回頭一看，一張我彷彿不認識的面孔，張著一口黃牙的嘴向我傻笑。他身上一套新工作服，上面滿是油漬和被煙火燒的洞。他一聲不響，笑得很天真，似乎要考驗我的記憶力。看了一會兒，我終於從那高鼻樑薄嘴唇上認出，他是相申金。

「陳老哥子，我們真是有緣分呢，同船共渡五百年修；我們起碼修了一千年」，我也開玩笑：「千年王八萬年龜，你龜兒子起碼修了一萬年」。

他從口袋裡一摸，抓了一撮兒生煙和一綹兒報紙給我，「來！捲根煙，這是我自種的」，我搖搖頭：「嗆得人嗓子痛」。

相申金自己捲煙，接著就問：「陳哥，你也判了二十年？」我點了點頭。「那我們是一個級別。老子在三岔坪吃不飽還叫背柴禾，砍柴時老子就開了小差。抓回來又加了十年，要不然我死在哪裡？謝天謝地，不然的話，老子還在那裡受罪喲。你在哪個隊嘛？搞啥子工種？吃的標準是好多？」他的話還是那麼多。

我伸出兩個指頭表示是鉗工，他握著我的手：「那我們是同行，吃的是四十二斤口糧。格老子餓不了肚子了。我在五大隊。」會間休息只有十多分鐘，不夠他囉嗦的。要不是開大會，我還見不到他，雖則都在一個監獄裡，卻是咫尺天涯。

相申金怎麼死的？對我來說一直是個謎；當時只知道他從房子高處跳下而死，而獄方對此是絕對保密。在我原來的書稿裡，我把監獄裡一個無名的瘋子的死移到他的結局裡了。雖然它原屬於另一個人，但也是真實發生了的事情：

北國的晚秋，草木剛剛凋零，雪花已滿天飛舞。我搞完大批判專欄去洗筆，見一個犯人帶著背銬，把頭伸在水龍頭下面沖著。他的後面站著兩個監護人，手塞在褲口袋裡。他們踢了他兩腳，那犯人弓著腰，水打脖子往衣領裡流。我沒看見他的臉，他也沒看見我。後來一打聽，才知道是相申金。據說他犯了個什麼錯誤，就被關了禁閉（我估計還是怪嘴），從此得了神經病。有天獄警給他送飯卻找不到人，只見滿地都是大小便，牆上也是用大便啪的巴掌印。鐵窗完好，天窗蓋板無損，門還鎖著，他又不會是土行孫，為什麼看不見人？最後還是在頂棚裡找到他了，於是監護人經常要折磨他。管教科不叫關禁閉，而是給他戴上銬子，又換了兩個監護人跟著他到處轉。這是殺雞給猴子看。

他的神經病是週期性的，稍有好轉便給取掉銬子。他整天在監院裡撿些標語紙或碎布片，做成許多小旗插在身上。又或者在牆上畫個人，寫上萬歲。他又用碗盛土，以箸作香，趴在地上禱告，還沒完沒了地高唱〈東方紅〉、〈大海航行靠舵手〉。他還唱他在看守所學來的京劇、豫劇，唱得特別拿手的是河州花兒：「阿哥的肉呀」……

一天，他去廁所解手，直跳進五六尺深的糞坑，連頭也埋在糞水裡。獄方發現後，把他撈上來，好不容易才把他救活。不久，他又爬上五大隊的工房，從房上跳下來。這次沒救活，死了。

大約三十年後，我的回憶錄上卷《風雪人生》一書出版，我也送了一本給省二監獄原改造科的一位科長。我再見到他時，他將相申金之死的詳細經過告訴了我。下面我要用到他的真名：向忠全，這是相申金的真實姓名。他的死亡詳情如下：

> 向忠全是跳高爐自殺的。
>
> 向忠全所在的五大隊是加工車間，其中有各類機械設備。他沒文化，也沒學技術的條件，只是個掛名鉗工，平時幹點雜活。車間背後距監牆有一段空白地帶，經大隊長批准，給刑期長和表現好的技術骨幹分幾分田，可用於種旱煙。向忠全十分羨慕，便幫他們播種管理，企圖分點「紅利」，這已成慣例。

監獄裡到了一些年輕的支左新兵，其中有兩個兵，見向忠全在「挖牆腳」；他們衝進來問：「你是什麼犯？」

「我是革命犯！」

「放屁，革命還犯罪？」新兵劈哩啪啦就給了他幾個耳光。

向忠全邊擦鼻血邊辯駁：「這是毛主席說的，越窮越革命，我窮得沒個家，連父母也沒得，還不是革命派？」

「這傢伙越說越反動，捆起來！」可是新兵手邊沒繩子。

「不是我反動，是你們反動！毛主席說知識越多越反動，你們都是知識分子，有產階級，我是無產階級應當專你們的政！」

向中全在看守所多年，《毛主席語錄》他背得滾瓜爛熟，用在這裡只能招來拳打腳踢。回到監號他像是瘋了一樣，直誇自己把兩個新兵罵得啞口無言：「好痛快呦，要捆又沒得繩子！老子身上有的是肉，捆也是白費力氣。」大家都認為他有了神經病。

出工後，他在監院內，還跟監牆上的巡邏兵對著罵。看到那兩個新兵拿了繩子要下來，他不知怎的爬到了鑄造車間的高爐上。他站在那裡，手裡拿了一節元鐵大喊：「有種的上來，老子今天和你拼了」。

兩個新兵站在地面對著他喊：「反革命分子，有種你下來！」這場對罵越演越烈。這時來了幾個管教幹部，他們勸向忠全下來，也叫兩個新兵出去：「我們來處理。」

可是兩個新兵年輕氣盛，他們走近高爐大喊：「你下來，不下來我槍斃了你！」實際上他們不能帶槍進監院，這時向中全把頭髮抓了抓，大吼一聲：「老子下來了！」

兩個兵不是向前接著，而是向後倒退了幾步；向中全頭朝下落地，腦漿四濺，嗚呼哀哉！

再說回我在獄中聽說向忠全跳房而死的消息，在那一刻，我沒有流淚，而是發自心底地讚歎：好棒，壯哉！

夜間，仰臥於床，心亂如麻。我和向中全二十多年來在看守所和監獄幾次相逢，可謂患難之交。如今我們已是陰陽兩隔，他還落了個「反改造分子自

絕於人民」的結論。想起他那放蕩不羈、無憂無慮的形象，我不禁淚如泉湧。

　　管教科令基建隊木工為向忠全釘了個簡易的棺材，犯人的「陵園」在十多公里遠的東鄉縣大東坡；獄方要派汽車把向忠全送到那裡去掩埋。這原本是四大隊的任務，不是我的職責。但由於死者是向忠全，我便向管教科請求，讓我作為一名挖墓工去送葬。好在羅科長又給我一個任務，他要我把墓地繪個圖，把墳堆編成號，插上牌；將來可以查出某號是某人。完事後，再把繪圖交回存檔。

　　埋死人，對我來說是重操舊業，根據我在禪定寺、磚瓦廠的經驗，我囑咐幾位就業工人挖深點，堆厚點；這就算是對老難友的深情厚誼了。寫編號牌時我發現，向忠全的編號正是四十三號，可以縮寫為「四三」；再把「三」字旋轉九十度就成了「川」字。我將「四川」這個號牌安插在他的墳頭上，願他魂歸故里，回到天府之國。

　　幾位就業工人掩埋了向忠全後，開始往車上裝食堂和煤用的紅土。此時，我掏出從犯醫王玉珍處要的一點醫用酒精，兌了點水，祭奠了這位難友。我們在獄中曾四次相逢，而今終於永別。我默念道：勸君盡飲這杯酒，來日相逢在酆都。

　　回想我和向忠全的交往，最初見面是1958年3月13日，我們在卓尼縣看守所那個伸手不見五指又髒又臭的牢房裡相識。後來，我們一同到了岷縣。由於他年齡小，只是個討飯的；犯人多得沒處關，才把他放了。他無家可歸，仍在藏區討飯；討飯也犯法，又把他抓起來。他生來就像烏鴉一樣，有張討人嫌的黑嘴。他罵公安人員無損人家半根毫毛，卻把自己罵成反革命。之後，我在合作看守所，又和他兩次相遇；我們在同一號室住過近三年。到三岔坪勞改農場，可惜我沒能「落戶」，否則我們又會一同上山背柴禾，下地種莊稼。此後我被送到省第二監獄，他卻又為自己爭取了十年，成了二十年的重刑犯。我們的第四次相會在這個監獄，可謂前世有緣。

　　向忠全的一生就是乞討加坐監加勞改直至跳高爐自殺，直到如今，他終於能安然無恙地躺在東大坡的荒塚裡，總算有了個歸宿。我以淚作酒，和這個小我十三歲的老難友永別了。

　　人的一生，就是如此簡單而短暫。

五、一了百了

向忠全結束了自己的生命，此時，他還不到四十歲。而我在人間，已度過了半個多世紀。俗語說：「人過五十不為夭。」換言之，向忠全死是夭亡，我死則不算。諸葛亮那樣英明，也才活了五十三歲。我常想步向君之後塵，我們也許會在酆都城第五次相會。

我不知道向忠全下這樣的決心有哪些外因在起作用，而我確有十惡不赦之罪：

一、我給高院寫了四次申訴，甘南藏族自治州中級人民法院對此作過兩次批覆，內容相同：「經查：證據確鑿，事實清楚，量刑準確，駁回申訴，建議嚴加管教。」法院說的「事實清楚」，有我的所謂交代材料為憑，但那也只能作為「口供」；而我決不相信他們做到了「證據確鑿」。儘管他們能通過逼供、誘供手段，在活人手中搞來假證明；然而他們絕不可能像包公那樣使用「陰陽扇、還魂枕」，把死去多年的朱炳斗請回來，逼他寫個證明。這樣的批覆只能說明，我就算向高級法院申訴，也是無濟於事。

二、1975年春，姚文元的〈論林彪反黨集團的社會基礎〉和張春橋的〈論無產階級對資產階級的全面專政〉這兩篇文章發表之後，全監停產，大小會結合學習討論。在這個過程中，獄方對犯人的要求仍然是：要聯繫自己的犯罪事實，上下掛鉤左右聯繫；還有一條硬性規定是，每個人都要「交代餘罪」。除此之外，還要進行「面對面」（指獄內）「背靠背」（指獄外）的檢舉活動，其聲勢不亞於學習紅寶書。在批判中，我們又成為林彪反黨集團的社會基礎。我想，如此下去，何日得了。

林彪作為「親密戰友」、「副統帥」和「接班人」，他也並不是我們投票選舉的，何以我們成為他這個反革命集團的社會基礎？被扣上這頂帽子不要緊，但每人都要坦白一件餘罪，人人都得過這一關，實在是承受不起。

據說在社會上又掀起了「新三反五反」運動，要通過監獄犯人去挖社會上的壞人壞事。我便檢舉了老幼店石鎖全鯨吞我為李如元買電磨的兩千元一事，作為「立功贖罪」。我深知石鎖全是真正的貧下中農，誰也不會管這

等閒事；所謂檢舉，也無非是吐吐怨氣而已。這就叫「社會上颳什麼風，監獄裡起什麼浪」。社會上的妖風颳到監獄就變成龍捲風，階級鬥爭的弦越繃越緊，似乎再緊也斷不了，斷了也會再換一根。我已經過兩次「三反」「五反」運動，這次的「新三反五反」運動，對我焉能例外？

三、最近還接二連三地學習罪犯家屬來信，都是妻子和丈夫、子女和父親劃清界限的信。獄方還叫服刑的犯人也寫信，支持家屬大義滅親的立場和覺悟。在這類信中，兒子對老子都是直呼其名，接著就是旗幟鮮明地聲討老傢伙的「罪行」。連為了養活他們收雞販蛋的老子，也被稱作挖社會主義牆腳的犯罪分子。他們要緊跟毛主席的戰略部署，把無產階級文化大革命進行到底，所以必須和販雞倒蛋的老子劃清界限，割斷血緣上的關係。他們最親的親人，只有毛主席一個。因此，他們入了團轉了黨並提了幹，成了工農兵大學生。為了不玷汙他們的名字，今後不准去信，實際上他們早已改名換姓。有些妻子來信，為了子女的前途她不得不改嫁給XX長、XX書記，請她原來的丈夫在離婚書上簽字。監獄領導要我們學習她們的階級立場，如此說來，犯人不僅有害於社會，而且有害於家庭。當我前後兩次分別被判刑十年和二十年時，為了兒女活命我就給妻子寫過信，希望她帶著兒女改嫁避難。但妻子堅決要守候到「百年」。如今我不好再寫，難過此關；這也成為我思想上的負擔。

四、妻子帶著兩個小女兒，最近又來探監。我問到家裡的生活情況，她總是說一切都好；但兩個不懂母親心情的孩子則會實話實說。

我問小女兒讀幾年級了，在學校的情況如何；她說：「娃們罵我是軍犯家娃，還用石子、土塊打我，老師也不敢管。」她又沿著她哥走過的拾煤核、挖野菜的道路走下去。兩個兒子因為我，迄今找不到個能夠糊口的工作。二女的學習成績本是出色的，老師推薦她升高中，經政治審查不能升學。她去農村插隊，已接受了六年貧下中農再教育，而且還在繼續接受教育；被大隊書記打得鼻青臉腫，哭也不敢哭。妻子永久抬不起頭，漲不了工資，肚子吃不飽，以後還得千里迢迢來探監。

我痛苦地思索著：犯人不僅是社會主義道路上的絆腳石，而且是家庭的惡性腫瘤。若要解除家庭成員的痛苦，只有自己給自己的生命動手術。

五、近二十年來，我一直處在階級鬥爭這個旋渦裡，不是人鬥我，就是我批自己。幹部經常用毛澤東思想教育我們：「真理是七鬥八鬥鬥出來的。」「共產主義哲學就是鬥爭的哲學。」可是我被鬥了這麼多年，鬥出的「真理」使我更糊塗了，人和人之間更虛假了。為了活著，不得不說違心話，做違心的事，不如一個為了活命出賣肉體的妓女！監獄裡是「思想改造第一，勞動生產第二」。大小會的批判鬥爭就是監獄生活的主旋律。每個人都是被鬥對象，也是批判他人的先鋒。我們必須天天端著屎盆子，向自己頭上扣。這種改造方式不知是誰發明的，它也是永恆的。這樣下去，我實在覺得難以忍受。

六、寄希望於減刑，每年只有百分之三、四的人有機會，而且還要有突出的事蹟。況且，減刑的前提是徹底認罪，積極靠攏政府。凡是寫過申訴者都被當作不認罪看待，絕無減刑的可能。

七、寄希望於大赦，毛主席早就說過，他對大赦不感興趣；特赦也只能赦杜聿明、溥儀那種層次的重要人物。盼老人家駕崩歸天，此後政策改變；那是做夢。據紅衛兵說，毛主席雖不能萬歲，但經科學家論證起碼要活到一百五十歲。現在他才活了二分之一強，何況他又物色了一個年輕的、坐著直升飛機上來的接班人王洪文先生。

八、常常想起我那年近九旬的老母，似乎看到她站在那棵松樹下，期待我的歸來。她思念我眼裡流淚，心中淌血；天天盼望有我的消息。失望後，便躺在那又濕又臭的磨房的土炕上歎息。她生育了三兒兩女，四個先後逝去，只有我是最小的。而為著我的安全，她忍著孤苦蜷縮在老而貧的窮家，守著祖先的靈位。我卻還在獄中，剩餘的刑期還有十多年。想到這裡，我更是揪心地疼痛。

九、經常在夢中見到大哥，他眼裡滴著血，一雙雞爪似的手抓住我，要我為他鳴冤。看到我無奈的樣子，他便把我推倒在地，忿忿離去。我又夢到丁孕哥、李如元向我索債，他們也都上有老下有小。由於我的無能，害了多少人！而在老幼店鯨吞我兩千元的石鎖全和在涇陽把我逼入涇河的張所長，兩個人站在一旁得意地狂笑。我羞愧得無地自容，也一籌莫展。

十、父兄為我升學，背著二百多斤的炭，艱難地蹀躞在棧道上。我腿上

汩汩地冒著鮮血躺在抗日戰場上。解放後，在洮河洪流中我拼命掙扎，在冰雪滑道上命懸一線……我的努力換來的卻是無情鬥爭，鐐銬加身。

所有這一切撕裂著我的心肺，活著，難道就是為完成二十年刑期？假設活到六十五歲那年，兒女仍是衣不遮體，食不果腹，我這個老態龍鍾的軀體何顏進門？一個人失去愛和恨的權利，出路在哪裡？

思前想後，只有一條路，那就是死。遲死不如早死，何況這是人人必走之路；若活我一個，則痛苦一家人。

決心死，就不應當考慮一切後果，然而這些考慮又是死前不可避免的。自殺往往被人視為懦弱的表現，而我則認為是智者的果斷。自古就有屈原溺水於汩羅，項羽自刎於烏江，崇禎自縊於景山，近代作家老舍含恨投入太平湖，誰又咒罵過他們？

我有這十大「罪狀」，這條路走定了。

六、歸去來兮

方針既定，如何實現則是必須考慮的。

自刎、自縊、溺水的條件，這裡都不具備，我們這個組的鍾立志被判無期徒刑，服刑已有二十多年；現在他被改判為有期徒刑二十年，刑期卻要自改判之日起算；即他必須從頭開始服滿二十年徒刑。鍾立志絕望之極，他實在找不出自盡的手段。但車間到處都是電，他便一手挽住電線，一手去拉開關。結果被難友發現，一把將他推出好遠。如今他白天坐禁閉，夜間被批鬥；迄今尚在挨鬥中。向忠全跳高爐如果不死，將是終身殘廢；後患無窮。何況由於他們的自毀行為，監獄縮小了犯人的活動範圍，管教更嚴，這也讓犯人的思想壓力更加沉重。直接管教鍾立志和向忠全的幹部，都因此受了處分。

所以我想，要走絕路，也要有個萬全之策。

洮河林場獸醫王耀華在反右中服用巴比妥自盡，這事給我以啟示。我因失眠，曾向犯醫王玉珍要過幾次安眠藥。我打定主意後，便繼續求他。他每次只給我開一到兩片，三個月裡，我湊夠了一百二十餘片安眠藥（我不知它的極量，以為越多越保險）。但我還不能立即付諸施行，我當前所處環境與

一般犯人不同。

我幹鉗工只有一年多，技術科發現我能認識成套的複雜圖紙，便要我到繪圖室工作。這不屬於正式調動，只是上班時間在那裡工作，學習生活依然在犯人所屬四大隊。我在繪圖室還兼管油、肉、糖的津貼。那時沒有電腦設計，圖紙首先要手繪，然後照貓畫虎描圖，描圖後要曬圖，再放到熏圖桶裡用氨水熏。氨水危害身體健康，所以我和兩位就業工人每月有一斤油、一斤糖和五斤肉的補助。科長曹雲態度寬厚，讓我管理這些物品，對我十分信任。我如果自殺被人發現，會給他帶來麻煩；這我於心不忍。另一方面，獄方也會說我畏罪自殺，自絕於人民，然後把這種結論通知到居委會；這又將給妻兒帶來不利影響。

我必須減少飲食，多請病假；在客觀上造成嚴重的心腦血管病的假象。我在醫務室也建了病歷。

病了月餘，監獄和廠領導都很關心，時不時地進入監號問問。在監號裡，曹科長還給我特批了一間用於編輯壁報的資料室。

1975年9月10日，這是我最痛苦也是最輕鬆的一天。這天，秋風瑟瑟，苦雨淒淒，監院裡寂無一人，只有從監牆外飄來的幾片落葉在積水上旋轉。我躺在床上，聽著屋簷水淅淅瀝瀝地滴著，崗樓上的鐘滴滴噠噠地走著；正是夜雨聞鈴腸斷聲。這是我在人間聽到的最後的報時聲，從日曆上得知這天是1975年的重陽節，我尚未進入老年，但重陽也是老年的前奏曲，是人生悲秋的節日。

想到今夜即將離開生活了半個多世紀的世界，再也見不到年老的母親和妻子兒女，再也見不到親朋好友，我彷彿聽見了親友們的痛哭……他們勸我不要走這條絕路，不禁陷入「英雄氣短兒女情長」的心結。可是我又想到，割去家庭中的惡性腫瘤，親人們會健康地生活與成長；死了我一個，救活許多人。家屬背負的我的陰影會漸漸消失，妻兒最後能融入正常人群，不再受歧視。匍匐埋首洮河的王化祥死後，他留下的兒女還不是照樣生活著？他若不死，妻子兒女少不了跋山涉水來探監。何況我死了，一生的不幸再也不會折磨我，因此我又頓感即將解脫的輕鬆。

我把那罪惡的判決書、我的申訴書和法院批覆以及信件等等拿到廁所

裡，付之一炬。為了不使他們懷疑我自殺，我又寫了封待發的家書。我在信中表示要努力改造，爭取早日回家，與妻兒子女團聚，為未來的美好生活共同拚搏。我還囑咐兩個小的要好好學習，爸等你們學期考試的優異成績等等。

做完這一切，離收工只有兩小時。我要立即行動了，萬一耽擱了時間，心臟還不能完全停止而被搶救過來，豈不是前功盡棄？那時，只怕還要落個畏罪自殺的罪名。

快收工時，我便躺在床上，在窗簷上放了杯水。晚上，監號裡進行雷打不動的兩小時學習討論，我是病人，一如既往地靠窗睡著。學習結束後，他們都站在監號門外報數，經值班幹部檢查過，囚室被鎖了門。我便將僅有的幾支煙散發給大家，以示永別。按常規，還要讀十分鐘報才能熄燈。

這是一個萬籟俱寂的黑夜，只有監牆上的探照燈有規律地旋轉著。

監號組長楊國清，念完報紙關了燈。已經有人打呼嚕了，我才從枕頭下悄悄地摸準備已久的紙包，從窗簷上小心翼翼地拿下裝水的瓷杯，把「巴比妥」全部倒入口中。我側身喝下半杯水，把杯子送還原處。再將包藥的紙順牆塞進床板縫，面向天花板躺好。老實說，這時我什麼都沒想，只希望不被任何人發現，我覺得萬無一失地做到了這點。只要到明天早晨，我就會和王耀華一樣，誰也無奈我何。那份判決書將是一張罪惡的廢紙，我再也不會看見那些草菅人命的左派人物了。我這樣死去，就算有人懷疑，王玉珍也會下個因病死亡的結論。

不到兩分鐘，我暈暈乎乎地離開了這間黑暗的監牢。

……

不知何時，我又走進頗似監獄的土城。但見功碑林立，白骨鋪地，中間有一座宏偉建築，僅存殘垣頹壁。破磚碎瓦參差堆積，皆呈絳色。我生平不信天堂、地獄之說，今果有之。

我繞過殘垣，見數人衣衫襤褸，面呈饑色。一人扶耜，數人拽曳在功碑間耕耘。牆角一隅，尚有茅庵數間。數老叟團坐一坍塌碑座，俯視重建家園的藍圖，面露疑難之色。我正欲上前揖問，忽聞雷鳴而電閃。抬頭視之，蜃樓海市凌空架起，中有一高大無比巨人，紅袍朱綬儼然閻王。他左手執拂塵

鋼針製就，右手敲木魚實屬骷髏。四大金剛刀筆並舉，大殿之下鬼魂成群。每個鬼都手執一頂帽子，形同「緊箍」，紅經一本，鮮血如注；正是「百年魔怪舞翩躚」。我正欲躲避，只見閻羅向我口吐烈火一團，嚇得我驚出一身冷汗，大喝一聲，坐了起來。

朦朧中瞇縫兩眼，似乎還躺在一大間空無一人的監號裡。慢慢抬頭，牆上掛著根輸液管，腳的兩邊坐了兩個人。仔細一看，是醫生王玉珍和護士黃文法。我還活著……我大吼一聲坐了起來，扯掉輸液管，兩位醫護人員見狀大驚，各自跑了出去。

我頭腦瞬間浮現出各種場面：罪犯陳星死不認罪、悔罪，還自絕於人民。獄方必然要召開對我的「鬥爭大會」，隨之而來的是戴刑具，關禁閉，加刑宣判……現在連死路一條也給截斷了。

此時若有利器，我會毫不猶豫地割斷血管。我正想撞牆，進來一幫人，政委一聲不吭地站在中間，臘景華幹事走到我跟前，一雙就要滾出來的眼珠噴著怒火。她想扇我個耳光又收了手，腳在地上噔噔地踏：「真是個混蛋，監獄上至政委下到我們一般幹部，哪個把你當犯人看了？暗地給你發申訴，我都寫過兩次檢討！曹科長把你要到技術科，繪圖室夏天有電扇，冬天用電爐，副食補貼年年加；你咋能做出這種事兒來？判刑是法院判的，我們只能幫你創造減刑的條件，那還得法院下判決書，你這樣誰還敢同情你？」

「你好好考慮做檢討，這是禁閉室，來個人陪你。」她叫我躺下，讓黃文法還給我把針扎上。

不多會兒，我們小組組長楊國清把鋪蓋搬來了。這個人比我長幾歲，人倒不錯，就是愛打小報告。所以領導認為他能靠近政府，很信任他，還批准他出工收工都提著個八磅的熱水瓶，煙不離手茶不離口。

我為什麼還活著？這是我急需知道的，楊國清對我說：「領導叫我來陪你，你千萬不要給我找麻煩。我愛喝茶就少不了跑廁所，領導照顧。咱倆不攔馬桶也不鎖門，我上廁所咱倆一起走，否則我不放心。」我答應了他，他給我說了以下細節：

「你知道我每晚學習發言讀報都靠煙和茶，那晚我抽罷你給的煙，不大會兒就要小便。為了不影響大家休息，一如既往不拉燈，順床沿摸著走。摸

到你的頭，咋從枕頭上衝出了床沿？尿罷我拉開燈看了一看，你頭像個葫蘆一樣，軟哩叭啦的掉在床沿上，抽也抽不上去。再一看，瞳孔放大了，脈還有點。其他幾個人也過來看，大家的意見是趕快報告班長。」

說也奇怪，號子裡半夜有了病人，常常是報告半個小時也不答應。答應了，班長站在監牆上，還要像查戶口一樣問姓名、年齡、什麼犯、什麼症狀、多長時間了？有時不免裝聾作啞，要求再報告一遍。這起碼就要半小時，等他傳達到大門崗樓，再傳值班室，再報告給監獄長；如此一番折騰，才有人拿上鑰匙，把門一道道地打開。有這一段時間，也許沒有再折騰的必要。可偏那天晚上楊國清僅僅喊了一聲，監獄長就打開了門。

十五分鐘後獄醫王玉珍進來，「人像根麵條似的無法抬，用你的被子褥子一包，來四個人抬到醫務室。監獄長把我留下，其餘人回了號子。王玉珍醫生連忙診斷，打了強心針，一針連一針地打。看來是復活了，但不認人不說話不許人動。你進而發了瘋似的，王玉珍說快送到州醫院。監獄長出去把政委的吉普車叫來，又叫了一個就業工人。我們兩個抬也抬不動，拉也拉不走；到了車上我兩人壓你也壓不住。管教上的一位幹部也來幫著壓，勉強到了醫院。那裡已騰出一個三人間，醫生一看就叫我把你壓在床上，開始灌腸、洗胃。就這樣，一直折騰到次日八九點。」

「可能是精疲力竭你躺下了，但不入睡；雙眼圓睜。一會兒要尿，拿來尿壺又不尿。要喝水，又不喝。飯也不吃。好賴哄著在腳上輸液，一會兒不讓輸，拔掉輸液管，弄得兩位護士也沒辦法。我和就業工人周麻乃兩個人你都不認識，似乎沒有任何意識，只是瘋癲有力。我們兩人也無法入睡，連著四天才安定下來。用板車把你拉了回來交給王玉珍，被安排在這裡，又輸了一天液。你肚子像鼓一樣尿不出尿，又給你插上導尿管。王玉珍說她沒想到你會服安眠藥，以為你休克需要強心，結果興奮過度，弄成這個樣子。」

說到這裡，我覺得右側第三根肋骨有些疼痛，一摸肋骨弓了起來。楊國清說，有可能是在吉普車上被三個人壓的。

這是我第七次走近死亡，死去活來。

窗外依然滴水如線，院內積水斑斑駁駁；幾隻麻雀在屋簷下嘰嘰喳喳。我一直等開大會挨批鬥，臘幹事卻叫我回原組休息，隔壁那間壁報編輯室依

然歸我所用，晚上雷打不動的學習要參加。楊國清按領導指示，不讓提和我有關的一切問題，也不許外傳我的情況。但我總覺得對不住大家，悶悶不樂，學習會上我也不說一句話。

用了半年的思考，數個月的準備，前功盡棄，還背上卸不掉的包袱。我給家裡寫的那封信也不見了，其餘倒是正常。我趴在桌子上思前想後，猛然感到一雙強有力的手在我腰上捏了一下，痛得我倒地打滾。我強迫自己起身，疼痛緩解了！一摸，那根弓起來的肋條平了下去，疼痛也消失了。回頭一看，馬宏業還呆若木雞地站著。

馬宏業是回族人，大學畢業。他被以反革命罪判刑十五年，刑滿後留場，仍幹銑床工。活少時，他到處亂竄。他看問題有深度，我們有共同語言，所以談得來。今天他突然這一捏，竟讓我的肋骨復位了。

批林批孔批周公……運動接連而來，日甚一日。我不能為這個毫無希望的國家坐牢坐夠二十年，繼續拖累那個一貧如洗的家。這個想法在我心裡一直揮之不去。現在不考慮太多，只要能瞬間死去就行，我試著把檯燈線拆下來，剝去那層皮，把銅絲纏在手上，另一隻手伸向拉線開關。閉上眼睛，猛地一拉，我倒在地上，渾身發麻。

又是一雙手在做心臟復甦，一看又是馬宏業，他說：「我在外面看你折騰線，沒想到你幹這個事兒！鍾立志用車間動力線尋死都被搶救過來，你這還是照明線！何況又綁得不死，你不是活受罪嗎？」我不好意思辯白，只是求他萬萬不可說出去。

求死都不成，我萬念俱灰。整天不想說話，也無話可說。再後來沉默寡語，如癡如呆。我的記憶力衰退到連字也不認識了。有幾次叫我寫標語，我連「人民」的「人」字也不會寫，寫出來越看越不像，叫別人看別人說對的，我便翻字典，這才明白。再寫到極平常的字，又是越看越不對，於是又翻字典，是什麼原因我也找不出答案。

所以，我對後來的什麼批判運動全無印象。我過著渾渾噩噩的白癡生活，少了許多苦惱，也算是一大收穫。

七、大喜之年

　　1976年，是個不平常的年份。早在1974年，我在車間搞過一點技術革新，得到大隊領導的器重。所以技術科長曹雲多次調我，金光明隊長不同意，只是允許我過去上班。我自殺未遂，金隊長覺得丟了他的面子，大為惱火；加之我精神失常，他便把我送給了技術科。

　　曹雲科長是位有真才實學的知識分子，他對我在精神和物質方面給予了良好的照顧與關懷，我思維能力逐漸得以恢復。

　　這年1月8日，周恩來總理逝世；4月6日，北京發生了「天安門事件」。4月7日，在中共中央毛主席主持下，撤了鄧小平國務院代總理職務，任命華國鋒為總理。這一次在北京又拘留了很多人，它的餘波也衝擊到黃沙滾滾的甘肅，一批青年含著冤淚進了監獄，給我們添了新鮮血液。

　　樹欲靜而風不止，「反擊右傾翻案風」也刮了進來。由於監獄無鄧小平可批，批判對象就落在寫過「申訴」的犯人身上；我當然也是其中一個。每天晚上，我們都要作自我批判或接受大家的批鬥。

　　9月9日，中國人民的偉大領袖毛主席逝世的噩耗傳來了。監獄裡的批鬥立即停止下來，車間停止了生產；犯人不許來回走動，不許交頭接耳，不許抽煙；開飯、睡覺也不許發出響聲。一時間，似乎連空氣也凝固了。我們像木偶一樣被禁錮在監號裡，端端正正地坐在小凳上，默念毛主席的豐功偉績。

　　開追悼會那天，各個監院都安了高音喇叭。我們垂手肅立，敬聽哀樂，許哭不許笑。這多少年來，人們流乾了淚，早已不會笑了。可是伙房有個犯人被檢舉了，說他在追悼會上笑過，因此加刑兩年。社會上也進來一個年輕幹部，他是因在單位開追悼會時未戴黑紗，被處刑十年。他被編在我們組裡，晚上照例要他認識所犯罪惡的嚴重性、危害性。他還沒有說完未戴黑紗的原因，王羅舉起小板凳砸了過去：「俺想戴木有，你龜孫有了不戴，你的良心叫狗吃啦！」他氣急敗壞地撲過去，打了那個青年幹部兩耳光。

　　王羅，牛倌出生，1958年響應甘肅省委書記張仲良的欺騙，從河南來到甘肅，他想的是吃著牛羊肉，騎著馬兒在白雲下跑。但他沒有去得了甘南，

就去了河西給一個寡婦當了上門女婿。在吃大鍋飯時，他看到老婆碗裡糊糊比他碗裡的多，心想：她是不是和伙房裡人有什麼勾搭？便要和老婆交換碗。老婆不肯，他拾起磚頭，結束了一條人命。因此，他被判了個無期。由於出身好，認罪悔罪態度好，他得到多次減刑，餘刑也只有幾年了。所以，他感謝毛主席的大恩大德。

追悼大會過後，監獄領導開始調查：在緬懷偉大領袖毛主席豐功偉績時誰哭過？王羅立即站起：「俺哭過，只有俺哭得最最傷心，比哭親爹還傷心。」其實我比王羅哭得更傷心，但我不敢報功。然而有人多嘴說：「陳星也哭了。」王羅立即分析說：「那是耗子哭貓。」組長楊國清怒斥王羅把偉大領袖比作貓，這還了得！王羅跪倒在地，向偉大領袖請罪：「我該死，我該死！」他還摑了自己幾個大嘴巴，我這個「耗子」才躲過這場批鬥。

這段時間的學習任務是緬懷毛主席的豐功偉績，每人都要寫一篇懷念文章，在國慶日辦一期壁報。所以也沒有搞過大批判，犯人神經鬆弛了幾天。

從來不多說話也不輕易激動的曹科長，這天顯得特別興奮，人還在門外，老遠就喊：「陳星！」我迎到門口，和他碰了個面對面。他手上拿了一卷紅黃紙放在繪圖板上，一邊擦汗一邊說：紅紙上寫，「堅決擁護黨中央一舉粉碎四人幫」，又指黃紙，這上面寫「打倒王張江姚反黨集團」。一張紙一個字，快寫！

他這才坐下，我趕快倒了杯水給他，他邊喝邊說：「這下好了，我們黨和國家有了希望，我也不怕有人扣走白專道路的帽子了！（編案：『走白專道路』的『白』，是相對於『紅』而言。中共建政後至文革時期，緊跟共產黨政治路線的知識分子被稱為『紅色專家』，而那些專注於學術研究不熱衷政治的知識份子（也包括持有異見者），他們的做法被稱為是『走白專道路』，這些人在運動中往往因此受到批鬥。）紅專道路出了個張鐵生交白卷，我們生產的液壓40泵，還是日本人投降時留下的圖紙。」

對突如其來的打倒「四人幫」，我雖有懷疑，又不得不信。至於王張江姚是誰，我們都能猜個八九不離十。但這四人都是偉大領袖毛主席的心肝肉，如果被打倒，毛主席的在天之靈會答應嗎？

1976年是多事之秋，東北下了隕石雨，唐山發生地震，鄧小平下台，中

央三位偉人先後逝世。然而「四人幫」的倒臺卻是舉國歡慶的大喜事，這年也是大喜之年。

無論寒流是否過去，人們的心裡似乎注入了一股暖流。幹部、犯人和前來探視的家屬無不笑逐顏開，人們奔走相告。年近半百的臘幹事似乎年輕了許多，冷靜嚴肅的面孔綻開一朵桃花。她又說又笑，誰遞申訴她都照轉不誤。

在勞動期間我沒有學到操作技術，只能是不缺勤、不惜力、守監規和勞動紀律，給管教幹部留下了好印象。調到技術科，我設計並製作了一臺小鋸床下料，節省了人力，提高了工效。在繪圖管理資料方面，我也沒出過差錯；凡事總是和在洮河林場一樣認真負責完成任務。時隔一年，臨夏州法院給我減了一年刑。我認為錯捕、冤判是政策法律出了錯，在服刑中不能以消極怠工來對抗，積極勞動也是對社會的回報。

總之緊箍咒鬆了點，犯人走起路來輕鬆了，幹起活來精神倍增，學習會上談笑風生。小孔夫子隨時都在哼京劇「出五關」，準備排戲迎接春節。

1977年的春節，監獄裡破天荒地增加了許多菜；除了讓犯人自己包餃子，還有久別的紅燒肉和大米飯。政委、廠長和大隊領導，在除夕之夜走遍各個號室，表示與犯人共度春節。熄燈後雖不許出門，但牢房門的大鎖已經去掉，這好像是從犯人心裡搬掉了一塊石頭。

八、天亮了，天空一團烏雲

風雲變幻，領袖更代，又一位新的偉人登上了中國政治大舞臺。

華國鋒代理了黨中央主席，忙著出版《毛澤東選集》第五集，建毛主席紀念堂。這也許是由於戰略上的需要，然而粉碎「四人幫」之後，仍「以階級鬥爭為綱」，「繼續深入批鄧」，又給黎明的天空抹上了厚厚的雲層。

罵了林彪的趙罡，擁護了劉鄧路線的鄭某，他們仍在「反擊右傾翻案風」中掙扎。鉗工的榔頭像和尚敲木魚一樣有氣無力，車床卡盤像黃河水車悠閒緩慢，量少質劣的產品無人問津。

當然，我也想到，由黑暗進入黎明，決不像拉電燈開關那樣簡單，它要

有個轉化過程。

　　好在上任不久的政委從積善是個有膽有識的領導幹部，他依然實行夜不鎖門的措施。逢年過節，他還組織犯人大搞文娛活動。他把獅子、龍燈、旱船舞推向街頭，把犯人劇團演出的《鍘美案》、《李慧娘》等老戲也搬上人民舞臺，在臨夏州的政府禮堂演出，這使當地黨政機關大為驚歎。

　　犯人對批判「四人幫」始終是積極的，從政委給我拿來一個相聲段子叫《帽子工廠》，主要是揭露江青想當女皇的陰謀。我與孔小夫子、唐克孝等又編了幾段諷刺江青的新段子，在各大隊巡迴演出。孔小夫子在解放前就是上海京劇票友，是個唱紅生的，所以他和名旦王月秋結了婚；一聽要演戲便忘了自己是個犯人。我呢，對相聲練過基本功，只要能表演諷刺江青的段子，我也精神倍增。演出時那種狂熱場面，連幹部也無法抑制。這也難怪，多少人因對江青不恭而入監，如今能看到她作為反面人物出現在舞台，自然會聯想到許多問題。

　　挨到1977年7月，鄧小平復出，這意味著「寧要社會主義的草，不要資本主義的苗」的時代將要徹底告終。人們希望鄧能出任黨的主席，然而他連國務院總理也未擔任。論資論才非他莫屬，何以兩者未居其一？人們責怪他潔身自好，也對華國鋒獨攬黨、政、軍大權於一身而心存疑慮。隨著時間的推移，全國加快了平反冤假錯案的進程。犯人生活、生產和學習發生了變化。

　　我們每月的零花錢加了五角，兩塊五角錢可以買到二十五碗白皮麵。但我不能也不可以去吃白皮麵，我要用這錢買針線、鞋襪、毛巾、床單、肥皂等。我沒有買過牙膏牙刷之類，而是用毛巾的邊沿擦牙。床單和毛巾中間磨損之後，我總是從它的中央部位十字形剪開，再把四邊沒有磨壞的部分按十字形拼接起來，繼續使用。就這樣，我每年還能節約二十元寄回家去，讓妻兒知道我並不困難，少為我操心。

　　接著，我們的伙食標準增加到了三元。監獄還成立了閱覽室，增加了電視、報紙，新聞節目也對犯人開放了。改造好壞的標準不再只是「認罪悔罪」和「靠近政府」，而是「勞動成果」和「學習技術」。那些靠打「小報告」混日子的積極分子失去了優勢，能工巧匠有了用武之地。

　　當然，隨之而來的是，「不認罪」的人多了。

而大多數人依然不敢否認逼供、誘供中的口供，怕再來一次「反擊右傾翻案風」。這是幾十年來的經驗教訓，也屬於心有餘悸的一種。我的《申訴》也是在這種思想指引下寫的。

粉碎「四人幫」之後，我幾乎每月都要向省高級法院和最高人民法院發出一份申訴。於是又收到甘南中級法院兩次批覆，仍是說我犯罪的「事實清楚，證據確鑿，量刑得當」；只是把「建議嚴加管教」改為「願你努力改造爭取減刑」。

1978年我開始向最高人民法院申訴，直至1978年9月，我才得到最高人民法院刑監字第6935號通知：「你的來信收到，經研究應由甘肅省高級人民法院複查，來信已轉該院，希你直接和他們聯繫。」不久我收到高院通知，要我與中級法院聯繫。如此上訴下轉，何日得了？一顆剛剛升溫的心，又掉進冰窟裡。

「忽如一夜春風來，千樹萬樹梨花開」。要說後來起了作用，還是因為1978年12月18日的三中全會送來的東風。

這天臘景華幹事突然來到繪圖室，她臉繃得很緊，厲聲說：「陳星跟我來！」我心想：她又要找我什麼茬兒？她一聲不吭地把我帶出大門，進了她的辦公室，遞給我一份甘肅省高級人民法院〈判決書〉，讓我坐下看。她的表情依然很嚴肅，我心想是不是省法院給我又加刑了？

這天正是1979年2月10日，我終於收到甘肅省高級人民法院1979年1月19日的第102號判決書，其結論如下：

> 一、撤銷卓尼縣人民法院（59）法刑字第1031號刑事判決書，宣告無罪，予以糾正。
>
> 二、撤銷甘肅省甘南藏族自治州保衛部和中國人民解放軍甘南藏族自治州公安機關軍事管制委員會（72）州保刑字第03號刑事判決書，以投機倒把罪處陳星有期徒刑五年。

甘肅省高級人民法院判決，徹底糾正了1959年卓尼縣法院的判決；但對甘南州判的二十年刑期留了一條尾巴。這裡雖說是判刑五年，但我已經服刑

十年，出獄無疑。

從1955年肅反運動始，二十多年來我一直在風裡、浪裡、雨裡、淚裡滾打過來。如今的判決，僅僅是給了我「宣告無罪」這四個字。判決中，決策者還煞費苦心地給我留了條五年刑期的尾巴。

在接到這份判決書的頭天上午，從政委給我一張頭排戲票，讓我去州影劇院看液壓件廠業餘劇團（犯人與待業青年組成）的演出。我有些不解，因為我拒絕為劇團畫布景，曾使從政委不快；而今他破例讓一個重刑犯獨自看戲，我感到蹊蹺。

當我拿到判決之後，從政委和曹科長一再表示要我留廠就業，仍在技術科工作。他們且允諾說，在試用期間破例給我定三級工，從釋放之日起發給三級工的工資。這樣的待遇在液壓件廠尚無先例，有的技術骨幹就業二十多年還是二級工。新就業的也有半年試用期，只發二十五元生活費。從政委還告訴我，就業人員馬上一律轉為正式工。果然，就業人員的大灶撤銷，與幹部灶合併，檔案也由管教科轉給了政工科。

我也想過：原單位安置我的可能性不大。以前，他們曾把釋放了的右派和勞教期滿幹部一律拒之大門之外。現在我雖已平反，但在那些人的眼中，我仍是勞改釋放犯。如果我自己另謀職業，判決書上還留有五年刑期的尾巴，誰又敢要？再去搞自由市場風險太大，誰又能保險政策不變？1962年出獄，我想幹普工也辦不到；今天有個國家正式三級工，實是求之不得。

雖則如此，我仍去了洮河林業局。今年中共中央宣佈為全國五十五萬右派摘帽，在人們原來的工作單位，還活著的右派都會不請自來。

1958年被繩子捆著拉出洮河林業局的不只是我，還有1950年我們一同由西安出發的張春華和郭希賢，所以我要去該局上訪接待站看看。

接待站是靠後牆用油毛氈搭的簡易避難所，時值陰曆正月，室內四處透風，裡面的人各自從樹林裡拾點枝椏點燃取暖。那火就像黑夜裡的篝火，煙薰火燎得看不清人在哪裡。有人被煙嗆得咳嗽了，我循聲查看，這才看到大通鋪上有幾個人圍著一床被子，垂頭喪氣地坐著。靠牆還有好幾堆人，我在人堆裡找，看到兩位白頭老者。以二十年前的印象去對照，果然是張春華和郭希賢。

他們倆從草鋪上跳了下來，異口同聲地說：「老陳，你怎麼也白了頭啊！」我沒回答，拉著他們到一個賣小吃的地方，在小板凳上坐了下來。

張春華已近七十，還是那股軍人氣勢，他發了一堆牢騷，最後說：「娘的！洮河林業局領導沒一個有人性的，這回不安置我就不走了！」他猛然拉住我的手說：「老陳吶！在磚瓦廠不是您叫我守洋芋地我早死了！現在見了面只能說句謝謝，連碗素麵我都請不起你。」我說：「往飽裡吃，俺請！」

郭希賢也年過六十，他很內向，少言寡語也當了右派。被捕後給他先判了五年，送到岷縣；後來和那裡的已決犯一同發送新疆，我們再未見過面。

從西安來到大西北，我們是自願留在洮河林業局工作的最後三個幹部，結果全部被打成右派。1958年底元旦，組織上強行遣返他們在洮河林場的家屬，天寒地凍時用一輛沒有篷布的大卡車把他們送走，妻兒老小都哭天喊地的。接著，我們三人全被逮捕了。

說到這裡，我便想起郭希賢的老婆田海雲。這個天不怕地不怕的大美人，在大院裡鬥右派時，她闖進人群；一手挽著不滿一歲的女兒，一手扯著頭破血流的郭希賢往洮河裡跑。黨總支書記汪仲舉忙派林警把他們送回家，她對來人大喊：「你們回去給汪書記說，老娘今晚在家等他，叫他來！我不會再把他罵出去。」自此以後，郭希賢再也沒有上過批鬥會。

我便問：「田海雲回西安後怎麼樣了？」郭希賢說：「她回西安房子沒了，又沒生活來源；只得拉著三個孩子，投奔她在家鄉郵局工作的父親。」後來她自己在街上擺攤，東躲西藏，卻還是被市管人員毆打，所賣雜貨也被沒收。她於是經常去要貨，少不了再被市管人員打罵。她個性強，瘋了！市管把她送到公安，公安不收她也不回家。大兒子天天四處找不見人影，自此以後，生不見人死不見屍。

我和他倆被捕後分別將近二十年，這是第一次邂逅，也是最後一次。

我在洮河林業局，想請單位領導看看判決上的「宣告無罪，予以糾正」。我想，如果能遇到一個有良知的幹部，或許我會被收留。可是，當我以一個「宣告無罪」者的身份跨進單位大門時，領導一口拒絕了。我只能返回甘肅省臨夏液壓件廠，準備把餘生貢獻給她。天涯何處無芳草？哪裡黃土不埋人？

曹科長要我馬上著手編寫、設計一本完整的《產品樣本》，還得圖文並茂；我如期完成了。當年7月份，他派我去昆明印刷出版；但是編排和黑稿不符合改進了的膠印技術要求。這時如由美術服務社再來重新繪製，費需三千，時需三月。我便以在洮河林業局時的認真工作態度，花了幾十元錢，買到繪圖儀器和紙張，自己動手重做。我在一家小旅館裡日以繼夜地工作，連著名的西山、近在咫尺的大觀園、舉世聞名的石林和數不勝數的風景名勝都無暇遊覽。在兩個月內，我一絲不苟地完成了難以想像的工作量。此後，一切工作我都是這樣幹的；這也是本性難改。

　　1981年我在蘭州搞出口產品樣本，因擠公共汽車，造成左骼骨粉碎性骨折。1982年傷癒後，我回到液壓件廠。沒想到，一個不幸的打擊又降臨了。

　　以前宣佈的就業人員一律轉為正式職工的決定，自1979年到1982年仍未真正落實。現在公安部又宣佈了新規定：「凡年逾五十歲的就業人員，一律遣返回家。」我這個五十又七的人因此就在劫難逃。公安部還有一條，凡是「宣告無罪」者亦不能留廠就業。這兩條都適用於我，擺在我面前的是兩難：洮河林業局強調我被「改判五年」，不認「宣告無罪」；而公安部只認「宣告無罪」不認「改判五年」。結果我是有罪有飯吃，無罪無飯吃！政策雖有靈活性，然而，從政委和曹科長已經調離；無法為我說項。新上任的技術科長是一位不識數學代號的老革命，在他看來我是個老而無用的廢物，非「遣返」不可。

　　厄運緊緊追隨著，我又無故失業了。

　　有幸的是，我又一次告別了監獄。如此大的天地，難道只有勞改場所的飯吃起來香？比別人光榮？俗話說：「此處不養爺，自有養爺處。」

　　對，我是該離開這種地方了。

上卷完

血歷史165　PC0873

新銳文創
INDEPENDENT & UNIQUE

九死一生
──上卷‧赤地天網

作　　者	陳　星
責任編輯	鄭伊庭
圖文排版	周妤靜
封面設計	蔡瑋筠

出版策劃	新銳文創
發 行 人	宋政坤
法律顧問	毛國樑　律師
製作發行	秀威資訊科技股份有限公司
	114 台北市內湖區瑞光路76巷65號1樓
	電話：+886-2-2796-3638　傳真：+886-2-2796-1377
	服務信箱：service@showwe.com.tw
	http://www.showwe.com.tw
郵政劃撥	19563868　戶名：秀威資訊科技股份有限公司
展售門市	國家書店【松江門市】
	104 台北市中山區松江路209號1樓
	電話：+886-2-2518-0207　傳真：+886-2-2518-0778
網路訂購	秀威網路書店：https://store.showwe.tw
	國家網路書店：https://www.govbooks.com.tw

出版日期	2019年11月　BOD一版
定　　價	上卷490元，下卷390元
	兩卷合售880元

國家圖書館出版品預行編目

九死一生. 上卷, 赤地天網 / 陳星著. -- 一版. --
臺北市：新銳文創, 2019.11
　　面；　公分
　BOD版
　ISBN 978-957-8924-75-8(平裝)

　1.陳星 2.回憶錄

782.887　　　　　　　　　　108017176

讀者回函卡

感謝您購買本書，為提升服務品質，請填妥以下資料，將讀者回函卡直接寄回或傳真本公司，收到您的寶貴意見後，我們會收藏記錄及檢討，謝謝！
如您需要了解本公司最新出版書目、購書優惠或企劃活動，歡迎您上網查詢或下載相關資料：http:// www.showwe.com.tw

您購買的書名：_____

出生日期：_____年_____月_____日

學歷：□高中 (含) 以下　　□大專　　□研究所 (含) 以上

職業：□製造業　□金融業　□資訊業　□軍警　□傳播業　□自由業
　　　□服務業　□公務員　□教職　　□學生　□家管　　□其它_____

購書地點：□網路書店　□實體書店　□書展　□郵購　□贈閱　□其他

您從何得知本書的消息？

　□網路書店　□實體書店　□網路搜尋　□電子報　□書訊　□雜誌
　□傳播媒體　□親友推薦　□網站推薦　□部落格　□其他_____

您對本書的評價：(請填代號　1.非常滿意　2.滿意　3.尚可　4.再改進)

　封面設計____　版面編排____　內容____　文／譯筆____　價格____

讀完書後您覺得：

　□很有收穫　□有收穫　□收穫不多　□沒收穫

對我們的建議：_____

_____

_____

_____

11466
台北市內湖區瑞光路 76 巷 65 號 1 樓

秀威資訊科技股份有限公司　　　收

BOD 數位出版事業部

....

（請沿線對折寄回，謝謝！）

姓　　名：＿＿＿＿＿＿＿＿＿＿　年齡：＿＿＿＿　性別：□女　□男

郵遞區號：□□□□□

地　　址：＿＿＿＿＿＿＿＿＿＿＿＿＿＿＿＿＿＿＿＿＿＿＿

聯絡電話：(日)＿＿＿＿＿＿＿＿＿＿＿＿　(夜)＿＿＿＿＿＿＿＿＿＿＿

E-mail：＿＿＿＿＿＿＿＿＿＿＿＿＿＿＿＿＿＿＿＿＿＿＿